ŒUVRES COMPLÈTES

DE

SHAKSPEARE

VII

Paris.—Imprimerie Bonaventure et Ducessois, 55, quai des Augustins.

OEUVRES COMPLÈTES
DE
SHAKSPEARE

TRADUCTION
DE
M. GUIZOT

NOUVELLE ÉDITION ENTIÈREMENT REVUE

AVEC UNE ÉTUDE SUR SHAKSPEARE
DES NOTICES SUR CHAQUE PIÈCE ET DES NOTES

VII

Henri IV (2e partie)
Henri V
Henri VI (1re, 2e et 3e partie)

PARIS

A LA LIBRAIRIE ACADÉMIQUE
DIDIER ET Ce, LIBRAIRES-ÉDITEURS
35, QUAI DES GRANDS-AUGUSTINS

1862

Tous droits réservés.

HENRI IV

TRAGÉDIE

DEUXIÈME PARTIE

NOTICE

SUR LA DEUXIEME PARTIE

DE HENRI IV

Henri V est le véritable héros de la seconde partie; son avénement au trône et le grand changement qui en résulte sont l'événement du drame. La défaite de l'archevêque d'York et celle de Northumberland ne sont que le complément des faits contenus dans la première partie. Hotspur n'est plus là pour donner à ces faits une vie qui leur appartienne, et l'horrible trahison de Westmoreland n'est pas de nature à fonder un intérêt dramatique. Henri IV mourant ne se montre que pour préparer le règne de son fils, et toute l'attention se porte déjà sur un successeur également important par les craintes et par les espérances qu'il fait naître.

Ce n'est pas tout à fait à l'histoire que Shakspeare a emprunté le tableau de ces divers sentiments. L'avénement de Henri V fut généralement un sujet de joie : Hollinshed rapporte que, dans les trois jours qui suivirent la mort de son père, il reçut de plusieurs « nobles hommes et honorables personnages, » des hommages et serments de fidélité tels que n'en avait reçu aucun des rois ses prédécesseurs[1], « tant grande espérance et bonne attente avait-on des heureuses « suites qui par cet homme devaient advenir. » L'inconstante ardeur des esprits, entretenue par de fréquents bouleversements, faisait nécessairement d'un nouveau règne un sujet d'espérances; et les troubles qui avaient agité le règne de Henri IV, les cruautés qui en avaient été la suite, les continuelles méfiances qui devraient en résulter, portaient naturellement la nation à tourner les yeux vers un jeune prince dont, en ce temps de désordre, les dérègle-

---

[1] *Chroniques* de Hollinshed, t. II, p. 543.

ments choquaient beaucoup moins que ses qualités généreuses n'inspiraient de confiance. On attribuait d'ailleurs une partie de ces déréglements à la méfiance jalouse de son père, qui, en le tenant écarté des affaires auxquelles il se portait avec une grande ardeur, en lui ôtant même l'occasion de faire éclater ses talents militaires, avait jeté cet esprit impétueux dans des voies de désordre où les mœurs du temps ne permettaient guère qu'on s'arrêtât sans avoir atteint les derniers excès. Hollinshed attribue à la malveillance de ceux qui entouraient le roi Henri IV, non-seulement les soupçons qu'il était disposé à concevoir contre son fils, mais encore les bruits odieux répandus sur la conduite de ce prince. Il rapporte une occasion où le prince, ayant à se défendre contre certaines insinuations qui avaient mis la mésintelligence entre son père et lui, se rendit à la cour avec une suite dont l'éclat et le nombre n'étaient pas faits pour diminuer les soupçons du roi, et dans un costume assez singulier pour que le chroniqueur ait cru devoir en faire mention. C'était « une robe (*a gowne,* probablement un long manteau) de satin bleu « remplie de petits trous en façon d'œillets, et à chaque trou pen- « dait à un fil de soie l'aiguille avec laquelle il avait été cousu. » Quoi qu'on puisse penser de la gêne des mouvements d'un homme vêtu d'une manière si inquiétante, le prince se jeta aux pieds de son père, et, après avoir protesté de sa fidélité, lui présenta son poignard, afin qu'il se délivrât de ses soupçons en le tuant, « et en présence de ces lords, ajouta-t-il, et devant Dieu au jour du juge- « ment, je jure ma foi de vous le pardonner hautement. » Le roi attendri, jeta le poignard, embrassa son fils les larmes aux yeux, lui avoua ses soupçons, et déclara en même temps qu'ils étaient effacés. Le prince demanda la punition de ses accusateurs ; le roi répondit que la prudence exigeait quelques délais, et ne punit point. Mais il paraît que l'opinion générale vengeait suffisamment le jeune prince ; et sans croire précisément avec Hollinshed, qui d'ailleurs se contredit sur ce point, que Henri ait toujours eu soin « de contenir « ses affections dans le sentier de la vertu », on est porté à supposer quelque exagération dans le récit des déportements de sa jeunesse rendus plus remarquables par la révolution subite qui les a terminés, et par l'éclat de gloire qui les a suivis.

Shakspeare devait naturellement adopter la tradition la plus favorable à l'effet dramatique ; il a senti aussi combien le rôle d'un roi et d'un père mourant, inquiet sur l'avenir de son fils et de ses sujets, était plus propre à produire sur la scène un tableau touchant et pathétique ; et de même qu'il a inventé pour la beauté de son dénoùment l'épisode de Gascoygne, il a ajouté, à la scène de la mort de Henri IV, des développements qui la rendent infiniment plus intéressante. Hollinshed rapporte simplement que le roi s'apercevant qu'on avait ôté sa couronne de dessus son chevet, et apprenant que c'était le prince qui l'avait emportée, le fit venir et lui demanda raison de cette conduite : « Sur quoi le prince, avec un bon courage, « lui répondit :—Sire, à mon jugement et à celui de tout le monde, « vous paraissiez mort. Donc, comme votre plus proche héritier « connu, j'ai pris cette couronne comme mienne et non comme « vôtre.—Bien, mon fils, dit le roi avec un grand soupir, quel droit « j'y avais, Dieu le sait!—Bien, dit le prince, si vous mourez roi, « j'aurai la couronne, et je me fie de la garder avec mon épée contre « tous mes ennemis, comme vous avez fait.—Étant ainsi, dit le roi, « je remets tout à Dieu et souvenez-vous de bien faire. Ce que di-« sant, il se tourna dans son lit, et bientôt après s'en alla à Dieu. » Peut-être la réponse du jeune prince, rendue comme un poëte l'eût su rendre, aurait-elle été préférable au discours étudié que lui prête Shakspeare; cependant il en a conservé une partie dans la dernière réplique du prince de Galles, et le reste de la scène offre de grandes beautés, ainsi que celles qui suivent entre Gascoygne et les princes. En tout, Shakspeare paraît avoir voulu racheter par des beautés de détail la froideur nécessaire de la partie tragique; elle en offre beaucoup, et le style en est généralement plus soigné et plus exempt de bizarrerie que celui de la plupart de ses autres pièces historiques.

La partie comique, très-importante et très-considérable dans cette seconde partie de *Henri IV*, n'est cependant pas égale en mérite à ce qu'offre, dans le même genre, la première partie. Falstaff est parvenu, il a une pension, des grades; ses rapports avec le prince sont moins fréquents; son esprit ne lui sert donc plus aussi fréquemment à se tirer de ces embarras qui le rendaient si comique; et la comédie est obligée de descendre d'un étage pour le représenter dans sa propre nature, livré à ses goûts véritables et au milieu des misérables dont il fait sa société, ou des imbéciles qu'il a encore besoin de duper. Ces tableaux sont sans doute d'une vérité frappante et abondent en traits comiques, mais la vérité n'est pas toujours assez loin du dégoût pour que le comique nous trouve alors disposés à toute la joie qu'il inspire; et les personnages sur qui tombe le ridicule ne nous paraissent pas toujours valoir la peine qu'on en rie. Cependant le caractère de Falstaff est parfaitement soutenu, et se retrouvera tout entier quand on le verra reparaître ailleurs.

La seconde partie de *Henri IV* a paru, à ce qu'on croit, en 1598;

avant cette époque, on représentait sur la scène anglaise une pièce intitulée *les Fameuses Victoires de Henri V*, sorte de farce tragi-comique dépourvue de tout mérite. Rien ne pourrait mieux faire comprendre que ce vieux drame la merveilleuse transformation qu'opéra Shakspeare dans les représentations théâtrales du siècle d'Elisabeth.

HENRI IV

TRAGÉDIE

DEUXIÈME PARTIE

PERSONNAGES

LE ROI HENRI IV.
HENRI, prince de Galles, ensuite roi sous le nom de Henri V.
THOMAS, duc de Clarence. \
LE PRINCE JEAN de Lancastre, ensuite duc de Bedford. } ses fils.
LE PRINCE HUMPHROY de Glocester, ensuite duc de Glocester.
LE COMTE DE WARWICK
LE COMTE DE WESTMORELAND. } partisans du roi.
GOWER
HARCOURT.
LE GRAND JUGE du banc du roi.
UN GENTILHOMME attaché au grand juge.
LE COMTE DE NORTHUMBERLAND.
SCROOP, archevêq. d'York.
LORD MOWBRAY. } ennemis du roi.
LORD HASTINGS.
LORD BARDOLPH.
SIR JOHN COLEVILLE.
TRAVERS, \
MORTON, } domestiques de Northumberland.

FALSTAFF.
BARDOLPH.
PISTOL.
UN PAGE.
POINS, \
PETO, } attachés au prince Henri.
SHALLOW, \
SILENCE, } juges de comtés.
DAVY, domestique de Shallow.
MOULDY,
SHADOW,
WART, } recrues.
FEEBLE,
BULLCALF
FANG,
SNARE, } officiers du shérif.
LA RENOMMÉE.
UN PORTIER.
UN DANSEUR qui prononce l'épilogue.
LADY NORTHUMBERLAND.
LADY PERCY.
L'HOTESSE QUICKLY.
DOLL TEAR-SHEET.
LORDS ET AUTRES PERSONNAGES DE SUITE, OFFICIERS, SOLDATS, MESSAGERS, GARÇONS DE CABARET, SERGENTS, PIQUEURS, ETC.

PROLOGUE

A Warkworth. Devant le château de Northumberland.

Entre LA RENOMMÉE, *son vêtement parsemé de langues peintes.*

LA RENOMMÉE.—Ouvrez les oreilles : et qui de vous, lorsque la bruyante Renommée se fait entendre, voudra fermer les routes de l'ouïe ? C'est moi qui, depuis l'Orient jusqu'aux lieux où s'abaisse l'Occident, faisant du vent mon cheval de voyage, divulgue sans cesse les entreprises commencées sur ce globe de la terre. Sur mes langues court sans cesse le scandale que je répands dans tous les idiomes, remplissant de bruits mensongers les oreilles des hommes. Je parle de paix, tandis que, cachée sous le sourire de la tranquillité, la haine déchire le monde. Et quel autre que la Renommée, quel autre que moi produit le terrible appareil des armées, et les préparatifs de défense, lorsque, gonflée d'autres maux, l'année monstrueuse paraît prête à donner des fils au féroce tyran de la guerre?—La Renommée est une flûte où soufflent les soupçons, les inquiétudes, les conjectures, et dont la touche est si simple et si facile qu'elle peut être jouée par le monstre stupide aux têtes innombrables, l'inconstante et factieuse multitude. Mais qu'ai-je besoin d'anatomiser ma personne ici, au milieu de ma propre famille? Pourquoi la Renommée se trouve-t-elle en ce lieu? Je cours devant la victoire du roi Henri qui, dans les plaines sanglantes de Shrewsbury, a terrassé le jeune Hotspur et ses guerriers, éteignant le flambeau de l'audacieuse révolte dans le sang même des rebelles. Mais à quoi pensai-je de débuter par dire ici la vérité! Mon rôle est plutôt de répandre au loin que Henri Monmouth a succombé sous la colère du noble Hotspur, que le roi lui-même a baissé, aussi bas que le tombeau, sa tête sacrée devant la rage de Douglas. Voilà les bruits que j'ai semés au travers des villes rustiques situées entre ces plaines royales de Shrewsbury, et cette masse de pierres inégales, repaire vermoulu où le père de Hotspur, le vieux Northumberland, contrefait le malade. Les messagers arrivent épuisés, et pas un d'eux n'apporte d'autres nouvelles que celles qu'ils ont apprises de moi. Ils reçoivent des langues de la Renommée, de flatteurs et consolants mensonges, pires que le récit des maux véritables.

(Elle sort.)

ACTE PREMIER

SCÈNE I

Au même endroit.

LE PORTIER *est devant la porte. Entre lord* BARDOLPH.

BARDOLPH.—Qui garde la porte ici? Holà!—Où est le comte?

LE PORTIER.—Sous quel nom vous annoncerai-je?

BARDOLPH.—Dis au comte que le lord Bardolph l'attend ici.

LE PORTIER. — Sa Seigneurie est allée se promener dans le verger. Que Votre Honneur veuille bien prendre la peine de frapper seulement à la porte, et il va vous répondre lui-même.

(Entre Northumberland.)

BARDOLPH.—Voilà le comte.

NORTHUMBERLAND.—Quelles nouvelles, lord Bardolph? Chaque minute aujourd'hui devrait enfanter quelque nouveau fait. Les temps sont désordonnés, et la Discorde, comme un coursier échauffé par une trop forte nourriture, a brisé son frein avec fureur et renverse tout sur son passage.

BARDOLPH.—Noble comte, je vous apporte des nouvelles sûres de Shrewsbury.

NORTHUMBERLAND.—Bonnes, s'il plaît à Dieu!

BARDOLPH.—Aussi bonnes que le cœur les peut désirer. —Le roi est blessé presque à mort; et de la main de milord votre fils, le prince Henri tué roide; les deux Blount tués par Douglas; le jeune prince Jean, Westmoreland et Stafford ont fui du champ de bataille; et le cochon de

Henri Monmouth, le lourd sir Jean est prisonnier de votre fils. Oh! jamais depuis les jours de bonheur de César, aucun temps n'a été illustré d'une pareille journée si bien défendue, si bien conduite, et si complétement gagnée.

NORTHUMBERLAND. — D'où tenez-vous ces nouvelles? Avez-vous vu le champ de bataille? Venez-vous de Shrewsbury?

BARDOLPH. — J'ai parlé, milord, à quelqu'un qui en venait, un gentilhomme de bonne race et d'un nom recommandable, qui m'a de lui-même raconté ces nouvelles comme véritables.

NORTHUMBERLAND. — J'aperçois Travers, mon domestique, que j'avais envoyé mardi dernier pour tâcher d'apprendre quelques nouvelles.

BARDOLPH. — Milord, je l'ai dépassé sur la route; il ne sait rien de certain que ce qu'il peut avoir appris de moi.

(Entre Travers.)

NORTHUMBERLAND. — Eh bien, Travers, quelles bonnes nouvelles nous apportez-vous?

TRAVERS. — Milord, sir Jean Umfreville m'a fait retourner sur mes pas avec de joyeuses nouvelles. Comme il était mieux monté que moi, il m'a devancé. Après lui j'ai vu venir, piquant avec ardeur, un cavalier presque épuisé de la rapidité de sa course, qui s'est arrêté près de moi pour laisser souffler son cheval tout ensanglanté: il s'est informé du chemin de Chester; et je lui ai demandé des nouvelles de Shrewsbury. Il m'a dit que la cause des rebelles n'avait pas été heureuse, et que l'éperon du jeune Henri Percy était refroidi. En disant ces mots, il abandonne la bride à son cheval courageux, et, courbé en avant, il enfonce ses éperons tout entiers dans les flancs haletants de la pauvre bête, et partant d'un élan, sans attendre d'autres questions, il semblait dans sa course dévorer le chemin.

NORTHUMBERLAND. — Ah! — Répète. — Il t'a dit que l'éperon du jeune Percy était refroidi? Qu'Hotspur était sans vigueur? Que les rebelles avaient été malheureux?

BARDOLPH. — Milord, je n'ai que cela à vous dire. Si le

jeune lord votre fils n'a pas l'avantage, sur mon honneur je consens à donner ma baronnie pour un lacet de soie; n'en parlons plus.

NORTHUMBERLAND.—Eh pourquoi donc le cavalier qui a rencontré Travers lui aurait-il donné les indices d'une défaite?

BARDOLPH.—Qui? Lui? Bon, c'était quelque misérable qui avait volé le cheval qu'il montait, et qui, sur ma vie, a parlé au hasard : mais, tenez, voici encore des nouvelles.

(Entre Morton.)

NORTHUMBERLAND.—Mais quoi, le front de cet homme, semblable à la couverture d'un livre, annonce un volume du genre tragique. Tel est l'aspect du rivage lorsqu'il porte encore la trace de la tyrannique invasion des flots. Parle, Morton, viens-tu de Shrewsbury?

MORTON.—Mon noble lord, je fuis de Shrewsbury, où la mort détestée a revêtu ses traits les plus hideux pour porter l'effroi dans notre parti.

NORTHUMBERLAND.—Comment se portent mon fils et mon frère?—Tu trembles, et la pâleur de tes joues est plus prompte que ta langue à me révéler ton message. Tel, et ainsi que toi défaillant, inanimé, sombre, la mort dans les yeux, vaincu par le malheur, parut celui qui dans la profondeur de la nuit ouvrant le rideau de Priam, essaya de lui dire que la moitié de la ville de Troie était consumée; Priam vit la flamme avant que son serviteur eût pu retrouver la voix. Et moi, je vois la mort de mon cher Percy avant que tu me l'annonces. Je vois que tu voudrais me dire : « Votre fils a fait ceci et ceci; votre frère cela; ainsi a combattu le noble Douglas : » tu voudrais arrêter mon oreille avide sur le récit de leurs vaillantes prouesses, mais l'arrêtant en effet tout à coup, un soupir gardé pour la fin va dissiper d'un souffle toutes ces louanges, et terminer tout par ces mots : « Frère, fils, tous sont morts. »

MORTON.—Douglas est vivant et votre frère aussi, mais pour milord votre fils....

NORTHUMBERLAND.—Quoi, il est mort! Vois combien la

crainte est prompte ! Celui qui ne fait que redouter encore ce qu'il voudrait ne pas apprendre sait par instinct démêler dans les yeux d'autrui que ce qu'il redoute est arrivé.—Cependant parle, Morton ; dis à ton maître que sa prescience lui a menti, et je recevrai cela comme un affront qui m'est cher ; et je t'enrichirai pour récompense de cette injure.

morton.—Vous êtes trop grand pour que je vous contredise. Votre pressentiment n'est que trop vrai, et vos craintes que trop fondées.

northumberland.—Malgré tout, cela ne dit pas que Percy soit mort. Je vois un cruel aveu dans tes regards ; tu secoues la tête, et tiens pour dangereux ou criminel de dire la vérité. S'il est tué, dis-le ; ce ne sera point une faute que d'annoncer sa mort : c'en est une que de mentir sur une mort véritable, mais non pas de dire que le mort ne vit plus.

morton.—Cependant celui qui le premier apporte une fâcheuse nouvelle est chargé d'un office où tout est perte pour lui. De ce moment sa voix prend le son d'une cloche funèbre qu'on se rappelle toujours accompagnant de son tintement la mort d'un ami.

bardolph.—Non, milord, je ne puis croire que votre fils soit mort.

morton.—Je suis bien affligé d'être obligé de vous forcer à croire ce que je demanderais au ciel de n'avoir pas vu. Mais mes propres yeux l'ont vu, sanglant, épuisé hors d'haleine, et ne répondant plus que par de faibles coups à ceux d'Henri Monmouth, dont la rapide fureur a renversé Percy, jusqu'alors invincible, sur la poussière, d'où il ne s'est plus depuis relevé vivant. La mort de ce héros, dont l'ardeur enflammait le plus stupide manant de son camp, une fois ébruitée, a glacé l'ardeur du plus brillant courage de son armée : car c'était de la trempe de son âme que son parti empruntait la fermeté de l'acier ; une fois qu'elle a été détruite en lui, tout le reste s'est affaissé sur soi-même, comme un plomb inerte et lourd ; et de même qu'une masse pesante de sa nature vole avec d'autant plus de vitesse qu'elle est lancée par une force supérieure ; ainsi, lorsque la perte de Hotspur eut appesanti nos soldats, ce poids reçut de la peur une telle rapidité, que la flèche volant vers son but ne surpasse pas en légèreté nos soldats voulant chercher leur salut loin du champ de bataille. Alors le noble Worcester fut trop tôt fait prisonnier ; et ce fougueux Écossais, le sanglant Douglas, dont l'active et laborieuse épée avait tué jusqu'à trois fois la ressemblance du roi, commença à mollir et perdre cœur, et honora de son exemple la honte de ceux qui tournaient le dos ! La frayeur le fit trébucher en fuyant, et il fut pris. Enfin, le résumé de tout ceci, c'est que le roi a la victoire ; et il a envoyé un détachement avec ordre de marcher à grands pas contre vous, milord, sous la conduite du jeune Lancastre et de Westmoreland. Voilà toutes les nouvelles.

NORTHUMBERLAND.—J'aurai assez de temps pour pleurer ce malheur. Dans le poison se trouve le remède. Cette nouvelle, si j'eusse joui de la santé, m'aurait rendu malade ; me trouvant malade, elle m'a en quelque sorte guéri. Ainsi qu'un malheureux dont les nerfs affaiblis par la fièvre fléchissent, comme des gonds sans force, sous le poids de la vie, et qui dans l'impatience de son accès s'élance, semblable à la flamme, des bras de son gardien ; ainsi mes membres, affaiblis par la douleur, trouvent dans la rage de la douleur une force triple de leur vigueur naturelle. Loin d'ici, faible béquille ; maintenant c'est un gantelet écailleux avec des charnières d'acier qui doit revêtir cette main. Loin de moi aussi, bonnet de malade, trop incertaine sauvegarde d'une tête que des princes fortifiés par la conquête aspirent à frapper. Ceignez de fer mon front. Vienne l'heure la plus effroyable qu'osent annoncer la haine et les circonstances ; qu'elle menace de ses regards Northumberland au désespoir ; que le ciel et la terre se confondent ; que la main de la nature ne contienne plus l'impétuosité des flots ; que l'ordre périsse ; et que ce monde cesse d'être un théâtre où la discorde se nourrit de languissantes querelles ; que l'esprit de Caïn le premier-né s'empare de tous les cœurs ; que, toutes les âmes se précipitant dans une sanglante carrière, cette terrible scène finisse en laissant aux ténèbres le soin d'ensevelir les morts.

TRAVERS.—Ce violent transport aggrave votre mal, milord.

BARDOLPH.—Cher comte, ne faites pas divorce avec votre prudence.

MORTON.—La vie de tous vos confédérés qui vous aiment repose sur votre santé ; si vous vous abandonnez ainsi à des passions orageuses, elle doit nécessairement dépérir. Mon noble lord, vous vous êtes déterminé à risquer les chances de la guerre, et avant de dire : rassemblons une armée, vous avez calculé la somme de tous ses hasards. Vous avez supposé d'avance que dans la dispensation des coups votre fils pouvait périr ; vous saviez qu'il marchait sur les périls, sur un bord escarpé où la chute était plus vraisemblable que le salut ; vous étiez bien averti que sa chair était susceptible de blessures et de plaies, et que son ardent courage le lancerait toujours aux lieux où serait plus actif le commerce des dangers ; et cependant vous lui avez dit : marche. Nulle de ces considérations, bien que vivement présentes à votre imagination, n'a pu vous détourner de cette entreprise obstinément résolue dans votre âme. Qu'est-il donc arrivé ? ou qu'a produit cette entreprise audacieuse, sinon l'événement qui devait probablement advenir ?

BARDOLPH.—Nous tous qui sommes intéressés dans cette perte, nous savions que nous nous hasardions sur une mer si dangereuse qu'il y avait dix contre un à parier que nous y laisserions la vie. Cependant nous en avons couru les risques. Pour conquérir l'avantage que nous nous proposions, nous avons étouffé la considération du péril presque évident que nous avions à redouter. Puisque nous avons fait naufrage, hasardons encore. Venez ; nous mettrons tout dehors, corps et biens.

MORTON.—Il en est plus que temps ; et, mon noble et digne lord, j'ai appris avec certitude, et ce que je vous dis ici est véritable, que le noble archevêque d'York était en marche à la tête d'une armée bien disciplinée,

C'est un homme qui attache à lui ses partisans par un double lien. Votre fils, milord, n'avait que les corps, des ombres, des simulacres de soldats. Ce mot de rébellion séparait leurs âmes de l'action de leurs corps. Ils ne combattaient qu'avec répugnance et contrainte, comme on avale une médecine. Leurs armes semblaient seules de notre parti ; car pour leur courage et leurs âmes, ce mot de rébellion les avait congelés comme le poisson dans un étang glacé. Mais aujourd'hui l'archevêque tourne l'insurrection en entreprise religieuse : regardé comme un homme de pures et saintes pensées, il est suivi à la fois des corps et des âmes ; sa puissance s'élève fortifiée par le sang du beau roi Richard versé sur les pierres de Pomfret. Il fait descendre du ciel sa querelle et sa cause ; il annonce à tous qu'il veut délivrer une terre ensanglantée, respirant à peine sous le puissant Bolingbroke ; grands et petits s'assemblent par troupeaux pour le suivre.

NORTHUMBERLAND.—Je le savais auparavant ; mais je l'avoue, cette douleur présente l'avait effacé de ma mémoire. Entrez avec moi, et que chacun donne son avis sur les moyens les plus favorables à notre sûreté et à notre vengeance. Faisons partir des courriers et des lettres ; hâtons-nous de nous faire des amis : jamais on n'en eut si peu, et jamais on eut tant de besoin d'en avoir. (Ils sortent.)

SCÈNE II

Une rue de Londres.

Entre SIR JEAN FALSTAFF, *suivi de son page qui porte son épée et son bouclier.*

FALSTAFF.—Eh bien, page, grand colosse, que dit le docteur, que dit-il de mon urine ?

LE PAGE.—Monsieur, il a dit que l'urine en elle-même était bonne et bien saine ; mais que la personne dont elle sortait avait l'air d'être attaquée de plus de maladies qu'elle ne s'imaginait.

FALSTAFF.—Enfin les gens de toute espèce se font une gloire de tirer sur moi. La cervelle de cette argile si ridiculement pétrie, qu'on appelle *homme*, n'est pas capable de rien inventer de plus plaisant et de plus risible, que ce que j'invente moi-même, ou ce qui s'invente sur mon compte. Non-seulement je suis facétieux, moi, mais c'est encore moi qui suis la cause de tout l'esprit que peuvent avoir les autres. Je ressemble, en marchant devant toi, à une laie qui a étouffé toute sa portée hors un seul petit. Si le prince, en te mettant à mon service, a eu quelque autre intention que celle de me faire ressortir, je veux bien n'avoir pas le sens commun. Petit-maître de mandragore [1] que tu es, tu serais plus propre à figurer sur mon chapeau qu'à courir sur mes talons. Ma foi, je n'avais pas encore fait usage d'une agate [2] ; je ne te ferai monter pourtant ni en or, ni en argent, mais je t'empaqueterai dans de mauvais haillons pour te renvoyer à ton maître, en manière de bijou ; oui, à ce jouvenceau, le prince ton maître, dont le menton n'est pas encore emplumé : j'aurai de la barbe dans la paume de ma main avant qu'il en ait sur les joues. Cependant il ne fera pas difficulté de vous dire que sa face est une face royale. Je ne sais quand il plaira au bon Dieu d'y donner le dernier coup. Elle n'a pas encore perdu un poil [3], et il est bien sûr de la garder toujours face royale, car jamais un barbier n'en tirera six pence [4] ; et cependant il veut

---

[1] On supposait que la mandragore représentait en petit la figure d'un homme.

[2] *I was never manned with an agate till now*. Il paraît que l'agate au doigt était le signe de dignité d'un alderman. Le peu d'épaisseur de la pierre, et les figures qu'elle représente, en font assez souvent dans Shakspeare un objet de comparaison pour des figures minces et petites. *Manned* signifie *servi, pourvu d'un valet* (*man*). Selon toute apparence, il signifiait aussi du temps de Shakspeare, *qui a la main garnie; man* dans le sens de *main*, est encore en anglais la racine de plusieurs mots ; dans cette supposition *manned* produirait ici un jeu de mots, ce qui est toujours probable.

[3] Ceci fait probablement allusion à la tonte du drap, qui est une des dernières opérations de sa fabrication.

[4] *He may keep it still as* ou (selon les anciennes éditions) *at a*

faire le coq, comme s'il avait brevet d'homme dès le temps où son père était garçon. Ma foi, qu'il conserve tant qu'il voudra sa grâce, je puis bien l'assurer qu'il n'est plus dans la mienne. — Eh bien! que dit Dumbleton au sujet du satin que je lui ai demandé pour me faire un manteau court et des chausses à la matelote?

LE PAGE. — Il dit, monsieur, qu'il faut que vous lui donniez une meilleure caution que Bardolph : il ne veut point de votre billet ni du sien, il ne s'est point soucié de pareilles sûretés.

FALSTAFF. — Qu'il soit damné comme le riche glouton [1], et la langue encore plus chaude! Le mâtin d'Achitophel! Un misérable, un vrai maraud, qui vous tient un gentilhomme le bec dans l'eau, et va chicaner sur des sûretés! Ces canailles à têtes chauves ne portent plus que des souliers à talons hauts et de gros paquets de clefs à leur ceinture; et, si l'on veut entrer avec eux dans quelque honnête marché à crédit, ils vous arrêtent sur les sûretés. J'aimerais autant qu'ils me missent de la mort aux rats dans la bouche, que de venir me la fermer avec leurs sûretés. Je m'attendais qu'il allait m'envoyer vingt-deux aunes de satin : sur mon Dieu, comme je suis loyal chevalier, j'y comptais; et ce misérable-là m'envoie des sûretés! Eh bien, il n'a qu'à dormir en *sûreté;* car il porte la corne d'abondance, et l'on voit les légèretés [2] de sa femme briller au travers, et lui n'en voit rien, malgré la lanterne qu'il porte pour s'éclairer. — Où est Bardolph?

LE PAGE. — Il est allé à Smithfield pour acheter un cheval à votre seigneurie.

face-royal, for a barber shall never earn six pence out of it.
Face-royal signifie certainement ici autre chose que *royal face.* C'était, selon toute apparence, le nom d'une pièce de monnaie, d'une valeur assez considérable, et le sens de la plaisanterie de Falstaff serait alors que le prince la conservera dans toute sa valeur, car un barbier ne gagnera jamais six pence dessus. Voilà ce qu'on y peut voir de plus clair; on trouvera souvent dans le cours de cette pièce des allusions aux usages du temps qu'il est impossible de traduire littéralement, et même d'expliquer tout à fait clairement.

[1] Le mauvais riche.
[2] *The lightness,* légèreté et *clarté.*

FALSTAFF.—Je l'ai acheté à Saint-Paul[1], lui, et il va m'acheter un cheval à Smithfield! Si je pouvais seulement raccrocher une femme dans la rue, il ne me faudrait plus que cela pour être servi, monté et marié de la même manière.

(Entre le lord grand juge, et un huissier.)

LE PAGE.—Monsieur, voilà le lord juge qui a envoyé le prince en prison, pour l'avoir frappé à l'occasion de Bardolph[2].

[1] Saint-Paul passait pour le rendez-vous des escrocs et des mauvais sujets.

[2] La tradition commune, suivie ici par Shakspeare, c'est que le lord grand juge Gascoygne, dont il est ici question, ayant fait arrêter pour félonie un des domestiques du jeune Henri, prince de Galles, celui-ci se rendit au tribunal pour demander qu'on le remît en liberté, et sur le refus du grand juge, se mit en devoir de le délivrer par force, et qu'alors le grand juge lui ayant commandé de se retirer, Henri s'emporta jusqu'à le frapper sur son tribunal. Cependant sir Thomas Elyot, qui écrivait sous Henri VI. dit simplement, en rapportant ce fait, que le prince s'avança vers le grand juge dans une telle fureur qu'on crut qu'il allait le tuer, ou lui faire quelque outrage; mais que le juge, sans se déranger de son siége, avec une contenance pleine de majesté, l'arrêta par les paroles suivantes :

« Monsieur, souvenez-vous que je tiens ici la place du roi,
« votre souverain seigneur et père, à qui vous devez une double
« obéissance. Je vous ordonne donc en son nom de vous désister
« sur-le-champ de votre entreprise téméraire et illégale, et de
« donner désormais bon exemple à ceux qui seront un jour vos
« sujets; quant à présent, pour votre désobéissance et mépris
« de la loi, vous vous rendrez à la prison du banc du roi, où je
« vous constitue prisonnier, et vous y demeurerez jusqu'à ce
« que le roi votre père ait fait connaître sa volonté. »

Sur quoi, le prince, frappé de respect, déposant aussitôt son épée, se rendit en prison. Shakspeare a suivi la version de Hollenshed, qui, d'après Hall, rapporte que le prince frappa le grand juge. Il suppose aussi, d'après le même écrivain, qu'à cette occasion Henri perdit sa place au conseil, où il fut remplacé par son frère Jean de Lancastre (*voy.* la 1re partie d'*Henri IV*, acte III, scène II.) Mais ce fait paraîtrait en contradiction avec les paroles que prononça, dit-on, le roi à cette occasion, et que Shakspeare lui-même rapporte à la fin de la seconde partie d'*Henri IV*, dans le discours qu'il prête à Henri V devenu roi : au surplus, ce discours et la circonstance qui y donne occasion, sont, autant qu'on en peut juger, une invention du poëte. Il

FALSTAFF.—Suis-moi promptement; je ne veux pas le voir.

LE JUGE.—Quel est cet homme qui s'en va là-bas?

L'HUISSIER.—C'est Falstaff, sous le bon plaisir de votre seigneurie.

LE JUGE.—Celui qui était impliqué dans l'affaire du vol?

L'HUISSIER.—Oui, milord, c'est lui-même : mais depuis ce temps-là il a bien servi à Shrewsbury ; et, à ce que j'entends dire, il va partir chargé de quelque commission pour Son Altesse Royale de Lancastre.

LE JUGE.—Quoi! il part pour York? Rappelez-le.

L'HUISSIER.—Sir Jean Falstaff?

FALSTAFF, *au page*.—Mon garçon, dis-lui que je suis sourd.

LE PAGE.—Parlez plus haut : mon maître est sourd.

LE JUGE.—Je suis bien sûr qu'il est sourd à tout ce qu'on peut lui dire de bon. Allez, tirez-le par le coude. Il faut absolument que je lui parle.

L'HUISSIER.—Sir Jean?

FALSTAFF.—Qu'est-ce qu'il y a? Comment, maraud, jeune comme tu l'es, mendier! N'y a-t-il pas une guerre? N'y a-t-il pas de l'emploi? Le roi n'a-t-il pas besoin de sujets? Les rebelles, de soldats? Quoiqu'il n'y ait qu'un seul parti qu'on puisse suivre avec honneur, il est encore plus honteux de mendier que de suivre le plus mauvais, fût-il même encore cent fois plus odieux que le nom de rébellion ne peut le faire.

L'HUISSIER.—Monsieur, vous me prenez pour un autre.

FALSTAFF.—Eh quoi! monsieur? Est-ce que je vous ai dit que vous étiez un honnête homme? Sauf le respect que je dois à ma qualité de chevalier et à mon état militaire, j'en aurais menti par la gorge, si je l'avais dit.

L'HUISSIER.—Eh bien, je vous en prie, monsieur, mettez donc votre qualité de chevalier et votre état militaire

---

paraît constant que le grand juge Gascoygne mourut avant Henri IV, vers la fin de 1412. Hume rapporte comme Shakspeare la conduite de Henri V avec Gascoygne. On serait tenté de croire qu'il n'a eu sur ce point d'autre autorité que le poëte dont il emprunte à peu près les expressions.

de côté, et permettez-moi de vous dire que vous en avez menti par la gorge, si vous osez dire que je suis autre chose qu'un honnête homme.

FALSTAFF.—Moi, que je te permette de me parler ainsi? Que je mette de côté ce qui tient à mon existence? Si tu obtiens jamais cette permission-là de moi, je veux bien que tu me pendes; et si tu la prends, il vaudrait mieux pour toi que tu fusses pendu, infâme happe-chair; veux-tu courir, gredin?

L'HUISSIER.—Monsieur, milord voudrait vous parler.

LE JUGE.—Sir Jean Falstaff, je voudrais vous dire un mot.

FALSTAFF.—Ah! mon cher lord, je souhaite bien le bonjour à votre seigneurie : je suis enchanté de voir votre seigneurie sortie ; on m'avait dit que votre seigneurie était malade ; j'espère sans doute que c'est par avis de médecin que votre seigneurie prend l'air. Quoique votre seigneurie ne soit pas encore tout à fait hors de la jeunesse, cependant elle ne laisse pas d'avoir déjà un avant-goût de maturité et de se ressentir un peu des amertumes de l'âge : permettez donc que je supplie en grâce votre seigneurie d'avoir le soin le plus attentif de sa santé.

LE JUGE.—Sir Jean, je vous avais fait demander avant votre expédition de Shrewsbury.

FALSTAFF.—Avec votre permission, on dit que Sa Majesté est revenue du pays de Galles avec quelques chagrins.

LE JUGE.—Je ne parle pas de Sa Majesté. Vous ne vous êtes pas soucié de venir, lorsque je vous ai envoyé chercher.

FALSTAFF.—Et on dit même que Sa Majesté a eu une nouvelle attaque de cette coquine d'apoplexie.

LE JUGE.—Eh bien, que Dieu veuille la guérir! mais écoutez ce que j'ai à vous dire.

FALSTAFF.—Cette apoplexie est, à ce que je m'imagine, une espèce de léthargie; n'est-ce pas, milord? comme qui dirait un assoupissement du sang, un coquin de tintement dans les oreilles.

LE JUGE.—Qu'est-ce que vous me contez là? Qu'elle soit ce qu'elle voudra.

FALSTAFF.—Cela vient de beaucoup de chagrin, de l'étude et des tourments d'esprit. J'ai lu la cause de ses effets dans Galien ; c'est une ecpèce de surdité.

LE JUGE.—Je crois, ma foi, que vous tenez aussi un peu de cette surdité-là ; car vous n'entendez rien de ce que je vous dis.

FALSTAFF.—Fort bien dit, milord, fort bien : ou plutôt, avec votre permission, c'est la maladie de ne pas écouter, l'infirmité de ne pas faire attention, dont je suis attaqué.

LE JUGE.—Une correction par les talons pourrait guérir le défaut d'attention de vos oreilles. C'est ce qui ne m'embarrassera guère si je deviens votre médecin.

FALSTAFF.—Je suis bien aussi pauvre que Job, milord, mais pas tout à fait si patient que lui. Dans le premier cas, votre seigneurie peut bien, si cela lui plaît, m'administrer la recette de l'emprisonnement à cause de ma pauvreté : mais jusqu'à quel point votre patient consentirait-il à suivre vos ordonnances, c'est en quoi les savants pourraient bien admettre quelques parties de scrupule, et peut-être même un scrupule tout entier.

LE JUGE.—Je vous ai envoyé chercher, pour me parler sur des choses où il n'allait pas moins que de votre vie.

FALSTAFF.—Et comme j'ai été conseillé par mon avocat, qui est très-versé dans les lois de ce pays, je ne me suis pas rendu chez vous.

LE JUGE.—Fort bien ; mais le fait est, sir Jean, que vous vivez dans une grande infamie.

FALSTAFF.—Je défie quiconque pourra se serrer dans mon ceinturon de vivre à moins.

LE JUGE.—Vos moyens sont très-minimes, et vous faites grosse dépense.

FALSTAFF.—Je voudrais qu'il en fût autrement. J'aimerais bien mieux avoir des moyens plus grands, et dépenser moins gros [1].

---

[1] Le grand juge a dit à Falstaff *your waste* (consommation) *is great.* Falstaff répond *I would... my waist* (taille) *slenderer.* Jeu de mots impossible à rendre littéralement.

LE JUGE.—Vous avez perverti le jeune prince.

FALSTAFF.—C'est le jeune prince qui m'a perverti. Je suis l'homme au gros ventre, et lui mon chien [1].

LE JUGE.—Enfin, je ne veux pas rouvrir une plaie récemment guérie : votre service à la journée de Shrewsbury a un peu replâtré vos exploits de nuit à Gadshill. Vous avez à remercier les troubles d'aujourd'hui, de ce que vous avez vu se passer sans trouble une pareille affaire.

FALSTAFF.—Milord?

LE JUGE.—Mais puisque tout est raccommodé, ayez soin que les choses restent comme elles sont, et n'éveillez pas le loup qui dort.

FALSTAFF.—Réveiller un loup est aussi fâcheux que de sentir un renard.

LE JUGE.—Songez que vous êtes comme une chandelle, le meilleur en est usé.

FALSTAFF.—Comme un gros cierge, milord, et tout de suif, et quand j'aurais dit de cire, cela ne conviendrait pas mal à la gravité de ma personne [2].

LE JUGE.—Il n'y a pas un poil blanc sur toute votre figure qui ne dût produire en vous sa portion de gravité.

FALSTAFF.—Qui ne dût produire sa part de jus, jus, jus [3].

LE JUGE.—Vous suivez le jeune prince partout comme son mauvais ange.

FALSTAFF.—Vous vous trompez, milord, un mauvais ange n'est pas de poids [4] ; au lieu que quiconque me regardera seulement me prendra bien, j'espère, sans me peser : et cependant, je l'avoue, à quelques égards,

---

[1] *I am the fellow the great belly, and he my dog.* Probablement on voyait dans les rues, du temps de Shakspeare, un homme que son gros ventre empêchait tellement de voir devant lui qu'il se faisait conduire par un chien.

[2] *If I did say of wax, my growth would approve the truth.*

Wax signifie *cire* et *croître, croissance*. Si l'on veut prendre le jeu de mots sur *cire* (*sire*), en compensation du jeu de mots anglais impossible à rendre, on en a toute liberté.

[3] Le juge a dit *gravity* (gravité). Falstaff répond *gravy* (jus).

[4] *Angel*, ange, angelot, nom d'une monnaie.

je ne serais pas de cours. La vertu a si peu de prix dans ces vils siècles de négoce, que le véritable courage se fait meneur d'ours, la vivacité d'esprit servante de cabaret, et elle est obligée d'employer toute la promptitude de ses reparties à présenter des comptes et dépenses : et tous les autres dons qui appartiennent à l'homme, à la manière dont la méchanceté du siècle les accommode, ne valent pas un grain de groseille. Vous qui êtes vieux, vous ne nous tenez pas compte de nos facultés à nous autres qui sommes jeunes ; vous jugez de la chaleur de notre foie suivant l'amertume de votre bile ; et nous qui sommes dans la fougue de la jeunesse, j'avoue que nous sommes aussi un peu crânes parfois.

LE JUGE.—Osez-vous encore placer votre nom dans la liste des jeunes gens, vous sur qui la main du temps a écrit en toutes lettres que vous êtes vieux ? N'avez-vous pas l'œil larmoyant, la main sèche, le visage jaune, la barbe blanche, une jambe qui diminue et un ventre qui grossit ? N'avez-vous pas la voix cassée, l'haleine courte, le menton épais et l'esprit mince ? Enfin tout n'est-il pas chez vous ravagé par la vieillesse ? Et vous vous traitez encore de jeune homme ? Fi, fi, fi, sir Jean !

FALSTAFF.—Milord, je suis né à trois heures de l'après-dînée, ayant la tête blanche et le ventre déjà un peu rond. Quant à ma voix, je l'ai perdue à force de crier après mes soldats et de chanter des antiennes. Vous donner d'autres preuves encore de ma jeunesse, c'est ce que je ne ferai point. La vérité est que je ne suis vieux que d'esprit et de conception : et quiconque voudra gagner mille guinées avec moi à qui fera le meilleur entrechat n'a qu'à m'avancer l'enjeu, et je suis son homme. Pour le soufflet que le prince vous a donné, il vous l'a donné en homme brutal, et vous, vous l'avez reçu en seigneur sensé. Je l'ai réprimandé dans le temps pour cela ; et le jeune lion en fait pénitence aujourd'hui, non pas à la vérité dans la cendre et le cilice, mais avec des habits de soie neufs et de vieux vin d'Espagne.

LE JUGE.—Allons ; Dieu veuille donner au prince un meilleur compagnon !

FALSTAFF. — Dieu veuille donner au compagnon un meilleur prince! car je ne saurais me dépêtrer de lui.

LE JUGE. — Eh bien! le roi vous a séparé du prince Henri, car on m'a dit que vous partiez avec le prince de Lancastre qui marche contre l'archevêque et le comte de Northumberland.

FALSTAFF. — Oui, et j'en rends grâces à votre aimable et charmante imagination; mais songez donc à prier, vous autres qui restez à la maison à caresser milady la Paix, que nos deux armées ne se joignent pas dans une journée chaude : car, ma foi, je n'emporte que deux chemises avec moi, et je ne prétends pas suer extraordinairement. Si la journée est chaude, je veux ne jamais cracher blanc de ma vie, si je brandis autre chose que la bouteille. Il ne lui passe pas par la tête une entreprise dangereuse qu'il ne me fourre dedans. A la bonne heure, mais je ne peux pas toujours durer. — Ç'a toujours été notre tic à nous autres Anglais, quand nous avons quelque chose de bon, nous le mettons à toutes sauces. S'il vous convient de me trouver si vieux, vous devriez bien me donner un peu de repos. Plût à Dieu que mon nom ne fût pas aussi terrible à l'ennemi qu'il l'est! J'aimerais mieux mille fois être mangé de la rouille jusqu'aux os, que de me voir fondu et réduit à rien par un mouvement perpétuel.

LE JUGE. — Allons, soyez honnête homme, soyez honnête homme. Et que Dieu bénisse votre expédition !

FALSTAFF. — Votre seigneurie voudrait-elle me prêter seulement un millier de guinées pour monter mon équipage?

LE JUGE. — Pas un penny, pas un penny. Vous êtes trop vif à vouloir vous charger de croix[1]. Adieu, faites bien mes compliments à mon cousin de Westmoreland.

(Il sort avec l'huissier.)

FALSTAFF. — Si j'en fais rien, je veux bien qu'on me berne sur la couverture d'un coffre[2]. L'homme ne peut

[1] *Crosses*, nom d'une pièce de monnaie.
[2] *Filliss me with a three-man bretle to filliss. Fillissing* est le nom d'une espèce de jeu, qui consiste à placer un crapaud sur le

pas plus séparer la vieillesse de l'avarice, qu'il ne peut chasser la luxure d'un jeune corps. Mais aussi l'un est pris de la goutte, et l'autre prend.....¹ Ce qui fait que je n'ai plus rien à leur souhaiter.—Page!

LE PAGE.—Monsieur!

FALSTAFF.—Combien y a-t-il dans ma bourse?

LE PAGE.—Sept groats et deux pence.

FALSTAFF.—Je ne sais aucun remède contre cette consomption de la bourse. Emprunter ne sert qu'à la faire traîner, et traîner jusqu'à la fin; mais le mal reste incurable. Tiens; va porter cette lettre à milord de Lancastre, celle-ci au prince, cette autre au comte de Westmoreland, celle-ci, c'est pour la vieille mistriss Ursule, à qui je promets toutes les semaines de l'épouser, depuis que j'ai aperçu le premier poil blanc à mon menton. A propos de cela, vous savez où me rejoindre. (*Le page sort.*) La peste soit de cette goutte² ou que la goutte soit de l'autre! Car je ne sais de la goutte ou de l'autre lequel fait le diable autour de mon gros orteil. Il n'y a pas grand mal, si je fais un peu de halte; je donnerai mes guerres pour cause de mes souffrances, et ma pension en paraîtra d'autant plus juste; avec de l'esprit, on tire parti de tout: je ferai servir mes infirmités à mon bien-être.

(Ils sortent.)

SCÈNE III

York. — Appartement dans le palais de l'archevêque.

Entrent L'ARCHEVÊQUE D'YORK, *les lords* HASTINGS, MOWBRAY ET BARDOLPH.

L'ARCHEVÊQUE D'YORK.—Vous venez d'entendre nos mo-

bout d'une bascule dont on frappe l'autre bout avec un maillet, ce qui fait sauter le crapaud en l'air. Le *three-man bretle* est un *instrument mis en mouvement par trois hommes, pour enfoncer des pieux. Ces deux allusions étant impossibles à rendre, on a choisi ce qui a paru exprimer le mieux la même idée.*

¹ *The poe.*

² *A poe of this gout! on a gout of this poe!* Il a fallu ôter au langage de Falstaff beaucoup de son naturel pour rendre ce passage supportable en français.

tifs, et vous connaissez nos ressources; à présent, mes nobles et dignes amis, je vous prie tous de déclarer franchement ce que vous pensez de nos espérances; et d'abord, vous lord maréchal, qu'en dites-vous?

mowbray.—Je conviens qu'il y a lieu à prendre les armes; mais je voudrais voir un peu mieux comment, avec ce que nous avons de forces, nous pourrons parvenir à faire tête, avec quelque confiance et quelque sûreté, aux troupes et à la puissance du roi.

hastings.—Le nombre actuel de nos troupes, d'après la dernière revue, monte à vingt-cinq mille hommes d'élite, et derrière nous de vastes ressources reposent sur l'espérance des secours du puissant Northumberland, dont le cœur brûle d'une flamme allumée par les injures.

bardolph.—Ainsi, lord Hastings, voici donc l'état de la question; pouvons-nous, avec les vingt-cinq mille hommes que nous avons actuellement, tenir tête au roi, sans Northumberland?

hastings.—Avec lui, ils peuvent suffire.

bardolph.—Eh! oui, sans doute, avec lui. Mais si, sans lui, nous nous croyons trop faibles, mon avis est que nous ne devons pas nous avancer trop loin, avant d'avoir reçu son renfort. Car, dans une affaire d'un aspect aussi sanglant que celle-ci, les conjectures, les vaines attentes, et la perspective des secours incertains ne doivent pas être admis dans nos calculs.

l'archevêque d'york.—Rien n'est plus vrai, lord Bardolph; car c'est là précisément le cas où s'est trouvé le jeune Hotspur à Shrewsbury.

bardolph.—Précisément, milord. Soutenu par l'espérance, il vécut d'air, attendant les renforts promis, et se flattant de la perspective d'un secours qui se trouva bien au-dessous de la plus petite de ses idées; ainsi, par la force de son imagination, ce qui est le propre des fous, il conduisit ses troupes à la mort, et s'élança les yeux fermés dans l'abîme de la destruction.

hastings.—Mais avec votre permission, il n'y a jamais eu d'inconvénient à calculer les probabilités et les motifs d'espérance.

BARDOLPH.—Il y en a dans une guerre de la nature de la nôtre. Dans une entreprise commencée, l'action du moment s'enrichit d'espérances, de même qu'un printemps hâtif nous montre les boutons qui commencent à poindre; mais l'espoir qu'ils se changeront en fruits s'appuie sur de bien moindres certitudes que la crainte de les voir mordus de la gelée. Quand nous voulons bâtir, nous commençons par examiner le projet, ensuite nous traçons le plan; et, lorsque nous avons le dessin de la maison sous nos yeux, il faut ensuite faire le calcul des frais de construction. Si nous trouvons qu'ils excèdent nos facultés, que faisons-nous alors? nous traçons un plan nouveau où les appartements sont rétrécis; ou bien, nous renonçons à bâtir. A plus forte raison dans cette grande entreprise, où il s'agit presque de renverser un royaume et d'en élever un autre, devons-nous examiner d'abord l'état des choses, considérer le plan, tomber d'accord d'une base sûre, consulter les ouvriers en chef, connaître nos propres facultés, considérer quelles sont nos forces pour entreprendre un pareil ouvrage et les peser contre celles de notre ennemi. Autrement, nous nous composerons des armées sur le papier et en peinture, nous prendrons des noms d'hommes pour les hommes mêmes, et nous serons dans le cas de celui qui trace un modèle d'édifice au-dessus des ressources qu'il a pour le construire; puis il abandonne l'ouvrage à moitié fait, laissant la portion qu'il a élevée à grands frais, exposée sans défense comme pour servir d'objet aux pleurs des nuages, et de victime à la tyrannie du cruel hiver.

HASTINGS.—Supposez que nos espérances, malgré leur belle apparence, avortent en naissant, et que nous possédions en ce moment jusqu'au dernier des soldats que nous pouvons attendre, je crois encore que, dans cet état même, nous formons un corps assez puissant pour balancer les forces du roi.

BARDOLPH. — Quoi! le roi n'a-t-il que vingt-cinq mille hommes?

HASTINGS.—Contre nous, pas davantage; pas même

tant, lord Bardolph ; car, pour répondre aux divers points où la guerre menace, il a coupé son armée en trois corps. L'un marche contre les Français[1] : le second contre Glendower, et il est forcé de nous opposer le troisième. Ainsi, ce roi mal assuré est obligé de se partager en trois, et ses coffres ne rendent plus que le son creux du vide et de la pauvreté.

L'ARCHEVÊQUE D'YORK. — Qu'il puisse rassembler ses forces divisées, et qu'il vienne fondre sur nous avec toute sa puissance, c'est ce qui n'est nullement à craindre.

HASTINGS.—Il faudrait pour cela qu'il laissât ses derrières sans défense contre les Français et les Gallois continuellement sur ses talons : ne craignez pas qu'il en fasse rien.

BARDOLPH.—Qui doit, suivant les apparences, commander l'armée destinée contre nous?

HASTINGS. — Le duc de Lancastre et Westmoreland. Contre les Gallois, c'est lui-même avec Henri Monmouth ; mais quel est le chef qu'on oppose aux Français, c'est ce dont je n'ai aucune certitude.

L'ARCHEVÊQUE D'YORK.—Marchons en avant, et publions les motifs qui nous mettent les armes à la main. Le peuple est las de son propre choix. Son trop avide amour s'est fatigué de ses propres excès. C'est une demeure mobile et incertaine que celle qui se bâtit sur le cœur du vulgaire ! O multitude imbécile, avec quelles bruyantes acclamations n'as-tu pas fatigué le ciel de tes bénédictions sur Bolingbroke, avant qu'il fût ce que tu souhaitais qu'il devînt ! Et aujourd'hui que tes vœux se trouvent accomplis, animal vorace, tu es si rassasié de lui, que tu l'excites toi-même à le rejeter.... Ce fut ainsi, chien sans pudeur, que de ton estomac glouton tu vomis l'auguste Richard ; et maintenant tu voudrais revenir à ton vomissement[2], et tu hurles pour le retrouver. Quelle confiance fonder sur des temps comme les nôtres? Ceux qui, lorsque Richard vivait, le souhaitaient mort, sont

---

[1] Débarqués dans le pays de Galles pour soutenir Glendower.
[2] Expression de l'Ecriture.

maintenant amoureux de son tombeau!.... Toi qui jetais de la poussière sur sa tête sacrée, lorsqu'au travers de la superbe Londres il marchait en soupirant derrière les admirés de Bolingbroke, tu cries aujourd'hui : *O terre, rends-nous ce roi, et prends celui-ci.* Maudites soient les pensées des hommes! Le passé et l'avenir sont toujours préférés, et le présent est toujours le pire.

MOWBRAY. — Irons-nous rassembler nos troupes, et nous mettrons-nous en campagne?

HASTINGS.—Nous sommes les sujets du temps, et le temps nous ordonne de partir.

FIN DU PREMIER ACTE.

ACTE DEUXIÈME

SCÈNE I

Une rue de Londres.

Entrent L'HOTESSE *avec* FANG *et son valet,*
SNARE [1] *quelques instants après.*

L'HÔTESSE.—Eh bien, monsieur Fang, avez-vous dressé ma plainte ?

FANG.—Oui, elle est dressée.

L'HÔTESSE.—Où est votre recors ? Est-ce un homme robuste ? tiendra-t-il ferme ?

FANG.—Garçon, où est Snare ?

L'HÔTESSE.—Oh ! oui, mon Dieu, le bon M. Snare.

SNARE.—Me voilà, me voilà.

FANG.—Snare, il faut arrêter sir Jean Falstaff.

L'HÔTESSE.—Oui, mon bon monsieur Snare, j'ai fait faire ma plainte et tout.

SNARE.—Il pourrait bien en coûter la vie à quelqu'un de nous dans cette affaire-là : il jouera du poignard.

L'HÔTESSE.—Hélas ! mon Dieu, prenez bien garde à lui : il m'a poignardée moi-même dans ma propre maison, et cela le plus brutalement du monde. Il ne s'embarrasse pas où il frappe ; une fois que son arme est tirée, il fourrage partout comme un démon, et n'épargne ni homme, ni femme, ni enfant.

FANG.—Ah ! si je peux le joindre et l'empoigner une fois, je ne m'embarrasse pas de ses coups.

---

[1] *Fang*, serre ; *snare*, piége. La plupart des noms comiques de cette pièce sont significatifs.

L'HÔTESSE.—Oh! ni moi non plus. Je serai près de vous, je vous prêterai la main.

FANG.—Si je l'empoigne une fois! qu'il vienne seulement dans mes pinces.

L'HÔTESSE.—Je suis ruinée par son départ; je puis vous assurer qu'il n'en finit pas sur mon livre de compte. Mon bon monsieur Fang, tenez-le bien ferme! Mon bon monsieur Snare, ne le laissez pas échapper. Il vient continuellement à Pye-Corner pour acheter, sous votre respect, une selle; et il est encore invité à dîner rue des Lombards, à la *Tête-du-Léopard,* chez M. Smooth, marchand de soie. Oh! je vous en prie, puisque ma plainte est dressée, et que mon histoire est ouvertement connue de tout le monde, obligez-le donc à me satisfaire. Cent marcs! c'est une grande chose à porter pour une pauvre femme toute seule. Et j'ai pourtant supporté, supporté, supporté! J'ai été renvoyée, renvoyée, renvoyée d'un jour à l'autre; que cela fait honte, quand on y pense. Ce n'est pas en agir honnêtement, à moins qu'on ne regarde une femme comme un âne, une bête faite pour supporter tous les torts que voudra lui faire le premier coquin.

(Entrent sir Jean Falstaff, Bardolph et le Page.)

L'HÔTESSE.—Le voilà là-bas qui vient, et cet autre nez enluminé de malvoisie, ce scélérat de Bardolph avec lui. Faites votre devoir, faites votre devoir, monsieur Fang; et vous aussi, monsieur Snare : oui, faites-moi, faites-moi, faites-moi bien votre devoir.

FALSTAFF.—Qu'est-ce que c'est? qui donc a perdu son âne ici? de quoi s'agit-il?

FANG.—Sir Jean, je vous arrête à la requête de mistriss Quickly.

FALSTAFF.—Au diable, faquins! Dégaine, Bardolph.—Coupe-moi la tête à ce maraud-là. Flanque-moi la princesse dans le ruisseau.

L'HÔTESSE.—Me jeter dans le ruisseau! C'est moi qui vais t'y jeter. Veux-tu, veux-tu, coquin de bâtard que tu es? Au meurtre! Au meurtre! Chien d'*assassineur* que tu es, veux-tu tuer les officiers du bon Dieu et du roi?

Coquin d'*armicide* que tu es. Tu es un vrai *armicide*, un bourreau d'hommes et un bourreau de femmes.

FALSTAFF.—Écarte-moi ces canailles-là, Bardolph.

FANG.—Main-forte! main-forte!

L'HÔTESSE.—Bons amis, prêtez-nous la main, un ou deux de vous. Veux-tu bien? Quoi! tu ne veux pas? Ne veux-tu pas? Tu ne veux pas? Va donc, coquin!... Va donc, gibier de potence!

FALSTAFF.—Au diable, marmiton, manant, puant : je vous chatouillerai votre catastrophe [1].

(Entre le lord grand juge.)

LE JUGE.—De quoi s'agit-il? Qu'on se tienne en paix ici : holà !

L'HÔTESSE.—Mon bon seigneur, soyez-moi favorable; je vous en prie, soyez pour moi.

LE JUGE.—Qu'est-ce que c'est, sir Jean? Quoi! vous êtes ici à faire tapage? Cela sied-il à votre place, aux circonstances présentes et à votre emploi? Vous devriez déjà être en chemin pour York. Lâche-le, toi, l'ami : pourquoi te suspends-tu à lui de la sorte?

L'HÔTESSE.—O mon très-honoré lord! Plaise à votre grandeur; je suis une pauvre veuve d'Eastcheap, et il est arrêté à ma requête.

LE JUGE.—Pour quelle somme [2]?

L'HÔTESSE.—Ce n'est pas seulement pour une somme, milord, c'est pour le tout, tout ce que j'ai; il m'a mangé maison et tout : il a fourré tout ce que j'avais dans son gros ventre : mais j'en retirerai quelque chose, si je peux; ou je galoperai sur toi toutes les nuits comme le cauchemar.

FALSTAFF.—Il pourrait bien arriver, je crois, que ce fût moi, si j'avais l'avantage du terrain.

LE JUGE.—Qu'est-ce que tout cela veut dire, sir Jean? Fi donc; quel homme ayant un peu de cœur voudrait

---

[1] *Catastrophe*, dans l'argot du temps, signifiait, à ce qu'il paraît, une partie du corps; on ne sait pas bien laquelle.

[2] *For what sum* (pour quelle somme?) demande le juge. *It is more than for some* (c'est plus que pour quelque chose), répond l'hôtesse; jeu de mots intraduisible.

s'exposer à cet orage de criailleries ! N'avez-vous pas honte d'obliger une pauvre veuve d'en venir à ces extrémités, pour arracher son dû ?

FALSTAFF.—Quelle est donc la grosse somme que je te dois ?

L'HÔTESSE.—Jarni ! si tu étais un honnête homme, tu me dois ta personne et cet argent aussi. Ne m'as-tu pas juré sur un gobelet à figures dorées, comme tu étais assis dans ma chambre du dauphin à la table ronde, auprès d'un feu de houille, le mercredi de la semaine de la Pentecôte, le jour que le prince te cassa la tête pour avoir comparé le roi son père à un chanteur de Windsor ; ne m'as-tu pas juré alors, comme j'étais à te laver ta plaie, que tu m'épouserais, et que tu me ferais milady ta femme ? Peux-tu nier cela ? N'est-il pas venu sur ces entrefaites la bonne femme Keech, la bouchère, qui m'a appelée comme cela : Commère Quickly ; et qui venait m'emprunter un carafon de vinaigre, en disant qu'elle avait un bon plat de crevettes, même à telles enseignes que tu voulais en manger ; et moi, que je te dis à telles enseignes que ça ne valait rien pour une blessure fraîche. Et ne m'as-tu pas recommandé, dès qu'elle a été descendue en bas, de ne plus avoir tant de familiarités avec ces petites gens-là, disant qu'avant peu ils m'appelleraient madame : et ne m'as-tu pas alors embrassée et priée de t'aller chercher trente schellings ? Là ! je te mets à ton serment sur l'Évangile : nie-le, si tu peux.

FALSTAFF.—Milord, cette pauvre créature est folle ; elle va, disant de côté et d'autre par la ville que son fils aîné vous ressemble. Elle s'est vue assez bien autrefois ; et le fait est que la misère lui tourne la tête : mais quant à ces imbéciles de sergents, je vous en prie, faites-m'en justice.

LE JUGE.—Sir Jean, sir Jean ! il y a longtemps que je suis informé de la manière dont vous savez donner une entorse à la bonne cause pour la faire paraître mauvaise. Ce n'est pas un front armé d'audace, ni tout ce flux de paroles qui sortent de votre bouche avec une insolence plus qu'imprudente, qui pourront m'empêcher de rendre justice à qui il appartient. Je vois que vous avez su profiter de la faiblesse d'esprit de cette femme.

L'HÔTESSE.—Oh! oui; cela est bien vrai, milord.

LE JUGE.—Je t'en prie, tais-toi.—Payez-lui ce que vous lui devez, et réparez le tort que vous lui avez fait. L'un, vous pouvez le faire avec de bonne monnaie sterling, et l'autre, avec la pénitence d'usage.

FALSTAFF.—Milord, ces reproches ne passeront pas sans réplique. Ce qui n'est chez moi qu'une honorable hardiesse, vous l'appelez une imprudente insolence. Qu'on vous fasse la révérence sans rien dire, et l'on sera un homme de bien. Non, milord; avec tout le respect que je vous dois, je ne serai point un de vos courtisans; et je vous dis nettement que je demande à être délivré de ces huissiers, attendu que je suis chargé de messages pressés pour les affaires du roi.

LE JUGE.—Vous parlez bien comme un homme autorisé à mal faire : mais moi je vous dis, commencez, pour votre honneur, par satisfaire cette pauvre femme.

FALSTAFF, *prenant l'hôtesse à part.*—Écoute ici, hôtesse?
(Entre Gower.)

LE JUGE.—Eh bien, maître Gower, quelles nouvelles?

GOWER.—Le roi, milord, et Henri le prince de Galles, sont près d'arriver. Ce papier vous dira le reste.

FALSTAFF.—Foi de gentilhomme!

L'HÔTESSE.—C'est comme cela que vous me l'avez déjà dit.

FALSTAFF.—Foi de gentilhomme!—Allons, n'en parlons plus.

L'HÔTESSE.—Par cette terre de Dieu sur laquelle je marche, j'en suis presque à vendre mon argenterie et les tapisseries de mes salles à manger.

FALSTAFF.—Bon! bon! des verres, des verres, c'est tout autant qu'il en faut pour boire : et quant à tes murailles, une petite drôlerie de rien, comme l'histoire de l'enfant prodigue, ou une chasse allemande en détrempe vaut cent mille fois mieux que tous ces rideaux de lit et ces mauvaises tapisseries mangées de vers.—Fais-en dix guinées si tu peux. Tiens, si ce n'étaient ces moments de mauvaise humeur, il n'y a pas de meilleure créature que toi dans toute l'Angleterre. Va te laver la figure, et retire ta plainte. Allons, tu ne dois pas prendre ces humeurs-là avec moi : est-ce que tu ne me connais pas? Tiens, je suis sûr qu'on t'a poussée à cela.

L'HÔTESSE.—Sir Jean, je t'en prie, n'exige de moi que vingt nobles; je me sens de la répugnance à mettre mon argenterie en gage; là, en vérité.

FALSTAFF.—N'en parlons plus : tout est dit, je chercherai ailleurs comme je pourrai. — Vous serez une folle toute votre vie.

L'HÔTESSE.—Eh bien, vous l'aurez, quand je devrais mettre ma robe en gage. J'espère que vous viendrez souper.—Vous me payerez tout cela ensemble?

FALSTAFF.—Est-ce que je suis mort? (*A Bardolph.*) Suis-la, suis-la; accroche, accroche.

L'HÔTESSE.—Voulez-vous que je fasse venir Doll Tear-Sheet pour souper avec vous?

FALSTAFF.—C'est dit, qu'elle vienne.

(L'hôtesse, les huissiers, Bardolph et le valet sortent.)

LE JUGE.—J'ai appris de meilleures nouvelles.

FALSTAFF.—Quelles nouvelles y a-t-il donc, mon cher lord?

LE JUGE, *à Gower*.—Où le roi a-t-il couché cette nuit?

GOWER.—A Basingstoke, milord.

FALSTAFF.—J'espère, milord, que tout va bien : quelles nouvelles y a-t-il, milord?

LE JUGE.—Ramène-t-il avec lui toute l'armée?

GOWER.—Non : il y a quinze cents hommes d'infanterie, et cinq cents de cavalerie qui sont partis pour rejoindre monseigneur de Lancastre, contre Northumberland et l'archevêque.

FALSTAFF.—Est-ce que le roi revient du pays de Galles, mon très-honoré lord?

LE JUGE. — Je vais vous donner mes dépêches tout de suite; allons, suivez-moi, mon cher monsieur Gower.

FALSTAFF.—Milord?

LE JUGE.—Eh bien, qu'est-ce qu'il y a?

FALSTAFF.—Monsieur Gower, puis-je vous inviter à dîner avec moi?

GOWER.—Il faut que je me rende chez milord que voici : je vous remercie, mon cher sir Jean.

LE JUGE.—Vous traînez ici trop longtemps, ayant, comme vous savez, à ramasser, chemin faisant, des soldats dans les pays que vous traverserez.

FALSTAFF.—Voulez-vous souper avec moi, monsieur Gower?

LE JUGE.—Quel est donc le sot maître qui vous a enseigné ces manières d'agir, sir Jean?

FALSTAFF.—Monsieur Gower, si elles ne me conviennent pas, celui qui me les a enseignées était un sot. Voilà ce qui s'appelle faire des armes, milord, botte pour botte, partant quitte.

LE JUGE.—Le bon Dieu te conduise! Tu es un grand vaurien.

(Ils sortent.)

SCÈNE II

Une autre rue de Londres.

Entrent LE PRINCE HENRI ET POINS.

HENRI.—Sur ma parole, je suis excessivement las.

POINS.—Est-il bien vrai? J'aurais cru que la lassitude n'aurait pas osé s'attacher à une personne d'un si haut parage.

HENRI.—Cela est pourtant vrai, quelque peu de dignité qu'il y ait à en convenir. N'est-ce pas aussi quelque chose qui me rabaisse singulièrement que cette envie que j'ai de boire de la petite bière?

POINS.—Vraiment, un prince comme vous ne devrait pas avoir la faiblesse de se ressouvenir d'une aussi pauvre drogue que celle-là.

HENRI.—Apparemment que mon goût n'a pas été formé en goût de prince, car en honneur il m'arrive en ce moment de me ressouvenir assez tendrement de cette pauvre malheureuse petite bière ; mais au fait ces humbles attachements me mettent assez mal avec ma grandeur. Quelle honte pour moi de me souvenir de ton nom ! ou de pouvoir demain reconnaître ta figure, de savoir le compte de tes bas de soie, savoir : ceux-ci, et les autres qui furent jadis couleur de pêche ; ou de tenir inventaire de tes chemises, comme qui dirait une de superflu et une sur ton corps. Mais quant à cela le maître de paume le sait mieux que moi : car il faut que tu sois bien bas sur l'article du linge, quand tu ne prends pas là une raquette, comme tu en es privé depuis longtemps, parce que tes Pays-Bas se sont séparés de la Hollande en faveur d'un cotillon [1]. Eh bien ! Dieu sait si ceux qui proclament la ruine de ton linge sont les héritiers de ton trône ; mais les sages-femmes disent que rien ne manquera faute d'enfants, au moyen de quoi le monde s'augmente, et les parentés se fortifient merveilleusement.

POINS.—Comme cela jure, après vous avoir vu travailler si ferme, de vous entendre babiller si inutilement ! Dites-moi, je vous prie, ce que feraient beaucoup de jeunes princes, si leur père était aussi malade que l'est maintenant le vôtre ?

HENRI.—Te dirai-je une seule chose, Poins ?

POINS.—Oui, mais que ce soit donc quelque chose de bien excellemment bon.

HENRI.—Cela sera toujours assez bon pour un esprit de ton espèce.

POINS.—Allons, dites : j'attends de pied ferme cette seule chose que vous allez dire.

HENRI.—Eh bien ! je te dis qu'il ne convient pas que je sois triste, à présent que mon père est malade, quoique je puisse te dire aussi (comme à un homme que, faute d'un meilleur, il me plaît d'appeler mon ami) que j'ai de quoi être triste, et très-triste.

---

[1] *The rest of thy low countries have made a shift to eat up thy holland.*

poins.—Probablement pas pour cela....

henri.—Mais tu me crois donc inscrit dans le livre du diable en lettres aussi noires que toi et Falstaff, en fait d'endurcissement et de perversité? Que la fin mette l'homme à l'épreuve. Eh bien! moi, je te dis que mon cœur saigne intérieurement de savoir mon père malade; mais vivant en aussi mauvaise compagnie que toi, il me faut bien écarter tout signe extérieur de chagrin.

poins.—La raison?

henri.—Et que penserais-tu de moi si tu me voyais pleurer?

poins.—Je te regarderais comme le prince des hypocrites.

henri.—Tout le monde en penserait autant; et tu es un drôle fait exprès pour penser comme tout le monde : il n'y a pas d'homme au monde dont l'esprit suive plus fidèlement que le tien le grand chemin des vaches. Oui, en effet, chacun me regarderait comme un hypocrite. Et quelle est la raison qui engage votre sublime génie à penser ainsi?

poins.—Ma foi, c'est que vous avez toujours paru si libertin, et si inséparable de Falstaff....

henri.—Et de toi.

poins.—Par le jour qui luit sur nous, on parle bien de moi. Je peux entendre de mes deux oreilles ce qu'on en dit. Le pis qu'on puisse dire, c'est que je suis un cadet de famille, et que je suis l'œuvre de mes mains; et pour ces deux articles-là, je l'avoue, je n'y saurais que faire. —Par la messe, voilà Bardolph.

henri.—Et le petit page que j'ai donné à Falstaff!—Je le lui avais donné chrétien, et voyez si ce vilain n'en a pas fait un vrai singe.

(Entrent Bardolph et le page.)

bardolph.—Dieu garde Votre Grâce!

henri.—Et la vôtre aussi, très-noble Bardolph.

bardolph, *au petit page.*—Avancez ici, vous, âne de sagesse, timide benêt; est-ce qu'il faut rougir comme cela? Qu'est-ce qui vous fait ainsi monter la couleur au visage? Quelle jeune fille êtes-vous donc, pour un homme d'armes? Est-ce une si grande affaire que la défaite[1] d'une cruche de trois ou quatre pintes?

LE PAGE, *au prince*.—Tout à l'heure, milord, il m'appelait au travers d'une jalousie rouge, et je ne pouvais pas discerner la moindre partie de son visage enluminé, d'avec la fenêtre. A la fin, j'ai aperçu ses yeux, et j'ai cru qu'il avait fait deux trous dans le cotillon neuf de la marchande de bière, et qu'il regardait au travers.

HENRI.—Ce petit garçon n'a-t-il pas bien profité?

BARDOLPH.—Laisse-moi tranquille, race de prostituée, vrai lapin vidé; laisse-moi tranquille.

LE PAGE.—Laisse-moi tranquille, pendard, rêve d'Althée; laisse-moi tranquille.

HENRI.—Instruis-nous, mon enfant; qu'est-ce que c'est que ce rêve-là, mon ami?

LE PAGE.—Pardieu, mon prince, Althée n'a-t-elle pas rêvé qu'elle était accouchée d'une torche allumée? Voilà pourquoi je l'appelle *rêve d'Althée*[2].

HENRI.—L'explication vaut bien une couronne; tiens, la voilà, mon enfant.

(Il lui donne de l'argent.)

POINS.—Dieu! qu'une fleur de si belle espérance ne soit pas mangée des vers! Tiens, voilà six pence pour t'en garantir.

BARDOLPH. — Si vous ne le conduisez pas à se faire pendre, tous tant que vous êtes, vous faites tort au gibet.

HENRI.—Comment se porte ton maître, Bardolph?

BARDOLPH.—Très-bien, milord. Il a appris que Votre Grâce arrivait à Londres, et voici une lettre pour vous.

HENRI.—Remise avec beaucoup de respect!—Et comment se porte-t-il, ton maître, cet été de la Saint-Martin?

BARDOLPH.—Bien de corps, milord.

POINS.—Pardieu, sa partie immortelle aurait bien besoin d'un médecin; mais il ne s'en émeut guère : cela a beau être malade, cela ne meurt pas.

HENRI.—Je permets à cette loupe de chair d'être aussi

---

[1] *To get a pottle pot's maidenhead.*
[2] Shakspeare confond ici le tison d'Althée et le rêve d'Hécube.

familier avec moi que mon chien, aussi use-t-il de la permission ; car voyez comme il m'écrit.

POINS *lit*.—« Jean Falstaff, chevalier. »—Il faut qu'il instruise tout le monde de cela chaque fois qu'il a occasion de se nommer. C'est comme ceux qui sont parents du roi ; il ne leur arrive jamais de se piquer au bout du doigt, qu'ils ne disent, voilà du sang royal répandu.—Comment cela? dit quelqu'un qui fait semblant de ne pas les entendre ; la réponse est aussi preste que le bonnet d'un emprunteur : Je suis un pauvre cousin du roi, monsieur.

HENRI.—Et vraiment ils seront de nos parents, fallût-il remonter jusqu'à Japhet.—Mais la lettre ?

POINS.—« Sir Jean Falstaff, chevalier, au fils du roi, le plus proche héritier de son père, Henri, prince de Galles ; salut. » D'honneur, c'est un certificat !

HENRI.—Poursuis.

POINS.—« J'imiterai les honorables Romains en brièveté. »—Certainement, c'est brièveté d'haleine qu'il veut dire, courte respiration.—« Je te fais bien des compliments, je te fais mon compliment[1], et puis je prends congé de toi. Ne sois pas trop familier avec Poins, car il abuse de tes bontés à tel point, qu'il proteste que tu dois épouser sa sœur Nel.... Repens-toi du temps mal employé comme tu pourras ; et sur ce, adieu. Tout à toi, oui ou non ; c'est-à-dire suivant que tu en useras : Jean Falstaff, avec mes familiers ; Jean avec mes frères et sœurs ; et sir Jean avec tout le reste de l'Europe.... »—Mon prince, je veux tremper cette lettre dans du vin d'Espagne, et la lui faire manger.

HENRI.—Ce sera lui faire manger une vingtaine de ses mots. Mais est-il vrai que vous parliez de moi sur ce ton, Ned ? Faut-il que j'épouse votre sœur ?

POINS.—Je voudrais que la pauvre fille n'eût pas une pire fortune. Mais je n'ai jamais dit cela.

HENRI.—Oh çà ! voilà comme nous perdons sottement

---

[1] *I commend me to thee, I commend thee, commend to,* faire des compliments de la part de quelqu'un. *Commend lover.*

notre temps ; et les esprits des sages reposent dans les nuées, et se moquent de nous. Votre maître est-il à Londres ?

BARDOLPH.—Oui, milord.

HENRI.—Où soupe-t-il ? Le vieux cochon mange-t-il toujours dans sa vieille auge ?

BARDOLPH.—Au vieil endroit, milord, à Eastcheap.

HENRI.—Quelle est sa compagnie ?

LE PAGE.—Des Éphésiens, milord, de la vieille église.

HENRI.—A-t-il des femmes à souper avec lui ?

LE PAGE.—Non, milord, point d'autres que la vieille madame Quickly, et mistriss Doll Tear-Sheet.

HENRI.—Qu'est-ce que cette païenne-là ?

LE PAGE.—Une femme bien comme il faut, monsieur ; une des parentes de mon maître.

HENRI.—Ah ! parente, comme les génisses de la paroisse le sont au taureau banal du village. N'irons-nous point les surprendre, Ned, au milieu de leur souper ?

POINS.—Je suis votre ombre, mon prince, je vous suis partout.

HENRI, *au page*.—Toi, petit drôle, et toi Bardolph, pas un mot à votre maître de mon arrivée à la ville. Voilà pour payer votre silence.

BARDOLPH.—Je n'ai plus de langue, monsieur.

LE PAGE.—Et pour la mienne, monsieur, je la gouvernerai.

HENRI.—Bonjour. — Cette Dorothée Tear-Sheet doit être quelque coin de place.

POINS.—Je vous en réponds, et aussi publique que la route de Saint-Albans à Londres.

HENRI.—Comment pourrions-nous faire, pour voir ce soir Falstaff tout à fait dans sa figure naturelle, sans en être aperçus ?

POINS.—Nous n'avons qu'à mettre chacun une veste et un tablier de cuir, et le servir à table, comme des garçons de cabaret.

HENRI.—De dieu devenir taureau ! Terrible chute ! Ça fut le cas de Jupiter. De prince devenir apprenti ! c'est une métamorphose bien basse ; ce sera la mienne, car il faut qu'en tout point l'exécution réponde à la folie du projet. Suis-moi, Ned.

(Ils sortent.)

SCÈNE III

Warkworth.—Devant le château.

Entrent NORTHUMBERLAND, LADY NORTHUMBER-
LAND et LADY PERCY.

NORTHUMBERLAND.—Je t'en conjure, ma tendre épouse, et toi aussi, ma chère fille, laissez un libre cours à mes pénibles affaires ; n'empruntez pas la couleur des circonstances, et ne soyez pas, comme elles, fâcheuses à Percy.

LADY NORTHUMBERLAND.—J'ai cessé toutes représentations : je ne dirai plus rien. Faites ce que vous voudrez. Que votre prudence soit votre guide.

NORTHUMBERLAND.—Hélas ! ma chère femme, mon honneur est engagé, et mon départ peut seul le racheter.

LADY PERCY.—Oh ! cependant, au nom du ciel, n'allez point à ces guerres. Il a été un temps, mon père, où vous avez violé votre parole, quoiqu'elle vous fût alors bien plus chère qu'aujourd'hui, lorsque votre fils Percy, lorsque mon Henri, le bien-aimé de mon cœur, tourna plusieurs fois ses regards vers le nord, pour y voir son père lui amener une armée, et l'attendit en vain. Qui put vous persuader de rester ici? C'étaient deux honneurs de perdus, le vôtre et celui de votre fils. Quant au vôtre... veuille le ciel l'illuminer de sa gloire ! Pour celui de votre fils, il était attaché à sa personne comme le soleil à la voûte grisâtre des cieux ; à sa clarté marchait aux beaux faits d'armes toute la chevalerie de l'Angleterre ; il était véritablement le miroir devant lequel venait s'étudier toute notre jeune noblesse. C'était n'avoir pas de jambes que de ne pas savoir imiter sa démarche ; et cette parole confuse et précipitée, défaut qu'il avait reçu de la nature, était comme l'accent des braves. Ceux dont le son de voix était naturellement calme et modéré échangeaient, pour être en tout semblables à lui, cette perfection contre une mauvaise habitude : ainsi langage, maintien, façon de vivre, choix de plaisirs, méthodes militaires, dispositions de caractère, en tout il était l'objet d'attention, le miroir, le modèle et le livre sur lequel se façonnaient tous les autres. C'est lui, lui, ce prodige, ce miracle parmi les hommes, lui qui n'eut jamais son second, que vous avez laissé, sans le seconder, affronter l'horrible dieu de la guerre avec tous les désavantages, et vous attendre sur ce champ de mort où il ne vit rien qui pût le défendre, que le son du nom de *Hotspur*. Voilà comment vous l'avez abandonné. Oh! jamais, jamais, ne faites à son ombre l'injure d'être plus délicat et plus jaloux de votre honneur avec les autres que vous ne le fûtes avec lui! Laissez-les seuls. Le maréchal et l'archevêque sont en force. Ah! que mon cher Henri eût eu seulement la moitié de leurs troupes; je serais aujourd'hui suspendue au cou de Hotspur et je parlerais du tombeau de Monmouth!

NORTHUMBERLAND.—Malheur à vous, ma belle-fille; en déplorant toujours d'anciennes fautes, vous m'enlevez tout mon courage! Il faut que je parte et que j'aille dans ces lieux y braver le danger, ou bien le danger viendra me chercher ailleurs, et me trouvera moins préparé.

LADY NORTHUMBERLAND.—Oh! fuyez en Écosse, jusqu'à ce que la noblesse et le peuple armés aient fait un premier essai de leur puissance.

LADY PERCY.—S'ils gagnent du terrain et remportent l'avantage sur le roi, alors joignez-vous avec eux, comme une colonne d'acier qui ajoutera des forces à leur force. Mais, au nom de tout notre amour, laissez-les d'abord s'essayer.—Voilà comment a fait votre fils, comment vous avez souffert qu'il fît, et voilà comment je suis devenue veuve. Et je n'aurai jamais assez de vie pour arroser de mes pleurs ce souvenir [1], afin de le faire croître et s'éle-

---

[1] *To rain upon remembrance.*
Remembrance, souvenir, est le nom qu'on donne au romarin,

ver jusqu'aux cieux, en mémoire de mon noble époux.

NORTHUMBERLAND.—Allons, allons, rentrez avec moi. Mon âme est dans l'état de la mer, lorsque, montée jusqu'à sa plus grande hauteur, elle demeure arrêtée et immobile, sans s'épancher ni d'un côté ni de l'autre. Je serais disposé à joindre l'archevêque ; mais mille raisons me retiennent. — Je me résoudrai à aller en Écosse, et j'y veux rester jusqu'à ce que les circonstances et les occasions exigent mon secours et ma présence.

(Ils sortent.)

SCÈNE IV

A Londres. — A la taverne de la *Tête-de-Sanglier* à Eastcheap.

DEUX GARÇONS DE CABARET.

PREMIER GARÇON. — Que diable as-tu apporté là? des poires de messire-jean? Tu sais bien que sir Jean ne peut pas supporter la vue d'un messire-jean [1].

SECOND GARÇON.—Par la messe, tu as raison. Le prince mit une fois devant lui une assiette de messires-jeans, et lui dit que c'étaient cinq autres sir Jean. Puis, ôtant son chapeau, il dit : *je prends congé de ces six chevaliers tout secs, tout ronds, tout vieux, tout ridés*. Cela le blessa au cœur ; mais il a oublié cela.

PREMIER GARÇON.—A la bonne heure, mets le couvert et sers. Vois aussi si tu ne pourrais pas découvrir où Sneak fait son vacarme ; car mistriss Dorothée Tear-Sheet serait bien aise d'entendre de la musique. Dépêche : il fait très-chaud dans la chambre où ils sont à souper, et ils vont passer dans celle-ci tout à l'heure.

SECOND GARÇON.—Sais-tu que le prince va venir avec M. Poins, et qu'ils mettront nos vestes et nos tabliers, et qu'il ne faut pas que M. le chevalier le sache? C'est Bardolph qui est venu nous en prévenir.

gage de fidélité soit aux vivants, soit à la mémoire des morts. (V. *Roméo et Juliette*.)

[1] *Apple-John*, espèce de pomme.

PREMIER GARÇON.—Oh! il y aura grand réveillon; cela fera un excellent tour!

SECOND GARÇON.—Je m'en vais voir si je ne pourrai pas trouver Sneak. *(Il sort.)*
(Entrent l'hôtesse Quikcly et miss Dorothée Tear-Sheet.)

L'HÔTESSE.—Mon cher cœur, vous m'avez l'air à présent d'être dans une excellente température; votre pouls bat aussi extraordinairement qu'on puisse souhaiter : et votre couleur, je vous assure, est aussi rouge qu'une rose. Mais vous avez trop bu de Canarie; et c'est un vin merveilleusement pénétrant, et qui vous parfume le sang avant qu'on ait le temps de dire « qu'est-ce que c'est donc que cela? » Comment vous sentez-vous à présent?

DOROTHÉE.—Beaucoup mieux qu'auparavant; hem!

L'HÔTESSE.—Ah! voilà ce qui s'appelle bien parler! Un bon cœur vaut de l'or. Tenez, voilà sir Jean.
(Entre Falstaff chantant.)

FALSTAFF. — *Quand Arthur parut à la cour.* — Videz le pot de chambre. *(Le garçon sort.)* — *Et c'était un digne roi...* Eh! comment vous va, ma chère Dorothée?

L'HÔTESSE.—Il vient de lui prendre une faiblesse, en vérité.

FALSTAFF.—C'est comme elles sont toutes, il leur en prend à tout moment [1].

DOROTHÉE.—Vilain cancre que vous êtes, c'est là toute la consolation que vous me donnez?

FALSTAFF.—Vous faites les cancres un peu gras, mistriss Doll.

DOROTHÉE.—Je les fais, moi? C'est la gloutonnerie et la maladie qui les font; ce n'est pas moi qui les fais.

FALSTAFF.—Si le cuisinier aide à la gloutonnerie, vous aidez à la maladie, Doll. Nous vous avons pris bien des choses, Doll; nous vous avons pris bien des choses. Convenez-en, moyenne vertu, convenez-en.

---

[1] *Sick of a calm* (malade d'un calme), dit l'hôtesse pour *sick of a qualm*.(malade d'avoir eu trop chaud); et Falstaff répond : *So is all her sect; an they be once in a calm they are sick* (voilà comme elles sont toutes : dès qu'on les laisse en repos elles sont malades).

DOROTHÉE.—Oui vraiment, nos chaînes, nos bijoux!

FALSTAFF.—*Vos rubis, perles et boutons* [1]. — Pour bien servir, vous le savez, il faut se tenir ferme, aller à la brèche la pique en avant, et se remettre courageusement entre les mains des chirurgiens. Il faut s'aventurer sur les pièces...

DOROTHÉE.—Allez vous faire pendre, anguille boueuse, allez vous faire pendre.

L'HÔTESSE.—Sur mon Dieu, c'est toujours la même histoire ; vous ne pouvez pas vous voir une fois sans vous quereller. Vous êtes tous deux, par ma foi, aussi peu compatissants que des rôties desséchées. Vous ne savez pas supporter les *confirmités* l'un de l'autre ; jour de Dieu, il faut bien que l'un des deux supporte, et ce doit être vous (*à Dorothée*). Vous êtes le vase le plus fragile, comme on dit, le vase vide.

DOROTHÉE.—Et comment un vase vide et fragile pourrait-il supporter ce gros tonneau plein? Il a dans son ventre toute la cargaison d'un marchand de Bordeaux. Vous n'avez jamais vu de vaisseau la cale si bien garnie. Allons, Jack, je veux que nous nous quittions bons amis. Tu vas aller à la guerre, et si je te reverrai jamais ou non, c'est ce dont personne ne se soucie guère, n'est-ce pas?

LE GARÇON.—Monsieur, l'enseigne Pistol est là-bas, qui voudrait bien vous parler.

FALSTAFF.—Qu'il aille se faire pendre, ce tapageur-là! Qu'on ne le laisse pas monter ici ; c'est le drôle le plus mal embouché qu'il y ait en Angleterre.

L'HÔTESSE.—Si c'est un tapageur, qu'il n'entre pas ici ; non, sur ma foi, il faut que je vive avec mes voisins, je ne veux point de tapageurs : je suis en bonne réputation avec ce qu'il y a de mieux. Fermez la porte ; on ne reçoit point de tapageurs ici. Je n'ai pas vécu si longtemps, pour avoir du tapage à présent : fermez la porte, je vous en prie.

FALSTAFF.—Écoute donc, hôtesse?

L'HÔTESSE.—Je vous en prie, calmez-vous, sir Jean,

---

[1] *Your brooches, pearls and owches.*

je ne souffre pas que les tapageurs mettent les pieds ici.

FALSTAFF.—Écoute donc : c'est mon enseigne.

L'HÔTESSE.—Bah ! ta ta ! sir Jean, ne m'en parlez pas : votre enseigne de tapageur ne mettra pas le pied chez moi. J'étais l'autre jour chez M. Tisick le député, et il m'a dit comme ça :—pas plus tard que mercredi dernier, —*Voisine Quickly*,—dit-il ; M. Dumb, notre prédicateur, était là.—*Voisine Quickly, dit-il, recevez les gens civils ; car,* dit-il, *vous avez une mauvaise réputation ;* et il disait cela, je sais bien pourquoi ; *car,* dit-il, *vous êtes une honnête femme, et qu'on estime ; c'est pourquoi, prenez garde aux hôtes que vous recevez chez vous : n'y souffrez point,* dit-il, *de ces drôles qu'on appelle tapageurs.* Il n'en vient point ici. Vous seriez tout émerveillé d'entendre ce que disait monsieur Tisick. Non, absolument, je ne veux point de tapageurs.

FALSTAFF.—Ce n'en est pas un, hôtesse. Il est beau joueur, lui. Vous le taperiez à votre aise comme un tout petit lévrier ; il ne se prendrait pas de querelle avec une poule de Barbarie, s'il lui voyait seulement hérisser ses plumes en signe de colère.—Garçon, appelez-le.

L'HÔTESSE.—Un joueur, dites-vous ? Je ne fermerai jamais ma porte à un honnête homme ni à un joueur, mais je n'aime pas le tapage. Sur ma foi, je suis toute sens dessus dessous, quand on dit : faisons tapage. Tâtez un peu seulement, messieurs, comme je tremble, voyez-vous. Ah ! je vous en réponds.

DOROTHÉE.—Oui, en vérité, hôtesse.

L'HÔTESSE.—Si je tremble ? Oh ! oui, en bonne vérité, je tremble comme une feuille de tremble. Tenez, je ne peux pas souffrir les tapageurs.

(Entrent Pistol, Bardolph et le page.)

PISTOL.—Dieu vous garde, sir Jean !

FALSTAFF.—Soyez le bienvenu, enseigne Pistol. Tenez, Pistolet[1], je vous charge d'un verre de vin d'Espagne ; faites feu sur mon hôtesse.

[1] *Pistol* signifie pistolet, et les plaisanteries de Falstaff portent sur cette acception du mot. On peut supposer que Falstaff emploie ici le diminutif.

pistol.—De bon cœur, sir Jean, elle peut compter sur deux balles.

falstaff.—Elle est à l'épreuve du pistolet, mon cher, vous ne sauriez lui faire mal.

l'hotesse.—Non pas, on ne me fera pas boire ainsi par épreuve ni à coups de pistolet. On ne me ferait pas boire quand cela ne me convient pas, pour le service d'homme au monde, entendez-vous?

pistol.—Eh bien, à vous donc, mistriss Dorothée, c'est vous que j'attaque.

dorothée.—M'attaquer, moi! je te méprise, vilain galeux. Qu'est-ce que c'est donc qu'une misérable canaille comme ça, un drôle, un filou, un va-nu-pieds? Veux-tu me laisser tranquille, coquin moisi? veux-tu me laisser tranquille? c'est pour ton maître que je suis faite.

pistol.—Ce n'est pas d'aujourd'hui que je vous connais, mistriss Dorothée.

dorothée.—Veux-tu me laisser tranquille! coquin de voleur, vilain bouchon, veux-tu me laisser tranquille! Par ce verre de vin, je te flanque mon couteau dans ton groin crotté, si tu fais l'insolent avec moi. Laisse-moi tranquille, gredin de petit Pierre, mauvais bretailleur éreinté. Et depuis quand, je vous en prie, cela s'appelle-t-il monsieur? Comment! deux aiguillettes sur l'épaule? Voyez donc ça.

pistol. — Pour cette affaire-là votre collerette ne mourra que de ma main.

falstaff.—Allons finissons, Pistol. Je ne trouverais pas bon que vous vinssiez à vous oublier ici. Débarrassez-nous de votre personne, Pistolet.

l'hotesse.—Non, mon bon capitaine Pistol; pas ici, mon cher capitaine.

dorothée.—Toi capitaine! abominable damné de filou; n'as-tu pas honte de t'entendre appeler capitaine? Si les capitaines étaient de mon avis, vous seriez bâtonné pour avoir pris ce nom-là avant de l'avoir gagné. Vous capitaine! Un gredin! Et pourquoi? pour avoir déchiré dans un mauvais lieu la collerette de quelque pauvre coquine. Lui capitaine! puisse-t-il être pendu, le coquin!

Mangeur de pruneaux cuits et de vieux gâteaux secs!
Capitaine! Ces vilains-là parviendront à rendre le nom
de capitaine aussi odieux que le mot *occuper* [1], qui était
une très-bonne expression avant qu'ils la déshonorassent; c'est à quoi les capitaines feront bien de prendre
garde.

BARDOLPH.—Je t'en prie, va-t'en, mon cher enseigne.

FALSTAFF.—Écoute un peu, mistriss Doll.

PISTOL.—Non pas, je te dis la chose comme elle est,
caporal Bardolph. Je suis capable de la mettre en loques;
il faut que je sois vengé.

LE PAGE.—Je t'en prie, va-t'en.

PISTOL.—Je la verrai plutôt damnée dans l'étang maudit de Pluton, au fin fond de l'enfer, avec l'Érèbe et tous
les plus vilains tourments. Prenez la ligne et le hameçon; je dis, à bas, à bas, chiens! à bas, drôles! N'avons-nous pas Hirène ici [2]?

L'HOTESSE.—Mon bon capitaine.... Tranquillisez-vous,
il est bien tard; je vous en supplie, apaisez votre colère.

PISTOL.—Soyons de bonne humeur, je le veux bien;
mais des chevaux de transport, de mauvaises rosses
d'ânes gorgés de nourriture, qui ne peuvent faire plus
de trente milles par jour, iront-ils se comparer aux
César, aux Cannibal, aux Grecs Troyens? Non, qu'ils
soient plutôt damnés avec le roi Cerbère, et puisque les

---

[1] *Occupy, occupier, occupant*, étaient devenus, à ce qu'il paraît,
par l'usage qu'on en avait fait, des expressions obscènes.

[2] *Have we not hiren here?*
Il est absolument impossible de donner aucune explication
satisfaisante sur les allusions et les citations dont se compose le
langage de Pistol. Tirées pour la plupart de pièces de théâtre
aujourd'hui inconnues, et pour la plupart encore défigurées par
ce burlesque personnage, elles pouvaient avoir pour le public
du temps de Shakspeare un mérite entièrement perdu aujourd'hui, et ne laissent plus saisir que l'intention du rôle. Il paraît bien, au reste qu'*hiren* était, en style d'argot, une des dénominations des filles publiques (*huren* en allemand). Il serait
possible aussi qu'en raison de la consonnance de ce mot avec
iron (fer), les tapageurs du temps eussent donné ce même nom à
leur épée.

cieux mugissent, nous ne nous troublerons pas pour des bagatelles.

l'hotesse.—En vérité, capitaine, ce sont là des paroles bien dures.

bardolph.—Va-t'en, bon enseigne, tout cela finirait par de la brouille.

pistol.—Que les hommes meurent comme des chiens, que les écus se donnent comme des épingles! N'avons-nous pas Hirène ici?

l'hotesse.—Sur ma parole, capitaine, il n'y a ici personne comme cela. Par mon salut, est-ce que vous croyez que je la cacherais? Pour l'amour de Dieu, point de bruit.

pistol.—Eh bien, mange donc et engraisse-toi, ma belle Callipolis : allons, verse-moi du vin d'Espagne. *Si fortuna me tormenta, sperato me contenta.* Est-ce qu'une bordée nous fait peur? Non, non : que l'ennemi fasse feu.... Un peu de vin d'Espagne ; et toi, mon cher cœur (*A son épée qu'il pose à terre*), mets-toi là. Eh bien donc, est-ce là tout, n'aurons-nous pas le *et cætera?*

falstaff.—Pistol, je voudrais être tranquille ici.

pistol.—Mon cher chevalier, je vous baise le poing ; nous avons vu les sept étoiles.

dorothée.—Jette-le à bas des escaliers. Je ne veux pas supporter le galimatias de ce drôle-là.

pistol.—Me jeter à bas des escaliers, comme si nous ne connaissions pas les haquenées de Galloway [1] !

falstaff.—Bardolph! lance-le-moi au bas des escaliers comme un petit palet : s'il ne fait ici rien autre chose que de dire des riens, il y comptera pour rien.

bardolph.—Allons, descendez l'escalier tout à l'heure.

pistol.—Comment! faudra-t-il donc en venir aux incisions? Allons-nous tirer du sang? (*Il saisit son épée.*) Eh bien, cela étant, que la mort me berce, qu'elle m'endorme, qu'elle abrége mes tristes jours ; allons, que les trois sœurs défilent ici de cruelles, d'effroyables, de larges blessures. Allons, Atropos, viens, je te dis.

[1] *Galloway nags*, chevaux de louage.

ACTE II, SCÈNE IV.

L'HOTESSE. — Oh ! mon Dieu ; voilà de belles affaires !

FALSTAFF, *à son page.* — Donne-moi ma rapière, garçon.

DOROTHÉE, *à Falstaff.* — Oh ! je t'en prie, Jack, je t'en prie, ne va pas dégainer.

FALSTAFF. — Descends-moi les escaliers.

L'HOTESSE. — Voilà un beau vacarme ! Ah ! je renoncerai à tenir maison plutôt que de consentir à me voir exposée à toutes ces palpitations et ces frayeurs. Oh ! il va y avoir du carnage, j'en suis sûre. Hélas ! mon Dieu, remettez vos épées dans le fourreau, remettez vos épées dans le fourreau.

(Sortent Pistol et Bardolph.)

DOROTHÉE. — Je t'en prie, Jack, calme-toi, le drôle est parti. Ah ! que vous êtes un courageux mâtin de petit vilain !

L'HOTESSE. — N'êtes-vous pas blessé à l'aine ? Il me semble que je l'ai vu vous pousser un mauvais coup dans le ventre.

(Rentre Bardolph.)

FALSTAFF. — L'avez-vous mis à la porte ?

BARDOLPH. — Oui, monsieur, le misérable était ivre ; vous l'avez blessé à l'épaule, monsieur.

FALSTAFF. — Le drôle ! venir m'insulter !

DOROTHÉE. — Ah ! cher petit coquin ! hélas ! pauvre singe, comme te voilà tout en sueur ! Attends, laisse-moi t'essuyer le visage. — Viens donc, mauvaise canaille. — Ah ! pendard, par ma foi, je t'aime. Tu es aussi courageux qu'Hector de Troie, tu vaux cinq Agamemnon, et dix fois mieux que les neuf preux. — Ah ! vilain !

FALSTAFF. — Un gredin de maraud ! Je ferai sauter ce drôle-là dans la couverture.

DOROTHÉE. — Fais-le, si tu l'oses, pour l'amour de moi ; si tu le fais, je te le revaudrai dans une paire de draps [1].

(Les musiciens arrivent.)

LE PAGE. — Monsieur, la musique est arrivée.

FALSTAFF. — Eh bien, qu'ils jouent ! Jouez, messieurs. Assieds-toi sur mon genou, Doll. Un gredin de fanfaron ! Le pendard m'a échappé comme du vif-argent.

---

[1] *I'll canvas thee between a pair of sheets.*

DOROTHÉE.—Oui, par ma foi, et tu le suivais comme une église. Dis donc, mâtin, dis donc, mon joli petit cochon de la Saint-Barthélemy[1], quand est-ce que tu cesseras de te battre le jour et de t'escrimer la nuit, et que tu commenceras à raccommoder ton vieux corps pour l'autre monde?

(Entrent derrière eux le prince Henri et Poins, déguisés en garçons de cave.)

FALSTAFF, *sans faire attention à eux, à sa Dorothée.*—Tais-toi, mon cœur, ne parle pas comme une tête de mort[2]; ne me fais pas souvenir de ma fin.

DOROTHÉE.—Dis-moi un peu, mon petit ami, quel homme est le prince?

FALSTAFF.—C'est un assez bon garçon, taillé en lame de couteau : il aurait fait un fort bon panetier, il aurait coupé le pain à merveille.

DOROTHÉE.—On dit que Poins, par exemple, ne manque pas d'esprit.

FALSTAFF.—Lui, de l'esprit? Le diable l'emporte, le magot! Son esprit est aussi épais que de la moutarde de Tewksbury : il n'y a pas plus de sens chez lui que dans une tête de maillet.

DOROTHÉE.—Comment se fait-il donc que le prince l'aime tant?

FALSTAFF.—Parce que leurs jambes sont de la même dimension, qu'il joue fort bien au petit palet, qu'il mange de l'anguille de mer assaisonnée de fenouil[3], qu'il avale des bouts de chandelle en guise de brûlots[4],

---

[1] La foire de la Saint-Barthélemy était une foire célèbre en Angleterre.

[2] Du temps de Shakspeare, la grande élégance pour les femmes de l'espèce de Dorothée était de porter au doigt du milieu une bague représentant une tête de mort.

[3] *Eats conger and fennel.*
L'anguille de mer, assaisonnée de fenouil, passait pour donner des forces.

[4] *Drinks off candles ends for fluss dragons.* C'était un acte de galanterie que d'avaler pour l'amour de sa maîtresse des choses repoussantes et même dangereuses; le *fluss dragon* était une

qu'il court à cheval sur un bâton avec les petits garçons, qu'il saute à pieds joints par-dessus des tabourets, qu'il jure de bonne grâce, qu'il porte des bottes bien collées, précisément à la forme de la jambe, et qu'il ne cause point de querelles entre les gens en rapportant les histoires secrètes ; enfin, pour une foule d'autres qualités futiles de cette sorte, qui dénotent un pauvre génie et un corps adroit ; et voilà ce qui fait que le prince l'admet auprès de lui ; car le prince est tout à fait de la même espèce ; il ne faudrait pas ajouter à leur poids celui d'un cheveu pour faire pencher la balance d'un côté ou de l'autre.

HENRI.—Ce moyeu de roue-là ne mériterait-il pas bien qu'on lui coupât les oreilles ?

POINS.—Battons-le sous les yeux de sa maîtresse.

HENRI.—Regarde si ce vieux décrépit ne se fait pas gratter la tête comme un perroquet.

POINS.—N'est-il pas singulier que le désir survive ainsi tant d'années à la faculté de pécher ?

FALSTAFF.—Embrasse-moi, Doll.

HENRI.—Saturne et Vénus en conjonction cette année ! Que dit l'almanach là-dessus ?

POINS.—Et voyez un peu son valet, ce Trigon enflammé, lécher les vieilles tablettes de son maître, son livre de notes, sa conseillère.

FALSTAFF.—C'est pour me flatter que tu me caresses ainsi.

DOROTHÉE.—Non, sur ma foi, c'est de bien bon cœur.

FALSTAFF.—Ah ! je suis vieux, je suis vieux.

DOROTHÉE.—Je t'aime mille fois mieux que je n'aime aucun de tous ces galeux de jeunes gens que tu vois là.

FALSTAFF.—Quelle étoffe veux-tu avoir pour te faire une mante ? Je dois recevoir de l'argent jeudi ; tu auras un joli bonnet demain. Allons, une chanson joyeuse : il se fait tard, nous irons nous mettre au lit.—Tu m'oublieras, quand je serai parti !

---

amande qu'on faisait brûler dans un bol d'eau-de-vie. *Le courage consistait à l'avaler tout enflammée, et l'adresse à exécuter cette opération sans se faire mal.*

DOROTHÉE.—Sur mon honneur, tu vas me faire pleurer, si tu parles comme cela. Eh bien, essaye seulement, pour voir si je me parerai une fois avant ton retour.—Mais allons, écoute la fin de la chanson.

FALSTAFF.—Un peu de vin d'Espagne, François.

HENRI ET POINS, *se présentant à lui*.—Tout à l'heure, tout à l'heure, monsieur.

FALSTAFF, *reconnaissant le prince*.—Ah! quelque bâtard du roi! Et n'est-ce pas là Poins, son frère?

HENRI.—Oh! globe de péchés, où l'on ne pourrait apercevoir un continent[1], quelle vie mènes-tu là?

FALSTAFF.—Meilleure que la tienne; je suis un gentilhomme, et toi, un tireur de vin.

HENRI.—Ce que je suis venu tirer, mon cher monsieur, ce sont vos oreilles.

L'HOTESSE.—Oh! que Dieu conserve ta Grâce! Par ma foi, sois le bienvenu à Londres. Que le seigneur bénisse ton aimable figure! Oh! Jésus! vous voilà donc revenu du pays de Galles?

FALSTAFF.—Te voilà donc, mâtin; tu es folle, engeance de roi (*portant la main sur Dorothée*), je te le jure par sa peau flexible et son sang corrompu, tu es le bienvenu!

DOROTHÉE.—Qu'est-ce que c'est que ça, gros butor que vous êtes? Je vous méprise.

POINS, *au prince*.—Milord, si vous ne prenez pas la chose dans le premier feu, il vous fera perdre l'envie de vous venger, et tournera le tout en plaisanterie.

HENRI.—Comment! infâme mine à suif, avec quel mépris n'avez-vous pas parlé de moi tout à l'heure en présence de cette sage, honnête et vertueuse dame?

L'HOTESSE.—Dieu bénisse votre excellent cœur! Elle est bien tout cela, sur mon honneur.

FALSTAFF.—Est-ce que tu m'as entendu?

HENRI.—Oui; et vous m'avez reconnu aussi, comme le

---

[1] *Globe of sinful continents.*
Le jeu de mots ne pouvait se traduire littéralement; il a fallu tâcher d'en conserver quelque chose, non pour le mérite, mais pour l'exactitude.

jour où vous vous sauvâtes auprès de Gadshill. Vous saviez certainement que j'étais derrière vous, et vous avez dit tout cela exprès pour mettre ma patience à l'épreuve.

FALSTAFF.—Oh! non, non, non, tu te trompes; je ne croyais pas que tu fusses à portée de m'entendre.

HENRI.—Je veux vous forcer à avouer l'insulte que vous m'avez faite de dessein prémédité; et alors je saurai bien comment vous arranger.

FALSTAFF.—Il n'y avait pas d'insulte, Hal; sur mon honneur, il n'y avait pas d'insulte.

HENRI.—Comment! en me dépréciant, en m'appelant panetier, taille-pain, et je ne sais encore comment.

FALSTAFF.—Point d'insulte, Hal.

POINS.—Quoi! ce ne sont pas là des insultes?

FALSTAFF.—Pas du tout, point d'insulte, du tout, Ned, honnête Ned. Je l'ai déprécié devant les méchants, afin que les méchants ne se prissent point d'amour pour lui : en quoi faisant, j'ai joué le rôle d'un véritable ami, d'un fidèle sujet, et ton père doit me remercier pour cela. Il n'y a point là d'insulte, Hal; pas du tout, Ned, pas du tout : non, mes enfants, pas du tout.

HENRI.—Vois donc, si de peur et de pure lâcheté tu n'insultes pas à présent cette vertueuse dame, pour te tirer d'affaire avec nous? Est-elle du nombre des méchants? Ton hôtesse que voilà, en est-elle? Ce pauvre petit page en est-il un? Ou bien cet honnête Bardolph, dont le nez brûle de zèle, est-il un méchant?

POINS.—Réponds donc, vieil arbre mort, réponds donc

FALSTAFF.—Le diable a déjà marqué Bardolph à tout jamais, et son visage est la cuisine particulière de Lucifer, où il ne fait autre chose que de lui rôtir de la vermine : quant à ce petit page, il a un bon ange à ses côtés; mais le diable est plus fort que lui.

HENRI.—Pour les femmes....

FALSTAFF.—Il y en a une qui est déjà en enfer; elle brûle, la pauvre diablesse. Quant à l'autre, je lui dois de l'argent; si pour cela elle doit être damnée ou non, c'est ce que je ne sais pas.

L'HOTESSE.—Oh! pour cela non, je vous assure.

FALSTAFF.—A te dire le vrai, je ne le crois pas non plus ; je crois que tu es quitte pour cet article. Mais, pardieu! il y a une autre affaire contre toi ; de souffrir qu'on mange de la viande chez toi, en contravention à la loi! C'est pourquoi je pense que tu hurleras.

L'HOTESSE.—Tous ceux qui tiennent auberge en font autant : qu'est-ce qu'un gigot de mouton ou deux durant tout un carême?

HENRI.—Et vous, ma belle dame?

DOROTHÉE.—Que dit Votre Grâce?

FALSTAFF.—Ce que dit Sa Grâce, elle le dit tout à fait à contre-cœur.

L'HOTESSE.—Qui frappe si fort à la porte? Voyez qui est à la porte, François.

(Entre Peto.)

HENRI.—Eh bien, Peto, quelle nouvelle?

PETO.—Le roi votre père est à Westminster ; vingt courriers bien las et bien épuisés arrivent du nord ; et chemin faisant j'ai rencontré et passé une douzaine de capitaines, nu-tête et suant à grosses gouttes, qui frappaient à tous les cabarets, et demandaient si l'on n'avait pas vu sir Jean Falstaff.

HENRI.—Sur mon Dieu, Poins, je me sens bien coupable de profaner ainsi à des sottises un temps si précieux, tandis que la tempête de la révolte, comme le vent du sud accompagné de noires vapeurs, commence à fondre en orage sur nos têtes nues et désarmées. Donnez-moi mon épée et mon manteau. Bonsoir, Falstaff.

(Sortent Henri, Poins, Peto et Bardolph.)

FALSTAFF.—Voilà que m'arrivait le plus friand morceau de la soirée, et il faut partir sans y mettre la dent! Encore frapper à la porte! Qu'est-ce que c'est? qu'y a-t-il donc encore?

(Entre Bardolph.)

BARDOLPH.—Il faut que vous vous rendiez à la cour tout de suite ; il y a là-bas une douzaine de capitaines qui vous attendent à la porte.

FALSTAFF, *au page.*—Payez les musiciens, petit drôle ; adieu, hôtesse ; adieu, Dorothée : vous voyez, mes enfants, comme les gens de mérite sont recherchés. L'homme inutile peut dormir, tandis que l'homme de courage est appelé partout. Adieu, mes enfants : si l'on ne me fait pas partir en poste sur-le-champ, je vous reverrai avant de m'en aller.

DOROTHÉE.—Je ne saurais parler. Si mon cœur n'est pas prêt à crever !.... Enfin, mon cher Jack, aie bien soin de toi.

FALSTAFF.—Adieu, adieu.

L'HOTESSE.—Allons, porte-toi bien : il y aura vingt-neuf ans à la saison des pois verts que je te connais, mais pour un homme plus honnête et plus sincère.... Enfin, porte-toi bien.

BARDOLPH, *appelant dans l'intérieur.* — Mistriss Tear-Sheet !

L'HOTESSE.—Qu'est-ce qu'il y a ?

BARDOLPH.—Dites à mistriss Tear-Sheet de venir parler à mon maître.

L'HOTESSE.—Oh ! cours vite, Dorothée ; cours, cours, ma bonne Dorothée.

(Elles sortent.)

FIN DU DEUXIÈME ACTE.

ACTE TROISIÈME

SCÈNE I

Une chambre du palais.

Entre LE ROI *en robe de chambre, accompagné d'un page.*

LE ROI. — Va : dis aux comtes de Surrey et de Warwick de se rendre ici ; mais recommande-leur de lire auparavant ces lettres, et d'en bien méditer le contenu. Fais diligence. (*Le page sort.*) Combien de milliers de mes plus pauvres sujets dorment à cette heure ! O sommeil, ô bienfaisant sommeil, doux réparateur de la nature, comment donc t'ai-je effrayé, que tu ne veuilles plus appesantir mes paupières, et plonger dans l'oubli mes sens assoupis ? Pourquoi, sommeil, te plais-tu mieux dans la chaumière enfumée, étendu sur d'incommodes grabats, où tu t'assoupis au bourdonnement des insectes nocturnes, que dans les chambres parfumées des grands, sous la pourpre d'un dais magnifique, où les sons d'une douce mélodie invitent au repos ? Dieu stupide, pourquoi vas-tu partager le lit dégoûtant du misérable, et laisses-tu la couche des rois semblable à la boîte d'une horloge, ou à la cloche qui sonne l'alarme ? Quoi ! tu vas fermer les yeux du mousse sur la cime agitée et périlleuse du mât, et tu le berces sur la couche de la tempête impétueuse, au milieu des vents qui saisissent par le sommet les vagues scélérates, hérissent leurs têtes monstrueuses, et les suspendent aux mobiles nuages avec des clameurs si assourdissantes qu'à ce tapage la mort elle-même se réveille. O injuste sommeil, peux-tu dans ces heures terribles accorder ton repos au mousse trempé des flots, tandis qu'au sein de la nuit la plus calme et la plus tranquille, sollicité par tous les moyens et toutes les séductions imaginables, tu le refuses à un roi!—Couchez-vous donc tranquillement, heureux misérables. La tête qui porte une couronne ne repose jamais avec calme !

(Entrent Warwick et Surrey.)

WARWICK.—Mille bonjours à Votre Majesté !

LE ROI.—Est-ce que nous sommes déjà au matin ?

WARWICK.—Il est une heure passée.

LE ROI.—En ce cas, milords, je vous souhaite aussi le bonjour à tous deux.—Avez-vous lu les lettres que je vous ai envoyées ?

WARWICK.—Oui, mon souverain.

LE ROI.—Vous voyez donc dans quel état critique est notre royaume, de quelles maladies funestes il est atteint, et que le plus grand danger est tout près du cœur.

WARWICK.—Il n'y a, seigneur, qu'un désordre naissant dans sa constitution, et l'on peut lui rendre toute sa vigueur avec de bons conseils et peu de remèdes.— Milord Northumberland sera bientôt refroidi.

LE ROI.—O ciel! que ne peut-on lire dans le livre du destin! y voir tantôt la révolution des siècles aplanir les plus hautes montagnes; tantôt le continent, comme lassé de sa ferme solidité, se fondre et s'écouler dans les mers; et d'autres fois la ceinture en falaises de l'Océan devenir trop large pour les reins de Neptune! que n'y peut-on apprendre comme le hasard se rit de nous, et de combien de diverses liqueurs ses changements remplissent la coupe des vicissitudes! Oh! si l'on pouvait voir tout cela, le jeune homme le plus heureux, à l'aspect de la route qu'il lui faut suivre à travers la vie, des périls où il doit passer, des traverses qui doivent s'ensuivre, ne songerait plus qu'à fermer le livre, s'asseoir et mourir.—Dix ans ne se sont pas encore écoulés depuis que Richard et Northumberland, amis déclarés, prenaient ensemble de joyeux repas ; et deux ans après ils étaient en guerre. Il n'y a que huit ans que ce même

Percy était l'homme le plus près de mon cœur; il travaillait sans relâche comme un frère pour mes intérêts, et déposait à mes pieds son affection et sa vie. Oui, pour l'amour de moi il bravait en face Richard. Qui de vous était présent alors? (*A Warwick.*) C'était vous, cousin Névil, autant que je m'en puis souvenir. Lorsque Richard, les yeux pleins de larmes, insulté, maltraité de reproches par Northumberland, prononça ces paroles que nous voyons maintenant avoir été prophétiques : « Northumberland, toi l'échelle avec laquelle mon cousin Bolingbroke monte sur mon trône. »—Bien qu'alors, le ciel le sait, je n'eusse point cette pensée, et que la nécessité seule ait abaissé l'État, à tel point que la souveraineté et moi nous fûmes forcés de nous embrasser.— « Le temps viendra, continua-t-il, le temps viendra où ce crime infâme, comme un ulcère mûri, répandra la corruption qu'il renferme. » Et il poursuivit, prédisant ce qui arrive aujourd'hui et la rupture de notre amitié.

WARWICK. — Il se trouve toujours dans la vie des hommes quelque événement propre à nous représenter l'aspect des temps qui ne sont plus. En les observant, on peut prophétiser assez juste les principaux événements qui sont encore à naître, faibles commencements gardés en réserve dans les germes où ils reposent, pour y être couvés par le temps qui les fait éclore. D'après l'inévitable loi des choses, le roi Richard pouvait clairement concevoir l'idée que le puissant Northumberland, alors traître envers lui, ferait sortir de cette semence une trahison plus grande encore qui ne trouverait pour y attacher ses racines d'autre terrain que vous.

LE ROI.—Ces événements sont-ils donc une inévitable nécessité? Eh bien, recevons-les comme la nécessité. C'est elle encore qui nous appelle en ce moment à grands cris.—On dit que l'évêque et Northumberland sont forts de cinquante mille hommes.

WARWICK. — Cela est impossible, seigneur; la renommée, répétant à la fois la voix et l'écho, double toujours les objets de la crainte.—Que Votre Grâce veuille bien s'aller mettre au lit. Sur ma vie, seigneur, l'armée que vous avez envoyée viendra facilement à bout de cette conquête ; et pour vous consoler encore davantage, j'ai reçu l'avis que Glendower est mort. Votre Majesté a été malade toute cette quinzaine, et ces heures prises sur le temps du sommeil doivent nécessairement aggraver votre mal.

LE ROI.—Je vais suivre votre conseil : et si ces guerres domestiques étaient terminées, nous partirions, mes chers lords, pour la Terre sainte.

(Ils sortent.)

SCÈNE II

Une cour devant la maison du juge de paix Shallow, dans le comté de Glocester.

Entrent SHALLOW ET SILENCE, *chacun de son côté, suivi de* MOULDY, SHADOW, WART, FEEBLE ET BULLCALF.

SHALLOW, *à Silence*.—Venez, venez, venez : votre main, monsieur, votre main, monsieur ; vous êtes bien matinal, par ma foi! Comment se porte mon cher cousin Silence?

SILENCE.—Bonjour, mon cher cousin Shallow.

SHALLOW.—Et comment se porte ma cousine votre femme, et votre charmante fille, et la mienne, ma filleule Hélène?

SILENCE.—Ah! ce n'est pas un merle blanc.

SHALLOW.—Qu'on en dise tout ce qu'on voudra, je gage que mon cousin Guillaume est un habile garçon à présent. Il est toujours à Oxford, n'est-ce pas?

SILENCE.—Oui vraiment, et cela me coûte beaucoup.

SHALLOW. — Vous l'enverrez bientôt, je pense, aux écoles de droit. J'étais autrefois de celle de Saint-Clément, où je crois qu'on parle encore, et qu'on parlera longtemps de cet étourdi de Shallow.

SILENCE. — On vous appelait le vigoureux Shallow, alors, cousin.

SHALLOW.—Oh! pardieu, j'avais toutes sortes de noms.

Et en vérité, il n'y avait rien que je ne fusse capable de faire, et rondement encore. Il y avait moi et le petit Jean Doit, du comté de Stafford, et le noir George Bare, et François Pickbone, et Guillaume Squelle, un fameux lutteur[1] : je suis sûr que, dans toutes les écoles de droit, on n'aurait pas trouvé quatre autres vauriens de tapageurs comme nous ; et j'ose dire que nous savions bien où déterrer le gibier, et que nous avions le meilleur à commandement. Il y avait aussi dans ce temps-là avec nous Jean Falstaff, aujourd'hui sir Jean, alors tout jeune et page de Thomas Mowbray, duc de Norfolk.

SILENCE.—Est-ce le même sir Jean, cousin, qui va venir ici bientôt pour des recrues ?

SHALLOW.—Le même, le même sir Jean, précisément le même. Je lui ai vu fendre la tête de Skogan[2] à la porte du palais, qu'il n'était encore qu'un marmot pas plus haut que cela : et le même jour, je me suis battu avec un certain Samson Stock-Fish, qui tenait une boutique de fruitier derrière les écoles de Gray. Oh! les bonnes farces que j'ai faites! Et de voir aujourd'hui combien il y a de mes vieilles connaissances de mortes!

SILENCE.—Nous les suivrons tous, cousin.

SHALLOW.—Oh! cela est certain, cela est certain, très-sûr, très-sûr : la mort (comme dit le psalmiste) est certaine pour tous, tous mourront.—Combien une bonne paire de bœufs à la foire de Stampford ?

SILENCE.—Pour vous dire la vérité, cousin, je n'y ai pas été.

SHALLOW.—Oui, la mort est certaine.—Et le vieux Double de votre ville est-il toujours en vie ?

---

[1] *A Colswold man.* Les jeux de Colswold étaient célèbres alors pour les exercices d'adresse et de force.

[2] *Skogan* était un poëte qui suivait la cour de Henri IV, et composait des ballades et des moralités. Il paraît avoir été un homme sérieux et nullement fait pour se trouver compromis avec un mauvais sujet de l'espèce de Falstaff. Mais on a le recueil des mauvaises plaisanteries d'un autre *Skogan*, espèce de bouffon qui vivait du temps d'Édouard IV. Shakspeare paraît les avoir confondus, ou peut-être est-ce un anachronisme qu'il prête à dessein à Shallow pour faire ressortir un de ses mensonges.

silence.—Mort, monsieur.

shallow.—Mort ! Voyez, voyez, il tirait bien de l'arc ; et il est mort ! Il avait un beau coup de fusil. Jean de Gaunt l'aimait beaucoup, et gageait beaucoup d'argent sur sa tête. Mort ! il vous tapait dans le blanc à deux cent quarante pas, et vous aurait lancé un trait à deux cent quatre-vingts, et même quatre-vingt-dix pas, que cela vous aurait enchanté à voir.—A quel prix la vingtaine de brebis à présent?

silence.—C'est selon ce qu'elles sont : une vingtaine de bonnes brebis peut aller à dix guinées.

shallow.—Et comme cela, le pauvre vieux Double est donc mort?

(Entrent Bardolph et une autre personne avec lui.)

silence.—Voilà, je crois, deux des gens de sir Jean Falstaff.

bardolph.—Bonjour, mes bons messieurs ; lequel de vous deux est le juge Shallow?

shallow.—Je suis Robert Shallow, monsieur, un pauvre gentilhomme de ce comté, et l'un des juges de paix du roi. Que désirez-vous de moi?

bardolph.—Mon capitaine, monsieur le juge, se recommande à vous ; mon capitaine, sir Jean Falstaff, homme de belle taille, pardieu ! et un très-vaillant chef de recrues.

shallow.—Il me fait bien de la grâce, monsieur ; je l'ai connu un excellent espadonneur : comment se porte ce bon chevalier ? Oserai-je demander comment se porte milady son épouse?

bardolph.—Excusez-moi, monsieur, mais un soldat n'est pas si mal accommodé que de n'avoir qu'une femme.

shallow.—C'est bien dit, par ma foi, monsieur ; et, en vérité, c'est bien dit. Mieux accommodé ! Il est bon ! Oui, en vérité, il est bon ! Les bonnes phrases sont très-certainement et ont toujours été en grande recommandation. Accommodé,—cela vient d'*accommodo* : fort bien ! c'est une bonne phrase [1] !

---

[1] *Accommodate* était une expression à la mode.

BARDOLPH.—Pardonnez, monsieur, mais j'ai entendu dire ce mot-là. Comment dites-vous, une phrase? Par le jour qui luit, je ne sais pas ce que veut dire *phrase;* mais je soutiendrai, l'épée à la main, que ce mot est un très-bon mot de soldat, et un mot d'un sens très-avantageux. Oui, accommodé, c'est-à-dire qu'un homme est, comme on dit, accommodé; ou bien, quand un homme est ce qu'on appelle.... par quoi.... et comment... il peut passer pour accommodé, ce qui est une excellente chose.

(Arrive Falstaff.)

SHALLOW.—Vous avez raison; tenez, voilà le bon sir Jean qui arrive. Donnez-moi votre chère main; que Votre Seigneurie donne sa chère main. Sur ma parole, vous avez bon visage; vous portez vos années à faire plaisir. Soyez le bienvenu, mon cher sir Jean.

FALSTAFF.—Je suis charmé de vous voir en bonne santé, mon cher maître Robert Shallow. C'est maître Sure-Card que voilà, je pense?

SHALLOW.—Non, sir Jean; c'est mon cousin Silence, mon confrère.

FALSTAFF.—Cher monsieur Silence, vous étiez bien fait pour être juge de paix.

SILENCE.—Votre Seigneurie est la bienvenue.

FALSTAFF.—Pardieu! il fait bien chaud!—Messieurs, m'avez-vous fait ici une demi-douzaine d'hommes bons à recruter?

SHALLOW.—Vraiment oui, monsieur. Voulez-vous prendre la peine de vous asseoir?

FALSTAFF.—Voyons-les, s'il vous plaît.

SHALLOW.—Où est la liste, où est la liste, où est la liste? Attendez, attendez, attendez. Allons, allons, allons, allons. Oui ma foi, monsieur. (*Il fait l'appel.*) Ralph Moisi[1]? Qu'ils viennent dans l'ordre où je les appelle. Qu'ils viennent dans l'ordre, qu'ils viennent dans l'ordre. Voyons, où est Moisi?

---

[1] *Mouldy.* Il a fallu traduire les noms des recrues, sans quoi les plaisanteries de Falstaff auraient été incompréhensibles.

moisi.—Ici, sous votre bon plaisir.

shallow.—Que pensez-vous de celui-ci, sir Jean? C'est un garçon bien membré, jeune, fort, et qui vient de bonne famille.

fasltaff.—Est-ce toi qui t'appelles Moisi?

moisi.—Oui, sous votre bon plaisir.

falstaff.—Il n'est que plus pressé de t'employer.

shallow.—Ha, ha, ha! cela est excellent, ma foi! Ce qui est moisi a besoin d'être employé plus tôt que plus tard. Singulièrement bon! Bien dit, par ma foi! Fort bien dit!

falstaff.—Piquez-le.

moisi.—Oh! piqué, je le suis de reste. Si vous aviez pu me laisser tranquille! Ma vieille grand'mère ne saura où donner de la tête pour trouver quelqu'un qui lui fasse son ménage et les gros travaux. Vous n'aviez pas besoin de me piquer; il y en a tant d'autres plus en état que moi!

falstaff.— Allons, paix, Moisi : vous marcherez. Moisi, il est temps qu'on vous emploie.

moisi.—Qu'on m'emploie?

shallow.— Paix, drôle, paix; rangez-vous de côté : savez-vous à qui vous parlez?—Voyons l'autre, sir Jean. Attendez. Simon L'ombre[1]!

falstaff.—Vraiment, je veux l'avoir celui-là; ce doit être un soldat bien frais.

shallow.—Où est L'ombre?

l'ombre.—Me voilà, monsieur.

falstaff.—L'ombre, de qui es-tu fils?

l'ombre.—Je suis l'enfant de ma mère, monsieur.

falstaff.—L'enfant de ta mère! c'est assez vraisemblable; et l'ombre de ton père, l'enfant de la femelle est l'ombre du mâle : il y en a beaucoup de cette espèce, vraiment, mais pas beaucoup où le père ait mis du sien.

shallow.—Vous convient-il, sir Jean?

falstaff.—L'ombre conviendra fort en été, pique-le;

---

[1] *Shadow.*

nous avons comme cela beaucoup d'ombres qui remplissent les cadres.

SHALLOW.—Thomas Bossu [1] !

FALSTAFF.—Où est-il?

BOSSU.—Me voilà, monsieur.

FALSTAFF.—T'appelles-tu Bossu?

BOSSU.—Oui, monsieur.

FALSTAFF.—Tu es, ma foi, un bossu bien bossu.

SHALLOW.—Le piquerai-je, monsieur le chevalier?

FALSTAFF.—Il n'est pas nécessaire, car son équipage est bâti sur son dos, et son corps ne tient qu'avec des épingles : ne le piquez pas davantage.

SHALLOW.—Ha, ha, ha! C'est à faire à vous, chevalier, c'est à faire à vous! Je vous fais mon compliment.— François Foible [2].

FOIBLE.—Me voilà, monsieur.

FALSTAFF.—Quel métier fais-tu, Foible?

FOIBLE.—Tailleur pour femmes, monsieur.

SHALLOW.—Le piquerai-je, monsieur?

FALSTAFF.—Si vous voulez; mais si c'eût été un tailleur d'hommes, c'est à vous qu'il aurait piqué des points. Feras-tu bien autant de trous dans le corps d'armée de l'ennemi que tu en as fait dans une jupe de femme?

FOIBLE.—J'y ferai tout mon possible, monsieur; vous n'en pouvez pas demander davantage.

FALSTAFF.—C'est bien dit, mon cher tailleur pour femmes, bien dit, courageux Foible. Tu seras aussi vaillant qu'un pigeon en colère, ou que la plus magnanime des souris. Piquez bien le tailleur de femmes, maître Shallow, profondément, monsieur Shallow.

FOIBLE.—J'aurais été bien charmé que Bossu fût parti aussi, monsieur.

FALSTAFF.—Je serais bien charmé que tu fusses tailleur pour hommes, afin que tu pusses le raccommoder et le mettre en état d'aller. Je ne peux pas faire un simple soldat d'un homme qui a un si gros corps derrière

---

[1] *Wart.*
[2] *Feeble.*

lui. Cette raison doit vous suffire, très-vigoureux Foible.

FOIBLE.—Aussi suffira-t-elle, monsieur.

FALSTAFF.—Je te suis bien obligé, respectable Foible. —Qui est-ce qui vient après?

SHALLOW.—Pierre le Bœuf[1], de la prairie.

FALSTAFF.—Vraiment! Voyons un peu ce Pierre le Bœuf.

LE BOEUF.—Me voilà, monsieur.

FALSTAFF.—Devant Dieu, cela fait un drôle bien bâti. Allons, piquez-moi le Bœuf jusqu'à ce qu'il mugisse.

LE BOEUF.—Oh! mon seigneur capitaine....

FALSTAFF.—Comment donc? tu cries avant qu'on te pique?

LE BOEUF.—Ah! monsieur, je suis malade.

FALSTAFF.— Et quelle maladie as-tu?

LE BOEUF.—Un mâtin de rhume, monsieur; une toux que j'ai attrapée à force de sonner dans les affaires du roi, le jour de son couronnement, monsieur.

FALSTAFF.—Allons, tu viendras à la guerre en robe de chambre : nous ferons partir ton rhume, et nous aurons soin que tes parents sonnent pour toi.—Est-ce là tout?

SHALLOW.—Nous en avons appelé deux de plus qu'il ne vous faut; vous ne devez avoir que quatre hommes ici, monsieur; faites-moi le plaisir d'entrer et d'accepter mon dîner.

FALSTAFF.—Volontiers, j'irai boire un coup avec vous, mais je ne saurais rester à dîner. Je suis bien charmé d'avoir eu le plaisir de vous voir, maître Shallow.

SHALLOW.—Oh! monsieur le chevalier, vous souvenez-vous quand nous avons passé la nuit ensemble dans le moulin à vent des prés Saint-George?

FALSTAFF.—Ne parlons plus de cela, mon cher maître Shallow, ne parlons plus de cela.

SHALLOW.—Ah! que de farces nous avons faites cette nuit-là! et Jeanne Night-Work est-elle toujours en vie

FALSTAFF.—Toujours, maître Shallow.

SHALLOW.—Elle ne pouvait se débarrasser de moi.

---

[1] *Bull-calf.*

FALSTAFF.—Oh ! jamais, jamais : aussi disait-elle toujours qu'elle ne pouvait pas supporter maître Shallow.

SHALLOW.—Pardieu ! il n'y avait personne comme moi pour la faire enrager. C'était une bonne robe alors ; se soutient-elle toujours bien ?

FALSTAFF.—Oh ! vieille, vieille, maître Shallow.

SHALLOW.—En effet, elle doit être vieille ; il est impossible qu'elle ne soit pas vieille ; certainement elle est vieille, puisqu'elle avait eu Robin Night-Work du vieux Night-Work, avant que je fusse à Saint-Clément.

SILENCE.—Il y a cinquante-cinq ans de cela.

SHALLOW.—Ah ! cousin Silence, que n'as-tu vu ce que le chevalier et moi avons vu ! ah ! sir John !

FALSTAFF.— Nous avons entendu souvent sonner le carillon de minuit, maître Shallow.

SHALLOW.—Si nous l'avons entendu ! si nous l'avons entendu ! si nous l'avons entendu ! en vérité, chevalier, nous pouvons bien dire que nous l'avons entendu. Notre mot du guet était *hem! enfants!*—Allons-nous-en dîner. Oh ! les beaux jours que nous avons vus ! Allons, allons.

(Falstaff, Shallow et Silence sortent.)

LE BOEUF.—Mon bon monsieur le corporal Bardolph, soyez de mes amis, et voilà la somme de quarante schellings de Henri en écus de France pour vous. En bonne vérité, monsieur, j'aimerais autant être pendu, monsieur, que de partir : et cependant, quant à moi, monsieur, ce n'est pas que je m'en soucie beaucoup ; mais c'est que ce n'est pas mon penchant, et quant à moi j'ai envie de rester dans ma famille ; autrement, monsieur, je ne m'en soucie pas quant à moi beaucoup.

BARDOLPH.—Allons, rangez-vous de côté.

MOISI.—Et moi, mon bon monsieur le caporal capitaine, soyez de mes amis pour l'amour de ma vieille grand'mère, elle n'a personne capable de rien faire auprès d'elle quand je serai parti ; elle est vieille et ne peut pas s'aider toute seule ; je vous en donnerai quarante, monsieur.

BARDOLPH.—Allons, rangez-vous de côté.

FOIBLE.—Par ma foi, cela m'est égal ; un homme ne

peut jamais mourir qu'une fois ; nous devons une mort à Dieu. Je ne porterai jamais un cœur lâche : si c'est mon sort, soit : si ce ne l'est pas, tout de même. Personne n'est trop bon pour servir son prince ; et que cela tourne comme cela voudra : celui qui meurt cette année en est quitte pour l'année prochaine.

BARDOLPH.—Bien dit, tu es un brave garçon !

FOIBLE.—Non, ma foi ! je ne porterai jamais un cœur lâche.

(Rentrent Falstaff et les juges de paix.)

FALSTAFF.—Allons, monsieur, quels sont les hommes que je dois avoir ?

SHALLOW.—Choisissez les quatre que bon vous semblera.

BARDOLPH.—Monsieur, écoutez un peu que je vous dise un mot : j'ai [1] trois guinées pour décharger Moisi et le Bœuf.

FALSTAFE.—Bien, j'entends.

SHALLOW.—Allons, sir Jean, qui sont les quatre que vous choisissez ?

FALSTAFF.—Choisissez pour moi.

SHALLOW.—Vraiment donc : Moisi, le Bœuf, Foible, et L'ombre.

FALSTAFF.—Moisi, le Bœuf !—Quant à vous, Moisi, restez chez vous jusqu'à ce que vous ne soyez plus bon pour le service. Et vous, le Bœuf, croissez jusqu'à ce que vous y soyez propre. Je ne veux point de vous autres.

SHALLOW.—Ah ! sir Jean, sir Jean, ne vous faites pas tort à vous-même : ce sont vos plus beaux hommes ; et je serais bien aise que vous eussiez ce qu'il y a de mieux.

FALSTAFF.—Voulez-vous m'apprendre, monsieur Shallow, à choisir un homme ? Est-ce que je me soucie, moi, des membres, de la largeur, de la stature, de la corpulence, et de toutes ces formes robustes d'un homme ? Donnez-moi le cœur, monsieur Shallow. Voilà Bossu, par exemple ; vous voyez quel air mal torché il a. Eh

---

[1] Bardolph a reçu 80 schellings, ce qui fait environ 4 guinées il en vole une à son maître.

bien, c'est un homme qui vous chargera et fera partir son mousquet aussi vite que le marteau d'un chaudronnier, qui ira et viendra aussi prestement que les seaux du brasseur sortant la bière de la cuve. Et cet autre demi-visage, ce maraud de L'ombre, voilà encore un homme comme il m'en faut ; cela ne présente ni surface ni but à l'ennemi ; celui qui voudra tirer sur lui pourrait tout aussi facilement ajuster le tranchant d'un canif : et pour une retraite, avec quelle légèreté ce Foible, tailleur de femmes, vous saura courir ! Oh ! donnez-moi les hommes de rebut, et renvoyez-moi au rebut vos hommes d'élite. Mettez-moi un mousquet entre les mains de Bossu, Bardolph.

BARDOLPH, *lui faisant faire l'exercice.* — Tenez-vous, Bossu ; l'arme en joue : comme cela, comme cela, comme cela.

FALSTAFF. — Allons, maniez-moi votre mousquet ; comme cela ; fort bien : marchez ; fort bien, à merveille. Oh ! il n'est rien de tel pour faire un fusilier qu'un petit, vieux, maigre, ratatiné, pelé. Par ma foi, je te dis que c'est fort bien, Bossu. Tu es un bon garçon ; tiens, voilà un tester pour toi.

SHALLOW. — Il n'est pas encore passé maître là dedans ; il ne l'exécute pas très-bien. Je me souviens qu'à la plaine de Mile-End, du temps que je demeurais à Saint-Clément, je faisais alors le rôle de sir Dagonet dans la farce d'Arthur ; il y avait un singulier drôle de petit corps, et il vous maniait son mousquet comme cela, et puis il tournait par ici, et tournait par là, et puis en avant, et puis en arrière, comme qui dirait, *ra ta ta*, et puis comme qui dirait *pan*, et puis il s'en allait, et puis il revenait encore : ah ! je n'en verrai jamais un comme lui.

FALSTAFF. — Ceux-là iront très-bien. Maître Shallow, Dieu vous garde ! maître Silence, je ne ferai pas de longs compliments avec vous ; adieu, messieurs, tous les deux. Je vous fais mes remercîments ; j'ai encore une douzaine de milles à faire ce soir. — Bardolph, donnez à ces miliciens leur uniforme.

shallow.—Sir Jean, que le ciel vous bénisse, fasse prospérer vos affaires, et nous envoie bientôt la paix ! Ne repassez pas ici sans vous arrêter chez moi, que nous renouvelions notre ancienne connaissance : peut-être bien alors que je vous tiendrai compagnie pour aller à la cour.

falstaff.—Je voudrais qu'il vous en prît envie, maître Shallow.

shallow.—Allez, en un mot comme en mille, j'ai dit. Portez-vous bien.

falstaff.—Adieu, mes chers messieurs.—Ici, Bardolph. Conduis ces hommes-là.

(Il sort.)

falstaff.—A mon retour je veux soutirer ces deux juges de paix. Je connais déjà à fond le juge Shallow. Seigneur mon Dieu, combien nous autres vieillards sommes naturellement portés à mentir ! Ce décharné de juge de paix n'a fait autre chose que de m'étourdir de toutes les extravagances de sa jeunesse, et de ses prouesses dans la rue de Turn-Bull[1], et jamais trois mots de suite sans une menterie, plus exactement payée à son auditeur que ne l'est l'impôt du Turc. Je me le rappelle très-bien lorsqu'il était à Saint-Clément, comme de ces figures qu'on fait, après souper, d'une pelure de fromage. Quand il était nu, il n'y avait personne qui ne le prît pour une rave fourchue surmontée d'une tête grotesquement taillée au couteau ; il était si mince qu'à une vue un peu embrouillée ses dimensions auraient été tout à fait invisibles. C'était le spectre de la famine, et cependant lascif comme un singe. Les catins ne l'appelaient pas autrement que Mandragore : il suivait toujours les modes d'une lieue, et n'avait jamais de chansons à chanter à ses mauvaises servantes d'auberges que celles qu'il entendait siffler aux charretiers ; et il vous les donnait avec serment pour des caprices de lui, ou le fruit de ses veilles ; et voilà ce sabre de bois devenu écuyer, parlant

---

[1] La rue de Turn-Bull était le lieu le plus fréquenté par les femmes de mauvaise vie.

aussi familièrement de Jean de Gaunt que s'il eût été son camarade, et je ferais bien serment qu'il ne l'a jamais vu qu'une fois dans sa vie : c'était dans la cour des joutes où Gaunt lui cassa la tête pour s'être venu fourrer parmi les officiers du maréchal. Je dis, en voyant cela, à Jean de Gaunt qu'il battait son propre nom ; en effet vous l'auriez pu fourrer tout vêtu dans une peau d'anguille : l'étui d'un hautbois à trois corps lui eût fait une maison, un palais ; et aujourd'hui il a des terres et des bestiaux! C'est bien, je ferai connaissance avec lui, si je reviens ; et il y aura bien du malheur si je ne m'en fais une double pierre philosophale. Si le jeune goujon fait la nourriture du vieux brochet, je ne vois pas pourquoi, suivant toutes les lois de la nature, je ne le happerais pas. Que l'occasion se présente, et voilà tout.

(Il sort.)

FIN DU TROISIÈME ACTE.

ACTE QUATRIÈME

SCÈNE I

Une forêt dans la province d'York.

L'ARCHEVÊQUE D'YORK, MOWBRAY, HASTINGS
et autres.

L'ARCHEVÊQUE D'YORK.—Comment s'appelle cette forêt ?

HASTINGS.—C'est la forêt de Galtrie, sauf le bon plaisir de Votre Grâce.

L'ARCHEVÊQUE D'YORK.—Arrêtons-nous ici, mes lords, et envoyez à la découverte pour reconnaître les forces de l'ennemi.

HASTINGS.—Nos espions sont déjà en campagne.

L'ARCHEVÊQUE D'YORK.—Vous avez bien fait.—Mes amis et mes collègues dans cette grande entreprise, je dois vous apprendre que j'ai reçu de Northumberland des lettres d'une date très-récente. Voici la teneur et la substance de ces froides lettres. Il souhaiterait, dit-il, être ici à la tête d'un corps digne de son rang : mais il n'en a pu trouver un assez nombreux, et il s'est retiré en Écosse pour laisser croître et mûrir sa fortune : il finit par demander à Dieu, de tout son cœur, que vos efforts triomphent des hasards et de la redoutable puissance de votre ennemi.

MOWBRAY.—Ainsi voilà les espérances que nous fondions sur lui échouées et mises en pièces.

(Entre un messager.)

HASTINGS.—Eh bien, quelles nouvelles ?

LE MESSAGER.—A l'occident de cette forêt, à moins d'un mille d'ici, les ennemis s'avancent en bon ordre, et par l'étendue de terrain qu'ils occupent, j'estime que leur nombre doit monter à près de trente mille hommes.

mowbray.—C'est justement ce que nous avions supposé. Marchons vers eux, et allons les affronter sur le champ de bataille.

(Entre Westmoreland.)

l'archevêque d'york.—Quel est ce chef armé de toutes pièces qui s'avance droit à nous? Je crois que c'est milord Westmoreland.

westmoreland.—Salut et civilités de la part de notre général, le prince lord Jean de Lancastre.

l'archevêque d'york.—Parlez, milord Westmoreland; expliquez-vous sans crainte. Quel motif vous amène vers nous?

westmoreland.—C'est donc à Votre Grâce, milord, que s'adressera principalement le fond de mon discours. Si cette rébellion s'avançait comme il lui convient, sous l'aspect d'une abjecte et vile multitude, conduite par une jeunesse sanguinaire, animée par la fureur et soutenue d'une troupe d'enfants et de mendiants; si, dis-je, la révolte maudite s'offrait ainsi sous sa forme propre, naturelle et véritable, on ne vous verrait pas, vous, mon révérend père, et tous ces nobles lords, décorer ici de vos légitimes dignités l'ignoble forme d'une basse et sanglante insurrection.—Vous, lord archevêque, dont le siége est appuyé sur la paix publique, dont la paix à la main d'argent a caressé la barbe, dont la paix a nourri la science et les bonnes lettres, dont les vêtements offrent dans leur blancheur l'emblème de l'innocence, et figurent la divine colombe et l'esprit saint de paix! pourquoi transformer si malheureusement le gracieux langage de la paix en un rude et bruyant idiome de guerre, pourquoi changer vos livres en tombeaux, votre encre en sang, vos plumes en lances, et votre langue pieuse en une éclatante trompette et un aiguillon de guerre?

l'archevêque d'york.—Pourquoi je me conduis ainsi? Telle est la question que vous me faites : je vais en peu de mots droit au but.—Nous sommes tous malades; les excès de notre intempérance et de nos folies ont allumé dans notre sein une fièvre ardente qui demande que notre sang soit versé. Atteint d'une pareille maladie, notre feu roi Richard en mourut. Cependant, mon très-noble lord Westmoreland, je ne me donne point ici pour le médecin de ces maux, et ce n'est point en ennemi de la paix que je me mêle dans les rangs des guerriers; mais plutôt, en étalant pour quelques moments l'appareil menaçant de la guerre, je veux forcer au régime des esprits ardents, fatigués de leur bonheur, et purger un excès d'humeur qui commence à arrêter dans nos veines le mouvement de la vie.—Je vais vous parler plus simplement. J'ai d'une main impartiale pesé dans une juste balance les maux que peuvent causer nos armes et les maux que nous souffrons, et je trouve nos griefs bien plus graves que nos torts : nous voyons quelle direction suit le cours des choses actuelles, et la violence du torrent des circonstances nous emporte malgré nous hors de notre paisible sphère. Nous avons résumé tous nos griefs, pour les montrer article par article quand il en sera temps. Nous les avons, longtemps avant ceci, présentés au roi ; mais tous nos efforts n'ont pu nous obtenir audience. Lorsqu'on nous fait tort, et que nous voulons exposer nos plaintes, l'accès à son trône nous est fermé par les hommes mêmes qui ont le plus contribué aux injustices dont nous nous plaignons. Ce sont les dangers des jours tout récemment passés, et dont le souvenir est inscrit sur la terre en caractères de sang encore visibles ; ce sont les exemples que chaque heure, que l'heure présente amène sous nos yeux, qui nous portent à revêtir ces armes si malséantes, non pour rompre la paix, ni aucune de ses branches, mais pour établir ici une paix qui en ait à la fois le nom et la réalité.

WESTMORELAND.—Et quand a-t-on jamais refusé d'écouter vos plaintes? En quoi avez-vous été lésé par le roi? Quel pair a jamais été suborné pour vous offenser, en telle sorte que vous puissiez vous croire autorisé à sceller aujourd'hui d'un sceau divin le livre sanglant et illégitime d'une révolte mensongère, et à consacrer l'épée cruelle de la guerre civile?

L'ARCHEVÊQUE D'YORK.—J'ai fait ma querelle des maux de l'État, notre frère commun, et de la cruauté exercée sur le frère né de mon sang.

WESTMORELAND.—Il n'est nullement besoin de pareille réforme, et, quand elle serait nécessaire, ce n'est pas à vous qu'elle appartient.

MOWBRAY.—Pourquoi pas à lui, du moins en partie? Et à nous tous, qui sentons encore les plaies du passé, et qui voyons le présent appesantir sur nos dignités une main injuste et oppressive?

WESTMORELAND.—Oh! mon cher lord Mowbray, jugez des événements par la nécessité des circonstances, et vous direz alors avec plus de vérité que c'est le temps et non le roi qui vous maltraite. Et cependant, quant à vous, je ne puis voir que, soit de la part du roi, soit de la part des conjonctures nouvelles, vous ayez lieu le moins du monde à fonder une plainte. N'avez-vous pas été rétabli dans toutes les seigneuries du duc de Norfolk, votre noble père, d'honorable mémoire?

MOWBRAY.—Eh! qu'avait donc perdu mon père dans son honneur, qui eût besoin d'être ranimé et ressuscité en moi? Le roi qui l'aimait fut forcé, par la situation où se trouvait l'État, de l'exiler malgré lui. Et cela, au moment où Henri Bolingbroke et lui étaient tous deux en selle et haussés sur leurs étriers; leurs chevaux hennissaient pour appeler l'éperon, leurs lances en arrêt, leurs visières baissées, leurs yeux lançant le feu à travers l'acier de leurs casques, et la bruyante trompette les animant l'un contre l'autre; alors, alors, rien ne pouvait garantir le sein de Bolingbroke de la lance de mon père. Oh! lorsque le roi jeta contre terre son bâton de commandement, sa vie y tenait suspendue; il se renversa du coup, lui et tous ceux qui depuis ont péri sous Bolingbroke, ou par jugement, ou par la pointe de l'épée.

WESTMORELAND.—Vous parlez, lord Mowbray, de ce que vous ne savez pas. Le comte d'Hereford était réputé alors pour le plus brave gentilhomme de l'Angleterre.

Qui sait auquel des deux la fortune aurait souri? Mais quand votre père eût obtenu la victoire, il ne l'eût pas portée hors de Coventry ; car tout le pays, d'une voix unanime, le poursuivait des cris de sa haine ; et tous les vœux, tout l'amour des citoyens se portaient sur Hereford, qu'ils chérissaient avec passion, qu'ils bénissaient et prisaient plus que le roi. Mais ceci n'est qu'une pure digression.—Je viens ici, envoyé par le prince notre général, pour connaître vos griefs, pour vous annoncer de sa part qu'il est prêt à vous donner audience ; et toutes celles de vos demandes qui paraîtront justes vous seront accordées ; on écartera tout ce qui pourrait encore vous faire regarder comme ennemis.

MOWBRAY.—Ces offres qu'il nous fait, il nous a contraints de les lui arracher : elles viennent de sa politique, et non de son affection.

WESTMORELAND.—Mowbray, c'est présomption de votre part que de le prendre ainsi. Ces offres partent de sa clémence et non de sa crainte : car, regardez bien, notre armée est à la portée de votre vue, et sur mon honneur, elle est tout entière trop pleine de confiance pour admettre seulement la pensée de la crainte ; nos rangs comptent plus de noms illustres que les vôtres ; nos soldats sont plus aguerris ; nos armures aussi fortes, et notre cause plus juste ; ainsi, la raison veut que nos courages soient aussi bons : ne dites donc plus que nos offres sont forcées.

MOWBRAY.—A la bonne heure, mais si l'on m'en croit, nous n'accepterons aucune négociation.

WESTMORELAND.—Cela ne prouve autre chose que le sentiment d'une cause coupable. Un coffre pourri ne supporte pas d'être manié.

HASTINGS.—Le prince Jean est-il revêtu de pleins pouvoirs ? son père lui a-t-il transmis son autorité pour nous entendre et régler d'une manière stable les conditions qui seront arrêtées entre nous ?

WESTMORELAND.—Le nom seul de général emporte la plénitude de ces pouvoirs. Je m'étonne d'une question aussi frivole.

l'archevêque d'york. — Eh bien, milord Westmoreland, prenez cet écrit : il renferme nos plaintes générales. Que chacun de ces abus soit réformé, et que tous ceux de notre parti qui, présents ici ou ailleurs, se trouvent intéressés dans cette entreprise, soient déchargés de toutes recherches par un pardon en forme légale et régulière ; alors bornant nos volontés actuelles à ce qui nous regarde, et à la réussite de nos projets, nous rentrons aussitôt dans les bornes du respect, et nous enchaînons nos armes au bras de la paix.

westmoreland. — Je vais mettre cet écrit sous les yeux du général. Si vous voulez, milords, nous pouvons nous joindre et nous aboucher à la vue de nos deux armées, et tout terminer, soit par la paix, que le ciel veuille rétablir! soit en recourant sur le lieu même de nos discussions, aux épées qui doivent les décider.

l'archevêque d'york. — Nous y consentons, milord.
(Westmoreland sort.)

mowbray. — Quelque chose en moi me dit que les conditions de notre paix ne peuvent jamais être solides.

hastings. — Ne craignez rien : si nous pouvons la faire sur des bases aussi larges et aussi absolues que celles que renferment nos conditions, notre paix sera solide comme le rocher.

mowbray. — Oui, mais l'opinion que le roi conservera de nous sera telle, que la cause la plus légère, le prétexte le moins fondé, la première idée, le plus vain soupçon, lui rappelleront toujours le souvenir de notre révolte ; et quand, avec la foi la plus loyale, nous serions les martyrs de notre zèle pour lui, nos actions seront toujours sassées et ressassées si rudement, que les épis les plus pesants sembleront aussi légers que la paille, et que le bon grain ne sera jamais séparé du mauvais.

l'archevêque d'york. — Non, non, milord, faites bien attention. — Le roi est las d'éplucher des torts si légers et si vains : il a reconnu qu'un soupçon éteint par la mort en fait renaître deux plus violents sur les héritiers de la vie qu'on a sacrifiée : il effacera donc entièrement les noms inscrits sur ses tablettes, et ne gardera plus de témoin qui puisse rappeler à sa mémoire le souvenir de ses pertes passées ; car il sait bien qu'il ne peut jamais, au gré de ses soupçons, purger ce royaume de tout ce qui lui porte ombrage. Ses ennemis ont si lestement pris racine entre ses amis, que dans ses efforts pour extirper un ennemi, il ébranle du même coup et soulève un ami, si bien que cette nation, comme une épouse dont les piquantes injures ont irrité sa fureur jusqu'aux coups, au moment où il va frapper, place devant elle son enfant, et tient le châtiment qu'il voulait lui faire subir suspendu dans la main déjà levée sur elle.

HASTINGS.—D'ailleurs, le roi a tellement usé toutes ses verges sur les dernières victimes qu'aujourd'hui il manque même d'instrument pour châtier ; en sorte que sa puissance, telle qu'un lion sans griffes, menace, mais ne peut saisir.

L'ARCHEVÊQUE D'YORK.—Cela est vrai ;—et soyez bien sûr, mon bon lord maréchal, que si nous faisons bien constater aujourd'hui notre pardon, notre paix, comme un membre rompu et rejoint, n'en deviendra que plus solide par sa rupture.

MOWBRAY.—Allons, soit ; voici milord Westmoreland qui revient vers nous.

(Rentre Westmoreland.)

WESTMORELAND.—Le prince est à quelques pas d'ici. Vous plaît-il, milords, de venir joindre Sa Grâce à une distance égale de nos deux armées ?

MOWBRAY. — Monseigneur York, au nom de Dieu, avancez le premier.

L'ARCHEVÊQUE D'YORK. — Prévenez-moi et saluez le prince.—(A Westmoreland.) Milord nous vous suivons.

(Ils sortent.)

SCÈNE II

Une autre partie de la forêt.

D'un côté entrent MOWBRAY, L'ARCHEVÊQUE D'YORK, HASTINGS *et d'autres lords; de l'autre* LE PRINCE JEAN DE LANCASTRE, WESTMORELAND, *des officiers, suite.*

LANCASTRE.—Mon cousin Mowbray, je me félicite de vous rencontrer ici.—Salut, mon cher lord archevêque. —Et à vous aussi, lord Hastings.—Salut à tous.—Milord York, vous paraissiez plus à votre avantage, lorsqu'en cercle autour de vous, votre troupeau assemblé au son de la cloche écoutait avec respect vos instructions sur le texte des livres saints, que vous ne vous montrez aujourd'hui sous la figure d'un homme de fer, excitant, au bruit de vos tambours, une multitude de rebelles, changeant la parole en glaive et la mort en vie. Si l'homme qui occupe une place dans le cœur du monarque, qui prospère sous les rayons de sa faveur, voulait abuser du nom de son roi, hélas! à combien de méfaits ne pourrait-il pas ouvrir la carrière sous l'ombre d'une telle puissance?—C'est ce qui vous arrive, lord archevêque.—Qui n'a entendu dire cent fois combien vous étiez versé dans les livres de Dieu? Vous étiez à nos yeux l'orateur de son parlement; vous étiez, à ce qu'il nous semblait, la voix de Dieu lui-même; vous étiez l'interprète et le négociateur entre les saintes puissances du ciel et nos œuvres de ténèbres. Oh! qui jamais pourra croire que vous abusiez du saint respect attaché à votre place, et que vous employiez la faveur et la grâce du ciel, comme un favori perfide le nom de son prince, à des actes déshonorants? Vous avez, sous le masque du zèle de la cause de Dieu, enrôlé les sujets de mon père, son lieutenant sur la terre, et vous les avez ameutés ici contre la paisible autorité du ciel et du roi.

L'ARCHEVÊQUE D'YORK.—Mon noble lord Lancastre, je

ne suis point ici armé contre l'autorité de votre père ; mais, comme je l'ai dit à milord Westmoreland, c'est le mauvais gouvernement des temps actuels qui, d'un commun accord, nous assemble et nous oblige à nous serrer sous cette forme irrégulière, pour maintenir notre sûreté. J'ai envoyé à Votre Grâce le détail et les articles de nos griefs, ceux que la cour a repoussés avec mépris, et qui ont produit cette hydre, fille monstrueuse de la guerre. Vous pouvez fermer d'un sommeil magique ses yeux menaçants, en nous accordant nos justes et légitimes demandes ; et aussitôt la fidèle obéissance, guérie de cette fureur insensée, s'abaissera avec soumission aux pieds de la majesté.

MOWBRAY.—Sur le refus, nous sommes résolus d'essayer notre fortune, jusqu'à ce que le dernier de nous périsse.

HASTINGS.—Et quand nous péririons ici, d'autres nous suppléeront dans une seconde tentative ; s'ils succombent, ils en auront d'autres pour les suppléer à leur tour : ainsi se perpétuera une succession de malheurs, et d'héritiers en héritiers cette querelle se transmettra tant que l'Angleterre verra naître des générations nouvelles.

LANCASTRE.—Vous êtes trop léger, Hastings, infiniment trop léger pour sonder ainsi la profondeur des siècles à venir.

WESTMORELAND.—Votre Grâce voudrait-elle leur répondre positivement et leur dire jusqu'à quel point vous approuvez leurs articles ?

LANCASTRE.—Je les approuve tous et je les accorde volontiers, et je jure ici par l'honneur de mon sang, que les intentions de mon père ont été mal interprétées ; je conviens aussi que quelques-uns de ceux qui l'entourent ont outre-passé ses intentions et abusé de son autorité. Milord, ces griefs seront redressés sans délai ; sur mon âme, ils le seront. Veuillez renvoyer vos troupes dans leurs différents comtés, comme nous allons faire nous-mêmes ; et ici, entre les deux armées, embrassons-nous et buvons ensemble comme des amis, afin que tous nos soldats puissent reporter chez eux ce qu'ils auront vu par leurs yeux, des témoignages de notre réconciliation et de notre amitié.

L'ARCHEVÊQUE D'YORK.—Je reçois votre parole de prince de réformer ces abus.

LANCASTRE.—Je vous la donne et je la tiendrai ; et sur cette promesse, je porte cette santé à Votre Grâce.

HASTINGS, *à un officier.*—Allez, capitaine, et annoncez à nos soldats les nouvelles de la paix ; qu'ils reçoivent leur solde et qu'ils partent : je sais qu'ils en seront très-satisfaits.—Hâte-toi, capitaine.   (Le capitaine sort.)

L'ARCHEVÊQUE D'YORK.—A vous, mon noble lord Westmoreland.

WESTMORELAND.—Je vous fais raison ; et si vous saviez combien il m'en a coûté de peines pour former cette paix, vous boiriez à ma santé de grand cœur ; mais mon amitié pour vous se fera bientôt mieux connaître.

L'ARCHEVÊQUE D'YORK.—Je n'en doute point.

WESTMORELAND. — J'en suis bien joyeux. — A votre santé, mon cher cousin, lord Mowbray.

MOWBRAY.—Vous me souhaitez la santé fort à propos ; car je viens de me sentir tout d'un coup assez malade.

L'ARCHEVÊQUE D'YORK.—Avant un malheur les hommes se sentent toujours joyeux : mais la tristesse est un présage de bonheur.

WESTMORELAND.—Eh bien, cher cousin, soyez donc gai, puisqu'une tristesse soudaine doit faire supposer qu'il vous arrivera demain quelque bonheur.

L'ARCHEVÊQUE D'YORK.—Croyez-moi, je me sens l'esprit plus léger que jamais.

MOWBRAY.—Tant pis, si votre règle est juste.
(Acclamation derrière le théâtre.)

LANCASTRE.—On vient de leur annoncer la paix : écoutez ; quelles acclamations !

MOWBRAY.—Ces cris eussent été bien réjouissants après la victoire.

L'ARCHEVÊQUE D'YORK.—Une paix est une conquête. Les deux partis sont noblement vaincus sans qu'aucun y perde.

LANCASTRE, *à Westmoreland.*—Allez, milord, qu'on licencie aussi notre armée. (*Westmoreland sort.*)—(*A York.*) Et consentez, mon digne lord, à ce que les troupes défilent devant nous, afin que nous apprenions par no yeux à quels hommes nous aurions eu affaire.

L'ARCHEVÊQUE D'YORK, *à Hastings.* — Lord Hastings, allez, et avant de licencier nos soldats, qu'on les fasse défiler près de nous.

(Hastings sort.)

LANCASTRE.—Je me flatte, milord, que nous reposerons ensemble cette nuit. (*Rentre Westmoreland.*) Eh bien, cousin, pourquoi notre armée demeure-t-elle sous les armes ?

WESTMORELAND.—Les chefs ayant reçu de vous l'ordre de ne pas bouger, ne veulent pas partir qu'ils ne reçoivent de votre bouche un ordre contraire.

LANCASTRE.—Ils connaissent leur devoir.

(Rentre Hastings.)

HASTINGS.—Milord, notre armée est déjà dispersée, et comme de jeunes taureaux détachés du joug, ils prennent leur course à l'est, à l'ouest, au nord, au sud.

WESTMORELAND.—Bonne nouvelle, milord Hastings : et en conséquence je vous arrête comme coupable de haute trahison,—et vous aussi, lord archevêque,—et vous aussi, lord Mowbray. Je vous accuse tous deux de trahison capitale.

MOWBRAY.—Est-ce là un procédé juste et honorable ?

WESTMORELAND.—Et votre assemblée l'est-elle ?

L'ARCHEVÊQUE D'YORK, *au prince.*—Voulez-vous violer ainsi votre parole ?

LANCASTRE.—Je ne me suis point engagé envers toi. Je vous ai promis la réforme des abus dont vous vous êtes plaints : et sur mon honneur, j'exécuterai cette réforme avec l'exactitude la plus religieuse. Mais pour vous, rebelles, préparez-vous à subir le salaire que méritent la révolte et une conduite telle que la vôtre. Vous avez rassemblé cette armée avec la plus grande légèreté, vous l'avez conduite ici pleins d'espérances folles, et vous venez de la licencier comme des imbéciles.—Qu'on batte le tambour et qu'on poursuive les bandes errantes et dispersées: c'est le ciel qui à notre place a combattu aujourd'hui sans danger.—Que quelques-uns de vous gardent ces traîtres, jusqu'à l'échafaud, lit fatal où la trahison vient toujours rendre son dernier soupir.

(Tous sortent.)

SCÈNE III

Entrent FALSTAFF et COLEVILLE.

FALSTAFF.—Quel est votre nom, monsieur? Votre titre? Et de quel endroit êtes-vous, je vous prie?

COLEVILLE.—Je suis chevalier, monsieur, et je m'appelle Coleville de la Vallée.

FALSTAFF.—Ainsi Coleville est votre nom, chevalier votre titre, et la Vallée votre demeure. Le nom de Coleville vous restera, traître sera votre titre et le cachot sera votre demeure, demeure assez profonde. Ainsi vous ne changerez point de nom et vous serez toujours Coleville de la Vallée.

COLEVILLE.—N'êtes-vous pas sir Jean Falstaff?

FALSTAFF.—Je le vaux bien toujours, monsieur, qui que je puisse être. Vous rendez-vous, monsieur, ou bien faudra-t-il que je sue pour vous y forcer? Si tu me fais suer, les larmes de tes amis me le payeront: ils pleureront ta mort. Ainsi songe à avoir peur et à trembler, et soumets-toi à ma clémence.

COLEVILLE.—Je crois que vous êtes le chevalier Falstaff, et, dans cette idée, je me rends à vous.

FALSTAFF.—J'ai une école entière de langues dans mon ventre, et il n'y en a pas une qui sache dire autre chose que mon nom. Si je n'avais qu'un ventre ordinaire, je serais simplement l'homme le plus actif qu'il y eût en Europe; mais mon ventre, mon ventre, mon ventre me perd.—Oh! voilà notre général.

(Entrent le prince Jean de Lancastre, Westmoreland et d'autres personnes.)

ACTE IV, SCÈNE III.

LANCASTRE.—La première chaleur est passée; ne poursuivez pas plus loin à présent. Rassemblez les troupes, mon cher cousin Westmoreland. (*Westmoreland sort.*) A présent, Falstaff, qu'êtes-vous devenu pendant tout ce temps-ci? Quand tout est fini, c'est alors que vous paraissez. Sur ma parole, ces tours de paresseux vous fileront un jour ou l'autre quelque corde.

FALSTAFF.—Je serais bien fâché, mon prince, d'en agir autrement. Je n'ai encore connu d'autre récompense de la valeur que les rebuts et les reproches. Me prenez-vous pour une hirondelle, une flèche, ou un boulet de canon? Puis-je donner à mes pauvres vieux mouvements la rapidité de la pensée? Je suis arrivé ici avec toute la célérité qui m'était possible. J'ai coulé à fond cent quatre-vingt et tant de postes; et après cela, tout harassé que je suis, j'ai encore dans ma pure et immaculée valeur, pris sir Jean Coleville de la Vallée, un des plus terribles chevaliers, des plus vaillants ennemis qu'on puisse rencontrer : mais après tout, quel mérite y a-t-il à cela? Il ne m'a pas plutôt vu, qu'il s'est rendu : de façon que je puis bien dire, avec le célèbre nez crochu de Rome : « Je suis venu, j'ai vu, j'ai vaincu. »

LANCASTRE.—Grâce à sa courtoisie, plus qu'à votre valeur.

FALSTAFF. —Je n'en sais rien; mais le voilà toujours, et c'est à vous que je le remets, et je supplie en grâce Votre Altesse que cette action soit enregistrée parmi les autres faits de cette journée : ou bien, sur mon Dieu, je la ferai mettre dans une ballade spéciale, avec mon portrait en tête, où l'on verra Coleville baisant mon pied : et quand vous m'aurez forcé à prendre ce parti, si vous ne paraissez pas tous auprès de moi aussi minces que des pièces de deux sous dorées, et si, placé dans le ciel pur de la gloire, je ne vous surpasse pas alors en éclat, comme la pleine lune surpasse les petites étincelles du firmament, semblables près d'elle à des têtes d'épingles, ne croyez jamais à la parole d'un chevalier. C'est pourquoi, laissez-moi jouir de mes droits, et souffrez que le mérite monte.

LANCASTRE.—Le tien est trop pesant pour monter.
FALSTAFF.—Eh bien ! qu'il brille donc.
LANCASTRE.—Il est trop opaque.
FALSTAFF.—Enfin, qu'il lui arrive donc quelque chose, mon cher lord, qui me fasse du bien : après cela, donnez-lui le nom que vous voudrez.
LANCASTRE.—Est-ce toi qui t'appelles Coleville ?
COLEVILLE.—Oui, milord.
LANCASTRE.—Tu es un fameux rebelle, Coleville.
FALSTAFF.—Et c'est un fameux fidèle sujet qui l'a pris.
COLEVILLE.—Je ne suis, milord, que ce que sont les chefs qui m'ont conduit ici. S'ils avaient voulu suivre mes conseils, vous les auriez achetés plus cher que vous n'avez fait.
FALSTAFF.—Je ne sais pas combien ils se sont vendus ; mais pour toi, comme un bon garçon, tu t'es donné gratis, et je te remercie du présent que tu m'as fait de toi.
(Entre Westmoreland.)
LANCASTRE.—A-t-on cessé la poursuite ?
WESTMORELAND.—On a fait retraite et on va s'occuper de l'exécution des rebelles.
LANCASTRE.—Envoyez Coleville avec ses confédérés à York, pour y être exécuté sur-le-champ. Vous, Blount, conduisez-le hors d'ici, et voyez à ce qu'il soit bien gardé.... (*Quelques-uns sortent avec Coleville.*) A présent hâtons-nous de partir pour la cour, mes lords, car j'apprends que mon père est très-malade. La nouvelle de nos succès nous devancera auprès de Sa Majesté. Ce sera vous, cousin, qui vous chargerez de la lui porter pour le ranimer, tandis que nous vous suivrons sans nous presser.
FALSTAFF.—Milord, je vous en supplie, permettez-moi de traverser le comté de Glocester, et quand vous arriverez à la cour, je vous en conjure, faites un bon rapport de moi, mon prince.
LANCASTRE.—Allez, portez-vous bien, Falstaff ; pour moi, comme c'est aussi mon caractère, je parlerai de vous mieux que vous ne méritez.
(Il sort.)

FALSTAFF.—Je vous souhaiterais seulement de l'esprit, cela vaudrait mieux que votre duché. De bonne foi, ce jeune homme au sang-froid ne m'aime point, il est impossible de le faire rire : mais il n'y a rien d'étonnant, cela ne boit pas de vin. Vous ne verrez jamais aucun de ces graves petits garçons tourner à bien, car leur maigre boisson leur refroidit tellement le sang, que, joignez à cela tous leurs repas de poisson, ils tombent dans des espèces de pâles couleurs masculines, et quand ils se marient ils ne font que des femelles. Ce sont pour la plupart des sots et des lâches, comme le seraient quelques-uns de nous si nous ne nous mettions pas le feu dans le ventre. Une bonne bouteille de vin de Xérès produit deux grands effets : 1° elle monte à la tête et s'empare de mon cerveau, où elle dessèche toutes les vapeurs crues, épaisses et sottes qui l'environnent. Elle rend la conception vive, légère, la remplit de tournures soudaines, animées, charmantes, qui, communiquées à la voix, naissent au moyen de la langue en excellentes saillies. Le second avantage qu'on retire de ce recommandable vin de Xérès, c'est qu'il vous réchauffe le sang, qui, auparavant froid et tranquille, laissait le foie pâle et blafard, ce qui est la marque évidente de la pusillanimité et de la lâcheté : mais le Xérès le réchauffe, et le fait courir de l'intérieur aux extrémités extérieures : il allume la figure qui, comme un phare, avertit tout le reste de ce petit royaume, l'homme, de prendre les armes : et alors la troupe des esprits vitaux, et autres moindres habitants de l'intérieur des terres vous viennent en grand nombre se porter vers leur capitaine, le cœur, qui, fier et enflé de cette suite nombreuse, exécute tout ce qu'on veut en fait d'actions de courage ; et toute cette valeur vient du Xérès; de façon que la plus grande science dans les armes n'est rien, sans un peu de vin d'Espagne. C'est lui qui la met en mouvement ; et le plus grand savoir n'est qu'un trésor gardé par le diable jusqu'à ce que le vin d'Espagne le fasse sortir de l'inaction, le mette en usage et en valeur. Aussi voilà pourquoi le prince Henri est brave; il avait naturellement hérité de son père un sang morne et froid; mais il l'a si bien cultivé, travaillé et engraissé, comme on fait une terre sèche, maigre et stérile, à force de s'accoutumer à boire du bon, du vrai et fertile vin d'Espagne, et à bonnes doses, qu'il est devenu chaud et très-vaillant. Si j'avais mille fils, le premier principe que je leur donnerais serait de renoncer à toute maigre boisson, et de s'adonner au vin d'Espagne. (*Entre Bardolph.*) Eh bien, Bardolph, quelles nouvelles?

BARDOLPH.—L'armée est tout à fait licenciée et partie.

FALSTAFF.—Soit, qu'elle aille : pour moi je vais repasser par le comté de Glocester, et là, rendre une petite visite à maître Robert Shallow, écuyer. Je le tiens déjà comme une cire que je façonne entre mes doigts, et je ne tarderai pas à lui donner l'empreinte.—Allons, partons.

(Ils sortent.)

SCÈNE IV

Westminster.—Appartement dans le palais.

Entrent LE ROI HENRI, CLARENCE, LE PRINCE HUMPHREY, WARWICK, *et autres personnes.*

LE ROI.—Maintenant, lords, si le ciel donne une heureuse issue à la sanglante querelle qui retentit à nos portes, nous conduirons notre jeunesse sur de plus nobles champs de bataille, et nous ne manierons plus que des armes sanctifiées. Notre flotte est équipée, nos troupes rassemblées, les lieutenants qui doivent gouverner en notre absence revêtus des pouvoirs nécessaires; tout est au point où nous le désirons : seulement nous avons besoin d'un peu plus de forces personnelles, et nous attendons aussi que les rebelles, maintenant armés, soient rentrés sous le joug du gouvernement.

WARWICK.—Nous ne doutons pas que Votre Majesté ne jouisse bientôt de ce double avantage.

LE ROI.—Humphrey de Glocester, mon fils, où est le prince votre frère ?

GLOCESTER.—Je crois, seigneur, qu'il est allé chasser à Windsor.

LE ROI.—Et avec qui?

GLOCESTER.—Je l'ignore, seigneur.

LE ROI.—Son frère Thomas de Clarence n'est-il pas avec lui ?

GLOCESTER.—Non, mon bon seigneur, il est ici présent.

CLARENCE.—Que veut de moi mon seigneur et mon père?

LE ROI.—Je ne te veux que du bien, Thomas de Clarence. Par quel hasard n'es-tu pas avec le prince ton frère? Il t'aime, Thomas, et tu le négliges. Tu es placé dans son affection plus avant qu'aucun de tes frères : cultive-la, mon fils ; et après que je serai mort, tu pourras revêtir entre sa puissance et tes autres frères le noble rôle de médiateur. N'omets donc rien de ce qui peut lui plaire, n'émousse point la vivacité de sa tendresse, et ne perds point l'avantage de ses bonnes grâces, en te montrant froid ou négligent pour ce qu'il désire ; car il est bienveillant pour qui sait le ménager par des soins : il a une larme pour la pitié, et une main ouverte comme le jour, quand la charité l'attendrit. Et cependant si on l'irrite, il devient comme le rocher ; son humeur est aussi capricieuse que l'hiver, aussi soudaine que le coup de la gelée aux premiers rayons du jour. Il faut donc se conformer soigneusement à son caractère. Quand vous le verrez disposé à la gaieté, remontrez-lui ses fautes et toujours avec respect ; s'il est mal disposé, donnez-lui de l'espace et lâchez-lui le câble, jusqu'à ce que ses passions, comme une baleine amenée sur le sable, se soient consumées par leurs propres efforts. Retiens cette leçon, Thomas, et tu seras le protecteur de tes amis, un cercle d'or qui unira tellement tous tes frères, que jamais le vase où vient se mêler leur sang ne sera brisé par le poison des mauvais conseils que les années y verseront nécessairement, dût-il le travailler aussi violemment que l'aconit ou la poudre impétueuse.

CLARENCE.—Je le cultiverai avec tout le soin et toute la tendresse dont je suis capable.

LE ROI.—Pourquoi, Thomas, n'es-tu pas avec lui à Windsor?

CLARENCE.—Il n'y est pas aujourd'hui; il dîne à Londres.

LE ROI.—Et avec qui? peux-tu me le dire?

CLARENCE.—Avec Poins et le reste de cette bande qui ne le quitte pas.

LE ROI.—Le sol le plus gras est aussi celui qui produit le plus de mauvaises herbes : il en est surchargé, lui, la noble image de ma jeunesse. Aussi mes chagrins s'étendent par delà l'heure de ma mort; et des larmes de sang s'échappent de mon cœur, quand mon imagination me fait concevoir les jours d'égarement, les temps de corruption que vous allez voir, lorsque je me serai endormi avec mes ancêtres; car, aussitôt que la violence de ses goûts de débauche n'aura plus de frein, que la fougue et l'ardeur du sang seront ses seuls guides, lorsque le pouvoir viendra se joindre à ses penchants dissolus, de quel essor ne verrez-vous pas ses passions voler à la rencontre du péril et de la chute dont il sera menacé?

WARWICK.—Mon gracieux souverain, vous allez beaucoup trop loin : le prince ne fait autre chose qu'étudier ses compagnons, comme on étudie une langue étrangère. Pour la bien comprendre, il est nécessaire d'en voir et d'en apprendre jusqu'aux expressions les plus indécentes : une fois qu'on y est parvenu, Votre Altesse sait qu'on n'en fait plus d'autre usage que de les connaître pour les détester. De même, le prince, quand il sera mûri par l'âge, repoussera loin de lui ses compagnons, comme on rejette ces termes grossiers; et leur souvenir vivra seulement dans sa mémoire, comme une espèce de règle sur laquelle il mesurera la conduite et la vie des autres, tirant ainsi avantage de ses fautes passées.

LE ROI.—Il est rare que l'abeille abandonne le rayon de miel qu'elle a déposé dans un cadavre. Qui entre là? Westmoreland!

(Entre Westmoreland.)

WESTMORELAND.—Santé à mon souverain ! Et puisse un nouveau bonheur s'ajouter encore à celui que je viens lui annoncer ! Le prince Jean votre fils baise les mains de Votre Grâce. Mowbray, l'évêque Scroop, Hastings et tous les chefs, sont allés recevoir le châtiment des lois. Il n'y a pas maintenant une seule épée rebelle hors du fourreau, et la paix arbore partout son rameau d'olivier : Votre Majesté pourra en particulier lire à son loisir dans cet écrit la manière dont a été conduite l'action et en suivre toutes les circonstances.

LE ROI.—O Westmoreland : tu es l'oiseau d'été, qui sur les pas de l'hiver vient chanter la naissance du jour. Tenez : voici encore d'autres nouvelles !

(Entre Harcourt.)

HARCOURT.—Le ciel garde Votre Majesté d'avoir des ennemis ; et lorsqu'il s'en élèvera contre vous, puissent-ils tomber comme ceux dont je viens vous apprendre le sort ! Le comte Northumberland, et le lord Bardolph à la tête d'une armée nombreuse d'Anglais et d'Écossais, ont été totalement défaits par le shérif de la province d'York. Ces dépêches, s'il vous plaît de les lire, renferment dans le plus grand détail toutes les dispositions et les événements du combat.

LE ROI.—Eh ! pourquoi donc ces heureuses nouvelles me rendent-elles plus malade ? La fortune ne viendra-t-elle jamais les deux mains pleines ? Ne tracera-t-elle jamais ses plus belles paroles qu'en sombres caractères ? Tantôt elle donne l'appétit, et refuse l'aliment ; c'est le sort du pauvre en santé ; tantôt elle offre un festin et retire l'appétit ; c'est le sort du riche, qui possède l'abondance et n'en jouit pas. Je devrais en ce moment me réjouir à ces heureuses nouvelles, et c'est en ce moment même que je sens ma vue se troubler, et ma tête se perdre. Oh ! Dieu, venez à moi : je me trouve bien mal.

(Il tombe sans connaissance.)

GLOCESTER.—Que Votre Majesté prenne courage !

CLARENCE.—O mon auguste père !

WESTMORELAND.—Mon souverain, reprenez vos esprits, levez les yeux....

warwick.—Calmez-vous, princes : attendez ; vous savez que ces accès lui sont très-ordinaires. Éloignez-vous de lui : donnez-lui de l'air : bientôt vous le verrez revenir à lui.

clarence.—Non, non, il ne peut soutenir longtemps ces angoisses. Les inquiétudes et les peines continuelles de son âme ont tellement usé l'enceinte qui devait les contenir, qu'à travers sa mince épaisseur, on aperçoit la vie prête à s'échapper.

glocester.—Le peuple m'épouvante de ses récits : il a vu des animaux nés sans père, des productions monstrueuses de la nature. Les saisons ont changé leur caractère ; on dirait que l'année, dans son cours, a trouvé certains mois endormis, et les a franchis d'un saut.

clarence.—La rivière a éprouvé trois flux successifs que n'a séparés aucun reflux ; et les vieillards, chroniques babillardes du temps passé, disent que le même phénomène arriva peu de temps avant que notre aïeul, le grand Édouard, ne tombât malade et ne mourût.

warwick.—Parlez plus bas, princes : le roi commence à reprendre ses sens.

glocester.—Cette apoplexie sera sûrement le mal qui terminera ses jours.

le roi.—Je vous prie, soulevez-moi, et m'emportez dans quelque autre chambre.... Doucement, je vous en prie. (*On emporte le roi dans une partie plus reculée de la chambre, où on le place sur un lit.*) Qu'on n'y fasse aucun bruit, mes chers amis, à moins qu'une main secourable ne récrée mes sens fatigués par quelque douce musique.

warwick.—Qu'on fasse venir des musiciens dans la chambre voisine.

le roi.—Placez ma couronne ici sur le chevet de mon lit.

clarence.—Ses yeux se creusent, il change visiblement.

warwick.—Moins de bruit, moins de bruit.
(Entre Henri.)

henri.—Qui de vous a vu le duc de Clarence?

clarence.—Me voici, mon frère, accablé de tristesse.

henri.—Comment, de la pluie sous les toits quand il n'y en a pas dehors? Comment se porte le roi?

glocester.—Très-mal.

henri.—Sait-il les bonnes nouvelles? Dites-les-lui.

glocester.—C'est en les apprenant que sa santé s'est si fort altérée.

henri.—S'il est malade de joie, il se rétablira sans médecin.

warwick.—Pas tant de bruit, milords.—Cher prince, parlez bas : le roi votre père est disposé à s'assoupir.

clarence.—Retirons-nous dans l'autre chambre.

warwick.—Votre Grâce voudrait-elle bien s'y retirer avec nous?

henri.—Non : je vais m'asseoir ici et veiller auprès du roi. (*Tous sortent, excepté le prince.*) Pourquoi la couronne, cette importune camarade de lit, est-elle placée sur son oreiller? O brillante agitation, inquiétude dorée, combien de fois ne tiens-tu pas les portes du sommeil toutes grandes ouvertes pendant des nuits sans repos!—Il dort avec elle maintenant, mais non pas d'un sommeil si parfait et si profondément doux que celui de l'homme qui, le front ceint d'un bonnet grossier, ronfle pendant toute la durée de la nuit. O grandeur, quand de ton poids tu presses celui qui te porte, tu te fais sentir à lui comme une riche armure qui, dans la chaleur du jour, brûle en même temps qu'elle défend. Je vois près des issues de son haleine un brin de duvet qui demeure immobile. S'il respirait, cette plume légère et mobile serait nécessairement agitée. Mon gracieux seigneur! mon père!—Ce sommeil est profond! En effet, c'est le sommeil qui a détaché pour jamais ce cercle d'or du front de tant de rois d'Angleterre.—Ce que je te dois ce sont des larmes, et la profonde douleur des affections du sang; la nature, l'amour, la tendresse filiale te les payeront, ô père chéri, et avec abondance! Ce que tu me dois, c'est ta couronne royale qu'héritier immédiat de ta place et de ton sang, je vois descendre naturellement sur ma tête. (*Il la met sur sa tête.*) Eh bien, l'y voilà : le ciel l'y maintiendra ; et dût la force de l'univers entier se réunir dans le bras d'un géant, il ne m'arracherait pas cette couronne héréditaire; je la tiens de toi et la laisserai aux miens, comme tu me l'as laissée.

(Il sort.)

LE ROI.—Warwick! Glocester! Clarence!
(Rentrent Warwick et les autres.)

CLARENCE.—Le roi n'a-t-il pas appelé?

WARWICK.—Que désire Votre Majesté? Comment se trouve Votre Grâce?

LE ROI.—Pourquoi m'avez-vous laissé seul ici, milords?

CLARENCE. — Mon souverain, nous y avons laissé le prince mon frère; il a voulu s'asseoir et veiller auprès de vous.

LE ROI.—Le prince de Galles? où est-il? que je le voie. Il n'est pas ici.

WARWICK.—Cette porte est ouverte; il sera sorti de ce côté.

GLOCESTER.—Il n'a point passé par la chambre où nous nous tenions.

LE ROI.—Où est la couronne? Qui l'a ôtée de dessus mon oreiller?

WARWICK.—Nous l'y avons laissée, mon souverain, quand nous sommes sortis.

LE ROI.—C'est le prince qui l'aura prise.—Allez; cherchez où il peut être.—Est-il donc si impatient, qu'il prenne mon sommeil pour la mort?—Trouvez-le, lord Warwick; que vos reproches l'amènent ici.—Ce procédé de sa part s'unit à mon mal et hâte ma fin.—Voyez, enfants, ce que vous êtes; avec quelle promptitude la nature se laisse aller à la révolte, dès que l'or devient l'objet de ses désirs. C'est donc pour cela que les pères insensés, dans leur inquiète prévoyance, suspendent leur sommeil pour se livrer à leurs pensées, et brisent leur cerveau par les soucis, leurs os par le travail! C'est donc pour cela qu'ils ont rassemblé et entassé ces amas corrupteurs d'un or difficilement acquis! C'est donc pour cela qu'ils se sont appliqués à former leurs enfants dans la science et les exercices de la guerre! lorsque, semblables à l'abeille, recueillant sur chaque fleur des sucs bienfaisants, nous retournons à la ruche les cuisses chargées de cire et la bouche de miel, comme l'abeille, nous sommes tués pour notre salaire.—Cet amer sentiment ajoute son poids à celui sous lequel va succomber un père! (*Rentre Warwick.*) Eh bien, où est-il, ce fils qui ne veut pas attendre que la maladie qui le sert en ait fini avec moi?

WARWICK. — Seigneur, j'ai trouvé le prince dans la chambre voisine, couvrant de larmes de tendresse son visage ému, et la douleur si profondément empreinte dans tout son maintien, que la tyrannie, qui ne s'est jamais désaltérée que de sang, aurait, en le voyant, lavé son poignard dans des larmes de pitié.... Il vient.

LE ROI.—Mais pourquoi a-t-il emporté ma couronne? —Ah! le voilà! (*Entre Henri.*) Approche-toi de moi, Henri.—Vous, quittez la chambre et laissez-nous seuls.

HENRI.—Je ne croyais pas que je dusse vous entendre encore.

LE ROI.—Ton désir, Henri, a fait naître en toi cette pensée.—Je demeure trop longtemps près de toi; je te fatigue.—Es-tu donc si pressé de voir mon siége vide, que tu ne puisses t'empêcher de t'investir de mes dignités avant que ton heure soit venue? O jeune insensé! tu aspires à un pouvoir qui te perdra. Attends encore un moment; le nuage de mes grandeurs n'est plus retenu dans sa chute que par un souffle si faible, qu'il ne tardera pas à se dissoudre; le jour de ma vie s'obscurcit. Tu as dérobé ce qui, dans quelques heures, t'appartenait sans reproche, et à l'instant de ma mort tu as mis le sceau à mon attente. Ta vie a clairement prouvé que tu ne m'aimais pas, et tu as voulu que j'en mourusse convaincu. Tu as caché dans tes pensées un millier de poignards que tu as aiguisés sur ton cœur de pierre, pour frapper la dernière demi-heure de ma vie! Quoi, ne peux-tu m'accorder encore une demi-heure? Eh bien, pars, va creuser toi-même mon tombeau, et commande aux cloches joyeuses d'annoncer à ton oreille non pas que je suis mort, mais que tu es couronné; qu'au lieu des larmes qui devraient arroser mon char funèbre, coule le baume qui consacrera ta tête. Confonds seulement mes restes dans une poussière oubliée, et donne aux vers celui qui t'a donné la vie. Arrache de leurs places mes officiers, viole mes décrets; car le temps est venu où l'on peut se moquer de toutes règles; Henri V est couronné. Lève-toi, folie; tombe, grandeur royale ! Loin d'ici, vous tous, sages conseillers, et vous, singes fainéants, venez de tous les pays vous rassembler à la cour d'Angleterre ! Nations voisines, purgez-vous de votre écume. Avez-vous quelque débauché qui jure, boive, danse et passe toute la nuit en orgies, qui vole, assassine et renouvelle, sous des formes différentes, tous les crimes déjà connus? Félicitez-vous, il ne troublera plus votre paix. L'Angleterre va de ses bienfaits redoublés secourir son triple forfait; l'Angleterre lui donnera des emplois, des honneurs, de la puissance : car Henri V va arracher à la licence la muselière qui la contenait, et ce chien fougueux va pouvoir à son gré entamer de sa dent la chair de l'innocent. O mon pauvre royaume, encore languissant des coups de la guerre civile, si tous mes soins n'ont pu te garantir des excès de la débauche et du vice, que deviendras-tu, quand la débauche sera ton unique souci? Oh ! tu redeviendras un désert, peuplé de loups, tes anciens habitants.

HENRI, *se mettant à genoux*.—Oh! pardonnez-moi, mon souverain. — Sans mes larmes, l'humide obstacle qui m'a coupé la parole, j'aurais prévenu cette amère et déchirante réprimande, avant que la douleur se fût mêlée à vos paroles, et que j'eusse entendu tout ce que je viens d'entendre. — Voilà votre couronne, et que celui qui porte la couronne éternelle vous conserve longtemps celle-ci ! Si je l'aime autrement que comme le gage de votre valeur et de votre renommée, que jamais je ne me relève de cette posture soumise, honorable témoignage de respect que m'enseigne le sincère et profond sentiment de mon devoir ! Le ciel sait, lorsque entré dans ce lieu, je vis Votre Majesté entièrement privée de respiration, de quel froid mortel fut saisi mon cœur ! Si je mens à la vérité, oh ! puissé-je mourir au milieu du désordre

de ma vie actuelle, sans que jamais ma vie apprenne au monde incrédule le noble changement résolu dans mon âme ! Venant pour vous voir et vous croyant mort (presque mort moi-même, ô mon souverain, de l'idée que vous l'étiez), j'ai adressé la parole à cette couronne, comme si elle eût pu m'entendre, et je lui faisais ces reproches : « Les inquiétudes qui t'accompagnent ont pris
« pour aliment la santé de mon père. Ainsi donc, toi qui
« es composée de l'or le plus pur, de toutes les sortes
« d'or tu es le pire. Un or d'un degré moins raffiné de-
« vient bien plus précieux, puisqu'il conserve la vie
« quand la médecine l'a rendu potable ; mais toi, le plus
« fin, le plus honoré, le plus célèbre de tous, tu dévores
celui qui te porte. » C'était en l'accusant ainsi, mon très-honoré souverain, que je l'ai posée sur ma tête, pour m'essayer avec elle comme avec un ennemi qui avait, sous mes yeux mêmes, donné la mort à mon père : sujet de plainte pour un fidèle héritier ! Mais si sa possession a souillé mon âme d'un seul sentiment de joie, ou enflé mes pensées d'aucun mouvement d'orgueil ; si aucun sentiment de révolte ou de vaine présomption m'inspira l'idée de saluer sa puissance du moindre mouvement d'affection, que le ciel l'éloigne pour jamais de ma tête, et me rende semblable au plus misérable des vassaux qui se prosternent devant elle avec crainte et respect !

LE ROI.—O mon fils ! c'est le ciel qui t'a inspiré l'idée de l'emporter d'ici, pour te fournir une nouvelle occasion de mieux regagner l'amour de ton père, en te justifiant avec autant de sagesse. Approche, Henri, assieds-toi près de mon lit ; écoute le dernier conseil, je crois, que je doive jamais te donner. Le ciel sait, mon fils, par quelles voies détournées, par quels obliques et tortueux sentiers je suis parvenu à cette couronne ; et je sais, moi, avec combien d'inquiétudes ma tête l'a portée : elle descendra sur la tienne, plus paisible, plus honorée, mieux affermie : car les reproches que m'a coûtés sa conquête vont s'ensevelir avec moi dans la terre. Elle n'a paru en moi qu'un honneur arraché d'une main violente, et un grand nombre de ceux qui m'environnaient me reprochaient le secours qu'ils m'avaient prêté pour m'en rendre maître. De là naissaient les querelles et l'effusion du sang qui chaque jour venaient troubler une paix imaginaire ; tu vois avec quel péril j'ai soutenu ces audacieuses menaces. Tout mon règne n'a été, pour ainsi dire, qu'une scène où ce même sujet a été continuellement mis en action ; mais aujourd'hui, ma mort change l'état des choses, car ce qui pour moi n'était qu'un bien acquis par la force tombe sur ta tête par un droit plus légitime ; tu reçois et tu portes le diadème en vertu d'un titre héréditaire. Cependant, quoique tu sois plus affermi sur le trône que je n'ai pu l'être, tu ne l'es pas assez, tant que les ressentiments sont encore tout frais ; et tous tes amis, ceux dont tu dois faire tes amis, n'ont été que tout récemment dépouillés de leur aiguillon et de leurs dents, dont la criminelle assistance avait fait mon élévation et dont la force pouvait me donner la crainte d'être renversé. Pour l'éviter, j'ai détruit les uns, et j'avais formé le dessein de conduire les autres à la Terre sainte, de crainte que le repos et le loisir de la paix ne leur donnassent la tentation d'examiner de trop près ma situation. Que ton soin, mon cher Henri, soit donc d'occuper dans des guerres étrangères ces esprits inquiets, afin d'user, dans une action portée hors de ce royaume, le souvenir des temps passés.—Je voudrais te parler encore ; mais mes poumons sont tellement affaiblis, qu'il ne me reste plus d'haleine, et que la parole me manque entièrement. Oh ! que Dieu me pardonne les moyens qui m'ont conduit à la couronne, et m'accorde que tu la puisses posséder en paix !

HENRI.—Mon bien-aimé souverain, vous l'avez gagnée, vous l'avez portée, vous l'avez soutenue, et vous me la donnez. Ma possession doit donc être légitime et paisible ; et je promets de la défendre avec des efforts plus qu'ordinaires contre l'univers entier.

(Entrent le lord Jean de Lancastre, Warwick et autres lords.)

LE ROI.—Tenez, tenez, voilà mon fils Jean de Lancastre.

LANCASTRE.—Santé, paix et bonheur à mon auguste père !

le roi. — Tu m'apportes, ô mon fils Jean, le bonheur et la paix : mais pour la santé, hélas! elle s'est envolée sur ses jeunes ailes loin de ce tronc desséché et flétri : tu le vois, ma tâche en ce monde touche à sa fin. — Où est milord Warwick ?

henri. — Milord Warwick!

le roi. — Est-il quelque nom particulier attaché à l'appartement où je me suis évanoui la première fois ?

warwick. — On l'appelle Jérusalem, mon noble prince.

le roi. — Dieu soit loué! C'est là que ma vie doit finir. Il y a plusieurs années qu'on m'a prédit que je ne mourrais que dans Jérusalem : je crus à tort que ce serait dans la Terre sainte ; mais portez-moi dans cette chambre : je veux qu'on m'y place : c'est dans cette Jérusalem que Henri mourra

(Tous sortent.)

FIN DU QUATRIEME ACTE.

ACTE CINQUIÈME

—

SCÈNE I

Dans le comté de Glocester; une salle de la maison de Shallow.

Entrent SHALLOW, FALSTAFF, BARDOLPH, LE PAGE.

SHALLOW.—Par la corbleu, chevalier, vous ne vous en irez pas ce soir. (*Appelant.*) Holà, Davy! m'entends-tu?

FALSTAFF.—Il faut que vous m'excusiez, maître Robert Shallow.

SHALLOW.—Je ne vous excuserai point; vous ne serez point excusé : on n'admettra point d'excuses : il n'y a pas d'excuses qui tiennent : vous ne serez point excusé. Hé! Davy!

(Entre Davy.)

DAVY.—Me voilà, monsieur!

SHALLOW. — Davy, Davy, Davy. — Attendez un peu, Davy; attendez que je voie un peu,—oui c'est cela; dites à Guillaume le cuisinier, dites-lui qu'il vienne me parler.—Sir Jean, vous ne serez point excusé.

DAVY.—Vraiment, monsieur, je vous le dirai, ces ordonnances-là ne sauraient s'exécuter.—Et puis encore autre chose; est-ce en froment que nous sèmerons la grande pièce de terre?

SHALLOW.—En froment rouge, Davy; mais appelez-moi Guillaume le cuisinier : n'avez-vous pas des pigeonneaux?

DAVY.—Oui-dà, monsieur. Voici aussi le mémoire du maréchal, pour les fers de chevaux et les socs de charrue.

shallow. — Voyez à quoi il se monte et qu'on le paye : — sir Jean, vous ne serez point excusé.

davy. — Monsieur, il faut de toute nécessité un cercle neuf au baquet. — Et puis encore, monsieur, voulez-vous qu'on retienne à Guillaume quelque chose sur ses gages, pour le sac qu'il a perdu l'autre jour à la foire de Hinckley?

shallow. — Certainement il m'en répondra. — Quelques pigeons, Davy, une couple de petites poulardes fines, un gigot de mouton, et puis après quelques petites drôleries, dis cela à Guillaume.

davy. — L'homme de guerre restera-t-il ici à coucher, monsieur?

shallow. — Oui, Davy, je veux le bien traiter ; un ami à la cour vaut mieux qu'un penny dans la poche. Traite bien ses gens, Davy; car ce sont de fieffés coquins, qui pourraient mordre en arrière.

davy. — Pas plus toujours qu'ils ne sont mordus eux-mêmes, leur linge est joliment sale.

shallow. — Bien trouvé, Davy; allons, à ton affaire, Davy.

davy. — Je vous serais bien obligé, monsieur, de vouloir bien protéger Guillaume Visor de Woncot, contre Clément Perkers de la Colline.

shallow. — Il y a déjà bien des plaintes, Davy, contre ce Visor; ce Visor est, à ma connaissance, un grand coquin !

davy. — J'en conviens avec Votre Seigneurie, monsieur, c'est un coquin : cependant à Dieu ne plaise qu'un coquin ne puisse pas obtenir quelque protection à la prière de son ami. Un honnête homme, monsieur, est en état de se défendre lui-même, et un coquin n'a pas cet avantage. Il y a huit ans, monsieur, que je sers fidèlement Votre Seigneurie, et si je n'ai pas le crédit, une fois ou deux par quartier, de faire avoir le dessus à un coquin contre un honnête homme, il faut convenir que j'ai bien peu de crédit auprès de Votre Seigneurie. Ce coquin est un honnête ami à moi, monsieur, c'est pourquoi je supplie Votre Seigneurie de lui accorder sa protection.

shallow. — Allons, c'est bon, il ne lui arrivera pas de mal. Aie soin de tout, Davy. — Où êtes-vous, sir Jean? Allons, quittez-moi ces bottes : donnez-moi la main, monsieur Bardolph.

bardolph. — Je suis bien charmé de voir Votre Seigneurie.

shallow. — Je te remercie de tout mon cœur, mon cher maître Bardolph : et toi aussi (*au page*), mon grand garçon, sois le bienvenu. Allons, sir Jean.

(Shallow sort.)

falstaff. — Je vous suis, mon cher maître Robert Shallow. — Bardolph, donnez un coup d'œil à nos chevaux. (*Bardolph et le page sortent.*) Si l'on me coupait en morceaux, on pourrait faire de moi quatre douzaines d'échalas barbus comme maître Shallow. C'est quelque chose d'admirable à voir que la parfaite concordance de l'esprit de ses gens avec le sien. Eux, à force de l'avoir devant les yeux, se comportent comme de sots juges de paix ; et lui, à force de converser avec eux, il a pris la tournure d'un valet de juge : leurs esprits se sont si bien unis et confondus par cette société habituelle, qu'ils se jettent tous dans la même direction, comme une troupe d'oies sauvages. Si j'avais une affaire auprès de maître Shallow, je flatterais ses gens sur le crédit qu'ils ont auprès de leur maître ; si j'en avais une avec ses gens, je chatouillerais maître Shallow de l'idée qu'il n'y a pas d'homme au monde qui ait plus d'autorité sur ses domestiques. Ce qu'il y a de certain, c'est que les manières ou habiles ou sottes se gagnent comme les maladies par la communication : c'est pourquoi les hommes doivent bien prendre garde à ceux qu'ils fréquentent. — Je veux tirer de ce Shallow de quoi tenir le prince Henri dans un accès de rire non interrompu pendant la durée de six mois, c'est-à-dire environ le temps de quatre plaidoiries, ou de deux procédures; et ce rire-là sera sans vacations. Oh! c'est quelque chose d'étonnant que l'effet d'un mensonge appuyé d'un long jurement, ou d'une plaisanterie faite d'un air triste, sur un gaillard qui n'a pas encore senti les épaules lui faire mal. Oh! vous le verrez rire jusqu'à ce que son visage se déforme comme un manteau mouillé mis de travers.

SHALLOW, *derrière le théâtre.*—Sir Jean!

FALSTAFF.—Je suis à vous, maître Shallow. Je suis à vous, maître Shallow.

(Il sort.)

SCÈNE II

A Westminster; un appartement du palais.

LE COMTE DE WARWICK ET LE GRAND JUGE.

WARWICK.—Qu'est-ce, milord grand juge, où allez-vous?

LE JUGE.—Comment se porte le roi?

WARWICK.—Que trop bien. Tous ses maux sont finis.

LE JUGE.—Il n'est pas mort, j'espère?

WARWICK.—Il a terminé son voyage en ce monde. Il ne vit plus pour nous.

LE JUGE.—J'aurais voulu que Sa Majesté m'eût mandé avant de mourir. Le zèle intègre avec lequel je l'ai servi pendant sa vie me laisse exposé à tous les traits de l'injustice.

WARWICK.—En effet, je crois que le jeune roi ne vous aime pas.

LE JUGE.—Je sais qu'il ne m'aime pas; aussi je m'arme de courage pour soutenir d'un front serein le poids des circonstances; elles ne peuvent me menacer d'une disgrâce plus affreuse que celle que me peint mon imagination.

(Entrent le prince Jean de Lancastre, Glocester, Clarence et autres lords.)

WARWICK.—Voici les enfants affligés de feu Henri. Oh! plût au ciel que le Henri qui est vivant eût le caractère du moins estimable de ces trois princes! Combien de nobles conserveraient leurs emplois, qui vont devenir le butin d'hommes de la plus vile espèce?

LE JUGE.—Hélas! je crains bien que tout l'Etat ne soit bouleversé.

LANCASTRE.—Bonjour, cousin Warwick.

GLOCESTER ET CLARENCE.—Bonjour, cousin.

LANCASTRE.—Nous nous abordons comme des hommes qui ont perdu l'usage de la parole.

WARWICK.—Nous pourrions bien le retrouver; mais ce que nous aurions à dire est trop triste, pour souffrir de longs discours.

LANCASTRE.—Allons! que la paix soit avec celui qui nous cause cette tristesse!

LE JUGE.—Que la paix soit avec nous, et nous préserve de devenir plus tristes encore!

GLOCESTER.—O mon cher lord! vous avez en effet perdu un ami; et j'oserais jurer que vous n'avez pas emprunté le masque de la douleur : sûrement celle que vous montrez est sentie et bien sincère.

LANCASTRE.—Quoique nul homme dans ce royaume ne puisse savoir au juste quel sera son sort, cependant vous êtes celui qui a le moins à espérer. J'en suis affligé : je voudrais bien qu'il en fût autrement.

CLARENCE. — Il faut maintenant que vous ayez des égards pour sir Jean Falstaff. Il nage contre le cours qu'a suivi votre mérite.

LE JUGE.—Aimables princes, ce que j'ai fait, je l'ai fait en tout honneur, et conduit par l'impartiale direction de ma conscience, et vous ne m'en verrez jamais solliciter le pardon par de honteuses et inutiles supplications. Si la fidélité et l'irréprochable innocence ne suffisent pas à me défendre, j'irai trouver mon maître le roi mort, et je lui dirai qui m'envoie après lui.

WARWICK.—Voici le prince.

(Entre Henri V.)

LE JUGE.—Salut! Que le ciel conserve Votre Majesté!

LE ROI. — Ce vêtement somptueux et nouveau pour moi, la majesté, ne m'est pas aussi léger que vous pouvez le croire.—Mes frères, votre tristesse est mêlée de quelque crainte. Mais c'est ici la cour d'Angleterre et non la cour de Turquie. Ce n'est point un Amurat qui

succède à un Amurat ; c'est Henri qui succède à Henri.
— Cependant, soyez tristes, mes bons frères ; car il faut l'avouer, cette tristesse vous sied ; la douleur se montre en vous d'un air si noble que je veux en imiter l'exemple, et la conserver au fond de mon âme. Soyez donc tristes, mais pas plus, mes bons frères, que vous ne devez l'être, d'un fardeau qui nous est imposé en commun. Quant à moi, j'en atteste le ciel, je vous demande d'être assurés que je serai votre père et votre frère à la fois. Chargez-vous seulement de m'aimer, et moi je me charge de tous vos autres soins. Cependant pleurez Henri mort : je veux le pleurer aussi : mais vous avez un Henri vivant, qui pour chacune de vos larmes vous rendra autant d'heures de bonheur.

LANCASTRE ET LES AUTRES. — Nous n'attendons pas moins de Votre Majesté.

LE ROI, *les considérant l'un après l'autre.* — Vous me regardez d'un air inquiet ; (*au juge*) et vous plus que les autres ; vous êtes, je crois, bien sûr que je ne vous aime pas.

LE JUGE. — Je suis sûr que, si l'on me rend la justice qui m'est due, Votre Majesté n'a nul motif légitime de me haïr.

LE ROI. — Non ? Comment un prince élevé dans de si hautes espérances pourrait-il oublier des affronts tels que ceux que vous m'avez fait subir ? Quoi ! réprimander, maltraiter de paroles, envoyer rudement en prison l'héritier présomptif de l'Angleterre ! cela se pourrait-il aisément supporter ? cela peut-il être lavé dans le Léthé ? cela peut-il être pardonné ?

LE JUGE. — Je représentais alors la personne de votre père. L'image de sa puissance résidait en moi ; et au moment où je dispensais sa loi, où j'étais occupé tout entier des intérêts publics, il plut à Votre Altesse d'oublier ma place, la majesté de la loi, l'autorité de la justice, et l'image du souverain que je représentais ; et elle me frappa sur le siège même où je rendais un arrêt ! Alors je déployai contre vous, comme criminel envers votre père, toute la hardiesse de mon autorité, et je vous fis emprisonner. Si ma conduite fut blâmable, consentez donc, aujourd'hui que vous portez le diadème, à voir votre fils mépriser vos décrets, arracher la justice de votre respectable tribunal, dédaigner la loi dans son cours, émousser le glaive qui protége la paix et la sûreté de votre personne, que dis-je? conspuer votre royale image, et insulter à vos œuvres dans un second vous-même. Interrogez vos pensées de roi, placez-vous dans cette position : soyez aujourd'hui le père, et figurez-vous que vous avez un fils; que vous appreniez qu'il a profané votre dignité à cet excès, que vous voyez vos plus redoutables lois méprisées avec tant de légèreté, et vous-même dédaigné à ce point par un fils : et ensuite imaginez-vous que je remplis votre rôle, et que c'est au nom de votre autorité que j'impose, avec douceur, silence à votre fils : après cet examen de sang-froid, jugez-moi, et dites-moi, comme il convient à votre condition de roi, ce que j'ai fait de malséant à ma place, à mon caractère, ou à la majesté de mon souverain?

LE ROI.—Vous avez raison, juge, et vous avez pesé les choses comme vous le deviez. En conséquence, continuez de tenir la balance et le glaive; et je souhaite qu'élevé de jour en jour à de plus grands honneurs, vous viviez assez pour voir un de mes fils vous offenser, et vous obéir, comme j'ai fait; puissé-je vivre aussi pour lui répéter les paroles de mon père : « Je suis heureux « d'avoir un magistrat assez courageux pour oser exer- « cer la justice sur mon propre fils; et je ne suis pas « moins heureux d'avoir un fils qui se dépouille ainsi « de sa dignité entre les mains de la justice. »—Vous m'avez mis en prison : c'est pour cela que je mets en votre main le glaive sans tache que vous avez accoutumé de porter, en vous rappelant que vous devez en user avec la même fermeté, la même justice, la même impartialité que vous avez employées avec moi. Voilà ma main. Vous servirez de père à ma jeunesse; ma voix ne sera que l'écho des paroles que vous ferez entendre à mon oreille. Je soumettrai humblement mes résolutions aux sages conseils de votre expérience.—Et vous tous,

princes, mes frères, croyez-moi, je vous en conjure. —
Mon père a emporté avec lui mes égarements ; tous les
penchants déréglés de ma jeunesse sont ensevelis dans
sa tombe. Je lui survis triste et animé de son esprit,
pour tromper l'attente de l'univers, pour démentir les
prédictions et pour effacer l'injuste opinion qui s'est établie sur moi, d'après les apparences : les flots de mon
sang ont jusqu'ici coulé au sein d'orgueilleuses folies :
maintenant ils vont refluer en arrière et retourner vers
l'océan pour se mêler à ses vagues imposantes dans une
solennelle majesté. Nous convoquons maintenant notre
cour suprême du parlement, et choisissons pour membres de notre conseil des hommes si sages que le grand
corps de l'État puisse le disputer à la nation la mieux
gouvernée, et que les affaires de la paix ou de la guerre,
ou de toutes deux ensemble, nous soient également connues et familières à tous. (*Au grand juge.*) Vous y
aurez, mon père, la première place. Après la cérémonie
de notre couronnement, nous assemblerons, comme je
viens de l'annoncer, tous les membres de l'État, et si le
ciel seconde mes bonnes intentions, nul prince, nul pair
n'aura jamais sujet de dire : « Que le ciel abrége d'un
« seul jour la vie fortunée de Henri ! »

(Ils sortent.)

SCÈNE III

Dans le comté de Glocester.—Le jardin de la maison de Shallow.

Entrent FALSTAFF, SHALLOW, SILENCE,
BARDOLPH, LE PAGE et DAVY.

shallow, *à Falstaff.*—Oh ! vous verrez mon verger, et
sous mon berceau nous mangerons une reinette de
l'année dernière, que j'ai greffée moi-même, avec un
plat de biscuits et quelque chose comme ça. Allons, cousin Silence, et puis nous irons nous coucher.

falstaff.—Pardieu, vous avez là une bonne et riche
habitation !

shallow.—Oh! toute nue, nue, nue! une pauvreté, une pauvreté, sir Jean : mais, ma foi, l'air y est bon.—Sers, Davy, sers, Davy ; fort bien, Davy.

falstaff.—Ce Davy vous sert à bien des choses ; il est tout à la fois votre valet et votre laboureur.

shallow.—C'est un bon valet, un bon valet, un très-bon valet, sir Jean. Par la messe, j'ai bu un peu trop de vin d'Espagne à souper.—C'est un bon valet.—Oh! çà, asseyez-vous donc, asseyez-vous donc : approchez donc, cousin.

silence.—Ah! mon cher, je dis, je veux bien.

(Il chante.)

Ne faisons rien autre que manger et bonne chère,
    Et remercier le ciel de cette joyeuse année ; [chères
Quand la viande est à bon marché et que les femelles sont
    Que de jeunes gaillards rôdent çà et là...
Vive la joie, et vive la joie à jamais !

falstaff.—Ah! voilà ce qui s'appelle un bon vivant! Maître Silence, je vous porte une santé pour cela.

shallow.—Versez donc à M. Bardolph, Davy.

davy.—Mon cher monsieur, asseyez-vous donc. (*Il fait asseoir le page et Bardolph à une autre table.*) Je suis à vous tout à l'heure.—Mon très-cher monsieur, asseyez-vous.—Monsieur le page, mon bon monsieur le page, asseyez-vous. Grand bien vous fasse. Ce qui nous manque à manger, nous l'aurons en boisson.—Il faut excuser. Le cœur est tout.

(Il sort.)

shallow.—Allons, gai, monsieur Bardolph; et vous, mon petit soldat aussi, que je vois là-bas, égayez-vous.

silence *chante.*

Allons, gai, gai, ma femme est comme toutes les autres;
Car les femmes sont des diablesses, les petites et les grandes.
On est gai dans la salle quand les barbes se remuent.
    Et vive la joie du carnaval !
    Allons, gai, gai, etc.

ACTE V, SCÈNE III.

FALSTAFF.—Je n'aurais pas cru que maître Silence eût été un homme de si bonne humeur.

SILENCE.—Qui? moi? J'ai été comme cela déjà plus d'une fois.

DAVY, *rentre et sert un plat de pommes devant Bardolph.* —Tenez, voilà un plat de pommes de rambour pour vous.

SHALLOW.—Davy?

DAVY.— Plaît-il, monsieur?— Je suis à vous tout à l'heure. Un verre de vin, n'est-ce pas, monsieur?

SILENCE *chante.*

Un verre de vin, pétillant et fin,
Et je bois à mes amours,
Et un cœur joyeux vit longtemps.

FALSTAFF.—Bravo, maître Silence.

SILENCE.—Et soyons gais, voilà le bon temps de la nuit.

FALSTAFF.—Santé et longue vie à vous, maître Silence!

SILENCE *chante.*

Remplissez le verre et faites-le passer,
Et je vous fais raison jusqu'à un mille de profondeur.

SHALLOW.—Honnête Bardolph, soyez le bienvenu : si tu as besoin de quelque chose et que tu ne le demandes pas, dame, tant pis pour toi. (*Au page.*) Bienvenu aussi, toi, mon petit fripon, et de toute mon âme! Je vais boire à monsieur Bardolph et à tous les joyeux cavalleros de Londres.

DAVY.—J'espère bien voir Londres une fois avant de mourir.

BARDOLPH.—Si j'ai le plaisir de vous y rencontrer, Davy....

SHALLOW.—Vous boirez bouteille ensemble? Ha! n'est-ce pas, monsieur Bardolph?

BARDOLPH.—Oui, monsieur, et à même le broc.

SHALLOW.—Pardieu, je te remercie.—Le drôle se collera à tes côtés, je puis t'en assurer : oh! il ne te renoncera pas, il est de bonne race.

BARDOLPH.—Et moi, je me collerai à lui aussi, monsieur.

SHALLOW.—C'est parler comme un roi!—Ne vous laissez manquer de rien ; allons, qui? (*On entend frapper à la porte.*)—Voyez qui est-ce qui frappe là. Ho! qui est là?

(Davy sort.)

FALSTAFF, *à Silence qui avale une rasade.*—Ma foi! vous m'avez bien fait raison.

SILENCE *chante.*

Fais-moi raison
Et arme-moi chevalier.
Samingo[1],

N'est-ce pas cela?

FALSTAFF.—C'est cela.

SILENCE.—Est-ce cela? Eh bien, avouez donc qu'un vieux homme est encore bon à quelque chose.

(Rentre Davy.)

DAVY.—Plaise à Votre Seigneurie! il y a là-bas un certain Pistol qui arrive de la cour et apporte des nouvelles.

FALSTAFF.—De la cour? Faites-le entrer.

(Entre Pistol.)

FALSTAFF.—Eh bien, Pistol, qu'est-ce qu'il y a?

PISTOL.—Sir Jean, Dieu vous ait en sa garde!

FALSTAFF.—Quel vent vous a soufflé ici, Pistol?

PISTOL.—Ce n'est pas ce mauvais vent qui ne souffle rien de bon à l'homme.—Aimable chevalier, te voilà devenu des plus grands personnages du royaume.

SILENCE.—Ma foi! je crois qu'il n'est autre que le bonhomme Souffle de Barson[2]?

PISTOL.—Souffle! Je te souffle dans la face, mauvais poltron de païen. Sir Jean, je suis ton Pistol et ton ami.

---

[1] *Samingo* pour *Domingo*. C'est le refrain d'une vieille chanson.
[2] *Puff de Barson*. Il a fallu traduire le nom pour faire comprendre la réplique.

Et je suis venu ici ventre à terre; et je t'apporte des nouvelles et des bonheurs pleins de félicités, et un siècle d'or, et d'heureuses nouvelles du plus grand prix.

FALSTAFF.—Eh bien, je t'en prie, débite-les-nous donc, comme un homme de ce monde.

PISTOL.—Au diable ce monde et ses vilenies[1] ! Je parle de l'Afrique et de joies d'or.

FALSTAFF.—Maudit chevalier d'Assyrie, quelles sont tes nouvelles? Que le roi Cophetua sache donc enfin de quoi il s'agit.

SILENCE *chante.*

Oui, et Robin-Hood, aussi, et Scarlet et le petit Jean.

PISTOL.—Est-ce à des mâtins de la basse-cour à se mettre en comparaison avec l'Hélicon? De bonnes nouvelles seront-elles ainsi reçues? Alors, Pistol, cache ta tête dans le giron des Furies.

SHALLOW.—Mon galant homme, je n'entends rien à vos manières d'agir.

PISTOL.—C'est de quoi tu dois te lamenter.

SHALLOW.—Pardonnez-moi, monsieur. Mais, monsieur, si vous arrivez avec des nouvelles de la cour, je pense qu'il n'y a que deux partis à prendre, c'est ou de les débiter, ou de les taire. Je suis, monsieur, dépositaire d'une certaine autorité, sous le bon plaisir du roi.

PISTOL.—Et quel roi, va-nu-pieds? Parle, ou meurs.

SHALLOW.—Du roi Henri.

PISTOL.—Henri IV, ou Henri V?

SHALLOW.—Henri IV.

PISTOL.— Au diable [2] ton office! Sir Jean, ton tendre agneau est à présent roi; Henri V, le voilà! Je dis vrai. Si Pistol te ment, tiens, fais-moi la figue, comme à un fanfaron espagnol.

FALSTAFF.—Comment? est-ce que le vieux roi est mort?

PISTOL.—Aussi ferme qu'un clou dans une porte [3] : ce que je dis est la vérité.

---

[1] *A f.... a for the world.*
[2] *A f.... a for thine office.*
[3] *As nail in door;* expression proverbiale. *Door-nau* signifie le

FALSTAFF.—Allons, Bardolph, partons : selle mon cheval. Maître Robert Shallow, choisis la place que tu voudras dans tout le pays ; elle est à toi. Et toi, Pistol, je te surchargerai de dignités.

BARDOLPH.—Oh! jour heureux! Je ne donnerais pas ma fortune pour une baronnie.

PISTOL.—Eh bien ? n'ai-je pas apporté de bonnes nouvelles ?

FALSTAFF.—Portez maître Silence à son lit.—Maître Shallow, milord Shallow, vois ce que tu veux être : je suis l'intendant de la fortune ; prends tes bottes ; nous voyagerons toute la nuit.—Oh! mon cher Pistol! Vite, vite, Bardolph! (*Bardolph sort.*) Viens, Pistol ; dis-moi encore quelque chose, et en même temps cherche dans ta tête quelque emploi pour toi, qui te fasse plaisir. Vos bottes, vos bottes, maître Shallow. Je suis sûr que le jeune roi languit après moi. Prenons les chevaux du premier venu : n'importe qui. Les lois d'Angletere sont actuellement à mes ordres. Heureux ceux qui ont été mes amis ; et malheur à milord grand juge !

PISTOL.—Que de vilains vautours lui mangent les poumons! *Qu'est-elle devenue, comme on dit, la vie que je menais il n'y a pas longtemps ?* Eh bien! nous y voilà. Bénis soient ces jours de bonheur!

(Ils sortent.)

SCÈNE IV

Londres. — Une rue.

Entrent DEUX HUISSIERS, *traînant* L'HOTESSE QUICKLY ET DOROTHÉE TEAR-SHEET.

L'HOTESSE.—Non, gueux de gredin, quand j'en devrais mourir, je voudrais te voir pendu. Tu m'as disloqué l'épaule.

LE PREMIER HUISSIER.—Les constables me l'ont remise

clou sur lequel frappe le marteau de la porte. *As nail in door* pourrait signifier aussi *comme un ongle pris dans une porte.*

entre les mains ; elle aura du régime du fouet autant qu'il lui en faudra, je le lui promets. Il y a un homme ou deux de tués à cause d'elle.

DOROTHÉE.—Vous mentez, bec à corbin, bec à corbin que vous êtes. Viens donc, je te dis, moi, damné coquin au visage de tripes. Si tu me fais faire une fausse couche, il vaudrait mieux pour toi que tu eusses battu ta mère. Vilaine face de papier mâché !

L'HOTESSE.—O Seigneur ! pourquoi sir Jean n'est-il pas ici ? Il y aurait du sang répandu d'abord. Mais voyez, mon Dieu, lui faire faire une fausse couche !

LE PREMIER HUISSIER.—Si cela arrive, vous lui remettrez sa douzaine de coussins ; elle n'en a que onze maintenant. Allons, je vous commande à toutes deux de venir avec moi. Il est mort, cet homme que vous avez battu Pistol et vous.

DOROTHÉE.—Je vais te le dire, figure d'encensoir : allez, on vous fera solidement gambiller en l'air pour cela, vilaine mouche bleue [1] que vous êtes. Sale meurt-de-faim de correcteur, si vous n'êtes pas pendu, je quitte le métier [2].

LE PREMIER HUISSIER.—Venez, venez, chevaliers errants, venez.

L'HOTESSE.—O Dieu ! faut-il que la force l'emporte ainsi sur le bon droit ? Bien, bien, de la patience vient l'aisance.

DOROTHÉE.—Allons donc, coquin, allons donc, menez-moi donc devant le juge.

L'HOTESSE.—Oui, venez donc, chien de chasse affamé.

DOROTHÉE.—Mort de Dieu ! tête de Dieu !

L'HOTESSE.—Atome que tu es !

DOROTHÉE.—Allons donc, chose de rien du tout. Allons donc, gredin.

LE PREMIER HUISSIER.—C'est bien, c'est bien.

(Ils sortent.)

---

[1] Allusion à l'habit bleu des huissiers.
[2] *Half-kirtles.* C'était, à ce qui paraît, une sorte de vêtement de nuit à l'usage des femmes de l'espèce de Dorothée.

SCÈNE V

Une place publique près de l'abbaye de Westminster.

Entrent DEUX VALETS *couvrant le pavé de joncs.*

LE PREMIER VALET.—Encore des roseaux, encore des roseaux.

LE SECOND VALET.—Les trompettes ont sonné deux fanfares.

LE PREMIER VALET.—Il sera bien deux heures, avant qu'on revienne du couronnement.—Dépêchons, dépêchons.

(Ils sortent.)
(Entrent Falstaff, Shallow, Pistol, Bardolph, le Page.)

FALSTAFF.—Tenez-vous là à côté de moi, maître Robert Shallow. Je vous ferai faire accueil par le roi : je vais lui donner un coup d'œil de côté lorsqu'il passera ; et remarquez bien de quel air il me regardera.

PISTOL.—Bénédiction sur tes poumons, bon chevalier!

FALSTAFF.—Approche ici, Pistol ; tiens-toi derrière moi. (*A Shallow.*) Oh! si j'avais eu le temps de faire faire des livrées neuves, j'aurais voulu y dépenser les mille livres sterling que je vous ai empruntées. Mais cela ne fait rien : cette manière modeste de se présenter sied mieux encore. Cela prouve combien j'étais pressé de le voir.

SHALLOW.—Oui, c'en est une preuve.

FALSTAFF.—Cela fait voir l'ardeur de mon affection.

SHALLOW.—Oui, sans doute.

FALSTAFF.—Mon dévouement.

SHALLOW.—Certainement, certainement, certainement.

FALSTAFF.—Cela a l'air d'un homme qui a couru la poste jour et nuit, et sans délibérer, sans songer à rien, sans se donner le temps de changer de chemise.

SHALLOW.—Cela est très-certain.

FALSTAFF.—Mais qui vient se poster là tout sali du voyage, tout en sueur du désir de le voir, n'ayant nulle autre idée en tête, mettant en oubli toute autre affaire, comme s'il n'y avait plus au monde rien à faire que de le voir....

PISTOL.—C'est *semper idem,* car *absque hoc nihil est.* Parfait en tout point.

SHALLOW.—Oui vraiment.

PISTOL.—Mon chevalier, je veux enflammer ton noble foie, et te mettre en fureur. Ta Dorothée, l'Hélène de tes nobles pensées, est dans une honteuse reclusion, dans une prison infecte, traînée là par la main la plus grossière et la plus sale. Fais sortir la Vengeance de son antre d'ébène avec les serpents agités de l'affreuse Alecton ; car ta chère Dorothée est dedans : Pistol ne dit jamais rien que de vrai.

FALSTAFF.—Je la délivrerai.

(Acclamations, bruits de trompettes derrière le théâtre.)

PISTOL.—On a entendu mugir la mer et les sons éclatants de la trompette.

(Entre le roi avec sa suite, dans laquelle se trouve le lord grand juge.)

FALSTAFF.—Dieu conserve Ta Majesté, roi Hal, mon royal Hal !

PISTOL.—Que le ciel te garde et veille sur toi, très-royal rejeton de la gloire !

FALSTAFF.—Que Dieu te conserve, mon cher enfant !

LE ROI.—Milord grand juge, parlez à cet insensé.

LE JUGE.—Êtes-vous en votre bon sens? Savez-vous ce que vous dites?

FALSTAFF.—Mon roi, mon Jupiter ! C'est à toi que je parle, mon cœur.

HENRI.—Je ne te connais point, vieillard. Va faire tes prières.—Que ces cheveux blancs siéent mal à un insensé, à un mauvais bouffon ! J'ai vu en songe, pendant un long sommeil, un homme de cette espèce, gonflé de même d'un excès de nourriture, aussi vieux et aussi débauché. Mais éveillé, je méprise mon songe.—Va travailler à diminuer ton ventre et à grossir ton mérite. Quitte ta vie gloutonne : sache que la tombe ouvre pour toi une bouche trois fois plus large que pour les autres hommes.—Ne me réplique pas par une ridicule plaisanterie. Ne t'imagine pas que je sois aujourd'hui ce que j'étais. Le ciel sait, et l'univers verra, que j'ai renoncé à mon passé, et je rejetterai de même tous ceux qui firent ma société. Quand tu entendras dire que je suis ce que j'ai été, reviens vers moi, et tu seras ce que tu étais alors, le guide et le promoteur de mes déréglements. Jusqu'à ce moment, je te bannis, sous peine de mort, comme j'ai déjà banni le reste de ceux qui m'ont égaré, et je te défends d'approcher de notre personne plus près que de dix milles. Quant à votre subsistance, je vous l'assurerai, afin que les besoins ne vous sollicitent pas au mal ; et lorsque nous apprendrons que vous avez réformé votre vie, alors nous vous emploierons, selon votre capacité et votre mérite. (*Au grand juge.*) C'est vous, milord, que je charge de veiller sur l'exécution de mes ordres. Continuez la marche.

(Sortent le roi et sa suite.)

FALSTAFF.—Maître Shallow, je vous dois mille livres sterling.

SHALLOW.—Oui, vraiment, sir Jean, que je vous prie de me rendre, pour que je puisse les remporter avec moi.

FALSTAFF.—Cela est bien difficile, maître Shallow. Que tout ceci ne vous chagrine pas. Il va m'envoyer chercher pour me parler en particulier, voyez-vous. Il faut bien qu'il prenne ce ton devant le monde. N'ayez pas d'inquiétude sur votre fortune. Je suis encore, tel que vous me voyez, l'homme qui vous fera prospérer.

SHALLOW.—Je ne vois pas trop comment, à moins que vous ne me donniez votre pourpoint, et que vous ne me rembourriez de paille. Je vous en prie, mon cher sir Jean, sur les mille livres, rendez-m'en seulement cinq cents.

FALSTAFF.—Maître, je vous tiendrai parole : ce que vous avez entendu là n'était qu'une couleur.

SHALLOW.—Je crains bien que vous ne soyez teint [1] de cette couleur-là toute votre vie.

[1] *That you will die in*; jeu de mots entre *die*, mourir, et *dye*, teindre.

FALSTAFF.—Ne craignez point de couleurs; venez dîner avec moi. Viens, lieutenant Pistol ; et toi aussi, Bardolph. — On m'enverra chercher ce soir de bonne heure.
(Rentrent le prince Jean de Lancastre, le lord grand juge, des officiers de justice, etc.)

LE JUGE, *à des archers*.—Allez, conduisez sir Jean Falstaff à la Flotte [1] : emmenez avec lui toute sa compagnie.

FALSTAFF.—Milord, milord....

LE JUGE.—Je n'ai pas le temps de vous parler : je vous entendrai tantôt.—Qu'on les emmène.

PISTOL.

Se fortuna me tormenta,
Spero me contenta.

(Sortent Falstaff, Shallow, Pistol, Bardolph, le page, et les officiers de justice.)

LANCASTRE.—J'aime beaucoup cette noble conduite du roi : il a l'intention de donner à ses anciens camarades une honnête aisance. Mais il les bannit tous, jusqu'à ce qu'ils aient pris devant le public un langage plus sensé et plus décent.

LE JUGE.— C'est ce qui va être exécuté.

LANCASTRE. — Le roi a convoqué son parlement, milord.

LE JUGE.—Oui, prince.

LANCASTRE.—Je parierais qu'avant la fin de cette année nous porterons nos armes concitoyennes et notre ardeur native jusqu'au sein de la France. — J'ai entendu quelque oiseau chanter l'air de ces paroles, et sa musique, à ce que je présume, a plu à l'oreille du roi. Allons, venez.
(Ils sortent.)

---

[1] Dans la prison appelée *la Flotte*; selon toute apparence, pour assurer l'exécution des ordres du roi, car on verra plus loin qu'ils ne sont condamnés qu'au bannissement.

ÉPILOGUE

PRONONCÉ PAR UN DANSEUR.

D'abord ma crainte, ensuite ma révérence, et puis mon discours. Ma crainte, c'est votre mécontentement; ma révérence, c'est mon devoir; et mon discours, c'est de vous demander pardon. Si vous vous attendez à un bon discours, je suis perdu ; car ce que j'ai à vous dire est de ma façon, et ce que je dois vous dire va encore, j'en ai peur, me faire tort. Mais au fait, et à tout hasard, il faut que vous sachiez, comme vous le savez très-bien, que je parus dernièrement ici à la fin d'une pièce qui vous avait déplu, pour vous demander votre indulgence et vous en promettre une meilleure; je comptais, pour vous dire la vérité, m'acquitter au moyen de celle-ci : mais si, comme une expédition malheureuse, elle me revient sans succès, je fais banqueroute; et vous, mes chers créanciers, vous perdez votre dû. Je vous promis que je me trouverais ici ; et en vertu de ma parole, je viens livrer ma personne à votre merci. Rabattez-moi quelque chose, je vous payerai quelque chose; et suivant l'usage de la plupart des débiteurs, je vous ferai des promesses à l'infini.

Si ma langue ne peut vous persuader de me tenir quitte, voulez-vous m'ordonner d'user de mes jambes? Et pourtant ce serait un payement bien léger que de payer sa dette en gambades. Mais une conscience délicate offre toutes les satisfactions qui sont en son pouvoir, et c'est ce que je vais faire. Toutes les dames qui sont ici m'ont déjà pardonné ; si les messieurs ne veulent pas en faire autant, alors les messieurs ne s'accordent donc pas avec les dames, et c'est ce qu'on n'a jamais vu dans une pareille assemblée. — Encore un mot, je vous en supplie. Si vous n'êtes pas trop dégoûtés de la chair grasse, notre humble auteur continuera son histoire, dans laquelle sir Jean continuera de jouer son rôle, et où il vous fera rire par le moyen de la belle Catherine de France ; autant que j'en puis savoir, Falstaff y mourra de gras fondu, à moins que vous ne l'ayez déjà tué par votre disgrâce : car Oldcastle est mort martyr, et celui-ci n'est pas le même homme.— Ma langue est fatiguée : quand mes jambes le seront aussi, je vous souhaiterai le bonsoir, et sur ce je me prosterne à genoux devant vous ; mais à la vérité c'est afin de prier pour la reine.

FIN DU CINQUIÈME ET DERNIER ACTE.

HENRI V

TRAGÉDIE.

NOTICE SUR HENRI V

C'est à tort que la plupart des critiques ont regardé *Henri V* comme l'un des plus faibles ouvrages de Shakspeare. Le cinquième acte, il est vrai, est vide et froid, et les conversations qui le remplissent ont aussi peu de mérite poétique que d'intérêt dramatique. Mais la marche des quatre premiers actes est simple, rapide, animée; les événements de l'histoire, plans de gouvernement ou de conquête, complots, négociations, guerres, s'y transforment sans effort en scènes de théâtre pleines de vie et d'effet; si les caractères sont peu développés, ils sont bien dessinés et bien soutenus; et le double génie de Shakspeare, moraliste profond et poëte brillant, même dans les formes pénibles et bizarres qu'il donne à sa pensée et à son imagination, y conserve son abondance et son éclat.

On rencontre aussi, dans les paroles du chœur qui remplit les entr'actes, des preuves remarquables du bon sens de Shakspeare et de l'instinct qui lui faisait sentir les inconvénients de son système dramatique: « Permettez, dit-il aux spectateurs dès le début de la pièce, que nous fassions travailler la force de votre imagination.... C'est à votre pensée à créer en ce moment nos rois pour les transporter d'un lieu à l'autre, franchissant les temps et resserrant les événements de plusieurs années dans l'espace d'une heure. » Et ailleurs: « Accordez-nous votre patience et pardonnez l'abus du changement de lieu auquel nous sommes réduits pour resserrer la pièce dans son cadre. »

La partie populaire et comique du drame, bien que la verve originale de Falstaff n'y soit plus, offre des scènes d'une gaieté parfaitement naturelle, et le Gallois Fluellen est un modèle de ce bavardage militaire sérieux, naïf, intarissable, inattendu et moqueur, qui excite en même temps le rire et la sympathie.

HENRI V

TRAGÉDIE

PERSONNAGES

LE ROI HENRI V.
LE DUC DE GLOCESTER, *frères*
LE DUC DE BEDFORD, *du roi.*
LE DUC D'EXETER, oncle du roi.
LE DUC D'YORK.
LE COMTE DE SALISBURY.
LE COMTE DE WESTMORELAND.
LE COMTE DE WARWICK.
L'ARCHEVÊQUE DE CANTORBÉRY
L'ÉVÊQUE D'ELY.
LE COMTE DE CAMBRIDGE,
LE LORD SCROOP, *conspirateurs contre le roi.*
SIR THOMAS GREY,
SIR THOMAS ERPINGHAM,
GOWER,
FLUELLEN, *officiers de l'armée du roi*
MACMORRIS,
JAMY,
BATES, COURT, WILLIAMS, soldats anglais.
PISTOL, NYM, BARDOLPH, anciens serviteurs de Falstaff, et aujourd'hui soldats.
CHARLES VI, roi de France.
LOUIS, dauphin.
LE DUC DE BOURGOGNE.
LE DUC D'ORLÉANS,
LE DUC DE BOURBON,
LE CONNÉTABLE,
RAMBURES, *seigneurs*
GRANDPRÉ, *français.*
LE GOUVERNEUR d'Harfleur.
MONTJOIE, héraut d'armes français.
AMBASSADEURS députés vers le roi d'Angleterre.
ISABELLE, reine de France.
CATHERINE, fille de Charles et d'Isabelle.
ALIX, dame française de la suite de la princesse Catherine.
QUICKLY, épouse de Pistol, aubergiste.
CHŒUR.

LORDS, COURRIERS, SOLDATS FRANÇAIS, ANGLAIS, ETC.

La scène, au commencement de la pièce, est en Angleterre, ensuite toujours en France.

LE CHŒUR.

Oh! si j'avais une muse de feu qui pût s'élever jusqu'au ciel le plus brillant de l'invention! un royaume pour théâtre, des princes pour acteurs, et des monarques pour spectateurs de cette sublime scène, c'est alors qu'on verrait le belliqueux Henri, sous ses traits naturels, avec la majesté du dieu Mars, menant en laisse, comme des limiers, la famine, la guerre et l'incendie qui ramperaient à ses pieds, pour demander de l'emploi. Mais, pardonnez, indulgente assemblée; pardonnez à l'impuissance du talent, qui a osé, sur ces planches indignes, exposer à la vue un objet si grand. Cette arène à combats de coqs peut-elle contenir les vastes plaines de la France? pouvons-nous entasser dans cet O [1] de bois tous les milliers de casques qui épouvantèrent le ciel d'Azincourt? Pardonnez, si un chiffre si minime doit représenter ici, sur un petit espace, un million. Permettez que, remplissant l'office des zéros dans cet énorme calcul, nous fassions travailler la force de votre imagination. Supposez qu'en ce moment, dans l'enceinte de ces murs, sont enfermées deux puissantes monarchies, dont les fronts levés et menaçants, l'un contre l'autre opposés, ne sont séparés que par l'Océan, étroit et périlleux : réparez par vos pensées toutes nos imperfections : divisez un homme en mille parties; et voyez en lui une armée imaginaire : figurez-vous, lorsque nous parlons des coursiers, que vous les voyez imprimer leurs pieds superbes sur le sein foulé de la terre. C'est à votre pensée à orner en ce moment nos rois ; qu'elle les transporte d'un lieu dans un autre, qu'elle franchisse les barrières du temps, et resserre les événements de plusieurs années dans la durée d'une heure. Pour suppléer aux lacunes, souffrez qu'un chœur complète les récits de cette histoire : c'est lui qui, dans cet instant, tenant la place du prologue, implore votre attention patiente, et vous prie d'écouter et de juger la pièce avec indulgence.

[1] O, lettre de l'alphabet. Allusion à la forme circulaire de cette lettre.

ACTE PREMIER

SCÈNE I

Londres.— Antichambre dans le palais du roi.

Entrent L'ARCHEVÊQUE DE CANTORBÉRY, L'ÉVÊQUE D'ÉLY.

CANTORBÉRY.—Milord, je puis vous dire qu'on presse vivement la signature de ce même bill, qui aurait suivant toute apparence, et même infailliblement passé contre nous, la onzième année du règne du feu roi, si l'agitation de ces temps de trouble n'en avait interrompu l'examen.

ÉLY.—Mais, milord, quel obstacle lui opposerons-nous aujourd'hui ?

CANTORBÉRY.—C'est à quoi il faut réfléchir. Si ce bill passe contre nous, nous perdons la plus belle moitié de nos domaines : car toutes les terres laïques, que la piété des mourants a données par testament à l'Église, nous seront enlevées. Voici la taxe : d'abord une somme suffisante pour entretenir, à l'honneur du roi, jusqu'à quinze comtes, quinze cents chevaliers et six mille deux cents bons gentilshommes; ensuite, pour le soulagement des pestiférés et des pauvres vieillards infirmes et languissants, dont le grand âge et le corps se refusent aux travaux, cent hôpitaux bien pourvus, bien entretenus; et de plus encore, pour les coffres du roi, mille livres sterling par an : telle est la teneur du bill.

ÉLY.—Ce serait presque épuiser la caisse.

CANTORBÉRY.—Ce serait la mettre à sec.

ÉLY.—Mais quel moyen de l'empêcher ?

CANTORBÉRY.—Le roi est généreux et plein d'égards.

ély.—Et ami sincère de la sainte Église.

cantorbéry.—Ce n'était pas là ce que promettaient les écarts de sa jeunesse. Le dernier souffle de la vie n'a pas plutôt abandonné le corps de son père, que sa folie, mortifiée en lui, sembla expirer aussi : oui, au même moment, la raison, comme un ange descendu du ciel, vint et chassa de son sein le coupable Adam. Son âme épurée redevint un paradis, où rentrèrent les esprits célestes. Jamais jeune homme ne devint sitôt homme fait ; jamais la réforme ne vint d'un cours plus soudain balayer tous les défauts : jamais le vice, cette hydre aux têtes renaissantes, ne perdit si promptement et son trône et tout à la fois.

ély.—Ce changement est béni pour nous.

cantorbéry.—Entendez-le raisonner en théologie, et tout rempli d'admiration, vous souhaiterez en vous-même, que le roi fût un prélat : écoutez-le discuter les affaires de l'Etat, et vous direz qu'il en a fait sa seule étude : s'il parle guerre, vous croyez assister à une bataille, mise pour vous en musique ; mettez-le sur tous les problèmes de la politique, il vous en dénouera le nœud gordien, aussi facilement que sa jarretière ; aussi, lorsqu'il parle, l'air, contenu dans sa licence, reste calme, et l'admiration muette veille dans l'oreille de ses auditeurs pour saisir les maximes qui sortent de sa bouche, aussi douces que le miel. Il paraît impossible que l'exercice et la pratique n'aient pas servi de maîtres à sa théorie profonde ; et ce qui est merveilleux, c'est comment Son Altesse a pu recueillir cette ample moisson, lui dont la jeunesse était livrée à toutes les vaines folies ; lui dont les associés étaient illettrés, grossiers et frivoles ; lui dont les heures étaient remplies par les festins, par les jeux et la débauche ; lui que jamais on n'a vu appliqué à aucune étude ; jamais seul dans la retraite, jamais loin du bruit et de la foule.

ély.—La fraise croît sous l'ombre de l'ortie, et c'est dans le voisinage des fruits les plus communs que les plantes salutaires s'élèvent et mûrissent le mieux ; ainsi le prince a caché sa raison sous le voile de la dissipation ; c'est ainsi qu'elle a crû, n'en doutez pas, comme le gazon d'été, dont les progrès sont plus rapides la nuit, quoique invisibles.

CANTORBÉRY.—Il faut bien que cela soit ; car les miracles ont cessé, et nous sommes obligés de croire aux moyens qui amènent les choses à la perfection.

ÉLY.—Mais, mon bon lord, quel moyen de mitiger ce bill que sollicitent les communes ? Sa Majesté penche-t-elle pour ou contre ?

CANTORBÉRY.—Le roi paraît indifférent, ou plutôt il semble incliner beaucoup plus de notre côté, que favoriser le parti qui le propose contre nous ; car j'ai fait une offre à Sa Majesté, au sujet de la convocation de notre assemblée ecclésiastique, et par rapport aux objets dont on s'occupe actuellement, qui concernent la France, de lui donner une somme plus forte que n'en a jamais accordé le clergé à aucun de ses prédécesseurs.

ÉLY.—Et de quel air a-t-il paru recevoir cette offre ?

CANTORBÉRY.—Le roi l'a favorablement accueillie ; mais le temps a manqué pour entendre (comme je me suis aperçu que Sa Majesté l'aurait désiré) la filiation claire et suivie de ses titres divers et légitimes à certains duchés, et généralement à la couronne et au trône de France, en remontant à Édouard, son bisaïeul.

ÉLY.—Et quelle cause a donc interrompu cette discussion ?

CANTORBÉRY.—A cet instant même, l'ambassadeur de France a demandé audience ; et l'heure où on doit l'entendre est, je pense, arrivée. Est-il quatre heures ?

ÉLY.—Oui.

CANTORBÉRY.—Entrons donc pour connaître le sujet de son ambassade, que je pourrais, je crois, par une conjecture certaine, déclarer avant même que le Français ait ouvert la bouche.

ÉLY.—Je veux vous suivre, et je suis impatient de l'entendre.

(Ils sortent.)

SCÈNE II

La salle d'audience.

Entrent LE ROI HENRI, GLOCESTER, BEDFORD, WARWICK, WESTMORELAND, EXETER, *et suite.*

LE ROI.—Où est mon respectable prélat de Cantorbéry ?
EXETER.—Il n'est pas ici.
LE ROI, *à Exeter.*—Cher oncle, envoyez-le chercher.
WESTMORELAND.—Mon souverain, ferons-nous entrer l'ambassadeur?
LE ROI.—Pas encore, mon cousin. Avant de l'entendre, nous voudrions être décidé sur quelques points importants, qui nous préoccupent, par rapport à nous et à la France.
(Entrent l'archevêque de Cantorbéry et l'évêque d'Ély.)
CANTORBÉRY.—Que Dieu et ses anges gardent votre trône sacré, et qu'ils vous accordent d'en être longtemps l'ornement!
LE ROI.—Nous vous remercions sincèrement, savant prélat; nous vous prions de vous expliquer; développez avec une justice exacte et religieuse pourquoi la loi salique, qu'ils ont en France, doit ou ne doit pas être un empêchement à nos prétentions : et à Dieu ne plaise, mon cher et fidèle seigneur, que vous apprêtiez ou torturiez votre raison. A Dieu ne plaise que vous chargiez sciemment votre conscience de subtils et coupables sophismes, pour nous présenter des titres spécieux, mais illégitimes, dont la vérité désavouerait les fausses couleurs; car Dieu sait combien de milliers d'hommes, aujourd'hui pleins de vie, verseront leur sang pour soutenir le parti auquel Votre Révérence va nous exciter : ainsi, songez bien comment vous engagerez notre personne, et par quels droits vous réveillez le glaive endormi de la guerre. Nous vous en sommons au nom de Dieu : réfléchissez-y bien ; car jamais deux pareils royaumes n'ont lutté ensemble, que le sang n'ait coulé à grands flots; chaque goutte est une malédiction, et implore vengeance contre l'homme, dont l'injustice affile l'épée qui exerce de tels ravages sur la courte vie

des mortels. Maintenant que je vous ai adressé cette recommandation, parlez, milord ; nous allons vous écouter, et croire dans notre cœur que tout ce que vous nous direz sera aussi pur dans votre conscience que l'est le péché après avoir reçu le baptême.

CANTORBÉRY. — Daignez donc m'écouter, gracieux souverain. — Et vous aussi, pairs, qui devez votre vie, votre foi et vos services à ce trône impérial.—Il n'est d'autre obstacle aux droits de Votre Majesté sur la France, que ce principe qu'ils font venir de Pharamond : *In terram salicam mulieres ne succedant*, « Nulle femme ne succédera en terre salique. » Et cette terre salique, les Français, par un commentaire infidèle, prétendent que c'est le royaume de France, et donnent Pharamond pour le fondateur de cette loi qui exclut les femmes. Et cependant leurs propres historiens affirment, de bonne foi, que la terre salique est dans la Germanie, entre les fleuves de Sala et de l'Elbe, où Charles le Grand, après avoir subjugué les Saxons, laissa derrière lui, et établit un certain nombre de Français, qui par dédain pour les femmes germaines, dont quelques taches honteuses souillaient la vie et les mœurs, y établirent cette loi : *Que nulle femme ne serait héritière en terre salique*, et cette terre salique, comme je l'ai dit, est située entre l'Elbe et la Sala, et s'appelle aujourd'hui, en Allemagne, *Meisen*. Il est donc manifeste que la loi salique n'a pas été établie pour le royaume de France ; et les Français n'ont possédé la terre salique que quatre cent vingt-un ans après le décès du roi Pharamond, vainement supposé l'auteur de cette loi. Pharamond décéda l'année de notre rédemption quatre cent vingt-six, et Charles le Grand dompta les Saxons, et établit les Français au delà de la rivière de Sala, dans l'année huit cent cinq. De plus, leurs auteurs disent que le roi Pépin, qui déposa Childéric, fit valoir ses prétentions et son titre à la couronne de France, comme héritier légitime, étant descendu de Bathilde, qui était fille du roi Clotaire. Hugues Capet aussi, qui usurpa la couronne de Charles, duc de Lorraine, seul héritier mâle de la vraie ligne et souche de Charles le

Grand, pour colorer son titre de quelque apparence de vérité (quoique dans la vérité il fût faux et nul), se porta pour héritier de dame Lingare, fille de Charlemagne, qui était fils de Louis, empereur, et Louis était fils de Charles le Grand. Aussi le roi Louis X, qui était l'unique héritier de l'usurpateur Capet, ne put porter la couronne de France et rester en paix avec sa conscience, jusqu'à ce qu'on lui eût prouvé que la belle reine Isabelle, son aïeule, descendait en ligne directe de dame Ermengare, fille du susdit Charles, duc de Lorraine; par lequel mariage, la ligne de Charles le Grand avait été réunie à la couronne de France : en sorte qu'il est clair, comme le soleil d'été, que le titre du roi Pépin, et la prétention de Hugues Capet, et l'éclaircissement qui tranquillisa la conscience de Louis, tirent tous leur droit et leur titre des femmes, malgré cette loi salique qu'ils opposent aux justes prétentions que Votre Majesté tient du chef des femmes; et ils aiment mieux se cacher dans un réseau, que d'exposer à la vue leurs titres faux, usurpés sur vos ancêtres et sur vous.

LE ROI. — Puis-je, en conscience et en droit, hasarder cette revendication ?

CANTORBÉRY. — Que le crime en retombe sur ma tête, auguste souverain! Il est écrit dans le livre des Nombres : *Quand le fils meurt, que l'héritage alors descende à la fille.* Mon digne prince, soutenez vos droits : déployez votre étendard sanglant : tournez vos regards sur vos illustres ancêtres : allez, mon souverain, allez à la tombe de votre fameux aïeul, de qui vous tenez vos droits, invoquez son âme guerrière, et celle de votre grand-oncle Édouard, le Prince Noir, qui donna une sanglante tragédie sur les champs français, et défit toutes leurs forces, tandis que son auguste père, debout sur une colline, souriait de voir son lionceau se baigner dans le sang de la noblesse française. O vaillants Anglais, qui pouvaient, avec la moitié de leurs forces, faire face à toute la puissance de la France; tandis qu'une moitié de l'armée contemplait l'autre en souriant, avec tout le calme d'un spectateur tranquille et étranger à l'action !

ÉLY.—Réveillez le souvenir de ces morts fameux, et que votre bras puissant renouvelle leurs faits d'armes. Vous êtes leur héritier; vous êtes assis sur leur trône; le courage et le sang, qui les a rendus immortels, coule dans vos veines, et mon trois fois redoutable souverain est, dans le printemps de sa jeunesse, mûr pour les exploits de ces vastes entreprises.

EXETER.—Vos frères, les rois et les monarques de la terre, attendent tous que vous vous leviez dans votre force, comme ont fait, avant vous, ces lions issus de votre race.

WESTMORELAND.—Ils savent que Votre Majesté a, tout à la fois, une cause juste, les moyens et la puissance; et rien n'est plus vrai : jamais roi d'Angleterre n'eut une noblesse plus opulente, et des sujets plus dévoués; et leurs cœurs, laissant pour ainsi dire les corps en Angleterre, ont déjà passé les mers, et sont campés dans les plaines de France.

CANTORBÉRY.—O que leurs corps, mon souverain chéri, aillent joindre leurs cœurs, avec le fer et le feu, pour reconquérir vos droits! Pour vous aider dans cette entreprise, nous promettons de lever sur le clergé, et de fournir à Votre Majesté, un puissant subside, tel que jamais l'Église n'en a encore apporté à aucun de vos ancêtres.

LE ROI.—Il ne suffit pas que nous armions pour envahir la France : il faut aussi prendre nos mesures, pour défendre le royaume contre l'Écossais, qui viendra fondre sur nous avec toutes sortes d'avantages.

CANTORBÉRY.—Les habitants des frontières, mon souverain, seront un rempart suffisant pour défendre l'intérieur de l'État contre les incursions de ces pillards.

LE ROI.—Nous ne parlons pas seulement des incursions de quelques pillards : nous craignons une entreprise plus vaste de l'Écossais, qui fut toujours pour nous un voisin remuant. L'histoire vous apprendra que mon illustre aïeul ne passa jamais avec ses forces en France, que l'Écossais ne vînt, comme les flots dans une brèche, se répandre sur son royaume dépourvu, avec le torrent de sa puissance, harcelant de vives et chaudes attaques nos provinces dégarnies, bloquant les châteaux et les villes par des siéges ruineux, au point que l'Angleterre, nue et sans défense, a tremblé et chancelé grâce à ce funeste voisinage.

CANTORBÉRY. — Elle a eu plus de peur que de mal, mon souverain ; et voyez-en la preuve dans les exemples qu'elle a donnés elle-même. — Lorsque tous ses chevaliers étaient passés en France, et qu'elle était comme une veuve en deuil de l'absence de tous ses nobles, non-seulement elle se défendit bien elle-même, mais elle prit et enveloppa, comme un cerf égaré, le roi des Écossais : elle l'envoya en France, décorer de rois captifs la renommée du roi Édouard, et elle enrichit vos chroniques d'autant de louanges, que le sable de la mer est riche en débris précieux de naufrages, et en trésors abîmés sous les eaux.

EXETER. — Mais il y a un dicton fort ancien et très-vrai : Si vous voulez conquérir la France, commencez d'abord par l'Écosse ; car lorsque l'aigle anglaise est sortie pour chercher proie au dehors, la belette écossaise vient en rampant se glisser dans son nid sans défense, et dévore sa royale couvée ; jouant le rat en l'absence du chat, elle détruit et tue plus qu'elle ne peut dévorer.

ÉLY. — La conséquence serait donc que le chat doit rester dans ses foyers : et cependant ce n'est là qu'une malheureuse nécessité ; car nous avons des serrures pour enfermer nos biens, et de petits piéges pour prendre les petits voleurs. Quand les bras armés combattent au dehors, la tête prudente sait se défendre au dedans ; car le gouvernement, quoique formé de parties séparées, du haut, du moyen et du bas ordre, les maintient tous dans un concert et une harmonie naturelle, comme les sons dans la musique[1].

[1] La même idée se rencontre dans Cicéron, *de Republica*, lib. II : « Sic ex summis, et mediis, et infimis interjectis ordinibus, ut sonis, moderatam ratione civitatem, consensu dissimiliorum concinere, et quæ harmonia a musicis dicitur in cantu eam esse in civitate concordiam. »

cantorbéry.—Cela est vrai : aussi le ciel a divisé l'économie de l'homme en fonctions diverses; toutes ses parties, dans un effort continuel, tendent à un but commun, l'obéissance : ainsi travaillent les abeilles, créatures qui, servant d'exemple dans la nature, enseignent l'art de l'ordre à un royaume peuplé. Elles ont un roi et des officiers de différente espèce : les uns, magistrats, punissent à l'intérieur; d'autres, comme les commerçants, se hasardent au loin ; d'autres, comme les soldats, armés de leurs dards, butinent sur les boutons veloutés du printemps, et, chargés de leurs larcins, reviennent d'un pas joyeux à la tente de leur empereur. Lui, dans son active majesté, surveille les maçons bourdonnants qui construisent les lambris d'or, les citoyens qui pétrissent le miel, le peuple d'artisans qui arrivent en foule, et déposent à la porte étroite de l'État leurs précieux fardeaux; et la justice, à l'œil sévère, au chant maussade, livre aux pâles exécuteurs les paresseux qui bâillent mollement.—Voici ma conclusion.—Que plusieurs parties qui ont un rapport direct vers un centre commun peuvent agir en sens contraires, comme plusieurs flèches, lancées de points différents, volent vers un seul but, comme plusieurs rues se mêlent dans une ville ; comme plusieurs eaux limpides se confondent dans une mer ; comme plusieurs lignes se rejoignent dans le centre d'un cadran : de même un millier d'entreprises, toutes sur pied à la fois, peuvent aboutir à une même fin, et marcher toutes de front, sans que l'une souffre de l'autre : ainsi, mon souverain, en France ! Partagez votre heureuse nation en quatre portions ; prenez-en une pour la France ; elle vous suffira pour ébranler toute la Gaule : et nous, si avec les trois autres quarts de nos forces restés dans le sein du royaume nous ne pouvons pas défendre nos portes contre les chiens, puissions-nous être maltraités, et que notre nation perde à jamais sa réputation de courage et de sagesse.

le roi.—Qu'on introduise les ambassadeurs envoyés de la part du dauphin. (*Un seigneur de la suite sort. Le roi monte sur son trône.*) Notre résolution est bien prise, et par le secours du ciel et le vôtre, nobles, qui êtes le nerf de notre puissance, la France une fois à nous, ou nous la plierons à notre joug, ou nous la mettrons en pièces : ou bien l'on nous verra, assis sur son trône, gouvernant comme un grand et vaste empire tous ses riches duchés qui valent presque des royaumes, ou bien nous déposerons ces ossements dans une urne sans gloire, privés de sépulture et sans aucun monument qui conserve notre souvenir. Il faut que notre histoire célèbre hautement, à pleine voix, nos exploits, ou que notre tombeau, muet comme l'esclave du sérail, ne nous accorde même pas l'honneur d'une épitaphe de cire. (*Entrent les ambassadeurs de France.*) Nous voici maintenant disposé à connaître les intentions de notre cher cousin, le dauphin ; car nous apprenons que vous nous saluez de sa part, et non de celle du roi.

L'AMBASSADEUR. — Votre Majesté veut-elle nous permettre d'exposer librement la commission dont nous sommes chargés? autrement, nous nous bornerons à lui faire entendre, avec réserve et sous des termes enveloppés, l'intention du dauphin et notre ambassade.

LE ROI.—Nous ne sommes point un tyran, mais un roi chrétien : nos passions nous obéissent en silence, enchaînées à notre volonté comme les criminels qui sont aux fers dans nos prisons : ainsi déclarez-nous les intentions du dauphin avec une franchise ouverte et sans contrainte.

L'AMBASSADEUR.—Les voici en peu de mots. Votre Altesse, par ses députés qu'elle a dernièrement envoyés en France, a revendiqué certains duchés sous prétexte des droits de votre glorieux prédécesseur le roi Édouard III. En réponse à cette prétention, le prince, notre maître, dit que vous vous ressentez trop de votre jeunesse, et il vous avertit de bien songer qu'il n'est en France aucun domaine qu'on puisse conquérir avec une gaillarde[1], et que vous ne pouvez introduire vos fêtes dans ces duchés:

---

[1] Une gaillarde, danse du temps.

en indemnité, il vous envoie, comme un présent plus conforme à vos inclinations, le trésor que contient ce baril; et il demande qu'en reconnaissance de ce don, vous laissiez là les duchés que vous réclamez, et qu'ils n'entendent plus parler de vous. Voilà ce que dit le dauphin.

LE ROI, *au duc d'Exeter.*—Quel trésor, cher oncle?

EXETER.—Des balles de paume, mon souverain!

LE ROI.—Nous sommes charmé de trouver le dauphin si plaisant avec nous, et nous vous remercions, et de son présent et de vos peines. Quand une fois nous aurons ajusté nos raquettes à ces balles, nous espérons, avec l'aide de Dieu, jouer en France un jeu à frapper la couronne du roi, son père, et à l'envoyer dans la grille[1]. Dites-lui qu'il vient d'engager la partie avec un adversaire tel qu'il lancera ses balles dans toute la France. Nous le comprenons bien quand il fait allusion aux égarements de notre jeunesse, sans examiner l'usage que nous en avons fait. Non, jamais nous n'avons fait cas de ce trône chétif de l'Angleterre; et en conséquence, vivant loin de lui, nous nous sommes abandonné à une licence effrénée, comme il arrive toujours que les hommes sont plus gais quand ils sont hors de chez eux; mais dites au dauphin que je saurai garder ma dignité, que je me conduirai en roi, et que je déploierai toute l'étendue de ma grandeur quand je me réveillerai sur mon trône de France. C'est pour y parvenir que, déposant ici ma majesté, j'ai travaillé comme un pauvre journalier. Mais c'est en France qu'on me verra m'élever avec tant d'éclat que j'éblouirai tous les yeux: oui, le dauphin sera aveuglé en contemplant les rayons de ma gloire. Et dites encore à ce prince si plaisant, que cette plaisanterie de sa façon a changé ses balles de paume en boulets de pierre[2], et que sa conscience restera mortellement chargée de la vengeance meurtrière qu'elles feront voler dans ses États. Cette plaisanterie

---

[1] Terme du jeu de paume.
[2] Les premiers boulets furent de pierre.

fera pleurer mille veuves privées de leurs époux, mille mères privées de leurs enfants : elle coûtera la ruine de maint château ; des générations qui ne sont pas encore nées auront sujet de maudire l'insultante ironie du dauphin. Mais les événements sont dans la main de Dieu, à qui j'en appelle, et c'est en son nom, annoncez-le au dauphin, que je me mets en marche pour me venger, suivant mon pouvoir, et déployer un bras armé par la justice dans une cause sacrée. Allez, sortez de ces lieux en paix, et dites au dauphin que sa raillerie paraîtra le jeu d'un esprit bien léger et bien indiscret, lorsqu'elle fera verser plus de larmes qu'elle n'a excité de sourires.—Conduisez ces députés sous une sûre escorte. —Adieu.

(Les ambassadeurs sortent.)

EXETER.—C'est là vraiment un joyeux message !

LE ROI.—Nous espérons bien en faire rougir l'auteur ; ainsi, mes lords, ne perdons aucun instant qui puisse accélérer notre expédition ; car nous n'avons plus maintenant d'autres pensées que la France, après nos devoirs envers Dieu qui doivent passer avant nos affaires. Rassemblons promptement le nombre de troupes nécessaires pour ces guerres, et méditons sur tous les moyens qui peuvent ajouter, avec une célérité raisonnable, des plumes à nos ailes ; car, j'en atteste Dieu, nous châtierons le dauphin aux portes de son père ; ainsi que chacun s'occupe des moyens d'entamer promptement cette belle entreprise.

(Tous sortent.)

FIN DU PREMIER ACTE.

ACTE DEUXIÈME

LE CHŒUR.

Maintenant toute la jeunesse d'Angleterre brûle du feu des combats, et les parures de soie reposent dans les garde-robes, les armuriers prospèrent, et l'honneur est la seule pensée qui règne dans tous les cœurs. Ils vendent les prés pour acheter un cheval de bataille, et suivent le miroir de tous les rois chrétiens, des ailes au talon, comme des Mercures anglais. L'Espérance est assise sur les airs, tenant une épée dont le fer, depuis la garde jusqu'à la pointe, est caché sous l'amas de couronnes de toutes grandeurs qui l'entourent; couronnes d'empereur, de rois et de ducs, promises à Henri et aux braves qui le suivent. Les Français, que des avis certains ont instruits de ce redoutable appareil, tremblent et cherchent à détourner par les ruses de la pâle politique les projets de l'Angleterre. O Angleterre! ton étroite enceinte est l'emblème de ta grandeur : un petit corps qui renferme un grand cœur! De combien d'exploits n'enrichirais-tu pas ta gloire, si tous tes enfants avaient pour leur mère la tendresse et les sentiments de la nature! Mais vois ta disgrâce! La France a trouvé dans ton sein un nid de cœurs vides qu'elle remplit de trahisons par ses présents. Elle a trouvé trois hommes corrompus : l'un, Richard comte de Cambridge; le second, le lord Henri Scroop de Marsham; le troisième, Thomas Grey, chevalier de Northumberland; ils ont, pour l'or de la France (ô crime!), scellé une conspiration avec la France alarmée; et c'est de leurs mains que ce roi, l'honneur des rois, doit périr (si l'enfer et la trahison tiennent leurs promesses) à Southampton avant de s'embarquer pour la France.—Accordez-nous votre patience et pardonnez l'abus du changement de lieu auquel nous sommes réduits pour resserrer la pièce dans son cadre.—La somme est payée, les traîtres sont d'accord.—Le roi est parti de Londres, et la scène est maintenant transportée à Southampton ; c'est à Southampton que le théâtre s'ouvre en ce moment ; c'est là qu'il faut vous asseoir. De ce lieu nous vous ferons passer en France, et nous vous en ramènerons en charmant les mers pour vous procurer un passage heureux et calme : car, autant que nous le pourrons, nous tâcherons que nul de vous n'ait le plus léger malaise pendant tout le spectacle. Mais jusqu'au moment du départ du roi, c'est à Southampton que nous transférons la scène.

(Le chœur sort.)

SCÈNE I

Londres ; East-Cheap.

Entrent NYM et BARDOLPH.

BARDOLPH.—Ah ! je suis charmé de vous rencontrer, caporal Nym.

NYM.—Bonjour, lieutenant Bardolph.

BARDOLPH.—Eh bien, le vieux Pistol et vous, êtes-vous toujours amis ?

NYM.—Pour moi, certes, cela m'est bien égal : je ne fais pas grand bruit ; mais quand l'occasion se présentera, on me verra la saisir en souriant. N'importe, il arrivera ce qui pourra. Non, je n'ose pas me battre. Mais je ne veux que donner un coup d'œil, et puis tenir mon fer devant moi. C'est une simple lame ; mais qu'est-ce que cela fait ? elle sera bonne pour le chaud et le froid autant qu'épée d'homme vivant ; et voilà tout le plaisant de la chose.

BARDOLPH.—Je veux vous donner à déjeuner pour vous rapatrier : et nous irons tous trois en France comme de bons frères. Allons, ainsi soit-il, caporal Nym?

NYM.—Ma foi, je vivrai tant que j'ai à vivre, voilà ce qu'il y a de sûr ; et quand je ne pourrai plus vivre, je ferai comme je pourrai. Voilà ce que j'ai à dire là-dessus, et tout finit là.

BARDOLPH.—Ce qu'il y de certain, caporal, c'est qu'il est marié à Hélène Quickly; et il n'est pas douteux qu'elle vous a manqué essentiellement ; car enfin elle vous avait donné sa foi.

NYM.—Je ne sais pas : il faut bien que les choses arrivent comme elles doivent arriver. Les gens peuvent dormir quelquefois, et pendant ce temps-là avoir leur gorge à côté d'eux; et comme on dit les couteaux ont des tranchants. Il faut laisser aller les choses. Quoique Patience soit un cheval fatigué, il faudra bien qu'elle laboure ; les choses auront nécessairement une fin : enfin je ne puis rien dire.

(Entrent Pistol et mistriss Quickly.)

BARDOLPH.—Voilà le vieux Pistol, et sa femme qui viennent. Mon cher caporal, soyez patient.—Eh bien! comment vous va, mon hôte Pistol?

PISTOL.—Maraud, je crois que tu m'appelles ton hôte? je jure par cette main que j'en déteste le titre ; aussi mon Hélène ne tiendra plus d'auberge.

QUICKLY.—Non, sur ma foi, je ne tiendrai pas encore longtemps ; car nous n'oserions prendre en pension une douzaine de femmes honnêtes, vivant honnêtement avec la pointe de leurs aiguilles, sans que les gens s'imaginassent aussitôt qu'on tient un lieu suspect.—Oh! par Notre-Dame (*apercevant Nym, qui tire l'épée*), qu'il ne dégaine pas ! Ou nous allons voir un adultère et un meurtre prémédités.

BARDOLPH —Bon lieutenant... bon caporal... n'offrez pas ce spectacle.

NYM.—Bah !

PISTOL.—Nargue pour toi, chien d'Islande, roquet d'Islande aux longues oreilles.

QUICKLY.—Mon bon caporal Nym, fais voir ta valeur, et rengaine ton épée.

NYM.—Veux-tu que nous allions à l'écart? je voudrais 'avoir *solus*.

(Rengainant son épée.)

PISTOL.— *Solus*[1]! maudit chien! basse vipère, je te renvoie le *solus* sur ta face, dans les dents, dans ton gosier, dans tes maudits poumons, ta mâchoire, et ta sale bouche, ce qui est pire encore; je te reporte ton *solus*, jusque dans tes entraillles ; car je puis prendre feu, ma mèche est allumée [2], et l'explosion s'ensuivra.

NYM—Je ne suis pas Barbason [3] : vous ne pouvez me conjurer.—Il me prend une envie de vous assommer passablement bien. Si vous commencez une fois à me parler salement, Pistol, vous pouvez compter que je vous frotterai avec ma rapière, pour parler net, comme je le sais faire. Tenez, si vous voulez seulement venir à quatre pas, je vous chatouillerai les intestins de la belle manière, comme je le sais faire ; et voilà le plaisant de la chose!

PISTOL.—Oh! vil fanfaron et furibond maudit! ton tombeau bâille, et la mort s'avance sur toi : rends l'âme.

(Ils tirent tous deux l'épée.)

BARDOLPH, *en les séparant.*—Écoutez, écoutez-moi un peu auparavant. Celui de vous qui donnera le premier coup peut compter que je lui passerai mon épée au travers du corps jusqu'à la garde ; et je le ferai, foi de soldat.

PISTOL.—Voilà un serment bien redoutable! Ce grand feu s'abattra.—Donne-moi ton poing, entends-tu? Donne-moi ta patte de devant, te dis-je. Ma foi, j'admire ton courage.

NYM.—Tiens, pour te parler clair et net, je te couperai la gorge un de ces jours, et voilà le plaisant de la chose!

---

[1] Il se fâche du mot *solus* qu'il ne comprend pas, et auquel il attache un sens déshonorant.

[2] On ne doit pas oublier que Pistol veut dire pistolet, et l'imperfection de cette arme dans ce temps-là.

[3] Ce mot est également employé dans les *Joyeuses Bourgeoises de Windsor*.

PISTOL.—Couper la gorge? Dis-tu! Je t'en défie mille fois, mâtin de Crète. Crois-tu t'emparer de ma femme? Oh, non! va-t'en au tonneau de l'infamie retirer ton gibier d'hôpital de la famille de Cresside qu'on appelle Doll-tear-Sheet; et épouse-la. Pour moi, j'ai et j'aurai ma chère *quondam* Quickly pour femme, et *pauca*, voilà tout.

(Arrive le petit page de Falstaff.)

LE PAGE.—Mon cher hôte Pistol, accourez donc bien vite chez mon maître, et vous aussi, l'hôtesse, il est bien mal et au lit. Toi, mon bon Bardolph, viens fourrer ta figure entre ses draps, pour lui servir de bassinoire. Sur ma foi, il est bien malade.

BARDOLPH.—Veux-tu courir, petit coquin!

QUICKLY.—Par ma foi, je ne lui donne pas beaucoup de jours encore, avant qu'il aille apprêter un splendide repas aux corbeaux. Le roi l'a frappé au cœur. Oh, ça! mon mari, ne tarde pas à me suivre.

(Quickly sort avec le page.)

BARDOLPH.—Allons, vous raccommoderai-je à présent tous les deux? Tenez, il faut que nous allions voir la France tous ensemble. Pourquoi diable avoir des couteaux pour se couper la gorge les uns aux autres?

PISTOL.—Laissons d'abord les eaux se déborder, et les diables hurler après leur pâture.

NYM.—Vous me payerez les huit schellings que je vous ai gagnés l'autre jour à un pari?

PISTOL.—Fi! il n'y a que la canaille qui paye.

NYM.—Oh! pour cela, je ne le passerai pas, par exemple; et voilà le plaisant de la chose!

PISTOL.—Il faudra voir qui des deux est le plus brave. Allons, tire à fond.

BARDOLPH.—Par l'épée que je tiens, celui qui porte la première botte, je le tue : oui, par cette épée, je le ferai comme je le dis.

PISTOL.—Diable! l'épée vaut un serment, et les serments doivent être respectés.

BARDOLPH.—Caporal Nym, veux-tu te réconcilier, être bons amis, ou ne le veux-tu pas? Eh bien, soyez donc ennemis avec moi aussi.—Je t'en prie, mon ami, rengaine.

NYM.—Je veux avoir mes huit schellings que j'ai gagnés à un pari.

PISTOL.— Eh bien, je te donnerai un *noble* [1] comptant, et je te payerai encore à boire : l'amitié et la fraternité régneront dorénavant entre nous : je vivrai par Nym, et Nym vivra par moi. Cela n'est-il pas juste ? Car je serai vivandier dans le camp, et nos profits croîtront. Donne-moi ta main.

NYM.—Moi, je veux mon *noble*.

PISTOL—Tu l'auras comptant.

NYM.—Allons donc, soit : et voilà le plaisant de la chose !

(Entre mistriss Quickly.)

QUICKLY.—Aussi vrai comme ce sont des femmes qui vous ont mis au monde... Oh! accourez bien vite chez sir John : ah ! le pauvre cœur ! Il a été si bien secoué d'une fièvre tierce quotidienne, qu'il fait pitié à voir. Mes chers bons amis, venez donc chez lui.

NYM.—Le roi a fait tomber sur lui la mauvaise humeur; voilà le vrai de l'histoire !

PISTOL.—Nym, tu as dit la vérité; il a le cœur fracturé et *corroboré*.

NYM.—Le roi est un bon roi; enfin, on en dira ce qu'on voudra, il a ses humeurs ausssi.

PISTOL.—Allons consoler le pauvre baron; car, parbleu ! nous n'avons pas envie de mourir, mes agneaux.

(Ils sortent.)

SCÈNE II

Southampton. — Chambre du conseil.

EXETER, BEDFORD et WESTMORELAND.

BEDFORD.—J'en atteste Dieu ; le roi est bien hardi de se confier à ces traîtres.

---

[1] *Noble, noble à carat*, monnaie d'or anglaise qui valait 6 schellings huit pence.

EXETER.—Ils ne tarderont pas à être arrêtés.

WESTMORELAND.—Quelle douceur et quel calme ils affectent! On dirait que la fidélité repose dans leurs cœurs, entre l'obéissance et la parfaite loyauté.

BEDFORD.—Le roi est instruit de tous leurs complots par des avis interceptés, ce dont ils ne se doutent guère.

EXETER.—Quoi! l'homme qui était son camarade de lit [1], qu'il avait enrichi et comblé de faveurs dignes des princes, a-t-il pu ainsi, pour une bourse d'or étranger, vendre la vie de son souverain à la trahison et à la mort!

(On entend les trompettes.)
(Entrent le roi, Scroop, Cambridge, Grey, et suite.)

LE ROI.—Maintenant les vents sont favorables, et nous allons nous embarquer.—Milord de Cambridge, et vous, mon cher lord de Marsham, et vous, brave chevalier, faites-moi part de vos pensées. N'espérez-vous pas que l'armée qui nous suit sur nos vaisseaux s'ouvrira un passage au travers de la France, et exécutera l'entreprise pour laquelle nous l'avons rassemblée?

SCROOP.—Rien n'est plus sûr, mon souverain, si chacun fait son devoir.

LE ROI.—Je n'en doute point : nous sommes bien persuadés que nous n'emmenons pas de cette île un cœur qui ne soit de la plus parfaite intelligence avec le nôtre, et que nous n'en laissons pas un seul derrière nous qui ne fasse des vœux pour que le succès et la conquête suivent nos pas.

CAMBRIDGE.—Jamais monarque ne fut plus aimé et plus redouté que ne l'est Votre Majesté, et je ne crois pas qu'il y ait un sujet dont le cœur soit chagrin et mécontent, sous l'ombre propice de votre gouvernement.

GREY.—C'est vrai, ceux-là même qui furent les ennemis de votre père ont changé leur fiel en miel ; ils vous servent avec des cœurs remplis de soumission et de zèle.

---

[1] Le lord Scroop était tellement en faveur auprès du roi, que celui-ci l'admettait quelquefois à partager son lit, dit Hollinshed. Ce titre familier de *bedfellow* se retrouve dans une lettre du sixième comte de Northumberland à son bien-aimé cousin Th. Arundel, qui commence ainsi : «Mon cher camarade de lit,» etc.

le roi.—Nous avons donc de grands motifs de reconnaissance, et nous oublierons l'usage de cette main avant d'oublier de récompenser le mérite et les services, suivant leur étendue et leur importance.

scroop.—C'est le moyen de prêter au zèle des muscles d'acier, et le travail se réparera avec l'espérance de vous rendre des services continuels.

le roi.—Nous n'attendons pas moins.—Mon oncle Exeter, faites élargir cet homme emprisonné d'hier, qui déclamait contre nous. Nous croyons que c'était l'excès du vin qui le poussait à cette licence; à présent que ses sens refroidis l'ont rendu plus calme, nous lui pardonnons.

scroop.—C'est un acte de clémence; mais c'est auss un excès de sécurité. Qu'il soit puni, mon souverain; il est à craindre que votre indulgence et l'exemple de son impunité n'enfantent que des coupables.

le roi.—Ah! laissez-nous exercer la clémence.

cambridge.—Votre Majesté peut l'exercer, et cependant punir aussi.

grey.—Prince, ce sera montrer encore une assez grande clémence, si vous lui faites don de la vie, après lui avoir fait subir un sévère châtiment.

le roi.—Ah! c'est votre excès de zèle et d'attachement pour moi qui vous porte à presser le supplice de ce malheureux. Eh! si l'on ne ferme pas les yeux sur des fautes légères, produites par l'ivresse, de quel œil faudra-t-il regarder des crimes capitaux, conçus, médités et arrêtés dans le cœur, lorsqu'ils paraîtront devant nous? —Nous voulons qu'on élargisse cet homme, quoique Cambridge, Scroop et Grey..., dans leur tendre zèle et leur inquiète sollicitude pour la conservation de notre personne, désirent sa punition.—Passons maintenant à notre expédition de France.—Qui sont ceux qui doivent recevoir de nous une commission?

cambridge.—Moi, milord. Votre Majesté m'a enjoint de la demander aujourd'hui.

scroop.—Vous m'avez enjoint la même chose, mon souverain.

ACTE II, SCÈNE II.

GREY.—Et à moi aussi, mon digne souverain.

LE ROI.—Tenez, Richard, comte de Cambridge, voilà votre commission.—Voici la vôtre, lord Scroop de Marsham.—Et vous, chevalier Grey de Northumberland, recevez aussi la vôtre. (*Il leur donne à chacun un écrit contenant l'exposé de leur crime.*) Lisez-la, et apprenez que je connais tout votre mérite.—Mon oncle Exeter, nous nous embarquerons cette nuit. — Quoi! qu'avez-vous donc, milords? Que voyez-vous dans ces écrits qui puisse vous faire ainsi changer de couleur?—Ciel! quel trouble se peint sur leurs visages! Leurs joues sont de la couleur du papier. Eh bien! que lisez-vous donc qui vous fait ainsi trembler et chasse la couleur de vos joues?

CAMBRIDGE.—Je confesse mon crime, et je me livre à la merci de Votre Majesté.

GREY ET SCROOP, *ensemble.*—C'est à votre clémence que nous avons recours.

LE ROI.—La clémence vivait dans mon cœur, mais vos conseils l'ont étouffée, l'ont assassinée : c'est une honte à vous d'oser parler de clémence! Vos propres arguments se tournent contre vous comme un dogue furieux contre de son maître, pour le déchirer. — Voyez-vous, mes princes, et vous, mes nobles pairs, ces monstres anglais? Le lord Cambridge, que voilà... vous savez combien mon amitié était empressée à le combler de tous les dons qui pouvaient l'honorer ; eh bien, cet homme, pour quelques viles couronnes, a lâchement comploté, a juré aux agents clandestins de la France, de nous assassiner ici même à Hampton : et ce chevalier..., qui ne devait pas moins que Cambridge à mes bontés, a fait le même serment.—Mais que te dirai-je à toi, lord Scroop? Toi, cruelle, ingrate, sauvage et inhumaine créature! toi, qui tenais la clef de mes conseils les plus secrets; toi, qui connaissais le fond de mon cœur ; toi, qui aurais pu monnayer en or ma propre personne, si tu avais entrepris de m'employer pour cet usage dans ton intérêt, est-il possible qu'un vil salaire de l'étranger ait tiré de ton sein une étincelle de trahison seulement assez pour offenser mon petit doigt? Ta conduite est si

étrange pour moi, que, malgré l'évidence de ton crime, aussi claire que l'est la différence du blanc et du noir, mon œil a peine encore à se persuader qu'il le voit. La trahison et le meurtre se tiennent toujours ensemble, comme deux démons dévoués l'un à l'autre, attachés au même joug, et travaillant si bassement à un résultat naturel qu'on n'en éprouve point d'étonnement : mais toi, tu excites la surprise en offrant la trahison et le meurtre unis en toi contre nature ! Quel que soit le démon artificieux qui ait fait naître en toi cette monstruosité, il doit avoir enlevé tous les suffrages de l'enfer. Les autres démons qui suggèrent des trahisons ne sont que des manœuvres grossiers et subalternes, qui ne travaillent en damnation qu'à l'aide de prétextes, de faux-semblants de vertu ; mais celui qui a si bien manié ton âme n'a fait que te commander la révolte, sans te donner d'autre motif pour t'engager à la trahison que l'honneur de te revêtir du nom de traître. Ce démon qui t'a suborné pourrait parcourir fièrement l'univers, et rentrant dans le fond du Tartare, dire aux légions infernales : « Non, « jamais je ne pourrai gagner une âme aussi facilement « que j'ai gagné celle de cet Anglais. » — Oh ! de quels soupçons tu as empoisonné la douceur de la confiance ! Est-il des hommes qui paraissent attachés à leur devoir ? tu le paraissais aussi. Sont-ils graves et savants ? tu le paraissais aussi. Sont-ils sortis d'une famille illustre ? tu le paraissais aussi. Sont-ils sobres dans leur vie, exempts des passions grossières, de la folle joie, de la colère, montrant une âme constante, que ne domine jamais la fougue du sang, toujours décents et modestes, accomplis en tout point, ne se déterminant jamais sur le seul témoignage des yeux, sans qu'il fût confirmé par celui des oreilles, et ne se fiant à tous deux qu'après l'examen d'un jugement épuré ? tu semblais aussi parfaitement doué. Aussi ta chute laisse-t-elle une sorte de tache, qui s'étend sur l'homme le plus parfait, et le ternit de quelque soupçon. Je pleurerai sur toi ; car il me semble que cette trahison est comme une seconde chute de l'homme.
—(*A Exeter.*) Leurs crimes sont manifestes : arrêtez-les,

pour qu'ils en répondent aux lois : et que Dieu veuille les absoudre de la peine due à leurs complots ?

EXETER.—Je t'arrête pour crime de haute trahison, sous le nom de Richard, comte de Cambridge.

Je t'arrête pour crime de haute trahison, sous le nom de Henri, lord Scroop de Marsham.

Je t'arrête pour crime de haute trahison, sous le nom de Thomas Grey, chevalier de Northumberland.

SCROOP.—C'est avec justice que Dieu a dévoilé nos desseins. Je suis moins affligé de ma mort que de ma faute, et je conjure Votre Majesté de me la pardonner encore, quoique je la paye de ma vie.

CAMBRIDGE.—Pour moi.... ce n'est pas l'or de la France qui m'a séduit, quoique je l'aie accepté comme un motif apparent, pour hâter l'exécution de mes desseins : mais je rends grâces au ciel qui les a prévenus, et c'est pour moi un sentiment de joie sincère, qui me consolera au milieu même de mon supplice. Je prie Dieu et vous, mon roi, de me pardonner.

GREY.—Jamais sujet fidèle ne vit avec plus d'allégresse la découverte d'une trahison dangereuse, que je n'en ressens moi-même en cet instant, en me voyant préservé d'un attentat exécrable. Mon souverain, pardonnez-moi ma faute [1] sans épargner ma vie.

LE ROI.—Que Dieu vous pardonne dans sa miséricorde ! Écoutez votre arrêt. Vous avez conspiré contre notre royale personne, vous vous êtes ligués avec un ennemi déclaré, et vous avez reçu l'or de ses coffres pour salaire de notre mort ; et par ce crime, vous consentiez à vendre votre roi au meurtre, ses princes et ses pairs à la servitude, ses sujets à l'oppression et au mépris, et tout son royaume à la dévastation. Quant à notre personne nous ne demandons point de vengeance, mais c'est un devoir pour nous de songer à la sûreté de notre royaume, dont vous avez tous trois cherché la ruine, et

---

[1] Un des conspirateurs contre la reine Élisabeth finit la lettre qu'il lui adressa par ces mots : *A culpâ, sed non a pœnâ absolve me, my dear lady.*

nous sommes forcé de vous livrer à ses lois. Sortez de ces lieux, coupables et malheureuses victimes, et allez à la mort. Dieu veuille, dans sa clémence, vous accorder la force d'en subir l'amertume avec patience, et le repentir sincère de votre énorme forfait! Qu'on les emmène. (*On les entraîne.*) Maintenant, lords, en France! Cette entreprise vous promet, comme à nous, une gloire éclatante. Nous ne doutons plus de l'heureux succès de cette guerre. Puisque Dieu a daigné, dans sa bonté, mettre en lumière cette fatale trahison, qui s'était cachée sur notre route, pour nous arrêter à l'entrée de notre carrière, nous devons croire à présent que tous les obstacles s'aplaniront devant nous. Ainsi en avant chers compatriotes : remettons nos forces entre les mains du Tout-Puissant, et ne différons plus l'expédition. Allons gaiement à bord : que les étendards de la guerre se déploient et s'avancent. Plus de roi d'Angleterre, s'il n'est pas aussi roi de France !

(Tous sortent.)

SCÈNE III

Londres. — La maison de l'hôtesse Quickly, dans East-Cheap.

Entrent PISTOL, NYM, BARDOLPH, LE PAGE DE FALSTAFF et L'HOTESSE QUICKLY.

L'HOTESSE, *à Pistol*.—Je t'en prie, mon cœur, mon cher petit mari, souffre que je te remène à Staines.

PISTOL.—Non, mon grand cœur est tout navré. Allons, Bardolph, réveille ton humeur joviale ; Nym, ranime tes bravades et ta verve ; et toi, petit drôle, arme ton courage, car Falstaff est mort : il nous faut témoigner nos regrets.

BARDOLPH. — Je voudrais être avec lui quelque part, soit au ciel ou en enfer.

L'HOTESSE.—Oh ! certainement il n'est pas en enfer : il est dans le sein d'Arthur, si jamais homme y fut. Il a fait la plus belle fin ; il a passé comme un enfant dans sa robe baptismale ! Il était entre midi et une heure, quand il a passé : oui, précisément à la descente de la marée[1] ; quand une fois j'ai vu qu'il commençait à chiffonner ses draps, à jouer avec des fleurs[2], et à rire en regardant le bout de ses doigts, j'ai bien vu qu'il n'y avait plus pour lui qu'un chemin à prendre ; car il avait le nez aussi pointu que le bec d'une plume, et il parlait des champs verdoyants. — « Comment donc, sir John, lui dis-je? Qu'est-ce donc, cher homme? allons, prenez courage. » Mais il se mit à crier : Mon Dieu! mon Dieu! mon Dieu? trois ou quatre fois ; et pour le réconforter, je lui dis qu'il ne devait pas penser à Dieu, que je ne croyais pas qu'il fût encore nécessaire de s'embarrasser la tête de ces pensées-là ; mais il me dit pour toute réponse de lui couvrir davantage les pieds. Je mis ma main dans le lit pour les tâter, et ils étaient froids comme marbre. Je lui tâtai les genoux, et puis un peu plus haut, et de là un peu plus haut encore, mais tout était déjà froid comme marbre !

NYM. — On dit qu'il criait après le vin d'Espagne?

L'HOTESSE. — Oh ! cela est bien vrai.

BARDOLPH. — Et après les femmes.

L'HOTESSE. — Ah ! cela n'est pas vrai, par exemple.

LE PAGE. — Très-vrai ; car il a dit que c'étaient des diables incarnés.

L'HOTESSE. — Il est vrai qu'il n'a jamais pu souffrir la carnation..... C'était une couleur qui ne lui revenait point.

LE PAGE. — Il disait un jour que le diable l'emporterait à cause des femmes.

---

[1] Le docteur Mead cite une opinion de son temps, et semble croire lui-même qu'on ne mourait jamais qu'à la descente de la marée. Du temps de Johnson, c'était encore une opinion de bonne femme.

[2] C'est madame de Staël qui dit quelque part que Shakspeare avait décrit en médecin les maladies morales. Voici un passage qui prouve son exactitude dans l'histoire des symptômes qui précèdent la mort dans certaines maladies : *Manus ante faciem attollere. muscus quasi venari manus operá, flocos carpere de vestibus, vel pariete.* (VON SWIETEN.)

l'hotesse.—Il est bien vrai qu'il déclamait de temps en temps contre les femmes ; mais c'est qu'il était goutteux dans ce temps-là, et puis c'était de la prostituée de Babylone qu'il parlait.

le page.—Ne vous souvenez-vous pas d'un jour qu'il aperçut une mouche sur le nez de Bardolph, et qu'il dit que c'était une âme damnée qui brûlait dans l'enfer ?

bardolph.—Eh bien, eh bien ! l'aliment qui entretenait ce feu-là est au diable. Ce nez rubicond est toute la fortune que j'aie amassée à son service.

nym.—Décamperons-nous, enfin? Le roi sera parti de Southampton.

pistol.—Allons, partons. Tends-moi tes lèvres, mon amour ; aie bien soin de mes effets et de mes meubles ; prends le bon sens pour guide. *Choisissez et payez comptant,* voilà tout ce que tu as à dire. Ne fais crédit à personne ; car les serments ne sont que paille légère, et la foi des hommes ne vaut pas une feuille d'oublie ; *tiens bien* est le meilleur chien de basse-cour, ma poulette ; c'est pourquoi, prends *caveto*[1] pour ton conseiller. Va à présent essuyer tes yeux[2]. Allons, camarades, aux armes, partons pour la France ; et comme des sangsues, mes amis, suçons, suçons jusqu'au sang.

le page.—Ma foi, c'est une mauvaise nourriture, à ce qu'on dit.

pistol, *au page*.—Prends un baiser sur ses douces lèvres, et marche : allons.

bardolph.—Adieu, notre hôtesse.

nym.—Je ne saurais t'embrasser, moi ; voilà le plaisant de la chose ; mais ça n'y fait rien.—Adieu toujours.

pistol.—Fais voir que tu es une bonne ménagère ; sois sédentaire, je te l'ordonne.

l'hotesse.—Bon voyage : adieu.

(Ils sortent.)

---

[1] *Caveto,* prends garde, de la prudence.
[2] Quelques commentateurs disent : « Va essuyer les verres de ton hôtellerie.»

SCÈNE IV

France. — Appartement dans le palais du roi de France.

Entrent LE ROI, LE DAUPHIN, LE DUC DE BOURGOGNE, LE CONNÉTABLE, *et suite. Fanfares.*

LE ROI DE FRANCE. —Ainsi l'Anglais s'avance contre nous avec une armée nombreuse. Il est important de lui répondre par une défense digne de notre trône. Les ducs de Berry, de Bretagne, de Brabant et d'Orléans vont partir; et vous aussi, dauphin, pour visiter, réparer et fortifier nos villes de guerre, les pourvoir de braves soldats, et de toutes les munitions nécessaires ; car l'Angleterre s'approche avec une violence égale à celle d'eaux qui se précipitent vers un gouffre. Il est donc à propos de prendre toutes les mesures que la prévoyance et la crainte nous conseillent, à la vue des traces récentes qu'a laissées sur nos plaines l'Anglais fatal à la France, qui l'a trop méprisé.

LE DAUPHIN.—Mon auguste père, il convient, sans doute, de nous armer contre l'ennemi. La paix elle-même, quand la guerre serait douteuse, et qu'il ne s'agirait d'aucune querelle, la paix ne doit jamais assez endormir un royaume, pour dispenser de lever, d'assembler des troupes, d'entretenir les places fortes, et de faire tous les préparatifs comme si l'on était menacé d'une guerre : c'est d'après ce principe que je dis qu'il est à propos que nous partions tous pour visiter les parties faibles et endommagées de la France; mais faisons-le sans montrer aucune alarme. Non, sans plus de crainte que si nous apprenions que l'Angleterre fût en mouvement pour une danse moresque de la Pentecôte; car, mon respectable souverain, l'Angleterre a sur son trône un si pauvre roi, son sceptre est le jouet d'un jeune homme si frivole, si extravagant, si superficiel, qu'elle n'est pas dans le cas d'inspirer la crainte.

LE CONNÉTABLE. — Ah ! doucement, prince dauphin : vous vous méprenez trop sur le caractère de ce roi. Que Votre Altesse interroge les derniers ambassadeurs ; sachez d'eux avec quelle grandeur il a reçu leur ambassade ; de quel nombre de sages conseillers il est environné ; combien il est modeste dans ses objections ; mais aussi combien il est redoutable par la constance de ses projets, et vous vous convaincrez que ses folies passées n'étaient que le masque du Brutus de Rome, qui cachait la prudence sous le manteau de la folie, comme des jardiniers couvrent de fumier les plantes qui poussent les premières et sont les plus délicates.

LE DAUPHIN.—Non, connétable, il n'en est pas ainsi ; mais quoique votre opinion ne soit pas la nôtre, il n'importe. Lorsqu'il est question de se défendre, le mieux est de supposer l'ennemi plus fort qu'il ne le paraît ; c'est le moyen d'avoir prévu tous les moyens de défense ; car, si ces moyens sont faibles et mesquins, c'est imiter l'avare qui pour épargner un peu d'étoffe gâte son vêtement.

LE ROI DE FRANCE.—Voyons dans Henri un ennemi puissant, et vous, princes, armez-vous énergiquement pour le combattre. Sa race s'est engraissée de nos dépouilles, et il est sorti de cette famille sanguinaire qui nous vint effrayer comme des fantômes jusque dans nos foyers : témoin ce jour trop mémorable de notre honte, où les champs de Crécy virent cette bataille si fatale à la France, lorsque tous nos princes furent enchaînés par le bras de ce prince au nom sinistre, de cet Édouard, dit le prince Noir, tandis que son père, sur le sommet d'une montagne, et placé à une grande élévation où les rayons dorés du soleil venaient le couronner, contemplait son héroïque fils, souriant de le voir mutiler l'ouvrage de la nature, et défigurer toute cette belle jeunesse que Dieu et les pères français avaient créée depuis vingt années. Il est un rejeton de cette tige victorieuse : craignons sa vigueur native et ses hautes destinées.

(Entre un messager.)

LE MESSAGER.—Des ambassadeurs d'Henri, roi d'Angleterre, demandent audience à Votre Majesté.

LE ROI DE FRANCE.—Nous la donnerons dans l'instant même. Allez, et introduisez-les. (*Le messager sort avec une partie des seigneurs.*) Vous voyez, mes amis, avec quelle ardeur cette chasse est suivie.

LE DAUPHIN.—Tournez la tête, et vous arrêterez sa course. Les chiens les plus lâches poussent leurs plus bruyants abois, lorsque la proie qu'ils ont l'air de menacer court bien loin devant eux. Mon respectable souverain, prenez les Anglais de court, et montrez-leur de quelle monarchie vous êtes le chef. Trop de confiance, mon prince, n'est pas un vice aussi bas que le mépris de soi.

(Les seigneurs rentrent avec Exeter et une suite.)

LE ROI DE FRANCE.—Venez-vous de la part de notre frère d'Angleterre?

EXETER.—De sa part; et voici le salut qu'il adresse à Votre Majesté. Il vous demande, au nom du Dieu tout-puissant, de vous dépouiller vous-même, et de déposer cet éclat et ces grandeurs empruntées qui, par le don du ciel, par la loi de la nature et des nations, lui appartiennent à lui et à ses héritiers : c'est-à-dire de lui rendre cette couronne et tous ces honneurs multipliés, que la force et la coutume attribuent à la couronne de France. Et afin que vous soyez convaincu que ce n'est pas de sa part une réclamation injuste et téméraire, tirée de parchemins vermoulus dans la nuit des siècles, et arrachés de la poussière antique de l'oubli, il vous envoie cette mémorable généalogie dont chaque branche est une preuve démonstrative. (*Il remet un papier au roi.*) Il vous somme de considérer ce lignage; et après que vous aurez vu qu'il descend directement du plus fameux de ses glorieux ancêtres, d'Édouard III, il vous enjoint de renoncer à votre couronne et à votre royaume, que vous ne tenez que par usurpation sur lui, qui est né le véritable et le seul propriétaire.

LE ROI DE FRANCE.—Et si on le refuse, qu'arrivera-t-il?

EXETER.—Une contrainte sanglante; car vous cacheriez sa couronne dans les derniers replis de vos cœurs, qu'il irait l'y déterrer : et c'est dans ce projet qu'il s'avance avec des tempêtes menaçantes, des foudres et des tremblements de terre comme Jupiter. Si sa requête n'est pas écoutée, il vient lui-même vous l'imposer,

Il vous enjoint, au nom de l'Éternel, de lui remettre sa couronne, et de prendre en pitié toutes les malheureuses victimes que la guerre affamée s'apprête à dévorer; il rejette sur votre tête les larmes des veuves, les cris des orphelins, le sang du peuple égorgé, les gémissements des jeunes filles qui pleureront leurs pères et leurs fiancés engloutis dans cette querelle. Voilà sa réclamation, sa menace, et mon message : à moins que le dauphin ne soit présent. S'il est dans cette assemblée, je suis chargé aussi d'un message pour lui.

LE ROI DE FRANCE.—Quant à nous, nous voulons examiner plus à loisir cette réclamation. Demain vous porterez nos dernières intentions à notre frère d'Angleterre.

LE DAUPHIN.—Quant au dauphin, je répondrai pour lui. Que lui apportez-vous d'Angleterre?

EXETER.—Le dédain et le défi, le plus profond mépris, et tout ce qui peut vous l'exprimer, sans avilir sa propre grandeur : voilà l'opinion et le salut que vous adresse mon roi. Ainsi a-t-il dit, et si votre père ne répare pas, en satisfaisant sans réserve à toutes ses demandes, l'amère raillerie dont vous avez insulté sa majesté, il vous en punira si sévèrement, que les échos des cavernes et des souterrains de France résonneront de la réponse à vos outrages et des accents de ses canons.

LE DAUPHIN.—Dites-lui que si mon père lui rend une réponse gracieuse, c'est contre ma volonté ; car je ne désire rien tant que de lier une partie avec le roi d'Angleterre ; et c'est dans cette vue que, pour assortir le présent à sa frivolité et à sa jeunesse, je lui ai fait l'envoi de ces balles de paume de Paris.

EXETER.—Et en revanche il fera trembler jusqu'aux fondements votre Louvre de Paris, fût-il la cour souveraine de la puissante Europe. Et soyez bien sûr que vous serez grandement étonné, comme nous, ses sujets, nous l'avons été, de trouver une si grande différence entre ce qu'annonçaient les jours de sa jeunesse et ce qu'il est aujourd'hui. Aujourd'hui, il pèse le temps jusqu'au dernier grain de sable, et vos pertes vous l'apprendront s'il reste en France.

LE ROI DE FRANCE.—Demain vous serez amplement instruit de nos résolutions.

EXETER.—Expédiez-nous promptement, de crainte que notre roi ne vienne ici lui-même nous demander raison de nos délais : il est déjà descendu sur vos rivages.

LE ROI DE FRANCE.—Vous serez bientôt congédié avec des propositions avantageuses. Ce n'est pas trop d'une courte nuit pour répondre sur des objets de cette importance.

(Ils sortent.)

FIN DU DEUXIÈME ACTE.

ACTE TROISIÈME

LE CHŒUR.

Ainsi, d'une vitesse égale à celle de la pensée, la scène vole sur une aile imaginaire. Figurez-vous le roi dans l'appareil de la guerre, sur la jetée de Hampton [1], montant sur l'Océan, suivi de sa belle flotte, dont les pavillons de soie éventent le jeune Phébus : livrez-vous à votre imagination, qu'elle vous montre les mousses gravissant le long des cordages : écoutez le sifflet perçant qui met de l'ordre dans les sons confus : voyez les voiles, enflées par le souffle insinuant des vents invisibles, entraîner, au travers de la mer sillonnée, ces masses énormes qui offrent leurs flancs aux vagues superbes : imaginez que vous êtes debout sur le rivage; voyez une cité qui danse sur les vagues inconstantes : tel est le tableau que présente cette flotte royale, dirigeant sa course vers Harfleur. Suivez! suivez! Attachez votre pensée à la poupe des vaisseaux, et quittez votre Angleterre silencieuse comme la nuit profonde, gardée par des vieillards, des enfants et des femmes, qui tous ont passé ou n'ont pas atteint encore l'âge de la force et de la vigueur. Car quel est celui dont un léger duvet ait orné le menton qui n'aura pas voulu suivre cette brave élite de guerriers aux rives de la France?—Que votre pensée travaille et vous y montre un siége : contemplez les canons sur leurs affûts, ouvrant leurs bouches fatales sur Harfleur bloqué.—Supposez que l'ambassadeur revient de la cour des Français, et annonce à Henri que le roi lui offre sa

---

[1] « La plaine où campa Henri V est aujourd'hui couverte en entier par la mer. » (Warton.)

fille Catherine, et avec elle, en dot, quelques vains et stériles duchés.—L'offre ne plaît point à Henri, et déjà l'actif canonnier touche de sa mèche le bronze infernal (*bruits de combat; on entend une décharge d'artillerie*), et tout se renverse devant ses foudres. Continuez d'être favorables, et que vos pensées complètent notre représentation.

(Le chœur sort.)

SCÈNE I

Harfleur assiégé. — Bruit de combat.

Entrent LE ROI HENRI, EXETER, BEDFORD, GLOCESTER, *et des soldats avec des échelles de siége.*

LE ROI.—Allons, encore une fois à la brèche, chers amis, encore une fois : emportez-la d'assaut, ou comblez-la de morts. Dans la paix, rien ne sied tant à un homme que la modeste douceur et l'humilité; mais lorsque la tempête de la guerre souffle à nos oreilles, alors imitez l'active fureur du tigre : roidissez vos muscles, réveillez tout votre sang, défigurez vos traits naturels sous ceux d'une rage farouche, prêtez à votre œil un aspect terrible; qu'il sorte de son orbite, comme le canon d'airain ; que votre sourcil l'ombrage et inspire autant d'effroi qu'un rocher ruiné, qui semble rejeter sa base minée par le sauvage et pernicieux Océan ; montrez les dents, ouvrez de larges narines, contenez votre haleine, et tendez tous vos esprits jusqu'à leur dernier effort.—Courage ! courage ! nobles Anglais, dont le sang découle d'aïeux à l'épreuve de la guerre, d'ancêtres qui, comme autant d'Alexandres, ont, dans ces contrées, combattu depuis le soleil naissant jusqu'à son coucher, et n'ont reposé leurs épées que lorsque les ennemis leur ont manqué. Ne déshonorez pas vos mères : prouvez aujourd'hui que ceux à qui vous donnez le nom de pères vous ont réellement engendrés ; servez de modèle aux hommes d'un sang moins noble, et enseignez-leur à combattre. Et vous, braves milices, dont les membres ont été formés dans l'Angleterre, montrez-nous ici la vigueur du sol qui vous a nourris : faites-nous jurer que vous êtes dignes de votre race. Et je n'en doute point; car il n'en est aucun de vous, quelle que soit la bassesse obscure de sa condition, dont je ne voie les yeux briller d'un noble feu.—Je vous vois tous ardents comme le chien à la laisse, qui n'attend que le signal pour s'élancer. Eh bien, la chasse est ouverte : suivez l'ardeur qui vous emporte, et, dans l'assaut, criez : Dieu pour Henri! Angleterre et Saint-George!

(Le roi sort avec sa suite.)

(Bruit de combat; on entend une décharge d'artillerie.)

SCÈNE II

Les troupes défilent.

Entrent NYM, BARDOLPH ET LE PAGE.

BARDOLPH.—Allons, avance, avance; à la brèche, à la brèche.

NYM.—Caporal, je t'en prie, ne nous presse pas si fort, il fait un peu chaud. Quant à moi, je n'ai pas un magasin de vies. La plaisanterie n'en vaut rien; voilà le fin mot de l'histoire.

PISTOL.—Ce mot est des plus justes; car les mauvaises plaisanteries abondent ici, « les coups pleuvent de droite et de gauche, les pauvres vassaux du bon Dieu tombent et meurent par milliers, et l'épée et le bouclier s'acquièrent d'immortels honneurs dans des champs de sang. »

LE PAGE.—Pour moi, je voudrais être dans une taverne à Londres; je donnerais bien toute ma gloire à venir pour un pot de bière et ma sûreté.

PISTOL.—Et moi, « s'il ne tenait qu'à faire des souhaits, je ne resterais pas ici non plus, et je ne serais pas dix minutes à t'y rejoindre[1]. »

---

[1] Les mots entre guillemets sont en vers dans le texte.

LE PAGE.—Voilà qui est aussi bien, mais non pas aussi vrai que le chant d'un oiseau sur la branche.

(Arrive Fluellen.)

FLUELLEN, *les poussant.*—A la brèche, vous chiens, avancez, canaille !

PISTOL.—Doucement, doucement, grand duc ; ne soyez pas si dur pour des hommes d'argile ; calmez cette rage, ralentissez cette fougue ; allons, de la douceur, mon poulet.

NYM, *à Pistol.*—Voilà ce qu'on appelle de la belle humeur, (*à Fluellen*) et Votre Seigneurie n'en a que de la mauvaise.

(Nym, Pistol et Bardolph sortent suivis de Fluellen.)

LE PAGE.—Tout jeune que je suis, j'ai bien observé ces trois ferrailleurs. Je ne suis certainement qu'un enfant auprès d'eux trois ; mais tels qu'ils sont, s'ils voulaient me servir, il n'y en a pas un d'eux qui fût mon fait ; car, par ma foi, ces trois originaux ne font pas ensemble la valeur d'un homme. Ce Bardolph, par exemple, il a le sang blanc et la figure rouge ; il a du front, mais il ne se bat pas.—Et ce Pistol : il a une langue à tout tuer et une épée pacifique ; ce qui fait qu'il estropie des mots tant qu'on veut, mais il n'entame pas une lance. — Quant à Nym, il a entendu dire que ceux qui parlent le moins sont les plus braves ; voilà pourquoi il dédaigne de dire même ses prières, de peur de passer pour un lâche : mais s'il ne parle guère, il agit encore moins ; car il n'a jamais cassé d'autre tête que la sienne, et encore était-ce contre une borne, un jour qu'il était ivre. Ces gens sont capables de voler tout ce qu'ils trouvent sous leurs mains ; et le *vol*, ils l'appellent une *acquisition*. Bardolph a volé l'autre jour un étui de luth, l'a porté pendant douze lieues, et puis l'a vendu pour trois demi-sous. Ah ! pour Nym et Bardolph, ce sont, ma foi ! les deux doigts de la main en fait de filouterie. A Calais, je les ai vus voler une pelle à feu : ce qui m'a fait penser que ces gens-là avaient envie de devenir un jour porteurs de charbon [1]. Si je les avais crus, ils avaient bonne envie

---

[1] Il paraît que porter des charbons était, du temps de Shakspeare, une expression proverbiale pour dire supporter un affront.

de me rendre aussi familier avec les poches des autres, que le sont les gants et le mouchoir, mais il n'est pas du tout dans mon caractère d'ôter de la bourse d'autrui pour mettre dans la mienne ; car c'est le moyen d'empocher des affronts.... Ma foi, il faut que je les plante là et que je cherche quelque meilleure condition. Leur lâcheté me soulève le cœur ; oui, il faut que je les plante-là.

(Il s'en va.)

(Rentre Fluellen suivi de Gower.)

GOWER.—Capitaine Fluellen, il faut vous rendre à l'instant aux mines : le duc de Glocester veut vous parler.

FLUELLEN.—Aux mines? Allez-vous-en dire au duc qu'il n'est pas bon d'aller aux mines ; car, voyez-vous, ces mines ne sont pas suivant la discipline de la guerre. Les concavités ne sont pas suffisantes ; car, voyez-vous, l'adversaire (vous pouvez dire ça au duc, voyez-vous) a creusé lui-même douze pieds plus bas que les contre-mines[1]. Par Jésus, j'ai peur qu'il ne nous fasse tous sauter, si l'on ne donne pas de meilleurs ordres.

GOWER.—Le duc de Glocester, qui a la conduite du siège, est dirigé par un Irlandais qui est ma foi un brave homme.

FLUELLEN.—Oh ! c'est le capitaine Macmorris, n'est-ce pas ?

GOWER.—Oui, je crois.

FLUELLEN.—Par Jésus, c'est un âne, s'il y en a un dans le monde ; et je le prouverai à sa barbe. Il ne connaît pas plus les vraies disciplines des guerres, voyez-vous, les disciplines des Romains, qu'un petit chien.

(Entrent Macmorris et le capitaine Jamy.)

GOWER.—Le voilà qui vient, accompagné du capitaine écossais, le capitaine Jamy.

FLUELLEN.—Le capitaine Jamy est un bien merveilleux et valeureux capitaine : ça n'est pas douteux, et un homme de grande expédition et connaissances dans les anciennes guerres, d'après la science particulière que j'ai moi-même de ses règles. Par Jésus ! il soutiendra sa

---

[1] Fluellen veut dire que l'ennemi a contre-miné douze pieds plus bas que la mine.

thèse aussi bien qu'aucun militaire dans le monde, sur les disciplines des anciennes guerres des Romains.

JAMY.—Je vous donne le bonjour, capitaine Fluellen.

FLUELLEN.—Bonjour à Votre Seigneurie, bon capitaine Jamy.

GOWER.—Oh çà! capitaine Macmorris, venez-vous des mines? Les pionniers ont-ils fini?

MACMORRIS.—Par Jésus, ça ne vaut pas le diable. L'ouvrage est abandonné, la trompette sonnant la retraite; par ma main que voilà, et par l'âme de mon père, je jure que l'ouvrage ne vaut rien. On y a renoncé, sans quoi j'aurais fait sauter la ville, Dieu me pardonne! en moins d'une heure. Oh! c'est fort mal fait, c'est fort mal fait : par ce bras! c'est mal fait.

FLUELLEN.—Capitaine Macmorris, je vous en prie, voudriez-vous bien m'accorder, voyez-vous, quelques petits colloques avec vous, comme qui dirait, pour ainsi dire, touchant, ou comme à l'égard des disciplines de la guerre, les guerres des Romains, par manière de conversation, voyez-vous, et de pure communication d'amitié; et comme qui dirait, pour ainsi dire, pour la satisfaction de mon esprit. Pour à l'égard de ce qui concerne les règles de la discipline militaire, voilà le point....

JAMY.—De bonne foi ce sera la meilleure chose du monde, mes bons capitaines, et je m'en vais profiter de cette occasion pour prendre congé de vous, avec votre permission.

MACMORRIS.—Ce n'est pas ici le temps de discourir, Dieu me pardonne! Le jour est chaud, et le temps, et la guerre, et le roi, et les ducs : ce n'est pas là le temps de discourir : la ville est assiégée, et la trompette nous appelle à la brèche, et nous voilà à causer. Et par le Christ, nous ne faisons rien; c'est honteux à nous tous tant que nous sommes : Dieu me pardonne! C'est une honte de rester tranquilles, c'est une honte, je le jure; et il y a tant de gorges à couper et d'ouvrages à faire; et il n'y a rien de fait, le Christ me pardonne!

JAMY.—Par la sainte messe, avant que ces yeux-là que vous voyez soient assoupis, je ferai de la bonne ouvrage, ou je serai sur le carreau : oui, et je travaillerai aussi courageusement que je pourrai ; c'est bien sûr cela, en deux paroles comme en quatre. Cependant, sur ma foi, je serai bien aise d'entendre quelques questions entre vous deux.

FLUELLEN. — Capitaine Macmorris, je pense, voyez-vous, sauf votre correction, qu'il n'y en pas beaucoup de votre nation....

MACMORRIS.—De ma nation? Qu'est-ce que c'est que ma nation? Est-ce une nation de lâches, de bâtards, de gredins? Qu'est-ce que c'est que ma nation? Qui parle de ma nation?

FLUELLEN.—Voyez-vous, si vous prenez les choses autrement qu'on ne les dit, capitaine Macmorris, par aventure je pourrais bien penser que vous ne me traitiez pas avec cette affabilité, comme en toute discrétion vous devez me traiter, voyez-vous, d'autant que je suis autant que vous, tant dans la discipline de la guerre, que par mon lignage et en tout autre genre.

MACMORRIS. — Je ne vous reconnais pas autant de bravoure qu'à moi, et le Christ me pardonne! Je vous couperai la tête.

GOWER.—Amis, amis! allons, vous vous trompez tous les deux : c'est faute de vous entendre.

JAMY.—Oh! voilà une vilaine sottise.

(On sonne un pourparler.)

GOWER.—La ville demande à parlementer.

FLUELLEN. — Capitaine Macmorris, quand il se trouvera une meilleure occasion, voyez-vous, je prendrai la liberté de vous dire que je connais les disciplines de la guerre; et voilà tout.

(Ils partent.)

SCÈNE III

LE GOUVERNEUR *et quelques citoyens sont sur les remparts ; au bas sont les troupes anglaises.* LE ROI HENRI *entre avec sa suite.*

LE ROI.—Quelle est enfin la résolution du gouverneur? Voici le dernier pourparler que nous admettrons encore.

Rendez-vous donc à notre clémence ; ou, si vous êtes jaloux de votre destruction, défiez notre dernière fureur. Car, comme il est vrai que je suis soldat, nom qui, dans mes pensées, est celui qui me sied davantage, si je recommence à battre vos murailles, je ne quitterai plus Harfleur, déjà à demi démoli, qu'il ne soit enseveli sous ses cendres. Les portes de la clémence seront fermées alors, et le soldat, au carnage animé, le cœur endurci et féroce, donnant carrière à sa main sanguinaire, parcourra vos foyers, avec une conscience large comme l'enfer, moissonnant comme l'herbe vos vierges dans l'éclat de leur fraîcheur et vos enfants dans la fleur de leur âge. Que m'importe à moi, si la guerre impie, couronnée de flammes comme le prince des démons, et le front tout noirci de feux, exerce toutes les horreurs barbares qui suivent l'assaut et le pillage ? Que m'importe à moi, lorsque vous seuls en êtes la cause, si vos chastes vierges tombent sous la main brûlante du viol effréné ? Quel mors peut arrêter la licence et ses fureurs, lorsqu'elle roule abandonnée sur la pente de son cours impétueux ? Nous épuiserons en vain nos ordres, pour rappeler des soldats acharnés sur leur proie ; autant commander à l'immense Léviathan de venir sur le rivage. Ainsi, habitants d'Harfleur, prenez pitié de votre ville et de votre peuple, tandis que mes soldats sont encore soumis à mes ordres, tandis que le souffle paisible de la clémence écarte encore les nuages impurs et contagieux du meurtre, du pillage et des excès : sinon, attendez-vous à voir dans un moment le soldat aveugle et sanglant, salir d'une main impure les cheveux de vos filles qui pousseront en vain des cris aigus, vos vieillards saisis par leurs barbes d'argent, et leurs têtes vénérables écrasées contre les murs, et vos enfants empalés nus sur les lances, à la vue de leurs mères égarées et perçant les nuages de leurs hurlements, comme jadis les veuves de Judée poursuivaient de leurs clameurs les bourreaux d'Hérode. Que répondez-vous ? Voulez-vous céder et prévenir ces maux ; ou, coupables d'une défense trop obstinée, vous voir détruits ?

LE GOUVERNEUR.—Ce jour est le terme de notre attente. Le dauphin, dont nous avions pressé les secours, nous fait répondre que ses troupes ne sont pas encore prêtes, ni en état de faire lever un si grand siége. Ainsi, roi redouté, nous cédons notre ville et notre vie à votre généreuse clémence : entrez dans notre port, disposez de nous et de nos biens ; nous ne pouvons nous défendre plus longtemps.

LE ROI.—Ouvrez vos portes.—Allons, cher oncle Exeter, entrez dans Harfleur, restez-y, et fortifiez la ville contre les Français. Faites grâce à tous.—Pour nous, cher oncle, l'hiver qui s'approche, et la maladie qui se répand sur nos soldats, nous déterminent à nous retirer vers Calais. Ce soir nous serons votre hôte dans Harfleur, et demain prêts à nous mettre en marche.

(Fanfares : ils entrent dans la ville.)

SCÈNE IV

Rouen.—Appartement du palais.

Entrent CATHERINE ET ALIX.

CATHERINE.—Alix, tu as été en Angleterre, et tu parles bien le langage ?

ALIX.—Un peu, madame.

CATHERINE.—Je te prie de m'enseigner ; il faut que j'apprenne à parler. Comment appelez-vous la main, en anglais ?

ALIX.—La main ? Elle est appelée *de hand*.

CATHERINE.—Et les doigts ?

ALIX.—Les doigts ? Ma foi, j'ai oublié les doigts ; mais je me souviendrai. Les doigts, je pense qu'ils sont appelés *de fingres* ; oui, *de fingres*.

CATHERINE.—La main, *de hand* ; les doigts, *de fingres*. Je pense que je suis un bon écolier. J'ai gagné deux mots d'anglais vitement. Comment appelez-vous les ongles ?

ALIX.—Les ongles? Nous les appelons *de nails.*

CATHERINE.—*De nails.* Écoutez; dites-moi si je parle bien : *de hand, de fingres, de nails.*

ALIX.—C'est bien dit, madame; c'est du fort bon anglais.

CATHERINE.—Dites-moi l'anglais pour le bras?

ALIX.—*De arm,* madame.

CATHERINE.—Et le coude?

ALIX.—*De elbow.*

CATHERINE.—*De elbow.* Je fais la répétition de tous les mots que vous m'avez appris jusqu'à présent.

ALIX.—C'est trop difficile, madame, je pense.

CATHERINE.—Excusez-moi, Alix. Écoutez : *De hand, de fingres, de nails, de arm, de bilbow.*

ALIX.—*De elbow,* madame.

CATHERINE.—O seigneur Dieu! je m'oublie; *de elbow.* Comment appelez-vous le cou?

ALIX.—*De nick,* madame.

CATHERINE.—*De nick?* Et le menton?

ALIX.—*De chin.*

CATHERINE.—*De jin?* Le cou, *de nick,* le menton, *de jin.*

ALIX.—Oui : sauf votre honneur, en vérité, vous prononcez les mots aussi droit que les natifs d'Angleterre.

CATHERINE.—Je ne doute point d'apprendre par la grâce de Dieu, et en peu de temps.

ALIX.—N'avez-vous pas déjà oublié ce que je vous ai enseigné?

CATHERINE.—Non, je vous le réciterai promptement, *de hand, de fingres, de mails.*

ALIX.—*De nails,* madame.

CATHERINE.—*De nails, de arm, de ilbow.*

ALIX.—Sauf votre honneur, *de elbow.*

CATHERINE.—Aussi dis-je *de elbow, de neck* et *de chin.* Comment appelez-vous les pieds et la robe?

ALIX.—*De foot,* madame, et *de coun.*

CATHERINE.—*De foot, de coun*[1]? O seigneur Dieu! ce sont des mots d'un son mauvais, corruptible, grossier et im-

---

[1] *The gown,* la robe, *et cætera.*

pudique, et dont les dames d'honneur ne peuvent user. Je ne voudrais pas prononcer ces mots devant les seigneurs de France pour tout le monde : il faut *de foot* et *de coun* néanmoins. Je réciterai une autre fois ma leçon ensemble ; *de hand, de fingres, de nails, de arm, de elbow, de neck, de chin, de foot* et *de coun*.

ALIX.—Excellent, madame.

CATHERINE.—C'est assez pour une fois. Allons-nous-en dîner.

SCÈNE V

Autre salle du même palais.

LE ROI DE FRANCE, LE DAUPHIN, LE DUC DE BOURBON, LE CONNÉTABLE DE FRANCE, ET AUTRES SEIGNEURS.

LE ROI DE FRANCE.—Il est certain qu'il a passé la rivière de Somme.

LE CONNÉTABLE.—Si nous n'allons pas le combattre, mon roi, renonçons donc à vivre en France ; abandonnons tout, cédons nos riches vignobles à ce peuple barbare.

LE DAUPHIN.—*O Dieu vivant!* quelques boutures sorties de nous, le superflu du luxe de nos ancêtres, nos rejetons, entés sur un tronc sauvage et inculte, s'élèveront-ils si rapidement jusqu'aux nues, et surpasseront-ils en hauteur la tige dont ils sont sortis ?

BOURBON.—Des Normands ; oui, des bâtards normands ! Mort de ma vie ! s'il faut qu'ils traversent ainsi le royaume sans combat, je veux vendre mon duché pour acheter une chaumière et quelque marais fangeux dans cette île irrégulière d'Albion.

LE CONNÉTABLE. — *Dieu des batailles!* où donc ont-ils puisé cette ardeur ? Leur climat n'est-il pas couvert de brouillards et engourdi par le froid ? Le soleil ne jette qu'à regret sur leur île de pâles rayons ; il tue leurs fruits de ses sombres regards : leur bière, de l'eau et de l'orge fermentée, boisson faite pour des rosses surmenées, peut-elle donc échauffer à ce degré leur sang épais, et l'enflammer de cette bouillante valeur? Et le sang français, avivé encore par les esprits du vin, paraîtra-t-il glacé auprès du leur? Oh! pour l'honneur de notre patrie, ne restons pas oisifs et immobiles comme ces glaçons que l'hiver suspend au bord de nos toits, tandis qu'un peuple, né dans le berceau des frimas, répand des flots de braves jeunes gens dans nos riches campagnes; pauvres, il faut en convenir, par les maîtres qu'elles nourrissent.

LE DAUPHIN.—Par l'honneur et la foi des chevaliers, nos dames se raillent de nous; elles disent hautement que notre vigueur est épuisée, et qu'elles prodigueront leurs faveurs à la jeunesse anglaise, pour repeupler la France de bâtards belliqueux.

BOURBON.—Elles nous renvoient aux écoles de danse de l'Angleterre, et nous conseillent d'apprendre leurs cabrioles et leurs lavoltes[1], disant que toutes nos grâces sont dans nos talons, et que c'est dans la fuite que nos sublimes talents se déploient.

LE ROI DE FRANCE.—Où est le héraut Montjoie? Ordonnez-lui de partir sur-le-champ. Qu'il aille saluer l'Anglais d'un insultant défi.—Allons, princes, volez sur le champ de bataille, et que l'honneur et le courage donnent à vos cœurs une trempe plus dure que l'acier de vos épées. Charles d'Albret, grand connétable de France; vous aussi, d'Orléans, Bourbon et Berri, Alençon, Brabant, Bar, Bourgogne; et vous, Jacques Châtillon, Rambure, Vaudemont, Beaumont, Grandpré, Roussi et Fauconberg, Foix, Lestrelles, Boucicaut et Charolais; grands ducs, princes, comtes, barons, lords et chevaliers, grands par vos titres, allez vous laver de ce grand opprobre : arrêtez dans sa course Henri d'Angleterre qui traverse en vainqueur notre royaume, et vengez l'insulte de ses panonceaux teints du sang de Harfleur. Fondez sur son armée comme un torrent de neiges fond sur les vallées dont l'humble profondeur reçoit les flots que vomissent

---

[1] Espèce de danse.

les Alpes! tombez sur lui; vous avez assez de forces : ramenez-le dans les murs de Rouen captif, enchaîné sur un char victorieux.

LE CONNÉTABLE.—Voilà le rôle qui sied aux grands d'une nation! J'ai un regret, c'est que l'ennemi soit si peu nombreux et si faible, que ses soldats soient épuisés de faim et des fatigues de leur marche : car, j'en suis sûr, aussitôt qu'il verra paraître notre armée, son cœur s'abîmera dans la crainte, et son plus grand exploit sera de nous offrir sa rançon.

LE ROI DE FRANCE.—Allez donc, lord connétable : hâtez le départ de Montjoie; qu'il déclare à l'Anglais que nous envoyons savoir de lui quelle rançon il veut donner. Vous, prince dauphin, vous resterez avec nous dans Rouen.

LE DAUPHIN.—Non, mon père, j'en conjure Votre Majesté.

LE ROI DE FRANCE. — N'insistez point : vous resterez avec nous.—Allons, partez, connétable; et vous aussi, princes, et rapportez-nous promptement la nouvelle du désastre de l'Anglais.

(Ils sortent.

SCÈNE VI

Le camp anglais en Picardie.

GOWER et FLUELLEN.

GOWER.—Eh bien, capitaine Fluellen, venez-vous du pont?

FLUELLEN.—Je vous assure qu'il y a d'excellente besogne à ce pont.

GOWER.—Le duc d'Exeter est-il en sûreté?

FLUELLEN. — Le duc d'Exeter est aussi magnanime qu'Agamemnon, et c'est un homme que j'aime et que j'honore de toute mon âme, de tout mon cœur, de tout mon respect, pour toute ma vie, de toutes mes forces et de tout mon pouvoir. Il n'a pas eu (Dieu soit loué et béni!) le plus petit accident du monde. Il a conservé le pont le plus facilement, avec une excellente discipline. Il y a là, au pont, un ancien lieutenant; je crois, sur ma conscience, que c'est un autre Marc Antoine pour la valeur; cependant c'est un homme qui n'a pas la moindre réputation dans le monde; mais je lui ai vu faire des choses vaillantes.

GOWER.—Comment l'appelez-vous?

FLUELLEN.—On l'appelle l'*enseigne Pistol*.

GOWER.—Je ne le connais pas.

(Entre Pistol.)

FLUELLEN.—Le voilà.

PISTOL.—Capitaine, je te prie de me faire un plaisir. Le duc d'Exeter a beaucoup d'amitié pour toi.

FLUELLEN.—Moi, j'en remercie Dieu; il est vrai que j'ai mérité d'avoir quelque part dans son amitié.

PISTOL.—Un certain Bardolph, soldat intrépide et courageux, a, par un sort cruel et par un tour furieux de l'inconstante roue de cette écervelée de Fortune, cette aveugle déesse qui se balance sur une pierre qui roule sans fin....

FLUELLEN.—Avec votre permission, enseigne Pistol, la déesse Fortune est représentée aveugle avec un bandeau tenant les yeux pour vous faire entendre que la fortune est aveugle : et on la peint aussi avec une roue, pour vous faire voir, et c'est la morale qu'il en faut tirer, qu'elle tourne toujours et qu'elle est inconstante, et qu'elle n'est que mutabilités et vicissitudes : et son pied, voyez-vous, est posé sur une pierre sphérique qui roule, roule, roule.... A dire vrai, le poëte en fait une très-excellente description : la fortune, voyez-vous, est une excellente morale.

PISTOL.—La fortune est l'ennemie de Bardolph, et le regarde d'un mauvais œil; car il a volé un ciboire, et il doit être pendu : cela fait une vilaine mort. Le gibet est bon pour les chiens; mais l'homme devrait en être exempt. Ne souffre donc pas que le chanvre lui coupe le sifflet. Exeter a prononcé l'arrêt de mort, pour un ciboire de peu de valeur : ainsi, va donc, et parle ; le duc t'écoutera : empêche que le fil de la vie du pauvre Bardolph ne soit coupé avec une ficelle d'un sou et d'une manière ignominieuse. Parle, capitaine, en faveur de sa vie, et je serai reconnaissant de ce service.

FLUELLEN.—Enseigne Pistol, je vois bien à peu près ce que vous voulez dire.

PISTOL.—Allons, tant mieux pour vous.

FLUELLEN.—Certainement, Pistol, il n'y a pas là de quoi dire tant mieux ; car, voyez-vous, il serait mon frère, que je prierais le duc de suivre son bon plaisir, et de le faire exécuter ; car il faut observer la discipline.

PISTOL.—Meurs, et va à tous les diables, et figue pour ton amitié.

FLUELLEN.—Fort bien.

PISTOL.—Je te souhaite une figue d'Espagne[1] !

(Pistol sort.)

FLUELLEN.—Fort bon.

GOWER.—Cet homme-là, c'est le plus fieffé misérable qui fut jamais. Je le remets bien à présent ; c'est un infâme entremetteur, un coupe-jarret.

FLUELLEN.—Je vous assure qu'il proférait sur le pont les plus braves paroles qu'on puisse jamais voir dans les plus beaux jours de l'été ; mais cela est égal, ce qu'il vient de me dire.... C'est fort bien.... Je vous assure que quand l'occasion se trouvera....

GOWER.—Par Dieu ! c'est un filou, un bouffon, un fripon, qui de temps en temps va à la guerre, pour avoir l'avantage, à son retour à Londres, de se parer du costume d'un militaire. Ces drôles-là savent, à point nommé, les noms de tous les chefs d'une armée ; ils vous diront par cœur tout ce qui s'est passé dans le service, et où il s'est fait ; ils vous nommeront les lieux où il y aura eu la moindre escarmouche : *c'était à tel endroit, à telle brèche, à tel ou tel convoi ;* ils vous diront qui s'est distingué, qui fut tué, qui s'est déshonoré, quels étaient les postes

---

[1] Allusion aux figues empoisonnées, instruments de la vengeance italienne et espagnole.

de l'ennemi ; et ils vous rendent cela dans les meilleurs termes de guerre, qu'ils vous assaisonnent des jurements les plus nouveaux[1]. Et vous ne sauriez vous imaginer l'effet merveilleux que des moustaches taillées sur le patron de celles du général, et d'horribles cris, contrefaisant ceux d'un camp, font parmi des bouteilles fumantes et des esprits abreuvés de bière mousseuse. Oh! il faut apprendre à connaître ces misérables, qui font la honte du siècle ; ou bien vous feriez d'étranges méprises.

FLUELLEN. — Tenez, capitaine Gower, je vous dirai bien une chose, c'est que je m'aperçois bien qu'il n'est pas tout ce qu'il voudrait bien faire accroire au monde qu'il est. A la première occasion que je pourrai trouver le moindre trou dans son pourpoint, je lui ferai sentir ma façon de penser. — Écoutez ; voilà le roi qui vient : il faut que je lui parle sur ce qui se passe au pont. (*Entrent le roi, Glocester, des soldats.*) Dieu bénisse Votre Majesté!

LE ROI. — Eh bien, Fluellen, venez-vous du pont?

FLUELLEN. — Moi! Oui, sous le bon plaisir de Votre Majesté. Le duc d'Exeter a très-galamment conservé le pont. Les Français se sont retirés, voyez-vous, et il y a de beaux et libres passages à présent. Par sainte Marie, l'adversaire aurait eu la possession du pont ; mais il a été forcé de se retirer, et le duc d'Exeter est le maître du pont. Ah! je peux bien assurer Votre Majesté que c'est un brave homme que ce duc.

LE ROI. — Combien avez-vous perdu de monde, Fluellen?

FLUELLEN. — La *perdition* de l'adversaire a été très-grande, fort raisonnablement grande. Sainte Marie! pour moi, je pense que le duc n'a pas perdu un seul homme, sinon un qui a bien l'air d'être pendu pour avoir volé une église, un certain Bardolph.... Si Votre Majesté sait qui c'est ; c'est un homme qui a le visage

---

[1] On se rappelle ici le passage du *Menteur* :
  Ah! le beau compliment à charmer une dame!
  . . . .
  On s'introduit bien mieux à titre de vaillant.
  Tout le secret ne gît qu'en un peu de grimaces,
  Qu'à mentir à propos, qu'à *jurer avec grâce.*

bourgeonné et tout couvert de boutons, et comme une flamme ardente, et dont les lèvres étoupent le nez, et sont comme un charbon de feu, tantôt bleues et tantôt rouges; mais son nez est expédié à présent, et son feu est éteint; ainsi n'en parlons plus.

LE ROI.—Je voudrais nous voir défaits ainsi de tous les pillards de son espèce.—Et nous enjoignons expressément que, dans notre marche au travers des campagnes, on n'enlève rien des villages par violence, qu'on ne prenne rien sans le payer, qu'on n'insulte pas le dernier des Français d'aucune parole de mépris ou de reproche. Quand la douceur et la cruauté jouent à qui aura un royaume, c'est le joueur le plus doux qui gagne.

(On entend la trompette du héraut.)
(Montjoie s'avance.)

MONTJOIE.—Vous me reconnaissez à mon habillement[1]?

LE ROI.—Oui, je te reconnais. Qu'as-tu à m'apprendre?

MONTJOIE.—Les intentions de mon maître.

LE ROI.—Déclare-les.

MONTJOIE.—Voici ce que dit mon roi.—« Annonce à
« Henri d'Angleterre que, quoique nous ayons paru
« morts, nous n'étions qu'endormis. La prudence est un
« meilleur soldat que la témérité. Dis-lui que nous au-
« rions pu le repousser à Harfleur, mais que nous n'a-
« vons pas jugé à propos de venger l'injure qu'elle ne
« fût à son comble.—Maintenant c'est à notre tour à
« parler, et notre voix est la voix d'un souverain. L'An-
« glais se repentira de sa folie; il sentira sa faiblesse et
« admirera notre patience. Dis-lui de songer à sa ran-
« çon : elle doit être proportionnée aux pertes que nous
« avons essuyées, au nombre de sujets que nous avons
« perdus, à l'insulte que nous avons dévorée; et si la
« réparation égalait la grandeur des offenses, sa fai-
« blesse succomberait sous le poids. Pour payer nos
« pertes, son trésor est trop pauvre : pour payer l'effu-
« sion de notre sang, les troupes de son royaume entier
« sont un nombre insuffisant. Et quant à l'insulte qui

[1] Le costume du roi d'armes, appelé Montjoie, est décrit dans nos anciens chroniqueurs.

« nous a été faite, sa personne même, à nos pieds pro-
« sternée, ne serait qu'une faible et indigne satisfaction.
« A ce discours ajoute le défi; et finis par lui déclarer
« qu'il a dévoué et perdu ceux qui le suivent, et que
« leur condamnation est prononcée. » — Ainsi parle le
roi mon maître : là finit mon ministère.

LE ROI. — Je connais ton rang. Quel est ton nom?

MONTJOIE. — Montjoie.

LE ROI. — Tu remplis bien ton office. Retourne sur tes pas, et dis à ton roi : — Qu'en ce moment je ne le cherche pas, et que je serais bien aise de marcher sans empêchement jusqu'à Calais. Car, pour avouer la vérité, quoique la prudence défende un pareil aveu devant un ennemi rusé, qui sait prendre avantage de tout, mes soldats sont considérablement affaiblis par la maladie[1]; leur nombre est diminué, et le peu qui m'en reste ne vaut guère mieux qu'un pareil nombre de Français. — Tant que mes soldats étaient frais et pleins de santé, je te dis, héraut, que je croyais voir sur deux jambes anglaises marcher trois Français. — Que Dieu me pardonne si je me vante à ce point. C'est votre air de France qui souffle ce vice en moi ; et je dois pourtant me le reprocher. — Pars, et dis à ton maître que tu m'as trouvé ici : ma rançon est ce corps frêle et chétif, mon armée n'est plus qu'une garde faible et consumée par la maladie. Cependant, que Dieu soit mon guide, et nous marcherons en avant, quand le roi de France lui-même, ou tout autre voisin, s'opposerait à notre passage. (*Il lui remet une bourse.*) Voilà pour te payer ton message, Montjoie. Va : dis à ton maître de bien se consulter. Si nous pouvons passer, nous passerons; si l'on veut nous en empêcher, nous rougirons de votre sang vos noirs sillons. Adieu, Montjoie. En deux mots, voici notre réponse: Dans l'état où nous sommes, nous n'irons pas chercher le combat : et dans l'état où nous sommes, nous déclarons que nous ne l'éviterons pas. Rends cette réponse à ton roi.

---

[1] L'armée anglaise était attaquée de la dyssentérie.

MONTJOIE.—Elle sera fidèlement rendue. Je remercie Votre Majesté.
(Montjoie s'en va.)

GLOCESTER.—J'espère qu'ils ne viendront pas nous attaquer à présent.

LE ROI.—Nous sommes dans la main de Dieu, frère, et non pas dans les leurs.—Marchez au pont : la nuit s'approche.—Nous camperons au delà de la rivière ; et demain matin, ordonnez qu'on marche en avant.
(Ils sortent.)

SCÈNE VII

Le camp français, à Azincourt.

Entrent LE CONNÉTABLE DE FRANCE, LE DUC D'ORLÉANS, LE DAUPHIN, RAMBURES, ET AUTRES SEIGNEURS.

LE CONNÉTABLE.—Par Dieu ! j'ai bien la meilleure armure du monde. Que n'est-il jour !

LE DUC D'ORLÉANS.—J'avouerai que vous avez une excellente armure ; mais aussi vous rendrez justice à mon cheval.

LE CONNÉTABLE.—Oh ! cela est vrai ; c'est le meilleur cheval de l'Europe.

LE DUC D'ORLÉANS.—Le matin n'arrivera-t-il donc jamais !

LE DAUPHIN.—Duc d'Orléans, et vous seigneur connétable, vous parlez de cheval et d'armure ?....

LE DUC D'ORLÉANS.—Oh ! en fait de ces deux meubles, vous êtes aussi bien pourvu qu'aucun prince du monde.

LE DAUPHIN.—Que cette nuit est longue !—Je ne changerais pas mon cheval pour aucun qui ne marche que sur quatre pieds ; il bondit au-dessus de terre comme une balle garnie de crin : c'est le *cheval volant,* le Pégase *aux narines de feu.* Une fois en selle, je vole, je suis un faucon ; il trotte dans l'air, et la terre résonne quand il la touche : oui, la corne de son sabot est plus musicale et plus harmonieuse que la flûte d'Hermès.

LE DUC D'ORLÉANS.—Il est couleur de muscade.

LE DAUPHIN.—Et chaud comme le gingembre. C'est un coursier digne de Persée : il n'est formé que d'air et de feu. Si l'on découvre en lui quelque mélange des grossiers éléments de la terre et de l'eau, ce n'est que dans sa patiente tranquillité, lorsque son maître le monte. C'est là ce qui s'appelle un cheval; et tous les autres, auprès de lui, ne méritent que le nom de bêtes de somme.

LE CONNÉTABLE. — Oui, prince, on peut dire que c'est le cheval le plus accompli et le plus excellent qu'il y ait.

LE DAUPHIN.—C'est le prince des coursiers : son hennissement ressemble à la voix impérieuse d'un monarque, et son port majestueux vous force à lui rendre hommage....

LE DUC D'ORLÉANS.—Allons, en voilà assez sur ce sujet, mon cousin.

LE DAUPHIN.—Je dis plus encore, il faut n'avoir pas l'ombre d'esprit pour n'être pas en état, depuis le lever de l'alouette jusqu'au coucher de l'agneau, de chanter les louanges de mon cheval sans se répéter : c'est un sujet aussi inépuisable que la mer. Faites des langues éloquentes de tous les grains de sable, mon cheval peut les occuper toutes. Il est digne d'être loué par un souverain et monté par le souverain d'un souverain. Enfin, il mérite que tout l'univers, connu et inconnu, ne fasse autre chose que de l'admirer. J'ai fait un jour un sonnet à sa louange, qui commençait ainsi : *Merveille de la nature.*

LE DUC D'ORLÉANS.—J'ai vu un sonnet pour une maîtresse qui commençait de même.

LE DAUPHIN.—Eh bien, ils auront donc imité celui que j'ai composé pour mon coursier, car mon cheval est ma maîtresse.

LE DUC D'ORLÉANS.—Votre maîtresse porte bien.

LE DAUPHIN.—Oui, moi seul; c'est là le mérite, la perfection exigée d'une bonne maîtresse.

T. VII. 12

LE CONNÉTABLE.—Ma foi, l'autre jour il m'a semblé que votre maîtresse vous a durement mené.

LE DAUPHIN.—Peut-être la vôtre en a fait de même.

LE CONNÉTABLE.—La mienne n'était pas bridée.

LE DAUPHIN.—Elle était donc vieille et tranquille, et vous galopâtes comme un kerne d'Irlande[1], sans votre haut-de-chausse français et avec des caleçons étroits.

LE CONNÉTABLE.—Vous vous connaissez en équitation.

LE DAUPHIN.—Recevez donc une leçon de moi. Ceux qui chevauchent ainsi et sans précaution tombent dans de sales fondrières : je préfère mon cheval à ma maîtresse.

LE CONNÉTABLE.—J'aimerais autant que ma maîtresse fût une rosse.

LE DAUPHIN.—Je te dis, connétable, que ma maîtresse porte ses propres cheveux.

LE CONNÉTABLE.—Je pourrais en dire autant si j'avais une truie pour maîtresse.

LE DAUPHIN.—*Le chien est retourné à son vomissement, et la truie lavée au bourbier*[2]. Tu te sers de tout.

LE CONNÉTABLE.—Cependant je ne me sers pas de mon cheval pour maîtresse, ou d'un pareil proverbe mal à propos.

RAMBURE.—Seigneur connétable, sont-ce des étoiles ou des soleils qui brillent sur l'armure que j'ai vue ce soir dans votre tente ?

LE CONNÉTABLE.—Ce sont des étoiles.

LE DAUPHIN.—Il en tombera quelques-unes demain, j'espère.

LE CONNÉTABLE.—Et cependant mon ciel n'en manquera pas encore pour cela.

LE DAUPHIN.—Cela peut bien être, car vous en avez tant de superflues ! et cela vous ferait plus d'honneur qu'il y en eût quelques-unes de moins.

LE CONNÉTABLE.—C'est comme votre cheval qui porte tant de louanges, et qui n'en trotterait pas moins bien

---

[1] Kerne, chevalier irlandais.

[2] Ce proverbe est en français dans le texte, comme tout ce que nous mettons en italiques.

quand quelques-unes de vos forfanteries seraient démontrées.

LE DAUPHIN.—Ne fera-t-il donc jamais jour?—Je veux trotter demain l'espace d'un mille, et que mon chemin soit pavé de faces anglaises.

LE CONNÉTABLE.—Moi je n'en dirai pas autant de peur qu'on ne me fît en face l'affront de me démentir; mais je voudrais en effet de tout mon cœur qu'il fît jour, pour bien frotter les oreilles aux Anglais.

LE DAUPHIN. — Qui veut courir avec moi le risque de leur faire une vingtaine de prisonniers?

LE CONNÉTABLE.—Il faut que vous commenciez par vous exposer au risque de l'être vous-même.

LE DAUPHIN.—Allons, il est minuit : je vais m'armer.
(Il sort.)

LE DUC D'ORLÉANS.—Le dauphin soupire après le jour.

RAMBURE.—Il meurt d'envie de manger les Anglais.

LE CONNÉTABLE.—Je crois qu'il peut bien manger tous ceux qu'il tuera.

LE DUC D'ORLÉANS.—Par la blanche main de ma dame, c'est un aimable prince.

LE CONNÉTABLE.—Jurez plutôt par son pied, afin qu'elle puisse d'un pas effacer le serment.

LE DUC D'ORLÉANS.—Tout ce qu'on peut dire de lui, c'est que c'est peut-être l'homme de France le plus actif.

LE CONNÉTABLE.—Agir c'est être actif, et il sera toujours agissant.

LE DUC D'ORLÉANS.—Je n'ai jamais ouï dire qu'il ait fait de mal à personne.

LE CONNÉTABLE.—Et je vous jure qu'il ne commencera pas encore demain; il conservera cette bonne réputation.

LE DUC D'ORLÉANS.—Je sais qu'il a du courage.

LE CONNÉTABLE.—Je me suis laissé dire la même chose par quelqu'un qui le connaît mieux que vous.

LE DUC D'ORLÉANS.—Qui cela?

LE CONNÉTABLE.—Pardieu! c'est lui-même qui me l'a dit, et il a ajouté qu'il ne se souciait pas qu'on le sût.

LE DUC D'ORLÉANS.—Il n'a pas besoin de cette précaution ; son mérite n'est point caché.

LE CONNÉTABLE.—Sur ma foi, très-caché. Il n'y a jamais eu que son laquais qui l'ait vu ; mais sa valeur est comme le faucon encore coiffé de son chaperon : quand on le lâchera, on verra son essor.

LE DUC D'ORLÉANS.—Jamais la haine n'a dit du bien de son ennemi.

LE CONNÉTABLE.—Je payerai ce proverbe d'un autre : Jamais l'amitié n'est exempte de flatterie.

LE DUC D'ORLÉANS.—Et moi je répondrai par cet autre : Rendez même au diable ce qui lui est dû.

LE CONNÉTABLE.—C'est bien dit. Vous avez votre âme pour jouer le rôle du diable. Je riposte à ce proverbe par ces mots : La peste du diable !

LE DUC D'ORLÉANS.—Vous êtes le plus fort de nous deux aux proverbes. Le trait d'un fou est bientôt lancé.

LE CONNÉTABLE.—Vous avez lancé le vôtre de travers.

LE DUC D'ORLÉANS.—Ce n'est pas la première fois que vous avez été manqué.

(Entre un messager.)

LE MESSAGER.—Seigneur connétable, les Anglais ne sont plus qu'à quinze cents pas de votre tente.

LE CONNÉTABLE.—Qui en a mesuré l'espace ?

LE MESSAGER.—Le seigneur Grandpré.

LE CONNÉTABLE.—C'est un brave homme, et qui a une grande expérience.—Je voudrais qu'il fît jour. Hélas ! le pauvre Henri d'Angleterre ne soupire pas comme nous, je crois, après la naissance du jour.

LE DUC D'ORLÉANS.—Qui est donc ce maussade et pauvre roi d'Angleterre, pour venir rêver avec ses stupides Anglais si loin des lieux de sa connaissance ?

LE CONNÉTABLE.—Si les Anglais avaient un grain de bon sens, ils se sauveraient.

LE DUC D'ORLÉANS.—Oh ! c'est de bon sens qu'ils manquent ; car si leurs cervelles avaient la moindre défense intellectuelle, jamais ils ne pourraient porter des casques si pesants.

RAMBURE.—Il faut avouer que cette île d'Angleterre produit de valeureuses créatures : leurs dogues, par exemple, sont d'un courage sans pareil.

ACTE III, SCÈNE VII.

LE DUC D'ORLÉANS.—Oh! pardieu! oui ; voilà d'excellents chiens qui vont se jeter les yeux fermés dans la gueule d'un ours, qui leur écrase la tête d'un coup de dent comme des pommes cuites. C'est comme si vous disiez que c'est une mouche bien courageuse que celle qui ose aller prendre son déjeuner sur les lèvres d'un lion.

LE CONNÉTABLE.—Précisément : vous avez raison, et les hommes de ce pays-là ressemblent aussi un peu à leurs dogues dans leur manière lourde et pesante d'attaquer, et de laisser leur esprit avec leurs femmes ; car donnez-leur bien à mâcher de grosses tranches de bœuf, et puis fournissez-les de fer et d'acier, ils dévoreront comme des loups, et se battront comme des diables.

LE DUC D'ORLÉANS.—Oui, mais ces pauvres Anglais sont diablement à court de bœuf.

LE CONNÉTABLE.—Eh bien, s'il en est ainsi, vous verrez que demain ils n'auront d'appétit que pour manger, et point du tout pour se battre : allons, il est temps de nous armer. Irons-nous nous équiper ?

LE DUC D'ORLÉANS. — Il est deux heures.—Eh bien, avant qu'il en soit dix, nous aurons chacun une centaine d'Anglais.

(Ils partent.)

FIN DU TROISIÈME ACTE.

ACTE QUATRIÈME

—

LE CHŒUR.

Maintenant figurez-vous ce temps de la nuit où l'on n'entend plus qu'un faible murmure, où les aveugles ténèbres remplissent l'immense vaisseau de l'univers. De l'un à l'autre camp, dans le sein obscur de la nuit, le bourdonnement des deux armées diminue par degrés. Les sentinelles, de leurs postes éloignés, s'entendent presque parler. Les feux des deux camps se répondent, et, à leurs pâles lueurs, chaque armée voit les casques et les visages ennemis dessinés dans l'ombre. Le coursier menace le coursier, et perce l'oreille engourdie de la nuit de ses fiers et longs hennissements. Des tentes s'élève un bruit de hâtifs marteaux qui, sous leurs coups précipités, achèvent ou polissent l'armure des chevaliers, signal de terribles apprêts. Les coqs des hameaux voisins chantent, les cloches sonnent, et nomment la troisième heure du paresseux. Fiers de leur nombre, et pleins de sécurité, les Français présomptueux jouent aux dés les Anglais qu'ils dédaignent : dans leur impatience, ils querellent la marche rampante de la nuit, qui, comme une fée difforme et boiteuse, se traîne à pas si lents. Les malheureux Anglais, condamnés à périr comme des victimes, sont assis et mornes auprès de leurs feux, et ruminent en eux-mêmes les dangers du lendemain. A leur triste maintien, à leurs visages hâves et décharnés, à leurs habits usés par la guerre, on les prendrait, aux rayons de la lune, pour autant de fantômes hideux.—Que celui qui suivra de l'œil le chef royal de ces troupes délabrées, marchant de garde en

garde, et d'une tente à l'autre, crie en le voyant :
Louange et gloire sur sa tête! Il visite sans cesse
toute son armée; et adresse à tous le salut du matin,
avec un modeste sourire, les appelant : mes frères, mes
amis, mes compatriotes. Sur son noble visage, on ne
voit rien qui fasse songer à l'armée formidable dont il est
environné; nulle impression de pâleur ne trahit ses
veilles et la fatigue de la nuit. Son air est dispos; une
douce majesté, une sérénité gaie brillent dans ses yeux,
où le soldat, pâle auparavant et abattu, puise l'espérance
et la force. Ainsi que le soleil, son œil généreux verse
dans tous les cœurs une douce influence qui dissout les
glaces de la crainte. Donc, vous tous, petits et grands,
contemplez ici un faible portrait de Henri, sous le
voile de la nuit, tel que mes débiles pinceaux peuvent
l'ébaucher. De là notre scène doit passer au champ de
bataille. Mais, ô pitié! Combien nous allons déshonorer
le nom fameux d'Azincourt par le spectacle de quelques
fleurets émoussés et gauchement engagés dans une ridicule pantomime de combat! Cependant, asseyez-vous, et
regardez, en vous figurant la vérité au moyen d'une
imitation imparfaite.

(Le chœur sort.)

SCÈNE I

Le camp anglais, près d'Azincourt.

LE ROI, BEDFORD et GLOCESTER.

LE ROI. — Glocester, il faut l'avouer, nous sommes
dans un grand péril : notre courage doit donc devenir
plus grand encore. (*Au duc de Bedford.*) Bonjour, mon
frère. — Dieu tout-puissant! toujours quelque dose de bien
repose dans le sein du mal lui-même, si les hommes
se donnent la peine de l'y chercher. Ce dangereux voisin qui est si près de nous nous rend diligents et matinaux; et c'est à la fois très-salutaire à la santé et d'une
bonne économie. L'ennemi est aussi pour nous une

sorte de conscience extérieure, qui nous prêche notre devoir : elle nous avertit de nous bien préparer pour notre but. C'est ainsi que l'homme peut cueillir du miel sur la ronce la plus sauvage, et tirer une morale de l'enfer lui-même. (*Entre Erpingham.*) Bonjour, vieux sir Thomas Erpingham; un bon coussin pour cette tête à cheveux blancs te siérait mieux que l'aride gazon de France.

ERPINGHAM. —Non, mon souverain : cette tente me plaît davantage, puisque je puis dire : je suis couché comme un roi.

LE ROI.—Il est bon que l'homme apprenne de l'exemple d'autrui à chérir ses peines : cela soulage l'âme; et quand le cœur est excité, les organes, quoique morts auparavant, brisent le tombeau qui les enterre, et, débarrassés de leur lenteur, se meuvent de nouveau avec une vive légèreté. Prête-moi ton manteau, sir Thomas. (*A Bedford et Glocester.*) Mes deux frères, recommandez-moi aux princes qui sont dans notre camp : saluez-les de ma part, et dites-leur de se rendre, sans délai, dans ma tente.

GLOCESTER.—Nous le ferons, mon souverain.

ERPINGHAM.—Suivrai-je Votre Majesté?

LE ROI.—Non, mon brave chevalier. Va, avec mes frères, trouver les lords d'Angleterre : nous avons, mon âme et moi, quelque chose à débattre ensemble, et je serai bien aise d'être seul.

ERPINGHAM.—Que le Dieu des cieux vous comble de ses bénédictions, noble Henri !

LE ROI.—Grand merci, cœur fidèle; tes paroles rendent l'assurance.

(Ils sortent.)

(Entre Pistol.)

PISTOL.—Qui va là?

LE ROI.—Ami.

PISTOL.—Raisonne un peu avec moi. Es-tu officier, ou es-tu d'extraction basse et populaire?

LE ROI.—Je suis officier dans une compagnie.

PISTOL.—Portes-tu la pique guerrière?

LE ROI.—Précisément. Et vous, qui êtes-vous?

PISTOL.—Aussi bon gentilhomme que l'empereur.

LE ROI.—Vous êtes donc plus que le roi?

PISTOL.—Le roi est un bon enfant et un cœur d'or : c'est un brave homme, un vrai fils de la gloire, de bonne famille, et d'un bras robuste et vaillant. Je baise son soulier crotté, et du plus profond de mon âme. J'aime cet aimable ferrailleur.—Comment t'appelles-tu, toi?

LE ROI.—Henri *le Roi*.

PISTOL.—*Le Roi?* Ce nom sent le Cornouailles. Es-tu de ce pays-là?

LE ROI.—Non, je suis Gallois.

PISTOL.—Connais-tu Fluellen?

LE ROI.—Oui.

PISTOL.—Dis-lui que je lui frotterai la tête avec son poireau, le jour de Saint-David.

LE ROI.—Prenez garde, vous-même, de ne pas porter votre poignard trop près de votre chapeau, de peur qu'il ne vous en frotte la vôtre.

PISTOL.—Est-ce que tu es son ami?

LE ROI.—Et son parent aussi.

PISTOL.—Eh bien, alors, figue pour toi.

LE ROI.—Grand merci. Dieu vous conduise!

PISTOL.—Je m'appelle Pistol.

(Il s'en va.)

LE ROI. — Votre nom s'accorde bien avec votre air bouillant.

(Entrent Fluellen et Gower.)

GOWER.—Capitaine Fluellen....

FLUELLEN. — Enfin, au nom de Jésus-Christ, parlez plus bas : il n'y a rien dans le monde de plus étonnant que de voir qu'on n'observe pas les anciennes prérogatives et lois de la guerre. Si vous vouliez seulement prendre la peine d'examiner les guerres de Pompée le Grand, vous verriez, je vous assure, qu'il n'y a point de bavardage ni d'enfantillage dans le camp de Pompée ; je vous assure que vous verriez les cérémonies de la guerre, et les soins de la guerre, et les formes de la guerre être tout autrement.

gower.—Quoi! l'ennemi fait tant de bruit! vous l'avez entendu toute la nuit?

fluellen.—Et si l'ennemi est un âne, un sot, un bavard fanfaron, faut-il, croyez-vous, que nous soyons aussi, voyez-vous, âne, sot, et bavard et fanfaron? En bonne conscience, que pensez-vous?

gower.—Je parlerai plus bas.

fluellen.—Je vous en prie et je vous en supplie.

(Ils s'en vont.)

le roi.—Quoiqu'il paraisse un peu de la vieille méthode, il y a beaucoup d'exactitude et de valeur dans ce Gallois.

(Entrent John Bates, Court et Williams.)

court.—Frère John Bates, n'est-ce pas là le jour qui pointe là-bas?

bates.—Je m'imagine que oui; mais, ma foi, nous n'avons pas sujet de souhaiter l'arrivée du jour.

williams.—Oui, c'est bien le commencement du jour que nous voyons là-bas; mais en verrons-nous la fin? Qui va là?

le roi.—Ami.

williams.—De quelle compagnie?

le roi.—De celle de sir Thomas Erpingham.

williams.—Ah! c'est un bon vieux commandant, et le plus excellent des hommes. Et que pense-t-il, je vous prie, de notre présente situation?

le roi.—Il nous regarde comme des gens jetés sur un banc de sable par un coup de vent, et qui n'attendent plus que la prochaine marée pour être tout à fait engloutis.

bates.—Il n'a pas dit sa pensée au roi, n'est-ce pas?

le roi.—Non; il ne serait pas fort à propos qu'il lui fît cette confidence; car, je vous le dis, même à vous, que je regarde le roi, après tout, comme n'étant qu'un homme comme moi. La violette n'a pas d'autre odeur pour lui que pour moi; l'air agit sur lui comme sur moi; enfin ses sens sont affectés des objets comme les sens des autres hommes. Mettez à part cette pompe qui l'environne; une fois dépouillé et nu, vous ne verrez plus en lui qu'un homme ; et quoique ses affections soient montées plus haut que les nôtres, cependant quand elles s'affaissent, elles descendent aussi rapidement qu'elles étaient montées. Par conséquent, quand il voit qu'il a sujet d'appréhender, comme nous le voyons, il n'est pas douteux que la crainte doit produire chez lui la même sensation que chez nous : c'est pourquoi il ne conviendrait pas que personne lui inspirât la moindre alarme, de peur que, s'il venait à la laisser voir, cela ne décourageât son armée.

BATES.—Qu'il montre autant de courage qu'il voudra, je gage que, malgré tout le froid qu'il fait cette nuit, il ne serait pas fâché de se voir plongé dans la Tamise jusqu'au cou ; pour moi, je vous assure que je voudrais l'y voir, et moi y être à côté de lui à toute aventure, pourvu que nous fussions hors d'ici.

LE ROI.—Ma foi, je vous dirai franchement, d'après ma conscience, ce que je pense du roi. Je crois, sur mon honneur, qu'il ne souhaite pas de se voir ailleurs que là où il est.

BATES.—Dans ce cas, je voudrais qu'il fût ici tout seul : cela ferait qu'il serait bien sûr d'être rançonné, et cela sauverait la vie à bien des pauvres malheureux.

LE ROI.—Je suis persuadé que vous ne lui voulez pas assez de mal pour souhaiter qu'il fût ici tout seul. Tout ce que vous dites là, j'en suis sûr, n'est que pour sonder les gens, et savoir ce qu'ils pensent. Quant à moi, il me semble que je ne pourrais désirer de mourir en aucun autre endroit qu'en la compagnie du roi, surtout sa cause étant aussi juste, et sa querelle aussi honorable.

WILLIAMS.—C'est plus que nous n'en savons.

BATES.—Ou plus que nous ne devrions chercher à pénétrer ; car tout ce que nous avons besoin de savoir, c'est que nous sommes sujets du roi. Si sa cause est injuste, l'obéissance que nous lui devons efface pour nous le crime, et nous en absout.

WILLIAMS.—Mais aussi, si la cause est injuste, le roi lui-même a un terrible compte à rendre, lorsque toutes ces jambes, ces bras et ces têtes, qui auront été coupés dans une bataille, se rejoindront au jour du jugement, et lui crieront : Nous sommes morts à tel endroit. Les uns en jurant, d'autres en implorant un chirurgien, d'autres laissant leurs pauvres femmes derrière eux, d'autres sans payer leurs dettes, d'autres laissant leurs enfants orphelins et nus. J'ai grand'peur encore qu'il y en ait bien peu qui meurent bien, de tous ceux qui sont tués dans une bataille; car enfin, comment peuvent-ils disposer charitablement de quelque chose, quand ils n'ont que le sang en vue? Or, si ces gens-là ne meurent pas bien, ce sera une mauvaise affaire pour le roi qui les aura conduits là, puisque lui désobéir serait contre tous les devoirs d'un sujet.

LE ROI.—Ainsi donc, si un fils que son père envoie faire négoce se corrompt sur la mer, et manque l'objet de sa mission, son crime, suivant votre règle, doit retomber sur son père qui l'a envoyé; ou bien encore, si un domestique, qui par ordre de son maître, portant une somme d'argent, est attaqué par des voleurs, meurt chargé d'un amas d'iniquités, vous accuserez le maître d'être l'auteur de la damnation de son domestique? Mais il n'en est pas ainsi. Le roi n'est pas obligé de répondre des fautes personnelles et particulières de ses soldats, non plus que le père de celles de son fils, ni le maître de celles de son domestique : car il ne projette nullement leur mort quand il exige leur service. De plus, il n'est point de roi, quelque bonne que puisse être sa cause, qui puisse se flatter, lorsqu'il en faut venir à la décider par les armes, de la disputer avec une armée de soldats sans tache et sans reproche. Il y en aura peut-être parmi eux qui seront coupables d'avoir comploté quelque meurtre ; d'autres, d'avoir séduit quelques vierges innocentes par un odieux parjure ; d'autres se seront servis du prétexte de la guerre pour se mettre à l'abri des poursuites de la justice, après avoir troublé la paix publique par leurs brigandages et leurs vols. Or, si ces sortes de gens ont su tromper la vigilance des lois, et se soustraire à la punition qui leur était due, quoiqu'ils puissent se sauver des mains des hommes, ils n'ont point d'ailes pour échapper à celles de Dieu. La guerre est son prévôt, la guerre est sa vengeance ; en sorte que ces hommes se trouvent, pour leurs anciennes offenses contre les lois du roi, punis ensuite dans la querelle de ce même roi. Ils ont sauvé leur vie des lieux où ils craignaient de la perdre, pour la venir perdre là où ils croyaient la sauver. Alors, s'ils meurent sans y être préparés, le roi n'est pas plus coupable de leur damnation qu'il ne l'était auparavant des crimes et des iniquités pour lesquels la vengeance céleste les a visités. Le service de chaque sujet appartient au roi, mais à chaque soldat appartient son âme. Tout soldat devrait donc faire comme un malade sur son lit de mort, purger sa conscience de tout ce qui peut la souiller; et alors, s'il meurt dans cet état, la mort devient pour lui un avantage ; s'il survit, c'est toujours avoir bien heureusement perdu son temps, que de l'avoir passé à cette préparation ; et celui qui échappe au trépas ne pèche sûrement point, en pensant que c'est à l'offrande volontaire qu'il a faite à Dieu de sa vie, qu'il doit l'avantage d'avoir survécu ce jour-là, afin de rendre témoignage à sa grandeur et d'enseigner aux autres comment ils doivent se préparer.

williams.—Il est certain que les crimes de chaque homme qui meurt mal ne peuvent retomber que sur lui, et que le roi ne saurait en répondre.

bates.—Je n'exige pas qu'il réponde pour moi, quoique je sois bien déterminé à me battre vigoureusement pour lui.

le roi.—J'ai moi-même entendu le roi dire de sa propre bouche, qu'il ne voudrait pas être rançonné.

williams.—Ah! il a dit cela pour nous faire combattre de meilleur cœur : mais quand notre tête sera tombée de nos épaules, on peut bien le rançonner alors ; nous n'en serons pas plus avancés.

le roi.—Si je vis assez pour voir cela, je ne me fierai jamais plus à sa parole.

williams.—Vous nous chargerez donc de lui demander compte; c'est s'exposer au danger de faire éclater un vieux fusil, que de se livrer à un ressentiment particulier contre un monarque. Autant vaudrait essayer de faire un glaçon du soleil, en le rafraîchissant avec une plume de paon en guise d'éventail. « Vous ne vous fierez plus à sa parole. » Allons, sottise que vous avez dite là.

LE ROI. — Votre reproche a quelque chose de trop franc, et je m'en fâcherais, si le temps était propice.

WILLIAMS. — Eh bien, faisons-en un sujet de querelle, que nous viderons, si tu survis.

LE ROI. — Je l'accepte.

WILLIAMS. — Mais comment te reconnaîtrai-je?

LE ROI. — Donne-moi quelque gage, et je le porterai à mon chapeau : alors, si tu oses le reconnaître, j'en ferai le sujet de ma querelle.

WILLIAMS. — Tiens, voilà mon gant : donne-moi le tien.

LE ROI. — Le voilà.

WILLIAMS. — Je le porterai aussi à mon chapeau ; et si jamais, demain une fois passé, tu oses me venir dire : C'est là mon gant, par la main que voilà, je t'appliquerai un soufflet.

LE ROI. — Si jamais je vis assez pour le voir, je t'en ferai raison.

WILLIAMS. — Tu aimerais autant être pendu.

LE ROI. — Oui, je le ferai, fusses-tu en la compagnie du roi.

WILLIAMS. — Tiens ta parole, adieu.

BATES. — Quittez-vous bons amis, enfants que vous êtes ; soyez amis : nous avons assez à démêler avec les Français, si nous savions bien compter.

LE ROI. — Sans doute, les Français peuvent parier vingt têtes[1] contre nous, qu'ils nous battront : mais ce n'est pas trahir l'Angleterre, que de couper des têtes françaises ; et demain le roi lui-même se mettra à en rogner. (*Les soldats sortent.*) Sur le compte du roi ! notre vie, nos âmes, nos dettes, nos tendres épouses, nos enfants, et nos péchés, mettons tout sur le compte du roi ! — Il faut donc que nous soyons chargés de tout. — O la dure condition,

---

[1] Jeu de mots sur *Crown*, tête, couronne, écu, etc., etc.

sœur jumelle de la grandeur, que d'être soumis aux
propos de chaque sot qui n'a d'autre sentiment que celui
de ses contrariétés! Combien de paisibles jouissances de
l'âme dont sont privés les rois, et que goûtent leurs sujets! Eh! que possèdent donc les rois, que leurs sujets
ne partagent pas aussi, si ce n'est ces grandeurs, et ces
pompes publiques! et qu'es-tu, idole qu'on appelle grandeur? Quelle espèce de divinité es-tu, toi dont tout le
privilége est de souffrir mille chagrins mortels, dont
sont exempts tes adorateurs? Quel est ton produit annuel? quelles sont tes prérogatives? O grandeur! montre-moi donc ta valeur? Qu'avez-vous de réel, vains hommages? Es-tu rien de plus que la place, le degré, une
illusion, une forme extérieure, qui imprime le respect
et la crainte aux autres hommes? Et le monarque est
plus malheureux d'être craint que ses sujets de le craindre. Que reçois-tu souvent? Le poison de la flatterie, au
lieu des douceurs d'un hommage sincère? O superbe
majesté, la maladie te saisit! commande donc alors à tes
grandeurs de te guérir. Penses-tu que la brûlante fièvre
sera chassée de tes veines par de vains titres enflés par
l'adulation? Cédera-t-elle à des génuflexions respectueuses? peux-tu, quand tu dis au pauvre de fléchir le
genou, en exiger et obtenir la santé? Non, rêve de l'orgueil, toi qui enlèves si adroitement à un roi son repos, je
suis un roi, moi, qui t'apprécie; je sais que ni le baume
qui consacre les rois, ni le sceptre, ni le globe, ni l'épée,
ni le bâton de commandement, ni la couronne impériale, ni la robe de pourpre, tissue d'or et de perles, ni
l'amas des titres exagérés qui précèdent le nom de roi,
ni le trône sur lequel il s'assied, ni ces flots de pompe
qui battent ces hautes régions du monde, rien de tout
cet attirail, posé sur la couche royale, ne les fait dormir
d'un sommeil aussi profond que le dernier des esclaves,
qui, l'esprit vide et le corps rempli du pain amer de l'indigence, va chercher le repos : jamais il ne voit l'horrible spectre de la nuit, fille des enfers : le jour, depuis
son lever jusqu'à son coucher, il se couvre de sueur
sous l'œil de Phœbus; mais toute la nuit il dort en paix

dans un tranquille Elysée; et le lendemain, à la naissance du jour, il se lève, il aide à Hypérion à atteler ses coursiers à son char, et il suit la même carrière, pendant le cours éternel de l'année, dans la chaîne d'un travail utile, jusqu'à son tombeau. Aux vaines grandeurs près, ce misérable, dont les jours se succèdent dans les travaux, et les nuits dans le repos, aurait l'avantage sur le monarque. Le dernier des sujets, membre qui contribue à la paix de sa patrie, en jouit; et dans son cerveau grossier, le paysan ne sait guère combien de veilles il en coûte au roi pour maintenir cette paix, dont il goûte mieux les douces heures!

(Entre Erpingham.)

ERPINGHAM.—Mon prince, vos lords, impatients de votre absence, parcourent le camp pour vous rencontrer.

LE ROI.—Mon bon vieux chevalier, va les rassembler dans ma tente; j'y serai avant toi.

ERPINGHAM.—Je vais remplir vos ordres, sire.

(Il sort.)

LE ROI.—O Dieu des batailles! fortifie le cœur de mes soldats! Écarte d'eux la peur! Ote-leur la faculté de compter le nombre de leurs ennemis. Ne leur enlève pas aujourd'hui leur courage, ô Seigneur! oh! pas aujourd'hui! ne te souviens point de la faute que mon père a commise pour saisir la couronne! J'ai rendu de nouveaux honneurs aux cendres de Richard, et j'ai versé sur lui plus de larmes de repentir que le coup mortel n'a fait sortir de son sein de gouttes de sang : j'entretiens d'une aumône journalière cinq cents pauvres qui, deux fois le jour, lèvent vers le ciel leurs mains flétries, et le prient de pardonner le sang répandu : j'ai bâti deux chapelles, où des prêtres austères entonnent leurs chants solennels pour le repos de l'âme de Richard; je ferai plus encore, quoique, hélas! tout ce que je peux faire ne soit d'aucune valeur, et le repentir vient encore implorer de toi le pardon.

(Entre Glocester.)

GLOCESTER.—Mon souverain!

LE ROI.—Est-ce la voix de mon frère Glocester que j'entends?—Oui, je connais le sujet qui vous amène.—Je vais m'y rendre avec vous.—Le jour, mes amis, tout m'attend.

(Ils sortent.)

SCÈNE II

Le camp des Français.

LE DAUPHIN, LE DUC D'ORLÉANS, RAMBURE,
et autres.

LE DUC D'ORLÉANS.—Le soleil dore notre armure; allons, mes pairs.

LE DAUPHIN.—*Montez à cheval.*—Mon cheval! Holà, valets, laquais.

LE DUC D'ORLÉANS.—O noble courage!

LE DAUPHIN.—*Via*[1]*!—Les eaux et la terre...*

LE DUC D'ORLÉANS.—*Rien puis? L'air et le feu?...*

LE DAUPHIN.— *Ciel!* Cousin Orléans!... (*Entre le connétable.*) Allons, seigneur connétable.

LE CONNÉTABLE.—Ecoutez comme nos coursiers hennissent et appellent leurs cavaliers.

LE DAUPHIN.—Montez-les, creusez dans leurs flancs de profondes plaies; que leur sang bouillant jaillisse jusqu'aux yeux des Anglais, et les épouvante de l'excès de leur courage. Allons!

RAMBURE.—Quoi, voulez-vous leur faire pleurer le sang à nos chevaux? Comment distinguerons-nous alors leurs larmes naturelles?

(Arrive un messager.)

LE MESSAGER.—Pairs de France, les Anglais sont rangés en bataille.

LE CONNÉTABLE.—A cheval, vaillants princes! à cheval sans délai. Jetez seulement un regard sur cette troupe chétive et affamée, et la seule présence de votre belle

---

[1] Allusion à la chasse du faucon.

armée va sucer le reste de leur courage, et ne laisser d'eux que des squelettes et des cadavres de soldats. Il n'y a pas de quoi employer tous nos bras. A peine reste-t-il dans leurs veines épuisées assez de sang pour teindre d'une marque d'honneur chacune de nos haches ; il faudra que nous les renfermions aussitôt faute de victimes. Le souffle de votre valeur les renversera. Non, n'en doutez pas, mes nobles seigneurs, le superflu de nos valets et nos paysans, peuple inutile qui s'attroupe en tumulte autour de nos escadrons de bataille, suffirait pour purger la plaine de cet ennemi méprisable ; et nous pourrions rester au pied de la montagne, spectateurs oisifs. Mais l'honneur nous le défend. Que dirai-je de plus ? Nous n'avons que peu à faire, et tout sera fini. Ainsi, que les trompettes sonnent la chasse et le signal du combat ; car notre approche doit répandre une si grande terreur sur le champ de bataille, que les Anglais vont se coucher à terre et se rendre.

(Entre Grandpré.)

GRANDPRÉ. — Pourquoi tardez-vous si longtemps, nobles seigneurs de France ? Là-bas ces cadavres insulaires, presque réduits à leurs os, figurent bien mal, aux clartés du matin, sur un champ de bataille. Leurs enseignes délabrées flottent en déplorables lambeaux, et notre souffle les agite en passant avec mépris. Le farouche Mars semble sans ressource dans leur armée ruinée, et ne jette sur cette plaine qu'un regard indifférent au travers de la visière de son casque rouillé. Leurs cavaliers semblent autant de candélabres immobiles [1] qui portent leurs torches ; et leurs pauvres montures, dont les flancs et la peau sont pendants, laissent tomber la tête ; elles ouvrent à demi des yeux pâles et éteints, et la bride, souillée d'herbes remâchées, reste sans mouvement dans leur bouche inanimée : déjà leurs derniers exécuteurs, les funestes corbeaux, volent au-dessus de leurs têtes, impatients d'entendre sonner leur heure. Il n'y a point

---

[1] Allusion aux anciens candélabres qui représentaient souvent des hommes ou des anges.

de mots qui puissent rendre la vie d'une telle bataille dans une créature aussi inanimée que cette armée.

LE CONNÉTABLE.—Ils ont récité leurs dernières prières, et n'attendent plus que la mort.

LE DAUPHIN.—Voulez-vous que nous envoyions de la nourriture et des habits neufs aux soldats, et des fourrages à leurs chevaux affamés, et que nous les combattions ensuite?

LE CONNÉTABLE.—Je n'attends que mon guidon : allons, au champ de bataille! Je vais prendre pour étendard la banderole d'une trompette, afin de prévenir tout retard. Allons, partons : le soleil est déjà haut, et nous dépensons le jour dans l'inaction.

(Ils sortent.)

SCÈNE III

Le camp anglais.

L'armée anglaise, GLOCESTER, BEDFORD, EXETER ERPINGHAM, SALISBURY ET WESTMORELAND.

GLOCESTER.—Où est le roi?

BEDFORD.—Il est monté à cheval pour aller reconnaitre leur armée.

WESTMORELAND.—Ils ont soixante mille combattants.

EXETER.—C'est cinq contre un! et des troupes toutes fraîches.

SALISBURY.—Que le bras de Dieu combatte avec nous! c'est une périlleuse partie! Dieu soit avec vous tous, princes! Je vais à mon poste. Si nous ne devons plus nous revoir que dans les cieux, nous nous reverrons alors dans la joie. Mon noble lord Bedford, mon cher lord Glocester ;—et vous, mon digne lord Exeter, et toi, mon tendre parent :—braves guerriers, adieu tous.

BEDFORD.—Adieu, brave Salisbury ; que le bonheur t'accompagne!

EXETER.—Adieu, cher lord : combats vaillamment aujourd'hui; mais je te fais injure en t'y exhortant : tu es pétri de valeur.

BEDFORD.—Sa valeur égale sa bonté : ce sont la valeur et la bonté d'un prince.

WESTMORELAND. —Oh! que nous eussions seulement ici dix mille de ces hommes qui se reposent aujourd'hui en Angleterre!

(Entre le roi.)

LE ROI.—Quel est celui qui fait ce vœu? Vous, cousin Westmoreland? Non, mon beau cousin : si nous sommes destinés à mourir, nous sommes assez nombreux, et notre patrie perd assez en nous perdant : si nous sommes destinés à vivre, moins nous serons de combattants, plus notre part de gloire sera riche. Que la volonté de Dieu soit faite! je te prie de ne pas souhaiter un seul homme de plus. Par Jupiter, je ne convoite point l'or, ni ne m'inquiète qui vit et prospère à mes dépens : peu m'importe si d'autres usent mes vêtements : tous ces biens extérieurs ne touchent point mes désirs; mais si c'est un crime de convoiter l'honneur, je suis le plus coupable de tous les hommes qui respirent. Non, non, mon cousin, ne souhaitez pas un Anglais de plus. Par la paix de Dieu, je ne voudrais pas, dans l'espérance dont mon cœur est plein, perdre de cette gloire, ce qu'il en faudrait seulement partager avec un homme de plus. Oh! n'en souhaitez pas un de plus! Allez plutôt, Westmoreland, publier, au milieu de mon camp, que celui qui ne se sent pas d'humeur d'être de ce combat, ait à partir : son passe-port sera signé, et sa bourse remplie d'écus pour le reconduire chez lui. Je ne voudrais pas mourir dans la compagnie d'un soldat qui craindrait de mourir de société avec nous. Ce jour est appelé la fête de Saint-Crépin[1]. Celui qui survivra à cette journée, et retournera dans son pays, sautera de joie, quand on nommera cette fête, et s'enorgueillira au nom de Crépin. S'il voit un long âge, il fêtera tous les ans ses amis, la

---

[1] La bataille d'Azincourt eut lieu le 25 octobre, jour de Saint-Crépin et de Saint-Crépinien.

veille de ce grand jour, et il dira : C'est demain la Saint-Crépin : et alors il ôtera sa manche, et montrera ses cicatrices. Les vieillards oublient ; mais quand ils oublieraient tout le reste, ils se souviendront toujours avec orgueil, et se vanteront avec emphase, des exploits qu'ils auront faits en cette journée ; et alors nos noms seront aussi familiers dans leur bouche que ceux de leur propre famille. Le roi Henri, Bedford, Exeter, Warwick et Talbot, Salisbury et Glocester seront toujours rappelés de nouveau, et salués à pleines coupes. Le bon vieillard racontera cette histoire à son fils ; et d'aujourd'hui à la fin des siècles, ce jour solennel ne passera jamais, qu'il n'y soit fait mention de nous ; de nous, petit nombre d'heureux, troupe de frères : car celui qui verse aujourd'hui son sang avec moi sera mon frère. Fût-il né dans la condition la plus vile, ce jour va l'anoblir : et les gentilshommes d'Angleterre, qui reposent en ce moment dans leur lit se croiront maudits de ne s'être pas trouvés ici. Comme ils se verront petits dans leur estime, quand ils entendront parler l'un de ceux qui auront combattu avec nous le jour de Saint-Crépin !

(Entre Salisbury.)

SALISBURY.—Mon souverain, hâtez-vous de vous préparer : les Français sont rangés dans un bel ordre de bataille, et vont nous charger avec impétuosité.

LE ROI.—Tout est prêt, si nos cœurs le sont.

WESTMORELAND. — Périsse l'homme dont le cœur recule en ce moment !

LE ROI.—Quoi, cousin, tu ne souhaites donc pas à présent de nouveaux secours d'Angleterre ?

WESTMORELAND.—Par l'esprit de Dieu, mon prince, je voudrais que vous et moi tout seuls, sans autre secours, pussions expédier ce combat !

LE ROI.—Allons, tu viens de rétracter ton vœu et de retrancher cinq mille hommes, et cela me plaît bien plus que de nous en souhaiter un seul de plus. (*A tous les chefs.*) Vous connaissez tous vos postes : Dieu soit avec vous !

(Fanfares. Entre Montjoie.)

montjoie. — Une seconde fois, je viens savoir de toi, roi Henri, si tu veux à présent composer pour ta rançon, avant ta ruine certaine : car, tu n'en peux douter, tu es si près de l'abîme, que tu ne peux éviter d'y être englouti. De plus, par pitié, le connétable te prie d'avertir ceux qui te suivent de songer à se repentir de leurs fautes, afin que leurs âmes puissent, dans une douce et paisible retraite, sortir de ces plaines, où les corps de ces infortunés doivent rester gisants et pourrir.

le roi. — Qui t'a envoyé cette fois?

montjoie. — Le connétable de France.

le roi. — Je te prie, reporte-lui ma première réponse : dis-leur qu'ils achèvent ma ruine, et qu'alors ils vendent mes ossements. Grand Dieu! pourquoi prennent-ils à tâche d'insulter ainsi des hommes infortunés? Celui qui jadis vendit la peau du lion, tandis que l'animal vivait encore, fut tué en le chassant. Nombre de nos corps, je n'en doute point, trouveront leur tombeau dans le sein de leur patrie ; et je me flatte qu'au-dessus d'eux, le bronze attestera aux siècles futurs l'ouvrage de cette journée ; et ceux qui laisseront leurs honorables ossements dans la France, mourant en hommes courageux, quoique ensevelis dans votre fange, y trouveront la gloire : le soleil viendra les y saluer de ses rayons, et exaltera leur honneur jusqu'aux cieux : il ne vous restera que les parties terrestres pour infecter votre climat et enfanter une peste sur la France[1]. Songe bien à la bouillante valeur de nos Anglais : quoique mourante, comme un boulet amorti qui ne fait plus que glisser sur le sable, elle se relève et détruit encore dans son nouveau cours ; ses derniers bonds donnent une mort aussi

---

[1] Cette idée n'est pas particulière à Shakspeare ; il se rencontre ici avec Lucain, liv. VII, v. 821 :

> *Quid fugis hanc cladem? quid olentes deseris agros?*
> *Has trahe, Cæsar, aquas ; huc, si potes, utere cœlo.*
> *Sed tibi tabentes populi Pharsalica rura*
> *Eripiunt, camposque tenent victore fugato.*

Corneille a imité ce passage dans *Pompée:*

> . . . . de chars

fatale. Laisse-moi te parler fièrement.—Dis au connétable que nous sommes des guerriers mal vêtus comme en un jour de travail ; que notre éclat et notre dorure sont ternis par une marche pénible, pendant la pluie, dans vos sillons. Il ne reste pas dans notre armée, et c'est, je pense, une assez bonne preuve que nous ne fuirons pas, une seule plume aux panaches, et le temps et l'action ont usé notre parure guerrière. Mais, par la messe, nos cœurs sont parés, et mes pauvres soldats me promettent qu'avant que la nuit vienne, ils seront vêtus de robes fraîches et nouvelles, ou qu'ils arracheront ces panaches neufs et brillants qui ornent la tête des Français, et qu'ils les mettront hors d'état de servir. S'ils tiennent leur parole, comme ils la tiendront, s'il plaît à Dieu, ma rançon alors sera facile à recueillir. Héraut, épargne tes peines. Officieux héraut, ne viens plus me parler de rançon : ils n'en auront point d'autre, je le jure, que ces membres ; et s'ils les ont dans l'état où je compte les laisser, ils n'en retireront pas grande valeur : annonce-le au connétable.

MONTJOIE.—Je le ferai, roi Henri ; et je prends congé de toi : tu n'entendras plus la voix du héraut.

(Il sort.)

LE ROI.—Et moi, j'ai bien peur que tu ne reviennes encore parler de rançon.

(Entre le duc d'York.)

YORK.—Mon souverain, je vous demande à genoux la grâce de conduire l'avant-garde.

LE ROI.—Conduis-la, brave York. Allons, soldats, marchons en avant.—Et toi, grand Dieu, dispose à ta volonté de cette journée !

(Ils sortent.)

Sur ses champs empestés confusément épars ;
Ces montagnes de morts, privés d'honneurs suprêmes,
Que la nature force à se venger eux-mêmes ;
Et de leurs troncs pourris exhalent dans les vents
De quoi faire la guerre au reste des vivants.

Voltaire, dans sa lettre à l'Académie française, oppose les vers qui précèdent à un passage de Shakspeare, mais il s'est prudemment arrêté à ce vers que nous venons de citer. (STEEVENS.)

SCÈNE IV

Le champ de bataille. Bruits de guerre, combats, etc.

Arrivent PISTOL, UN SOLDAT FRANÇAIS, ET *l'ancien* PAGE *de Falstaff.*

PISTOL.—Rends-toi, canaille!

LE SOLDAT FRANÇAIS.—*Je pense que vous êtes le gentilhomme de bonne qualité.*

PISTOL.—*Qualité,* dis-tu?—Es-tu gentilhomme? Comment t'appelles-tu? Réponds-moi?

LE SOLDAT FRANÇAIS.—*O Seigneur Dieu*

PISTOL.—*O Seigneur Diou* doit être un gentilhomme! Fais bien attention à ce que je te vais dire, ô Seigneur Diou, et observe-le. Tu meurs par l'épée, à moins, ô Seigneur Diou, que tu ne me donnes une grosse rançon.

LE SOLDAT FRANÇAIS.—*Oh! prenez miséricorde.—Ayez pitié de moi.*

PISTOL.—*Moy* ne fera pas mon affaire; il m'en faut quarante *moys*[1], ou bien je t'arracherai les entrailles sanglantes.

LE SOLDAT FRANÇAIS.—*Est-il impossible d'échapper à la force de ton bras?*

PISTOL.—*Brass!* Roquet! Quoi, du cuivre? Tu m'offres du cuivre à présent, maudit bouc des montagnes?

LE SOLDAT FRANÇAIS.—*Oh! pardonnez-moi!*

PISTOL.—Ah! est-ce là ce que tu veux dire? Est-ce là une tonne de *moys?* Écoute un peu ici, page, demande pour moi à ce vil Français comment il s'appelle.

LE PAGE, *au Français.*—*Écoutez : comment êtes-vous appelé?*

LE SOLDAT FRANÇAIS.—Monsieur le Fer.

LE PAGE.—Il dit qu'il s'appelle Monsieur Fer.

---

[1] *Moy,* pièce de monnaie. Équivoque qui va être répétée sur le mot *bras,* que l'interlocuteur prend pour *brass,* cuivre.

PISTOL.—Monsieur Fer! Ah! par Dieu, je le ferrerai, je le ferlherai, je le ferrèterai. Rends-lui cela en français.

LE PAGE.—Je ne sais pas ce que c'est que ferrer, ferreter et ferlher en français.

PISTOL.—Dis-lui qu'il se prépare; car je vais lui couper le cou.

LE SOLDAT FRANÇAIS, *au page.*—*Que dit-il, Monsieur?*

LE PAGE.—*Il me commande de vous dire que vous faites-vous prêt : car ce soldat-ci est disposé, tout à cette heure, à couper votre gorge.*

PISTOL.—*Oui, couper gorge, par ma foi, paysan, à moins que tu ne me donnes des écus, et de bons écus, ou je te mets en pièces avec cette épée que voilà.*

LE SOLDAT FRANÇAIS.—*Oh! je vous supplie, pour l'amour de Dieu, de me pardonner. Je suis un gentilhomme de bonne maison : gardez ma vie, et je vous donnerai deux cents écus.*

PISTOL.—Qu'est-ce qu'il dit?

LE PAGE.—*Il vous prie d'épargner sa vie, parce qu'il est un homme de bonne famille, et qu'il vous donnera, pour sa rançon, deux cents écus.*

PISTOL.—Dis-lui que ma fureur s'apaisera, et que je prendrai ses écus.

LE SOLDAT FRANÇAIS.—*Petit monsieur, que dit-il?*

LE PAGE.—*Encore qu'il est contre son jurement de pardonner aucun prisonnier : néanmoins, pour les écus que vous promettez, il est content de vous donner la liberté et le franchissement.*

LE SOLDAT FRANÇAIS.—*Sur mes genoux, je vous donne mille remercîments, et je m'estime heureux d'être tombé entre les mains d'un chevalier, je pense, le plus brave, et le plus distingué seigneur de l'Angleterre.*

PISTOL.—Interprète-moi cela, page.

LE PAGE.—Il dit qu'il vous fait à genoux mille remercîments, et qu'il s'estime très-heureux d'être tombé entre les mains d'un seigneur, à ce qu'il croit, le plus brave, le plus généreux et le plus distingué de toute l'Angleterre.

PISTOL. — Comme il est vrai que je respire, je

veux montrer quelque clémence. Allons, suis-moi!

LE PAGE.—*Suivez, vous, le grand capitaine. (Le soldat et Pistol s'en vont.)* Je n'ai, ma foi, encore jamais vu une voix aussi bruyante sortir d'un cœur aussi vide : aussi cela vérifie bien le proverbe qui dit : Que les tonneaux vides sont les plus sonores. Bardolph et Nym avaient cent fois plus de courage que ce diable de hurleur qui, comme celui de nos antiques farces, se rogne les ongles avec un poignard de bois. Tout le monde en peut faire autant. Ils sont pourtant tous deux pendus : et il y a longtemps que celui-ci aurait été leur tenir compagnie, s'il osait voler quelque chose sans regarder derrière lui. Il faut donc que je reste, moi, avec les goujats qui ont la garde du bagage de notre camp. Les Français feraient un beau butin sur nous, s'ils le savaient; car il n'y a personne pour le garder que des enfants.

(Il sort.)

SCÈNE V

Autre partie du champ de bataille. Bruits de guerre.

LE CONNÉTABLE, LE DUC D'ORLÉANS, BOURBON LE DAUPHIN ET RAMBURE.

LE CONNÉTABLE.—O diable!

LE DUC D'ORLÉANS.—*Ah! seigneur! le jour est perdu, tout est perdu!*

LE DAUPHIN.—*Mort de ma vie!* tout est détruit : tout! La honte se pose avec un rire moqueur sur nos panaches, et nous couvre d'un opprobre éternel. *O méchante fortune!*—Ne nous abandonne pas.

(Bruit de guerre d'un moment.)

LE CONNÉTABLE.—Allons, tous nos rangs sont rompus.

LE DAUPHIN.—O honte qui ne passera point! Poignardons-nous nous-mêmes. Sont-ce là ces misérables soldats dont nous avons joué le sort aux dés?

LE DUC D'ORLÉANS.—Est-ce là le roi à qui nous avons envoyé demander sa rançon?

bourbon. — Opprobre! éternel opprobre! Partout la honte! — Mourons à l'instant. — Retournons encore à la charge; et que celui qui ne voudra pas suivre Bourbon se sépare de nous, et aille, son bonnet à la main comme un lâche entremetteur, se tenir à la porte pendant qu'un esclave aussi grossier que mon chien souille de ses embrassements la plus belle de ses filles.

le connétable. — Que le désordre, qui nous a perdus, nous sauve maintenant! Allons par pelotons offrir notre vie à ces Anglais.

le duc d'orléans. — Nous sommes encore assez d'hommes vivants dans cette plaine pour étouffer les Anglais dans la presse, au milieu de nous, s'il est possible encore de rétablir un peu d'ordre.

bourbon. — Au diable l'ordre, à présent! — Je vais me jeter dans le fort de la mêlée. Abrégeons la vie : autrement notre honte durera trop longtemps.

(Ils sortent.)

SCÈNE VI

Autre partie du champ de bataille.

Bruits de guerre. LE ROI HENRI *entre avec ses soldats,* puis EXETER *et suite.*

le roi. — Nous nous sommes conduits à merveille, braves compatriotes : mais tout n'est pas fait; les Français tiennent encore la plaine.

exeter. — Le duc d'York se recommande à Votre Majesté.

le roi. — Vit-il, ce cher oncle? Trois fois, dans l'espace d'une heure, je l'ai vu terrassé, et trois fois se relever et combattre. De son casque à son éperon, il n'était que sang.

exeter. — C'est en cet état, le brave guerrier, qu'il est couché, engraissant la plaine; et à ses côtés sanglants est aussi gisant le noble Suffolk, compagnon fidèle de ses honorables blessures! Suffolk a expiré le premier et York, tout mutilé, se traîne auprès de son ami, se plonge dans le sang figé où baigne son corps, et soulevant sa tête par sa chevelure, il baise les blessures ouvertes et sanglantes de son visage, et lui crie : « Arrête encore, cher Suffolk, mon âme veut accompagner la tienne dans son vol vers les cieux. Chère âme, attends la mienne ; elles voleront unies ensemble, comme dans cette plaine glorieuse et dans ce beau combat, nous sommes restés unis en chevaliers. » Au moment où il disait ces mots, je me suis approché et je l'ai consolé. Il m'a souri, m'a tendu sa main, et serrant faiblement la mienne, il m'a dit :—Cher lord, recommande mes services à mon souverain. Ensuite il s'est retourné, et il a jeté son bras blessé autour du cou de Suffolk, et a baisé ses lèvres ; et ainsi marié à la mort, il a scellé de son sang le testament de sa tendre amitié, qui a si glorieusement fini. Cette noble et tendre scène m'a arraché ces pleurs que j'aurais voulu étouffer ; mais j'ai perdu le mâle courage d'un homme ; toute la faiblesse d'une femme a amolli mon âme, et a fait couler de mes yeux un torrent de larmes.

LE ROI.—Je ne blâme point vos armes ; car, à votre seul récit, il me faut un effort pour contenir ces yeux couverts d'un nuage, et prêts à en verser aussi. (*Un bruit de guerre.*) Mais écoutons ! Quelle est cette nouvelle alarme ? Les Français ont rallié leurs soldats épars ! Allons, que chaque soldat tue ses prisonniers. Donnez-en l'ordre dans les rangs.

(Ils sortent.)

SCÈNE VII

Autre partie du champ de bataille.

On voit entrer FLUELLEN ET GOWER.

FLUELLEN.—Comment ! on a tué les enfants et le bagage ! C'est contre les lois expresses de la guerre ; c'est un trait de bassesse aussi grand, voyez-vous, qu'on en puisse offrir dans le monde. En votre conscience, là, n'est-ce pas ?

GOWER.—Il est certain qu'il n'est pas resté un seul de ces jeunes enfants en vie ; et ce sont ces infâmes poltrons qui se sauvent de la bataille qui ont fait ce carnage : ils ont encore, outre cela, brûlé ou emporté tout ce qui était dans la tente du roi ; aussi le roi a-t-il, très à propos, ordonné à chaque soldat d'égorger chacun leurs prisonniers. Oh ! c'est un brave roi !

FLUELLEN.—Il est né à Monmouth, capitaine Gower. Comment appelez-vous la ville où Alexandre *le gros* est né ?

GOWER.—Alexandre le Grand, vous voulez dire ?

FLUELLEN.—Quoi, je vous prie, est-ce que *le gros* et *le grand* ne sont pas la même chose ? Le gros, ou le grand, ou le puissant, ou le magnanime, reviennent toujours au même, sinon que la phrase varie un peu.

GOWER.—Je crois qu'Alexandre le Grand est né en Macédoine. Son père s'appelait…. Philippe de Macédoine, à ce que je crois.

FLUELLEN. — Je crois aussi que c'est en Macédoine qu'Alexandre est né. Je vous dirai, capitaine, si vous cherchez dans les cartes du monde, je vous assure que vous trouverez, en comparant Macédoine avec Monmouth, que leur situation, voyez-vous, sont toutes deux les mêmes. Il y a une rivière en Macédoine, il y en a une aussi à Monmouth. Celle de Monmouth s'appelle Wye ; mais pour le nom de l'autre rivière, cela m'a passé de la cervelle ; mais ça n'y fait rien ; c'est aussi semblable l'un à l'autre, comme mes doigts sont avec mes doigts, et elles ont toutes deux du saumon. Si vous faites bien attention à la vie d'Alexandre, la vie de Henri de Monmouth lui ressemble passablement bien aussi, dans ses rages et dans ses furies, et dans ses emportements et dans ses colères, et dans ses humeurs et dans ses chagrins, et dans ses indignations ; et aussi étant un peu enivré dans sa cervelle, il a, dans son vin et sa fureur, tué son meilleur ami Clitus.

GOWER.—Notre roi ne lui ressemble pas en ce cas-là ; car il n'a jamais tué aucun de ses amis.

FLUELLEN.—Cela n'est pas bien de votre part, voyez-vous, de m'arracher la parole de la bouche avant que mon conte soit fait et fini. Je ne parle qu'en figures et en comparaisons de l'histoire : de même qu'Alexandre tua son ami Clitus étant dans son vin et à boire, de même aussi Henri Monmouth, étant dans son bon sens et sain de jugement, a chassé le gros et gras baron, qui avait ce gros ventre, celui qui était si plein de bons mots, de plaisanteries, de bons tours et de bouffonneries.... j'ai oublié son nom....

GOWER.—Quoi ! le chevalier Falstaff?

FLUELLEN.—Précisément, c'est lui-même. Je vous dis qu'il y a de braves gens nés à Monmouth.

GOWER.—Voilà Sa Majesté.

(Bruit de guerre. Entrent le roi Henri, Warwick, Glocester, Exeter, Fluellen, etc. Fanfare.)

LE ROI.—Depuis que j'ai posé le pied en France, je ne me suis senti en colère que dans cet instant. Prends ta trompette, héraut : vole à ces cavaliers que tu vois là-bas sur la colline. S'ils veulent combattre, dis-leur de descendre, sinon qu'ils évacuent la plaine : leur vue nous offense. S'ils ne veulent prendre ni l'un ni l'autre parti, nous irons les trouver, et nous les précipiterons de cette colline, aussi rapidement que la pierre lancée par les frondes de l'antique Assyrie. En outre, nous couperons la gorge de ceux que nous avons ici, et pas un de ceux que nous prendrons ne trouvera miséricorde. —Va le leur dire.

(Entre Montjoie.)

EXETER.—Voici le héraut de France, mon prince, qui vient vers nous.

GLOCESTER.—Son regard est plus humble que de coutume.

LE ROI.—Quoi donc ! Que veut dire ceci, héraut? Ne sais-tu pas que j'ai dévoué ces ossements au payement de ma rançon ? Viens-tu encore me parler de rançon ?

MONTJOIE.—Non, grand roi. Je viens te demander, au nom de l'humanité, la permission de parcourir cette plaine sanglante, d'y compter nos morts pour les ensevelir, et séparer les nobles des morts vulgaires. Car les vils paysans baignent leurs membres dans le sang des princes; et nombre de princes, ô malédiction sur cette journée! sont noyés dans un sang vil et mercenaire, tandis que leurs coursiers, blessés et enfoncés jusqu'au poitrail dans le sang, s'indignent, et dans leur fureur, foulent sous leurs pieds armés de fer leurs maîtres déjà morts, et les tuent deux fois. O permets-nous, grand roi, d'errer en sûreté dans la plaine, et de disposer de leurs cadavres!

LE ROI.—Je te dirai franchement, héraut, que je ne sais pas si la victoire est à nous, ou non; car je vois encore de nombreux escadrons de vos cavaliers galoper sur la plaine.

MONTJOIE.—La victoire est à vous.

LE ROI.—Louanges en soient rendues à Dieu, et non pas à notre force!—Comment appelle-t-on ce château, qui est tout près d'ici?

MONTJOIE.—On l'appelle Azincourt.

LE ROI.—Nous nommerons donc ce combat la bataille d'Azincourt, donnée le jour des saints Crépin et Crépinien.

FLUELLEN.—Plaise à Votre Majesté, votre grand-père, de fameuse mémoire, et votre grand-oncle, Édouard le Noir, prince de Galles, à ce que j'ai lu dans les chroniques, ont soutenu une bien brave bataille ici en France.

LE ROI.—Il est vrai, Fluellen.

FLUELLEN.—Votre Majesté dit bien vrai. Si Votre Majesté s'en souvient, les Gallois ont été bien utiles dans un jardin où il y avait des poireaux, en portant des poireaux à leurs bonnets à la Monmouth; ce que Votre Majesté sait bien être encore aujourd'hui une marque honorable de ce service-là; et je crois bien aussi que Votre Majesté ne dédaigne pas, sans doute, de porter aussi le poireau à la Saint-David.

LE ROI.—Je le porte, sans doute, en signe d'un honneur mémorable; car je suis Gallois aussi moi-même, vous le savez, mon cher compatriote.

FLUELLEN.—Toute l'eau de la rivière Wye ne laverait pas le sang gallois qui coule dans les veines de Votre

Majesté ; je peux vous dire cela. Dieu vous bénisse, et vous conserve autant qu'il plaira à Sa Grâce et à Sa Majesté aussi.

LE ROI.—Je te rends grâces, mon cher compatriote.

FLUELLEN.—Par mon Jésus! je suis le compatriote de Votre Majesté, le sache qui voudra ; je l'avouerai à toute la terre, je n'ai pas lieu de rougir de Votre Majesté. Dieu soit loué, tant que Votre Majesté sera un honnête homme.

LE ROI.—Dieu veuille me conserver tel. (*Montrant le héraut de France.*) Que nos hérauts l'accompagnent. Rapportez-moi au juste le nombre des morts de l'une et l'autre armée. (*Le roi montrant Williams.*) Qu'on m'appelle ce soldat que voilà.

EXETER.—Soldat, venez parler au roi.

LE ROI.—Soldat, pourquoi portes-tu ce gant à ton chapeau ?

WILLIAMS.—Sous le bon plaisir de Votre Majesté, c'est le gage d'un homme avec lequel je dois me battre, s'il est encore en vie.

LE ROI.—Est-ce un Anglais ?

WILLIAMS.—Sous le bon plaisir de Votre Majesté, c'est un drôle avec qui j'ai eu dispute la nuit dernière, et à qui, s'il est en vie et si jamais il ose réclamer ce gant-là, j'ai juré d'appliquer un soufflet ; ou bien, si je puis apercevoir mon gant à son bonnet, comme il a juré foi de soldat qu'il l'y porterait (s'il est en vie), je le lui ferai sauter de la tête d'une belle manière.

LE ROI.—Que pensez-vous de ceci, capitaine Fluellen ? —Est-il à propos que ce soldat tienne son serment ?

FLUELLEN.—C'est un fanfaron et un lâche s'il ne le fait pas ; plaise à Votre Majesté, en conscience.

LE ROI.—Peut-être que son ennemi est un homme d'un rang supérieur, qui n'est pas dans le cas de lui faire raison.

FLUELLEN.—Quand il serait aussi bon gentilhomme que le diable, que Lucifer et Belzébuth lui-même, il est nécessaire, voyez-vous, sire, qu'il tienne son vœu et son serment. S'il se parjurait, voyez-vous, sa réputation serait celle d'un insigne poltron, comme il est vrai que son soulier noir a foulé la terre de Dieu, sur mon âme et conscience.

LE ROI.—Cela étant, tiens ton serment, soldat, quand tu rencontreras ce drôle-là.

WILLIAMS.—Aussi ferai-je, sire, comme il est vrai que je vis.

LE ROI.—Sous qui sers-tu?

WILLIAMS.—Sous le capitaine Gower, sire.

FLUELLEN.—Gower est un bon capitaine, et qui a son bon savoir et une bonne littérature dans la guerre.

LE ROI.—Va le chercher, soldat, et me l'amène.

WILLIAMS.—J'y vais, sire.

(Williams sort.)

LE ROI.—Tiens, Fluellen, porte cette faveur pour moi, et mets-la à ton chapeau. Tandis qu'Alençon et moi nous étions par terre, j'ai arraché ce gant de son casque. Si quelqu'un le réclame, il faut que ce soit un ami d'Alençon, et notre ennemi par conséquent : ainsi, si tu le rencontres, arrête-le si tu m'aimes.

FLUELLEN.—Votre Grâce me fait un aussi grand honneur que puisse en désirer le cœur de ses sujets. Je voudrais, de toute mon âme, trouver l'homme planté sur deux jambes qui se trouvera offensé à la vue de ce gant : voilà tout; mais je voudrais bien le voir une fois. Dieu veuille, de sa grâce, que je le voie!

LE ROI.—Connais-tu Gower?

FLUELLEN. — C'est mon cher ami, sous le bon plaisir de Votre Majesté.

LE ROI. — Je t'en prie, va donc le chercher, et amène-le à ma tente.

FLUELLEN.—Je pars.

LE ROI.—Lord Warwick, et vous, mon frère Glocester, suivez de près Fluellen : le gant que je lui ai donné comme une faveur pourrait bien lui attirer un affront. C'est le gant d'un soldat que je devrais, d'après la convention, porter moi-même. Suivez-le, cousin Warwick. Si le soldat le frappait, comme je présume à son maintien brutal qu'il tiendra sa parole, il pourrait en arriver quelque malheur soudain ; car je connais Fluellen pour un homme courageux et, quand on l'irrite, vif comme le salpêtre : il sera prompt à lui rendre injure pour injure. Suivez-le, et veillez à ce qu'il n'arrive aucun malheur entre eux deux. Venez avec moi, vous, mon oncle Exeter.

SCÈNE VIII

Devant la tente du roi.

Entrent GOWER et WILLIAMS.

WILLIAMS.—Je gage que c'est pour vous faire chevalier, capitaine.

(Arrive Fluellen.)

FLUELLEN.—La volonté de Dieu soit faite et son bon plaisir. Capitaine, je vous supplie, venez-vous-en bien vite chez le roi ; il se prépare peut-être plus de bien pour vous par hasard, que vous ne sauriez vous imaginer.

WILLIAMS.—Monsieur, connaissez-vous ce gant-là?

FLUELLEN.—Ce gant-là? Je sais que ce gant est un gant.

WILLIAMS.— Et moi, je connais celui-ci, et voilà comme je le réclame.

(Il le frappe.)

FLUELLEN.—Sang-Dieu ! voilà un traître s'il y en a un dans le monde universel, en France ou en Angleterre.

GOWER.—O Dieu ! qu'est-ce qu'il y a donc? (*A Williams.*) Vous, misérable....

WILLIAMS.—Croyez-vous que je veuille être parjure?

FLUELLEN.—Retirez-vous, capitaine Gower ; je m'en vais le traiter, le traître, comme il le mérite, et je l'arrangerai d'importance, je vous assure.

WILLIAMS.—Je ne suis point un traître.

FLUELLEN.—C'est un mensonge : qu'il t'étrangle. Je

vous ordonne à vous présent, et au nom de Sa Majesté, de l'arrêter. C'est un ami du duc d'Alençon.

(Entrent Warwick et Glocester.)

WARWICK.—Qu'est-ce que c'est? Qu'y a-t-il donc là? De quoi s'agit-il?

FLUELLEN.—Monseigneur, voilà, Dieu soit béni, une des plus contagieuses trahisons qui vient de se découvrir, voyez-vous, que vous puissiez voir dans le plus beau jour d'été.—Voici Sa Majesté.

(Entrent le roi Henri et Exeter.)

LE ROI.—Comment? De quoi s'agit-il donc ici?

FLUELLEN.—Sire, voici un scélérat, un traître, qui a, voyez-vous, sire, frappé le gant que Votre Majesté a arraché du casque d'Alençon.

WILLIAMS.—Sire, c'était là mon gant, car voilà le pareil, et celui à qui je l'ai donné en échange m'a promis de le porter à son bonnet : je lui ai promis de le frapper s'il osait le faire ; j'ai rencontré cet homme avec mon gant à son bonnet, et j'ai tenu ma parole.

FLUELLEN.—Or, écoutez à présent, sire, sous le bon plaisir de votre vaillance, quel misérable maraud c'est là. J'espère que Votre Majesté assurera, attestera, témoignera, et protestera bien, que c'est là le gant d'Alençon que Votre Majesté m'a donné, en votre conscience, là.

LE ROI.—Donne-moi ton gant, soldat ; vois-tu, voilà le pareil. C'est moi, je te l'assure, que tu as promis de frapper, et tu peux te ressouvenir que tu t'es servi de termes très-durs à mon égard.

FLUELLEN.—Eh bien, plaise à Votre Majesté, que la tête en réponde s'il y a des lois martiales dans le monde.

LE ROI.—Comment peux-tu me faire satisfaction pour cette offense?

WILLIAMS.—Toutes les offenses, mon prince, viennent du cœur, et je proteste qu'il n'est jamais rien sorti du mien qui puisse offenser Votre Majesté.

LE ROI.—C'est nous-même cependant que tu as insulté.

WILLIAMS.—Vous ne vous êtes pas présenté alors sous

les traits de Votre Majesté; vous ne m'avez paru que comme un soldat ordinaire, témoin la nuit qu'il faisait, votre uniforme et votre air soumis; et ce que Votre Altesse a souffert sous cette forme, je vous supplie de le regarder comme votre faute et non comme la mienne; car si vous eussiez été ce que je vous croyais, il n'y avait point d'offense : c'est pourquoi je supplie Votre Altesse de me pardonner.

LE ROI.—Tenez, mon oncle Exeter, remplissez ce gant d'écus, et donnez-le à ce soldat.—Garde-le, soldat, et porte-le à ton bonnet comme une marque d'honneur, jusqu'à ce que je le réclame : donnez-lui les écus. (*A Fluellen.*) Et vous, capitaine, il faut être aussi de ses amis.

FLUELLEN.—Par ce jour et par cette lumière, ce drôle-là a du courage et du feu dans le ventre. Tiens, voilà un écu pour toi, et je te recommande de servir bien Dieu, et de te préserver des brouilleries, des vacarmes et des querelles, et des discussions, et je t'assure que tu t'en trouveras mieux.

WILLIAMS.—Je ne veux point de votre argent.

FLUELLEN.—C'est de bon cœur : moi je te dis que cela te servira pour raccommoder ton havre-sac : allons, pourquoi faire le honteux comme cela? Ton havre-sac n'est déjà pas si bon. C'est un bon écu, je t'assure, ou bien attends, je le changerai.

(Entre un héraut.)

LE ROI.—Eh bien, héraut, les morts sont-ils comptés?

LE HÉRAUT.—Voici la liste de ceux de l'armée française.

LE ROI.—Digne oncle, quels sont les prisonniers de marque que nous avons faits?

EXETER.—Charles, duc d'Orléans, neveu du roi; Jean, duc de Bourbon, et le seigneur Boucicaut, et des autres seigneurs, barons, chevaliers, gentilshommes, quinze cents, sans compter les soldats.

LE ROI.—Cette liste porte dix mille Français morts restés sur le champ de bataille. Dans ce nombre, il y en a cent vingt-six, tant princes que nobles, portant bannière ; ajoutez huit mille quatre cents, tant chevaliers, écuyers et autres guerriers distingués, dont il y en a cinq cents qui n'ont été faits chevaliers que d'hier ; en sorte que, dans les dix mille hommes qu'ils ont perdus, il n'y a que six cents mercenaires : le reste sont tous princes, barons, seigneurs, chevaliers, écuyers et gentilshommes de naissance et de qualité. Les noms de leurs nobles qui ont été tués : Charles d'Albret, grand connétable de France ; Jacques Châtillon, amiral de France ; le grand maître des arbalétriers ; le seigneur Rambure ; le brave Guichard Dauphin, grand maître de France ; Jean, duc d'Alençon ; Antoine, duc de Brabant, frère du duc de Bourgogne ; Édouard, duc de Bar ; parmi les hauts comtes : Grandpré, Roussi, Fauconberg et de Foix, Beaumont, Merle, Vaudemont et Lestrelles. Voilà une société de morts illustres.—Où est la liste des morts anglais ? (*Le héraut lui présente un autre papier.*) Édouard, duc d'York ; le comte de Suffolk ; sir Richard Kelty ; David Gam, écuyer, point d'autre de marque ; et des soldats, vingt-cinq en tout. O Dieu du ciel ! ton bras s'est signalé ici ; et c'est à toi seul, et non pas à nous, que nous devons rendre tout l'honneur de cette journée ! Quand jamais a-t-on vu, dans la mêlée d'une bataille rangée, et sans ruse ni stratagème, une si grande perte d'un côté, une si légère de l'autre ? Prends-en tout l'honneur, grand Dieu, car il t'appartient tout entier.

EXETER.—Cela est miraculeux !

LE ROI.—Allons, marchons en procession au village prochain, et proclamons dans notre armée la défense, sous peine de mort, de se vanter de cette victoire, et d'en enlever à Dieu l'hommage ; il n'appartient qu'à lui seul.

FLUELLEN.—Ne peut-on pas sans crime, s'il plaît à Votre Majesté, dire le nombre des morts ?

LE ROI.—Oui, capitaine ; mais avec l'aveu que Dieu a combattu pour nous.

FLUELLEN.—Oui, sur ma conscience, il nous a fait grand bien.

LE ROI.—Remplissons tous les devoirs religieux. Qu'on

chante le *Non nobis*[1] et le *Te Deum*. Après avoir pieusement enseveli les morts, nous marcherons vers Calais, et de là en Angleterre, où jamais n'abordèrent de France des mortels plus fortunés que nous.

(Ils sortent.)

[1] Dans le psaume *In exitu*, que le roi fit chanter après la victoire, se trouve, selon la Vulgate, celui qui commence par *Non nobis*, *Domine*.

FIN DU QUATRIÈME ACTE.

ACTE CINQUIÉME

LE CHŒUR.

Permettez, vous qui n'avez pas lu l'histoire, que je vous en retrace les événements ; et vous qui la connaissez, pardonnez mes écarts sur les temps, le nombre et l'ordre exact des faits, qui ne peuvent être présentés ici dans leurs vastes détails, et leur vivante réalité.— Maintenant c'est vers Calais que nous transportons Henri. Admettez-le dans le port, et ensuite portez-le sur l'aile de vos pensées au travers des mers : voyez autour du rivage anglais cette large ceinture d'hommes, de femmes et d'enfants, dont les acclamations et les applaudissements surmontent la vaste voix de l'Océan ; et l'Océan, qui, comme un puissant héraut, semble lui préparer sa route : voyez le roi descendre au milieu de son peuple, et s'avancer en pompe solennelle vers Londres. La pensée court d'un pas si rapide, que vous pouvez déjà le suivre sur Blackheath. Là ses lords lui demandent de porter devant lui, jusqu'à la cité, son casque brisé, et son épée ployée dans le combat. Exempt de vanité et d'orgueil, il défend cet honneur, et se refuse tout trophée, tout appareil, toute ostentation de gloire, pour les réserver à Dieu seul. Mais animez encore la forge active et l'atelier de la pensée, et voyez avec quelle impétuosité Londres verse les flots de ses habitants ; voyez sortir de ses portes le lord maire et tous ses collègues, dans leur plus riche parure; semblables aux sénateurs de l'antique Rome ; suivent les plébéiens en foule pressée, pour aller recevoir en triomphe leur conquérant César ; ou bien, par une image moins grande, mais gracieuse pour nous, figurez-vous le général de notre souveraine[1] revenant aujourd'hui, comme il pourra revenir dans un temps heureux, des terres de l'Irlande, portant sur son glaive les trophées de la rébellion domptée. O quelle multitude immense quitterait le sein paisible de Londres pour courir saluer son retour glorieux! Plus grande était la foule qui volait au-devant de Henri, et plus grande aussi fut sa victoire. A présent, placez-le dans le palais de Londres, où l'humble plainte des Français gémissants invite le roi d'Angleterre à établir son séjour; où l'empereur, s'intéressant pour la France, vient régler les articles de la paix; franchissez tous les événements qui se succédèrent jusqu'au retour de Henri en France : c'est là qu'il faut le ramener. Moi-même j'ai employé l'intervalle à vous rappeler.... qu'il est passé. Souffrez donc cette abréviation; et que vos yeux, suivant le vol de vos idées, reportent leurs regards sur la France.

SCÈNE I

France. — Corps de garde anglais.

FLUELLEN et GOWER.

gower.—Oh! pour cela vous avez raison : mais pourquoi portez-vous encore votre poireau à votre chapeau? La Saint-David est passée.

fluellen.—Il y a des occasions et des causes, des pourquoi dans toutes choses. Tenez, je vous le dirai en ami, capitaine Gower, ce coquin, ce misérable mendiant, ce fanfaron, ce pendard de Pistol, que vous, vous-même, comme tout le monde, savez ne valoir pas mieux qu'un drôle, voyez-vous, qui n'a aucun mérite : eh bien, il est venu à moi hier m'apporter du pain et du sel, voyez-vous, et m'a dit de manger mon poireau. Or,

---

[1] Le comte d'Essex, alors favori d'Élisabeth.

c'était dans un endroit où je ne pouvais pas élever de dispute avec lui ; mais je prendrai la liberté de le porter en emblème à mon chapeau, jusqu'à ce que je le retrouve, et puis je lui dirai un petit morceau de mon sentiment.

(Entre Pistol.)

GOWER.—Ma foi, le voilà qui vient en se rengorgeant comme un paon.

FLUELLEN.—Tous ses rengorgements et ses paons n'y font rien.—Dieu vous assiste, vieux Pistol, infâme et misérable vaurien, Dieu vous assiste !

PISTOL.—Ah ! sors-tu de Bedlam[1], toi ? Est-ce que tu veux, vil Troyen, que je déchire la toile fatale dont la Parque ourdit ta trame. Retire-toi de moi ; l'odeur du poireau me donne des vapeurs.

FLUELLEN.—Je vous prie en grâce, monsieur le drôle, l'impertinent, à mon désir, à ma requête et à ma supplique, de manger, voyez-vous, ce poireau : précisément, voyez-vous, parce que vous ne l'aimez pas, et vos affections, vos appétits et vos digestions ne s'accordent point avec cela : je vous prie de vouloir bien le manger.

PISTOL.—Non, pardieu, pour *Cadwallader*[2], et toutes ses chèvres, je ne le mangerai pas.

FLUELLEN.—Tiens, voilà une chèvre pour toi. (*Il le frappe.*)—Voudriez-vous avoir la bonté de le manger tout à l'heure ?

PISTOL.—Infâme Troyen, tu mourras.

FLUELLEN.—Vous avez raison, maraud ; quand il plaira à Dieu : en même temps je vous prierai de vouloir vivre, afin de manger votre dîner. Tiens, voilà un peu d'assaisonnement avec. (*Il le frappe.*) Vous m'avez appelé hier gentilhomme de montagne ; mais je vous ferai aujourd'hui gentilhomme de bas étage. Je vous en prie, commencez donc : pardieu, si vous pouvez bien goguenarder un poireau, vous pouvez bien le manger aussi.

---

[1] *Bedlam*, les Petites-Maisons de l'Angleterre.
[2] Allusion à quelque roman.

GOWER.—Allons, en voilà assez, capitaine : vous l'avez étourdi du coup.

FLUELLEN.—Je dis que je lui ferai manger ce poireau, ou je lui frotterai la tête quatre jours de suite.—Allons, mordez, je vous en prie, cela fera du bien à votre maladie et à votre crête rouge de fat.

PISTOL.—Quoi ! faut-il que je morde ?

FLUELLEN.—Oui, sans doute, sans question, et sans ambiguïtés.

PISTOL.—Par ce poireau, je m'en vengerai horriblement. Je mange, mais aussi je jure....

FLUELLEN, *tenant la canne levée.*—Mangez, je vous prie. Est-ce que vous voudriez encore un peu d'épices pour votre poireau ? Il n'y a pas encore là assez de poireau, pour jurer par lui.

PISTOL.—Tiens ta canne en repos ; tu vois bien que je mange.

FLUELLEN.—Grand bien te fasse, lâche poltron ; c'est de bon cœur.—Oh ! mais je vous en prie, n'en jetez pas la moindre miette par terre ; la pelure est bonne pour raccommoder votre crête déchirée. Quand vous trouverez l'occasion de voir des poireaux, vous m'obligerez beaucoup de les goguenarder, entendez-vous ? Voilà tout.

PISTOL.—Fort bien.

FLUELLEN.—Ah ! c'est une bien bonne chose que les poireaux ! Tenez, voilà quatre sous pour guérir votre tête.

PISTOL.—A moi, quatre sous !

FLUELLEN.—Oui, certainement ; et en vérité vous les prendrez ; ou bien j'ai encore un poireau dans ma poche que vous mangerez.

PISTOL.—Je prends tes quatre sous comme des arrhes de vengeance.

FLUELLEN.—Si je vous dois quelque chose, je vous payerai en coups de canne : vous serez marchand de bois, et vous n'achèterez de moi que des bâtons. Dieu vous accompagne, vous conserve et vous guérisse la tête!

(Il sort.)

PISTOL.—Mort de ma vie! je remuerai tout l'enfer pour venger cet affront.

GOWER.—Allez, vous n'êtes qu'un lâche rodomont. Comment osez-vous vous moquer d'une ancienne tradition, qui a pris sa source dans une circonstance honorable, et dont l'emblème se porte aujourd'hui comme un trophée, en mémoire de la mort des braves gens; surtout lorsque vous n'osez pas soutenir vos paroles par vos actions! Je vous ai déjà vu deux ou trois fois badiner, invectiver ce galant homme. Vous avez cru sans doute que, parce qu'il ne pouvait pas parler aussi bon anglais que ceux du pays, il ne saurait pas non plus manier un bâton anglais. Vous voyez aujourd'hui qu'il en est tout autrement. A commencer donc de ce jour, prenez cette correction galloise comme une bonne leçon anglaise. Adieu, portez-vous bien. (Il sort.)

PISTOL, *seul*.—Est-ce que la Fortune se joue de moi à présent! Je viens d'apprendre que ma chère Hélène est morte à l'hôpital, de la maladie de France, et voilà mon rendez-vous manqué. Je me fais vieux, et l'honneur vient d'être expulsé de mes membres affaiblis, à grands coups de bâton. Eh bien! je m'en vais me faire agent de plaisir, et suivre un peu mon penchant pour couper les bourses avec dextérité. Je m'en irai secrètement en Angleterre, et là je filouterai, et je mettrai des emplâtres sur ces cicatrices, et je jurerai que je les ai attrapées dans les guerres de France.

SCÈNE II

Troyes en Champagne. — Appartement dans le palais du roi de France.

Par une porte entrent LE ROI HENRI, EXETER, BEDFORD, WARWICK, *et autres lords anglais; et par l'autre* LE ROI DE FRANCE, LA REINE ISABELLE, LA PRINCESSE CATHERINE, LE DUC DE BOURGOGNE *et autres seigneurs français.*

LE ROI.—Que la paix, qui est l'objet de notre entrevue,

y préside!—Santé et bonheur à notre frère de France, et à notre illustre sœur!—Beaux jours et prospérité à notre belle princesse et cousine Catherine! Et vous, membre et rejeton de cette cour, vous dont les soins ont formé cette auguste assemblée, brave duc de Bourgogne, recevez notre salut, et vous aussi, princes et pairs de France.

LE ROI DE FRANCE.—Nous sommes dans la joie de vous voir, digne frère d'Angleterre. Vous êtes le bienvenu! et vous tous aussi, princes anglais.

LA REINE ISABELLE.—Puisse la fin de ce beau jour, ô grand roi! et l'issue de cette gracieuse assemblée, être aussi heureuses, qu'est grande notre joie de vous voir, et d'envisager ces yeux terribles qui ont eu pour les Français qu'ils ont fixés l'effet mortel de ceux du basilic. Nous avons le doux espoir que ces regards ont perdu leur venin, et que ce jour va changer en amour toutes les haines et tous les griefs.

LE ROI.—C'est pour dire *amen* à ce vœu que nous nous montrons ici.

LA REINE ISABELLE.—Princes de l'Angleterre, je vous salue tous.

LE DUC DE BOURGOGNE.—Vous qui m'êtes également chers, puissants rois de France et d'Angleterre, recevez mes respectueux hommages.—Que j'ai déployé toutes les ressources de mon esprit, prodigué tous mes efforts et tous mes soins, pour amener Vos Majestés à ce rendez-vous royal; c'est ce que vous pouvez attester tous les deux, chacun de votre côté. Puisque ma médiation a réussi à vous rapprocher l'un de l'autre, au point de vous voir face à face, les yeux fixés l'un sur l'autre, qu'on ne me fasse pas un crime de demander, en présence de cette assemblée de rois, quel est donc l'obstacle qui retarde la paix; qui empêche que cette tendre nourrice des arts, de l'abondance et de toutes les productions heureuses, maintenant indigente et nue, et le sein déchiré de plaies, ne puisse enfin de nouveau montrer ses aimables traits dans ce beau jardin de l'univers, dans notre fertile France? Hélas! depuis trop longtemps elle est bannie de ce royaume, dont toutes les richesses naturelles languissent en groupes informes et stériles, et se corrompent dans leur propre fécondité. Ses vignes, dont les esprits réjouissent le cœur, meurent non émondées. Ses vergers, comme des prisonniers dont la chevelure s'est allongée en désordre, poussent des rameaux entremêlés. Ses terres en friche se couvrent d'ivraie, de ciguë et de triste fumeterre; et le soc, qui devait extirper ces plantes ennemies, se rouille dans le repos. Ses vastes prairies, jadis couronnées d'une agréable moisson de primevères veinées, de pimprenelle, et de trèfle verdoyant, privées aujourd'hui de la faux, sont dégénérées, et n'enfantent que des herbes paresseuses. Rien ne prospère, que l'odieuse bougrande, le chardon épineux, et le vil glouteron : elles ont perdu leur belle et utile parure. Tels que nos vignobles, nos champs, nos prés et nos vergers, qui, dépravés dans leurs qualités natives, ne produisent plus que de sauvages avortons; nous aussi, nos familles et nos enfants, nous avons oublié ou cessé d'apprendre, faute de temps, les sciences, ornement de notre patrie. Nous devenons comme des sauvages, comme des soldats, qui ne méditent plus rien que le sang; livrés aux imprécations grossières, aux regards féroces, au costume barbare de la guerre, et à toutes sortes d'habitudes étranges et indignes de l'homme. C'est pour rétablir les choses dans leur ancien état de splendeur, que vous êtes ici présents; et ce discours est une prière que je vous adresse, pour savoir pourquoi la paix ne repousserait pas tous ces maux et ne nous rendrait pas le bonheur de ses anciennes faveurs.

LE ROI.—Duc de Bourgogne, si vous voulez la paix, dont l'absence laisse le champ libre à tous les vices que vous avez dénombrés, il faut que vous l'achetiez par un consentement sans réserve à toutes nos justes demandes. Vous en avez dans vos mains les articles et les clauses détaillés en peu de mots.

LE DUC DE BOURGOGNE. — Le roi de France en a entendu la lecture, et il n'y a point encore donné sa réponse.

LE ROI.—Eh bien, c'est de sa réponse que dépend la paix que vous sollicitez avec tant d'ardeur.

LE ROI DE FRANCE.—Je n'ai parcouru tous ces articles que d'un œil rapide. S'il plaît à Votre Grâce de nommer quelques lords parmi ceux qui sont présents à ce conseil, pour les relire avec nous, et les examiner avec plus d'attention, nous allons, sans délai, accepter ce que nous approuvons, et donner sur le reste notre réponse décisive.

LE ROI.—Volontiers, mon frère.—Allez, mon oncle Exeter, et vous aussi, mon frère Glocester; et vous, Warwick, Huntington, suivez le roi; et je vous donne le plein pouvoir de ratifier, d'augmenter, ou de changer, selon que votre prudence le jugera avantageux à notre dignité, tous les articles compris ou non compris dans nos demandes; et nous y apposerons notre sceau royal. (*A la reine.*) Voulez-vous, aimable sœur, suivre les princes, ou rester avec nous?

LA REINE.—Mon gracieux frère, je vais les suivre. Quelquefois la voix d'une femme peut être utile au bien, lorsque les hommes se débattent trop longtemps sur des articles trop obstinément exigés.

LE ROI.—Du moins laissez-nous notre belle cousine. Catherine est l'objet de notre principale demande, et cet article est le premier de tous.

LA REINE ISABELLE.—Elle est libre de rester.

(Tous sortent excepté Henri, Catherine et sa suivante.)

LE ROI.—Belle Catherine, la plus belle des princesses, voudriez-vous me faire la grâce d'enseigner à un soldat des termes propres à flatter l'oreille d'une dame, et à plaider près de son tendre cœur la cause de l'amour?

CATHERINE.—Votre Majesté se moquerait de moi; je ne saurais parler votre *Angleterre.*

LE ROI.—O belle Catherine! si vous voulez bien m'aimer de tout votre cœur français, j'aurai bien du plaisir à vous entendre avouer votre amour en mauvais anglais. —M'aimez-vous, Catherine?

CATHERINE.—*Pardonnez-moi; je ne saurais dire ce qui me ressemble*[1].

LE ROI.—Un ange, Catherine : et vous ressemblez à un ange.

CATHERINE.—*Que dit-il, que je suis semblable à ces anges?*

ALIX.—*Oui vraiment (sauf votre grâce), ainsi dit-il.*

LE ROI.—Je l'ai dit, Catherine, et ne rougis point de l'affirmer.

CATHERINE.—*Oh! bon Dieu! les langues des hommes sont pleines de tromperies.*

LE ROI, *à la dame d'honneur.*—Que dit-elle, belle dame? que les langues des hommes sont pleines de tromperies?

LA DAME.—Oui, que les langues de les hommes *sont pleines de perfidies!* Voilà le dire de la princesse.

LE ROI.—La princesse n'en est que meilleure Anglaise. Sur ma foi, ma chère Catherine, ma manière de vous faire la cour va, on ne peut pas mieux, avec votre peu de connaissance dans ma langue. Je suis bien aise que vous ne sachiez pas mieux parler anglais; car, si vous le saviez, vous me trouveriez si uni et si fort sans façon pour un roi, que vous croiriez que je viens de vendre ma ferme pour en acheter ma couronne. Je ne sais ce que c'est que de filer en propos galants une déclaration d'amour; je dis tout rondement, *je vous aime;* et si vous me pressez, si vous m'en demandez plus que cette question, *est-il bien vrai que vous m'aimez?* je suis au bout de mon rôle. Donnez-moi votre réponse; là, du cœur; en même temps frappons-nous dans la main, et tout est dit: c'est un marché conclu.—Que répondez-vous, madame?

CATHERINE.—*Sauf votre honneur,* moi entendre bien vous.

LE ROI.—Sainte Marie! si vous exigiez de moi des vers ou une danse, pour vous plaire, chère Catherine, ma foi, ce serait fait de moi; car pour les vers, je n'ai ni mots ni mesure; et pour la danse je n'ai ni *mesure* ni cadence, quoique je sois en bonne mesure pour la force. S'il ne fallait pour gagner le cœur d'une dame, que sauter en selle, ma cuirasse sur le dos, sans me vanter, je

---

[1] Équivoque sur le mot *like*, semblable, et *to like*, aimer.

suis sûr que je ne serais pas long à sauter sur elle : ou bien, s'il était question de combattre pour ma maîtresse, ou de faire volter mon cheval pour obtenir ses faveurs, je me sens en état de m'en tirer aussi bien que le plus hardi, et de me tenir en selle comme un singe. Mais sur mon Dieu, Catherine, je n'entends rien à faire les yeux doux, ni à débiter avec grâce mon éloquence, et je ne sais mettre aucun art dans mes protestations : je ne sais faire que des serments tout ronds, que je ne profère jamais que je n'y sois forcé, mais aussi qu'on ne peut jamais me forcer de violer. Si tu te sens capable, Catherine, d'aimer un cavalier de cette trempe, dont la figure ne craint plus le hâle, qui ne se regarde jamais dans un miroir, pour le plaisir de s'y voir, allons, qu'un coup d'œil déclare ton choix. Je te parle en soldat : si cette franchise peut t'engager à m'aimer, accepte-moi; sinon, quand je te dirai que je mourrai, cela sera bien vrai un jour; mais que je mourrai d'amour pour toi, pardieu, je mentirais; et cependant je t'aime bien : et tant que tu vivras, chère Catherine, souviens-toi de prendre un époux d'une trempe d'amour toute brute et sans artifice; car alors il faut, de toute nécessité, qu'il te rende ce qui t'appartient, attendu qu'il n'a pas le don d'aller faire sa cour ailleurs. Il est de beaux diseurs, dont la langue ne tarit jamais, et qui ont le talent d'attraper avec des rimes les faveurs des dames; mais leurs beaux discours les en privent bientôt. Après tout, qu'est-ce qu'un beau parleur? un bavard. Les vers? une ballade. Une bonne jambe peut se casser, un dos bien droit se courbera, une barbe bien noire blanchira un jour, une tête bien frisée deviendra chauve, une belle figure se fanera, un œil bien saillant se creusera; mais un bon cœur, Catherine, vaut le soleil et la lune, ou plutôt le soleil et non la lune : car ce cœur brille toujours et ne change jamais dans son cours invariable. Si tu veux un cœur de cette trempe, prends le mien, prends un soldat, prends un roi. Eh bien, que réponds-tu à présent à mon amour? Parlez, ma belle; et avec franchise, je vous en conjure.

CATHERINE.—*Est-il possible à moi de aimer le ennemi de France?*

LE ROI.—Non ; il n'est pas possible, sans doute, que vous aimiez l'ennemi de la France, belle Catherine ; mais en m'aimant vous aimeriez l'ami de la France. Car j'aime si bien la France, que je ne me déferai pas d'un seul de ses villages : je veux l'avoir à moi tout entière. Alors, Catherine, quand toute la France m'appartiendra, et que je vous appartiendrai, toute la France sera à vous, et vous serez à moi.

CATHERINE.—Je ne sais ce que c'est que cela.

LE ROI.—Non? Eh bien! Catherine, je vais essayer de vous le dire en mots français, lesquels, j'en suis sûr, vont rester suspendus au bout de ma langue, comme une nouvelle mariée au cou de son époux, c'est-à-dire de façon à ne pouvoir s'en détacher : essayons. *Quand j'ai la possession de France, et quand vous avez la possession de moi* (attendez.... Quoi?.... Morbleu! saint Denis, aide-moi), *donc vôtre est France, et vous estes mienne.* Il me serait aussi facile, chère Catherine, de conquérir tout le royaume, que de dire encore autant de français. Je suis sûr que je ne vous engagerai jamais à rien en parlant français, sinon à vous moquer de moi.

CATHERINE.—*Sauf votre honneur, le français que vous parlez est meilleur que l'anglais que je parle.*

LE ROI.—Non pardieu, Catherine, cela n'est pas vrai ; mais il faut avouer que nous parlons tous deux, vous ma langue, et moi la vôtre, on ne peut pas plus *faux*, et que nous sommes bien de niveau là-dessus. Mais enfin, chère Catherine, entendez-vous au moins assez d'anglais pour comprendre ceci : *Peux-tu m'aimer?*

CATHERINE.—C'est ce que je ne puis dire.

LE ROI.—Y a-t-il quelqu'un de vos voisins, Catherine, qui puisse m'en instruire? Je les prierai de me le dire. —Allons, je sais que vous m'aimez ; et ce soir, quand vous serez retirée dans votre cabinet, vous questionnerez cette dame à mon sujet : et je sais bien encore, Catherine, que les qualités que vous aimerez le mieux en moi sont celles que vous priserez le moins devant elle.

Mais, chère Catherine, daigne épargner mes ridicules, d'autant plus, aimable princesse, que je t'aime à la fureur. Si jamais tu es à moi, Catherine (et j'ai en moi une ferme foi, qui me dit que cela sera), comme je t'aurai conquise par la victoire, il faut que tu deviennes une mère féconde de bons soldats. Est-ce que nous ne pourrons pas, toi et moi, entre saint Denis et saint George, former un garçon, moitié français et moitié anglais, qui aille un jour jusqu'à Constantinople et y tire la barbe du Grand-Turc [1]. Hem ! que dis-tu à cela, ma belle fleur de lis ?

CATHERINE.—Je ne sais pas cela.

LE ROI.—Non, pas à présent ; c'est dans la suite que tu le sauras : mais aujourd'hui tenons-nous-en à la promesse. Promettez-moi donc seulement, belle Catherine, que de votre côté vous ferez bien votre rôle de Française, pour former un tel héritier ; et pour ma moitié anglaise du rôle, recevez ma parole, foi de roi et de garçon, que je saurai m'en acquitter. *Que répondez-vous à cela, la plus belle Catherine du monde, ma très-chère et divine déesse ?*

CATHERINE.—*Your* majesté *have* fausse *french enough to deceive de most* sage demoiselle *dat is* en France [1].

LE ROI.—Oh ! fi de mon mauvais français ! Sur mon honneur, en bon anglais je t'aime, chère Catherine. Je n'oserais pas faire le même serment, que tu m'aimes et en jurer aussi par mon honneur : cependant le frémissement de mon cœur commence à me flatter qu'il en est quelque chose, malgré le peu de pouvoir de ma figure. Je maudis en ce moment l'ambition de mon père ; c'était un homme qui avait la tête pleine de guerres civiles, quand il m'a engendré : voilà pourquoi j'ai apporté en naissant cet air déterminé, cet aspect d'acier qui fait que, quand je veux courtiser les dames, je leur fais peur ; mais au fond, Catherine, plus je vieillirai, et plus

---

[1] Les Turcs ne se sont emparés de Constantinople qu'en l'année 1453, et il y avait déjà trente-un ans que Henri était mort.

[1] Dialogue moitié français, moitié anglais.

je changerai en bien. Ma consolation est que l'âge (ce destructeur de la beauté) ne saurait enlaidir ma figure. Tu m'auras, si tu m'as, dans le pire état où je puisse être ; et si tu me supportes, tu me supporteras de mieux en mieux. Ainsi, dis-moi donc, belle Catherine, veux-tu de moi?—Mettez de côté cette rougeur virginale ; déclarez les pensées de votre cœur avec le regard décidé d'une impératrice ; prenez-moi par la main, et dites : *Henri d'Angleterre, je suis à toi* ; et tu n'auras pas plus tôt enchanté mon oreille de cette douce parole, que je te répondrai à haute voix : *Chère Catherine, l'Angleterre est à toi, l'Irlande est à toi, et Henri Plantagenet est à toi* ; et ce Henri, j'ose le dire en sa présence, s'il n'est pas le meilleur des rois, tu le trouveras le roi des bons garçons. Allons, répondez en musique discordante ; car le son de votre voix est une musique, et c'est votre anglais qui détonne. Allons, reine des reines, belle Catherine, ouvre-moi ton cœur quoique en mauvais anglais ; dis, veux-tu de moi ?

CATHERINE.—C'est comme il plaira au roi mon père.

LE ROI.—Oh ! cela lui plaira, Catherine, celui lui plaira.

CATHERINE.—Eh bien, j'en serai contente aussi.

LE ROI.—Oh ! cela étant, je vous baise la main, et je vous nomme ma reine.

CATHERINE.—*Laissez, mon seigneur, laissez, laissez ; sur mon honneur, je ne souffrirai pas que vous abaissiez votre grandeur en baisant la main de votre indigne serviteure :* excusez-moi, je vous supplie, mon très-puissant seigneur.

LE ROI.—Eh bien, je vous baiserai donc les lèvres, Catherine.

CATHERINE.—*Les dames et demoiselles de France pour être baisées devant leurs nopces, il n'est pas la coutume de France.*

LE ROI.—Madame mon interprète, que dit-elle ?

ALIX.—Que ne pas être de mode par les ladies de France, je ne sais pas dire *baisers* en english.

LE ROI.—Baiser !

ALIX.—Votre Majesté entendre mieux que moi.

LE ROI.—Ce n'est pas la mode des filles en France de

baiser avant d'être mariées. N'est-ce pas ce qu'elle a voulu dire?

ALIX.—Oui vraiment.

LE ROI.—Oh! Catherine, les vaines modes cèdent à la puissance des rois. Ma chère Catherine, nous ne saurions, vous et moi, être compris dans la liste vulgaire de ceux qui doivent se soumettre aux usages d'un pays. C'est nous, Catherine, qui faisons les usages; et la liberté, qui marche à notre suite, ferme la bouche à la censure, comme je veux, pour vous punir de votre attachement aux petites modes de votre pays, fermer la vôtre par un baiser : ainsi, de la complaisance.... et de bonne grâce, je vous prie. (*Il l'embrasse.*) Vous avez un charme sur les lèvres ! La seule impression de leur douce ambroisie a plus d'éloquence que toutes les voix du conseil de France, et elles persuaderaient bien plus vite Henri d'Angleterre qu'une pétition générale des monarques. Votre père vient à nous.

(Entrent le roi et la reine de France, le duc de Bourgogne, Bedfort, Glocester, Exeter, Westmoreland et autres seigneurs anglais et français.)

LE DUC DE BOURGOGNE. — Dieu garde Votre Majesté! Étiez-vous là, mon cousin, occupé à enseigner l'anglais à notre princesse?

LE ROI.—Je voulais lui enseigner, mon beau cousin, combien je l'aime; et c'est là, je vous l'assure, du bon anglais.

LE DUC DE BOURGOGNE.—A-t-elle des dispositions?

LE ROI.—Notre langue est un peu dure, cousin, et mon caractère n'est pas doucereux; de sorte que n'ayant pour moi ni la voix, ni le cœur de l'adulation, je n'ai pas l'art magique de conjurer en elle l'esprit d'amour, de manière à l'engager à se montrer sans voile et sous ses traits naturels.

LE DUC DE BOURGOGNE.—Pardonnez à la franchise de ma gaieté si je vous réponds à cela. Si vous voulez conjurer en elle, il vous faut faire un cercle; si vous voulez conjurer l'amour en elle tel qu'il est, il faut qu'il paraisse nu et aveugle. Or, en ce cas, pouvez-vous blâmer une jeune fille qui n'a encore été colorée que du seul vermillon de la pudeur virginale, si elle refuse qu'on lui présente un enfant nu et aveugle? C'était là sûrement, seigneur, faire une dure proposition à une jeune princesse.

LE ROI.—Cependant, tout en fermant les yeux, elles y consentent toutes.

LE DUC DE BOURGOGNE.—Elles sont donc excusables, seigneur, puisqu'elles ne voient pas ce qu'elles font.

LE ROI.—Eh bien, mon cher duc, enseignez donc à votre belle cousine à consentir de fermer les yeux pour moi.

LE DUC DE BOURGOGNE.—Je le veux bien, seigneur, si vous voulez lui enseigner à comprendre ce que je vais dire. Les filles sont comme les mouches qui, pendant les chaleurs de l'été, sont fières et rétives; mais une fois la Saint-Barthélemy passée, elles semblent aveugles, quoiqu'elles aient leurs yeux : alors elles souffrent qu'on les touche, tandis qu'auparavant elles fuyaient jusqu'aux regards.

LE ROI.—Le sens de cela, c'est que me voilà forcé d'attendre le temps et un été bien chaud. Enfin, du moins, je puis prendre la mouche, votre cousine, et la faire consentir à être aveugle.

LE DUC DE BOURGOGNE.—Comme l'est l'amour, seigneur, avant d'aimer.

LE ROI.—Il est vrai : et vous avez bien des grâces à rendre à l'amour sur mon aveuglement, qui m'empêche de voir un si grand nombre de belles villes françaises, à cause d'une belle fille de France qui se trouve entre elles et moi.

LE ROI DE FRANCE.—Seigneur, ce n'est qu'en perspective que vous voyez ces villes : elles sont devenues autant de pucelles; car elles ont toutes une ceinture de murailles vierges, que la guerre n'a encore jamais forcées.

LE ROI.—Catherine sera-t-elle ma femme?

LE ROI DE FRANCE.—Oui, comme vous le désirez.

LE ROI.—Je suis satisfait. Ainsi ces villes pucelles dont vous parlez peuvent lui rendre grâce. Si la beauté vierge qui s'est trouvée sur ma route s'oppose à l'accomplissement de mes désirs de conquête, elle me promet de combler mes vœux d'amour.

LE ROI DE FRANCE.—Nous avons consenti à toutes les conditions raisonnables.

LE ROI.—Cela est-il vrai, mes lords d'Angleterre?

WESTMORELAND.—Le roi a accordé tous les articles : d'abord sa fille, et ensuite tout le reste, dans toute la rigueur des termes.

EXETER.—Il n'y a qu'une chose à laquelle il n'a pas consenti : c'est l'article où Votre Majesté demande que le roi de France, ayant l'occasion d'écrire au sujet de quelques provisions d'offices, traite Votre Altesse dans la formule suivante, en ajoutant ces termes français : *Notre très-cher fils Henri d'Angleterre, héritier de France;* et en latin, ainsi : *Præclarissimus filius noster Henricus, Rex Angliæ et hæres Franciæ.*

LE ROI DE FRANCE.—Cependant, mon frère, je ne l'ai pas si fort refusé, que si vous le désirez absolument, je n'y souscrive encore.

LE ROI.—En ce cas, je vous prie, d'amitié et en bonne alliance, de laisser cet article passer avec les autres : et pour conclusion, donnez-moi votre fille.

LE ROI DE FRANCE.—Prenez-la, mon fils; et, de son sang, donnez-moi des enfants qui puissent enfin éteindre la haine qui a si longtemps subsisté entre ces deux royaumes, rivaux jaloux, toujours en querelle, et dont les rivages mêmes pâlissent à la vue du bonheur l'un de l'autre. Puisse cette union établir dans leur sein l'harmonie et une paix digne de deux monarques chrétiens! Puisse la guerre ne plus présenter jamais son épée tirée entre la France et l'Angleterre!

TOUS LES SEIGNEURS.—*Amen!*

LE ROI.—A présent, chère Catherine, soyez la bienvenue. (*A l'assemblée.*) Et soyez-moi tous témoins qu'ici j'embrasse mon épouse et ma reine.

(Fanfares.)

ISABELLE.—Que Dieu, le premier auteur de tous les mariages, confonde en un seul vos deux royaumes et vos deux cœurs! Comme l'époux et l'épouse, quoique deux êtres séparés, n'en font plus qu'un par l'amour, qu'il règne de même entre la France et l'Angleterre une si parfaite union, que jamais aucun acte malfaisant ne l'altère. Que la cruelle jalousie, qui trouble trop souvent la couche des mariages fortunés, ne vienne jamais se glisser dans le pacte de ces royaumes, pour les désunir par un divorce fatal! que l'Anglais accueille le Français en Anglais, et le Français l'Anglais en Français!—Dieu exauce ce vœu!

TOUS ENSEMBLE.—Qu'il l'exauce!

LE ROI.—Préparons-nous pour notre hymen.—Ce jour, duc de Bourgogne, sera celui où nous recevrons votre serment et celui de tous les pairs pour garants de notre union : ensuite je jurerai ma foi à Catherine (*s'adressant à elle*), et vous me jurerez la vôtre. Et puissent tous nos serments être fidèlement gardés et suivis du bonheur!

LE CHOEUR.—Jusqu'ici au moyen d'une plume grossière et inhabile notre noble auteur a poursuivi son histoire. Courbé sous le poids de sa tâche, obligé de resserrer dans un champ étroit les plus grands personnages, et de ne montrer que par intervalles quelques points du cours de leur gloire, il demande votre indulgence. Henri, cet astre de l'Angleterre, n'a vécu que peu de jours; mais ce court espace, il l'a rempli d'une gloire immense. La Fortune avait forgé l'épée avec laquelle il conquit le plus beau jardin de l'univers, dont il laissa son fils le maître souverain. Henri VI, couronné dans les langes de l'enfance roi de France et de l'Angleterre, monta après lui sur le trône; mais tant de mains embarrassèrent les rênes de son gouvernement, qu'elles laissèrent échapper la France, et firent couler le sang de l'Angleterre. Nous vous avons souvent offert ces tableaux sur notre théâtre : daignez donc faire à celui-ci un accueil favorable [1].

[1] Il y eut une pièce composée sur le même sujet (Henri V) vers le temps de Shakspeare, mais on ne sait pas positivement si elle parut avant ou après son *Henri V*. Il paraît cependant assez probable qu'elle est antérieure. Cette pièce anonyme est fort courte et très-médiocre.

FIN DU CINQUIÈME ET DERNIER ACTE.

HENRI VI

TRAGÉDIE

PREMIÈRE PARTIE.

NOTICE

SUR LES PREMIÈRE, SECONDE ET TROISIÈME PARTIES

DE HENRI VI

Les trois parties de *Henri VI* ont été, parmi les éditeurs et commentateurs de Shakspeare, un sujet de controverse qui n'est point encore éclairci, ni peut-être même épuisé; plusieurs d'entre eux ont pensé que la première de ces pièces ne lui appartenait en aucune façon ; d'autres, en moindre nombre, lui ont aussi disputé l'invention originale des deux dernières, que, selon eux, il n'aurait fait que retoucher, et dont la conception primitive appartiendrait à un ou à deux autres auteurs. Aucune des trois pièces n'a été imprimée du vivant de Shakspeare, ce qui ne prouve rien, car il en est de même de plusieurs autres ouvrages dont personne ne conteste l'authenticité, mais ce qui laisse du moins toute latitude au doute et à la discussion.

La faiblesse générale de ces trois compositions, où l'on ne trouve qu'un petit nombre de scènes qui rappellent la touche du maître, ne serait pas non plus un motif suffisant pour les attribuer à une autre main que la sienne; car, dans le cas où elles lui appartiendraient, ce seraient ses premiers ouvrages : circonstance qui expliquerait assez leur infériorité, du moins en ce qui regarde la conduite du drame, la liaison des scènes, l'art de soutenir et d'augmenter progressivement l'intérêt, en ramenant toutes les diverses parties de la composition à une impression unique qui s'avance et s'accroît, comme le fleuve grossit à chaque pas des eaux que lui envoient les divers points de l'horizon. Tel est en effet le caractère de Shakspeare dans ses grandes compositions, et ce qui manque essentiellement aux trois parties de *Henri VI*, surtout à la première. Mais ce qui y manque également, ce sont les défauts de Shakspeare, cette recherche, cette emphase auxquelles il n'a pas toujours échappé dans ses plus beaux ouvrages, résultat presque nécessaire de la jeunesse des idées qui, étonnées pour ainsi dire d'elles-mêmes, ne savent comment épuiser le plaisir qu'elles trouvent à se produire; il serait étrange que les premiers essais de Shakspeare en eussent été exempts.

Il faut cependant distinguer ici, entre les trois parties de *Henri VI*, ce qui concerne la première à laquelle on croit que Shakspeare a été presque entièrement étranger, et ce qui a rapport aux deux autres dont on ne lui dispute que l'invention et la composition originale, en reconnaissant qu'il les a considérablement retouchées. Voici les faits.

En 1623, c'est-à-dire sept ans après la mort de Shakspeare, parut la première édition complète de ses œuvres. Quatorze de ses pièces seulement avaient été imprimées de son vivant, et les trois parties de *Henri VI* n'étaient pas du nombre; elles parurent en 1623, dans l'état où on les donne aujourd'hui, et toutes trois attribuées à Shakspeare, quoique déjà, à ce qu'il paraît, une espèce de tradition lui disputât la première. D'un autre côté, dès l'an 1600, avaient été publiées, sans nom d'auteur, par Thomas Mellington, libraire, deux pièces intitulées, l'une *The first part of the contention of the two famous houses of York and Lancaster, with the death of the good duke Humphrey*, etc.[1]; l'autre: *The true tragedy of Richard duke of York and death of good king Henry the sixth*[2]. De ces deux pièces, l'une a servi de moule, si on peut s'exprimer ainsi, à la seconde partie de *Henri VI*, l'autre à la troisième. La marche et la coupe des scènes et du dialogue s'y retrouvent à quelques légères différences près; des passages entiers ont été transportés textuellement des pièces originales dans celles que nous a données Shakspeare sous le nom de *Seconde* et *troisième partie de Henri VI*. La plupart des vers ont été simplement retouchés, et quelques-uns seulement, en assez petit nombre, ont été entièrement ajoutés.

En 1619, c'est-à-dire trois ans après la mort de Shakspeare, ces deux pièces originales furent réimprimées par un libraire nommé

---

[1] *La première partie de la querelle des deux fameuses maisons d'York et de Lancaster, avec la mort du bon duc Humphrey*, etc.

[2] *La vraie tragédie de Richard, duc d'York, et la mort du bon roi Henri VI.*

Pavier, et cette fois avec le nom du poëte. Dès lors s'établit parmi les critiques l'opinion qu'elles appartenaient à Shakspeare, et devaient être regardées, soit comme une première composition qu'il avait lui-même revue et corrigée, soit comme une copie imparfaite prise à la représentation, et livrée en cet état à l'impression ; ce qui arrivait assez souvent, dans ce temps-là, les auteurs étant peu dans l'usage de faire imprimer leurs pièces. Cette dernière opinion a été longtemps la plus générale ; cependant elle ne peut guère soutenir l'examen, car, comme l'observe M. Malone, celui de tous les commentateurs qui a jeté le plus de jour sur la question, un copiste maladroit retranche et estropie, mais il n'ajoute pas ; et les deux pièces originales contiennent des passages, même quelques scènes assez courtes, qui ne se retrouvent plus dans les autres. D'ailleurs, rien n'y porte l'empreinte d'une copie mal faite ; la versification en est régulière, le style en est seulement beaucoup plus prosaïque que celui des passages qui appartiennent indubitablement à Shakspeare : d'où il résulterait que le copiste aurait précisément omis les traits les plus frappants, les plus propres à saisir l'imagination et la mémoire.

Resterait donc seulement la supposition d'une première ébauche, perfectionnée ensuite par son auteur. Entre les preuves de détail qu'amasse M. Malone contre cette opinion, et qui ne sont pas toutes également concluantes, il en est une cependant qui mérite d'être prise en considération, c'est que les pièces originales sont évidemment tirées de la chronique de Hall, tandis que c'est Hollinshed qu'a toujours suivi Shakspeare, ne prenant jamais de Hall que ce qu'en a copié Hollinshed. Il n'est pas vraisemblable que, s'il eût puisé dans Hall ses premiers ouvrages, il eût ensuite quitté l'original pour le copiste.

Ces deux opinions rejetées, il faut supposer que Shakspeare aurait emprunté sans scrupule, à l'ouvrage d'un autre, le fond et l'étoffe qu'il aurait ensuite enrichis de sa broderie ; ses nombreux emprunts aux auteurs dramatiques de son temps rendent cette supposition très-facile à admettre, et voici un fait qui, dans cette occasion spéciale, équivaut presque à une preuve de sa légitimité. Et d'abord il faut savoir que les deux pièces originales imprimées en 1600 existaient dès 1593, car on les trouve à cette époque enregistrées sous le même titre, et avec le nom du même libraire, dans les registres du *stationer*, espèce de syndic de la corporation des libraires, imprimeurs, etc., patenté par le gouvernement, et chargé de l'annonce des ouvrages destinés à l'impression. Quelle cause retarda jusqu'en 1600 la publication de ces deux pièces, c'est ce qu'il est inutile en ce moment de discuter ; mais cette preuve de l'ancienneté de leur existence acquiert, dans la question qui nous occupe, une importance assez grande par le passage suivant d'un pamphlet de Green[1], auteur très-fécond mort au mois de septembre 1592. Dans ce pamphlet, écrit peu de temps avant sa mort, et imprimé aussitôt après, comme il l'avait ordonné par son testament, Green adresse ses adieux et ses conseils à plusieurs de ses amis, littérateurs comme lui; l'objet de ses conseils est de les détourner de travailler pour le théâtre, s'ils veulent éviter les chagrins dont il se plaint. Un des motifs qu'il leur donne, c'est l'imprudence qu'il y aurait à eux de se fier aux acteurs; car, dit-il, « il y a là un parvenu, corbeau paré de nos « plumes, qui, avec *son cœur de tigre recouvert d'une peau d'ac-* « *teur*[2], se croit aussi habile à enfler (*to bombaste*) un vers blanc « que le meilleur d'entre vous, et devenu absolument un *Johannes* « *factotum*, est, dans sa propre opinion, le seul *shake-scene*[3] du « pays. » Ce passage ne laisse aucun doute sur les emprunts faits à Green par Shakspeare dès 1592; et comme les *Henri VI* sont les seules pièces de notre poëte qu'on croie pouvoir placer avant cette époque, la question paraîtrait à peu près résolue; en même temps que la citation faite par Green, à cette occasion, d'un vers de la pièce originale, prouverait que c'était là ce qui lui tenait au cœur. Il est donc assez vraisemblable que Shakspeare, acteur alors et n'exerçant encore l'activité de son génie qu'au profit de sa troupe, aura essayé de remettre au théâtre, avec plus de succès, des pièces déjà connues, et dont le fond lui présentait quelques beautés à faire valoir. Les pièces appartenant alors, selon toute apparence, aux comédiens qui les avaient achetées, l'entreprise était naturelle, et le succès des *Henri VI* aura été probablement le premier indice sur la foi duquel un génie qui ignorait encore ses propres forces aura osé s'élancer dans la carrière.

Pour s'expliquer ensuite comment Shakspeare, reprenant ainsi en sous œuvre les deux pièces dont il a fait la seconde et la troisième partie de *Henri VI*, n'aurait pas fait le même travail sur la première, il suffirait de penser que cette première partie était alors en possession du théâtre avec un succès assez grand pour que l'intérêt des acteurs n'y demandât aucun changement. Cette supposition est

---

[1] *Green's groat's worth of with,* etc.
[2] Allusion à un vers de l'ancienne pièce *The first part of the contentions,* etc.

O tyger's heart wrapt in a woman's hide.

[3] *Shake-scene* (secoue scène), pour *shake-spear* (secoue-lance).

appuyée par un passage d'un pamphlet de Thomas Nashe[1] où parlant du brave Talbot: « Combien, dit-il, se serait-il réjoui de penser
« qu'après avoir reposé deux cents ans dans la tombe, il triomphe-
« rait de nouveau sur le théâtre, et que ses os seraient embaumés de
« nouveau (en différentes fois) des larmes de dix mille spectateurs
« au moins, qui le verraient tout fraîchement blessé dans la per-
« sonne du tragédien qui le représente ! » Nashe, intime ami de Green, n'aurait probablement pas parlé sur ce ton d'une pièce de Shakspeare, et peut-être est-ce le succès même de cette pièce qui aura engagé Shakspeare à rendre les deux autres dignes de le partager ; mais, dans cette supposition même, il serait difficile de ne pas croire que, soit avant, soit plus tard, Shakspeare n'ait pas relevé, par quelques touches, le coloris d'un ouvrage qui n'avait pu plaire à ses contemporains que parce que Shakspeare ne s'était pas encore montré. Ainsi, les scènes entre Talbot et son fils doivent être de lui, ou bien il faudrait croire qu'avant lui existait, en Angleterre, un auteur dramatique capable d'atteindre à cette touchante et noble vérité dont bien peu, après lui, ont entrevu le secret. Rien n'est plus beau que cette peinture des deux héros, l'un mourant, l'autre à peine né à la vie des guerriers ; le premier, rassasié de gloire, et, dans son anxiété paternelle, occupé de sauver plutôt la vie que l'honneur de son fils ; l'autre, sévère, inflexible, et ne songeant à prouver son affection filiale que par la mort qu'il est déterminé à chercher auprès de son père, et par le soin qu'il aura de conserver ainsi l'honneur de sa race. Cette situation, variée par toutes les alternatives de crainte et d'espérance que peuvent offrir les chances d'une bataille où le père sauve son fils, où le fils est ensuite tué loin de son père, offre presqu'à elle seule l'intérêt d'un drame, et tout porte à croire que Shakspeare ajouta cet ornement à une pièce que son étroite connexion avec celles qu'il avait refaites associait pour ainsi dire à ses œuvres. Il faut remarquer d'ailleurs que les scènes entre Talbot et son fils sont presque entièrement en vers rimés, ainsi qu'il s'en trouve un grand nombre dans les ouvrages de Shakspeare, tandis que, dans le reste de la pièce, et dans les deux pièces qui paraissent destinées à lui faire suite, il ne se trouve presque aucune rime. La scène qui, dans la première partie de *Henri VI*, en contient le plus est celle où l'on voit Mortimer mourant dans sa prison ; aussi pourrait-on penser qu'elle a reçu au moins des additions de la main de Shakspeare : ces additions et quelques autres peut-être, bien qu'en petit nombre, au-

[1] *Pierce pennyless, his supplication to the devil;* 1592.

ront pu fournir, aux éditeurs de 1623, une raison qui leur aura paru suffisante pour ranger, au nombre des ouvrages d'un poëte qui avait tué tous les autres, une pièce qui devait tout son mérite à ce qu'il y avait ajouté, et qui se joignait d'ailleurs nécessairement à deux autres ouvrages où il avait trop mis du sien pour qu'on pût les retrancher de ses œuvres.

Quant à l'insertion du nom de Shakspeare dans l'édition, donnée par Pavier, des deux pièces originales, il est aisé de l'expliquer par une fraude de libraire, fraude extrêmement commune alors, et qui a été pratiquée à l'égard de plusieurs ouvrages dramatiques composés sur des sujets qu'avait traités Shakspeare, et qu'on espérait vendre à la faveur de son nom. Ce qui rend la chose encore plus vraisemblable, c'est que cette édition est sans date, bien qu'on sache qu'elle parut en 1619, ce qui pouvait être une petite habileté du libraire pour laisser croire qu'elle avait paru du vivant de l'auteur dont il empruntait le nom.

On ignore l'époque précise de la représentation de la première partie de *Henri VI*, qui, selon Malone, a d'abord porté le nom de *Pièce historique du roi Henri VI*[1]. Le style de cette pièce, excepté ce qu'on peut attribuer à Shakspeare, porte le même caractère que celui de tous les ouvrages dramatiques de cette époque qui ont précédé ceux de notre poëte, une construction grammaticale fort irrégulière, le ton assez simple mais sans noblesse, et la versification assez prosaïque. L'intérêt, assez médiocre quoique la pièce offre un grand mouvement, est d'ailleurs fort diminué pour nous par la ridicule et grossière absurdité du rôle de Jeanne d'Arc, qui du reste peut nous donner l'idée la plus exacte du sentiment avec lequel les chroniqueurs anglais ont écrit l'histoire de cette fille héroïque, et des traits sous lesquels ils l'ont représentée : en ce sens la pièce est historique.

La seconde partie de *Henri VI*, beaucoup plus intéressante que la première, n'est pas conduite avec beaucoup plus d'art; des monologues y sont continuellement employés à exposer les faits; les sentiments s'expriment dans des *aparté*. Les scènes, séparées par des intervalles considérables (la pièce entière renferme un espace de dix ans), ne présentent entre elles aucun lien; on n'y aperçoit aucun de ces efforts que Shakspeare a faits, dans la plupart de ses autres ouvrages, pour les unir, quelquefois même aux dépens de la vraisemblance; et comme en même temps rien n'avertit de ce qui les sépare,

---

[1] *The historical play of king Henri the sixth.*

on est souvent étonné de se trouver, sans l'avoir remarqué, transporté à des années de distance de l'événement qu'on vient de voir finir. Les diverses parties de la pièce ne tiennent pas non plus essentiellement les unes aux autres, défaut très-rare dans les ouvrages incontestablement reconnus pour être de la main de Shakspeare. Ainsi l'aventure de Simpcox est absolument hors d'œuvre; celle de l'armurier et de son apprenti ne se rattache que faiblement au sujet, et les pirates qui mettent Suffolk à mort ne se rattachent en rien au reste de l'intrigue. Quant à la partie des caractères, il s'en faut de beaucoup qu'elle réponde au talent ordinaire de Shakspeare; on ne peut nier qu'il n'y ait du mérite dans la peinture de Henri, ce prince dont les sentiments pieux et la constante bonté parviennent presque toujours à nous intéresser malgré le ridicule de cette faiblesse et de cette pauvreté d'esprit qui touchent à l'imbécillité: le rôle de Marguerite est assez bien soutenu; mais cet excès de fausseté envers son mari sort des bornes de la vraisemblance, et ce n'est pas Shakspeare, du moins dans son bon temps, qui eût donné, à deux criminels tels que Marguerite et Suffolk, des sentiments aussi tendres que ceux de leur dernière entrevue. Pour Warwick et Salisbury, ce sont deux caractères sans aucune espèce de liaison, et impossibles à expliquer.

Que Shakspeare soit ou non l'auteur de la pièce intitulée : *The first contention,* etc., la seconde partie de *Henri VI* est entièrement calquée sur cet ouvrage. Shakspeare n'en a cependant pris textuellement qu'une assez petite partie, et particulièrement les scènes coupées en dialogue rapide, comme celle de l'aventure de Simpcox, le combat des deux artisans, la dispute de Glocester et du cardinal à la chasse ; il a fait peu de changements dans ces morceaux, ainsi que dans une partie de la révolte de Cade. Cependant cette scène d'un horrible effet, où l'on voit le lord Say entre les mains de la populace, est presque entièrement de Shakspeare. Quant aux discours un peu longs, il les a plus ou moins retouchés, et la plupart même lui appartiennent entièrement, comme ceux de Henri en faveur de Glocester, ceux de Marguerite à son mari, une grande partie de la défense de Glocester, des monologues d'York, et presque tout le rôle du jeune Clifford. Il n'est pas difficile d'y reconnaître la main de Shakspeare, à une poésie plus hardie, plus brillante d'images, moins exempte peut-être de cet abus d'esprit que Shakspeare ne paraît pas avoir emprunté aux poëtes dramatiques de l'époque. Du reste, sauf un certain nombre d'anachronismes communs à tous les ouvrages de Shakspeare, celui-ci est assez fidèle à l'histoire, et la lecture des chroniques a donné, en ce temps, aux auteurs de pièces historiques un caractère de vérité et des moyens d'intérêt que les hommes supérieurs peuvent seuls tirer des sujets d'invention.

La troisième partie de *Henri VI* comprend depuis le printemps de l'année 1455 jusqu'à la fin de l'année 1471, c'est-à-dire un espace d'environ seize ans, pendant lesquels ont été livrées quatorze batailles qui, selon un compte probablement très-exagéré, ont coûté la vie à plus de quatre-vingt mille combattants. Aussi le sang et les morts ne sont-ils pas épargnés dans cette pièce, bien que, de ces quatorze batailles, on n'en voie ici que quatre, auxquelles l'auteur a eu soin de rapporter les principaux faits des quatorze combats : ces faits sont, pour la plupart, des assassinats de sang-froid accompagnés de circonstances atroces, quelquefois empruntées à l'histoire, quelquefois ajoutées par l'auteur ou les auteurs. Ainsi la circonstance du mouchoir trempé dans le sang de Rutland, et donné à son père York pour essuyer ses larmes, est purement d'invention ; le caractère de Richard est également d'invention dans cette pièce et dans la précédente. Richard était beaucoup plus jeune que son frère Rutland dont on l'a fait l'aîné, et il ne peut avoir eu aucune part aux événements sur lesquels se fondent les deux pièces ; son caractère y est d'ailleurs bien annoncé et bien soutenu. Celui de Marguerite ne se dément point ; et celui de Henri, à travers les progrès de sa faiblesse et de son imbécillité, laisse encore apercevoir de temps en temps ces sentiments doux et pieux qui ont jeté sur lui de l'intérêt dans la première partie. Ces portions de son rôle appartiennent entièrement à Shakspeare, ainsi que la plus grande partie des méditations de Henri pendant la bataille de Towton, son discours au lieutenant de la Tour, sa scène avec des gardes-chasse, etc.; ces morceaux ne se trouvent point ou sont à peine indiqués dans la pièce originale. Il est aisé de reconnaître les passages ajoutés, car ils se distinguent par un charme et une naïveté d'images que n'offre nulle part ailleurs le style de l'ouvrage original. Quelquefois aussi les endroits retouchés par Shakspeare, soit sur son ouvrage, soit sur celui d'un autre, se font remarquer par la recherche d'esprit qui lui est familière, et qui n'est pas ici compensée par cette conséquence et cette cohérence des images qui, dans ses bons ouvrages accompagnent presque toujours ses subtilités. C'est ce qu'on peut remarquer, par exemple, dans les regrets de Richard sur la mort de son père ; il serait difficile de les attribuer à d'autres qu'à Shakspeare, tant ils portent son empreinte ; mais il serait également difficile de les attribuer à ses meilleurs temps, et leur imperfection pourrait servir encore à prouver que les trois parties de *Henri VI*, telles que nous les avons aujourd'hui, nous offrent, non pas Shakspeare corrigé par lui-même dans la maturité de son talent, mais Shakspeare employant le premier essai de ses forces à corriger les ouvrages des autres. Il a au reste beaucoup moins retouché cette pièce-ci que la précédente, qui probablement lui a paru plus digne de ses efforts; excepté le discours de Marguerite avant la bataille de Tewksbury, une partie de la scène d'Édouard avec lady Gray, et quelques autres passages peu importants, on n'en peut guère ajouter d'autres à ceux qui ont déjà été cités comme appartenant entièrement à l'ouvrage corrigé. La plus grande partie de la pièce originale y est textuellement reproduite; on y retrouve de même le décousu qui a pu frapper dans la première et la seconde partie. Les horreurs accumulées dans celle-ci ne laissent pas d'être peintes avec une certaine énergie, mais bien éloignée de cette vérité profonde que, dans ses beaux ouvrages, Shakspeare a su, pour ainsi dire, tirer des entrailles mêmes de la nature.

HENRI VI

TRAGÉDIE

PREMIÈRE PARTIE

PERSONNAGES

LE ROI HENRI VI.
LE DUC DE GLOCESTER, oncle du roi, et protecteur.
LE DUC DE BEDFORD, oncle du roi, et régent de France.
THOMAS DE BEAUFORT, duc d'Exeter, grand-oncle du roi.
HENRI DE BEAUFORT, grand-oncle du roi, évêque de Winchester et ensuite cardinal.
JEAN DE BEAUFORT, duc de Somerset.
RICHARD PLANTAGENET, fils aîné de Richard, premièrement comte de Cambridge, ensuite duc d'York.
LE COMTE DE WARWICK.
LE COMTE DE SALISBURY.
LE COMTE DE SUFFOLK.
LORD TALBOT, ensuite comte de Shrewsbury.
JEAN TALBOT, son fils.
EDMOND MORTIMER, comte des Marches.
LE GEOLIER DE MORTIMER.
UN HOMME DE LOI.
SIR JEAN FASTOLFFE.
SIR WILLIAM LUCY.
SIR WILLIAM GLANSDALE.
SIR THOMAS GARGRAVE.
WOODVILLE, lieutenant de la Tour de Londres.
LE LORD MAIRE de Londres.
VERNON, de la rose blanche, ou faction d'York.
BASSET, de la rose rouge, ou faction de Lancastre.
CHARLES, dauphin, depuis roi de France.
RENE, duc d'Anjou, et roi titulaire de Naples.
LE DUC DE BOURGOGNE.
LE DUC D'ALENÇON.
LE BATARD D'ORLÉANS.
LE GOUVERNEUR DE PARIS.
LE MAITRE CANONNIER de la ville d'Orléans, et son fils.
LE GÉNÉRAL des troupes françaises à Bordeaux.
UN SERGENT français.
UN PORTIER.
UN VIEUX BERGER, père de Jeanne d'Arc, la Pucelle.
MARGUERITE, fille de René, et ensuite femme de Henri VI, et reine d'Angleterre.
JEANNE, la Pucelle, dite communément Jeanne d'Arc.
DÉMONS aux ordres de la Pucelle.
LA COMTESSE D'AUVERGNE.
LORDS, GARDIENS DE LA TOUR, HÉRAUTS, CAPITAINES, SOLDATS, COURRIERS, ET AUTRES SUIVANTS, TANT ANGLAIS QUE FRANÇAIS.

La scène est tantôt en Angleterre, tantôt en France.

ACTE PREMIER

SCÈNE I

Abbaye de Westminster.

Marche funèbre. Le corps du roi Henri V, découvert, exposé solennellement, entouré des DUCS DE BEDFORD, DE GLOCESTER ET D'EXETER, DU COMTE DE WARWICK, DE L'ÉVÊQUE DE WINCHESTER, DE HÉRAUTS, ETC.

BEDFORD.—Que les cieux soient tendus de noir! que le jour cède à la nuit! comètes, qui amenez les révolutions dans les siècles et les États, secouez dans le firmament vos tresses de cristal, et châtiez-en les étoiles rebelles qui ont conspiré la mort de Henri, de Henri V, trop illustre pour qu'il vécût longtemps! Jamais l'Angleterre n'a perdu un si grand roi.

GLOCESTER.—Avant lui, l'Angleterre n'avait jamais eu de roi. Il avait de la vertu et méritait de commander. Son épée, quand il la brandissait, éblouissait les yeux de ses éclairs. Ses bras s'ouvraient plus largement que les ailes du dragon : ses yeux, quand ils étincelaient du feu de la colère, étourdissaient, repoussaient plus sûrement ses ennemis que le soleil du midi lançant ses brûlants rayons sur leurs visages. Que dirais-je? Ses exploits sont au-dessus des récits. Jamais il n'a levé son bras qu'il n'ait conquis.

EXETER.—Nous portons le deuil avec du noir; pourquoi ne le portons-nous pas avec du sang? Henri est mort et ne revivra jamais. Nous entourons un cercueil de bois, et nous honorons de notre glorieuse présence la honteuse victoire de la mort, comme des captifs enchaînés à un char de triomphe. Qui accuserons-nous? maudirons-nous les astres du malheur qui ont ainsi conspiré la ruine de notre gloire? ou faut-il croire que les rusés enchanteurs et magiciens français épouvantés auront, par des vers magiques, amené sa perte?

WINCHESTER.—C'était un roi chéri du Roi des rois. Le terrible jour du jugement ne sera pas si terrible pour les Français que l'était sa vue. Il a livré les batailles du Dieu des armées : ce sont les prières de l'Église qui assuraient ses succès.

GLOCESTER.—L'Église? Où est-elle? Si les ministres de l'Église n'avaient pas prié, le fil de ses jours ne se serait pas usé si vite. Vous n'aimez qu'un prince efféminé, que vous puissiez gouverner comme un jeune écolier.

WINCHESTER.—Glocester, quoi que nous aimions, tu es protecteur de l'Angleterre, et tu aspires à gouverner le prince et le royaume; ta femme est hautaine : elle exerce sur toi plus d'empire que Dieu ou les ministres de la religion n'en pourraient jamais avoir.

GLOCESTER.—Ne nomme point la religion, car tu aimes la chair : et, dans tout le cours de l'année, tu ne vas jamais à l'église, si ce n'est pour prier contre tes ennemis.

BEDFORD.—Cessez, cessez ces querelles, et tenez vos esprits en paix.—Marchons vers l'autel.—Hérauts, suivez-nous.—Au lieu d'or, nous offrirons nos armes, puisque nos armes sont inutiles à présent que Henri n'est plus.—Postérité, attends-toi à des années malheureuses : tes enfants suceront les larmes des yeux de leurs mères, notre île nourrira ses fils de douleurs et de pleurs, et il ne restera que les femmes pour pleurer les morts. O Henri V, j'invoque ton ombre ! fais prospérer ce royaume : préserve-le des troubles civils ; lutte dans les cieux contre les astres ses ennemis ; et ton âme sera au firmament une constellation bien plus glorieuse que celle de Jules César, ou la brillante....

(Entre un messager.)

LE MESSAGER.—Salut à vous tous, honorables lords. Je vous apporte de France de tristes nouvelles de pertes, de carnage et de déroute. La Guyenne, la Champagne, Reims, Orléans, Rouen, Gisors, Paris, Poitiers, sont absolument perdus.

BEDFORD.—Qu'oses-tu dire, homme, devant le corps de Henri ? Parle bas, ou la perte de ces grandes villes lui fera briser son cercueil, et il se lèvera du sein de la mort.

GLOCESTER.— Paris perdu ? Rouen perdu ? Si Henri était rappelé à la vie, ces nouvelles lui feraient de nouveau rendre l'âme.

EXETER.—Et comment les avons-nous perdus ? Quelle trahison....

LE MESSAGER.—Aucune trahison, mais disette d'hommes et d'argent. Voici ce que murmurent entre eux les soldats : « Que vous fomentez ici différentes factions ; et que, tandis qu'il faudrait mettre en mouvement une armée et combattre, vous disputez ici sur le choix de vos généraux. L'un voudrait traîner la guerre à peu de frais ; l'autre voudrait voler d'un vol rapide, et manque d'ailes.

Un troisième est d'avis que, sans aucune dépense, on peut obtenir la paix avec de belles et trompeuses paroles. » Réveillez-vous, réveillez-vous, noblesse d'Angleterre! Que la paresse ne ternisse pas l'honneur que vous avez récemment acquis! Les fleurs de lis sont arrachées de vos armes, et la moitié de l'écusson d'Angleterre est coupée.

EXETER.—Si nous manquions de larmes pour ce convoi funèbre, ces nouvelles les appelleraient par torrents.

BEDFORD.—C'est moi qu'elles regardent : je suis régent de France.—Donnez-moi mon armure ; je vais combattre pour ressaisir la France.—Loin de moi ces honteux vêtements de deuil! Je veux que les Français aient, non point des yeux, mais des blessures pour pleurer leurs malheurs un moment interrompus.

(Entre un autre messager.)

LE DEUXIÈME MESSAGER.—Milords, lisez ces lettres pleines de revers. La France entière s'est soulevée contre les Anglais, excepté quelques petites villes de nulle importance. Le dauphin Charles a été couronné roi à Reims : le bâtard d'Orléans s'est joint à lui. René, duc d'Anjou, épouse son parti : le duc d'Alençon vole se ranger à ses côtés.

EXETER.—Le dauphin couronné roi! Tous volent à lui! Oh! où fuir pour cacher notre honte?

GLOCESTER.—Nous ne fuirons que vers nos ennemis. Bedford, si tu temporises, j'irai, moi, faire cette guerre.

BEDFORD.—Glocester, pourquoi doutes-tu de mon ardeur? J'ai déjà levé dans mes pensées une armée qui inonde déjà la France.

(Entre un troisième messager.)

LE TROISIÈME MESSAGER.—Mes respectables lords, pour ajouter encore aux larmes dont vous arrosez le cercueil du roi Henri, je dois vous instruire d'un fatal combat livré entre l'intrépide Talbot et les Français.

WINCHESTER.—Comment? où Talbot a vaincu, n'est-ce pas?

LE TROISIÈME MESSAGER.—Oh non! où lord Talbot a été défait : je vais vous en raconter les détails. Le 10 août dernier, ce redoutable lord, se retirant du siége d'Orléans, ayant à peine six mille soldats, s'est vu enveloppé et attaqué par vingt-trois mille Français; il n'a pas eu le temps de ranger sa troupe : il manquait de pieux à placer devant ses archers; faute de pieux, ils ont arraché des haies des bâtons pointus, et les ont fichés en terre, à la hâte et sans ordre, pour empêcher la cavalerie de fondre sur eux. Le combat a duré plus de trois heures; et le vaillant Talbot, avec son épée et sa lance, a fait des miracles au-dessus de la pensée humaine; il envoyait par centaines les ennemis aux enfers, nul n'osait lui faire face. Ici, là, partout, il frappait avec rage : les Français criaient que c'était le diable en armes. Tous restaient immobiles d'étonnement et les yeux fixés sur lui. Ses soldats, animés par son courage indomptable, ont crié tous ensemble : *Talbot! Talbot!* et se sont précipités au fort de la mêlée. De ce moment la victoire était décidée si sir Jean Fastolffe n'avait joué le rôle d'un lâche. Il était dans l'arrière-garde et placé sur les dernières lignes, avec ordre de le suivre et de le soutenir; mais il a fui lâchement sans avoir frappé un seul coup. De là la défaite générale et le carnage. Ils ont été enveloppés par leurs ennemis : un lâche Wallon, pour faire sa cour au dauphin, a frappé Talbot au dos avec sa lance; Talbot, que toute la France, avec toutes ses forces d'élite assemblées, n'avait pas osé une seule fois envisager en face.

BEDFORD.—Talbot est-il tué? Je me tuerai alors moi-même, pour me punir de vivre oisif ici dans le luxe et la mollesse, tandis qu'un si brave général, manquant de secours, est trahi et livré à ses lâches ennemis.

LE TROISIÈME MESSAGER.—Oh! non, il vit; mais il est prisonnier, et avec lui le lord Scales et le lord Hungreford. La plupart des autres ont été massacrés ou pris.

BEDFORD.—Il n'est point, pour le délivrer, de rançon que je ne sois déterminé à payer. Je précipiterai le dauphin, la tête la première, en bas de son trône, et sa couronne sera la rançon de mon ami : j'échangerai quatre de leurs seigneurs contre un de nos lords.—Adieu, messieurs, je cours à ma tâche. Il faut que j'aille sans délai allumer des feux de joie en France, pour célébrer la fête de notre grand saint Georges. Je prendrai avec moi dix mille soldats, dont les sanglants exploits ébranleront l'Europe.

LE TROISIÈME MESSAGER.—Vous en auriez besoin, car Orléans est assiégé : l'armée anglaise est affaiblie et impuissante. Le comte de Salisbury sollicite des renforts, et c'est avec peine qu'il empêche ses soldats de se mutiner; car ils sont bien peu pour contenir tant d'ennemis.

EXETER.—Lords, souvenez-vous des serments que vous avez faits à Henri, ou d'accabler le dauphin, ou de le ramener sous le joug de l'Angleterre.

BEDFORD.—Je m'en souviens, et je prends ici congé de vous pour aller faire mes préparatifs.

(Il sort.)

GLOCESTER.—Je vais me rendre en toute hâte à la Tour pour visiter l'artillerie et les munitions, et ensuite proclamer roi le jeune Henri.

EXETER.—Moi, je vais à Eltham, où est le jeune roi; je suis son gouverneur particulier, et je verrai là à prendre les meilleures mesures pour sa sûreté.

(Il sort.)

WINCHESTER.—Chacun ici a son poste et ses fonctions; moi, je suis laissé à l'écart, il ne reste rien pour moi. Mais je ne veux pas être longtemps un serviteur sans place. Je me propose de tirer le roi d'Eltham, et de m'asseoir au premier rang sur le gouvernail de l'État.

(Il sort.)

SCÈNE II

En France, devant Orléans.

Entrent CHARLES, *avec ses troupes,* ALENÇON, RENÉ, *et autres.*

CHARLES.—Le véritable cours de Mars n'est pas plus connu aujourd'hui sur la terre qu'il ne l'est dans les cieux. Dernièrement il brillait pour les Anglais ; maintenant nous sommes vainqueurs, et c'est à nous qu'il sourit. Quelles villes un peu importantes dont nous ne soyons les maîtres ? Nous sommes ici paisiblement établis près d'Orléans : les Anglais affamés, comme de pâles fantômes, nous assiègent à peine une heure dans le mois.

ALENÇON.—Ils n'ont point ici leurs tranches de bœuf gras : il faut que les Anglais soient repus, comme leurs mules, et qu'ils aient leur sac de nourriture lié à la bouche ; autrement ils ont aussi piteuse mine que des rats noyés.

RENÉ.— Faisons lever le siége : pourquoi vivons-nous ici paresseusement ? Talbot est pris, lui que nous étions accoutumés à craindre : il ne reste plus de chef que cet écervelé de Salisbury ; il peut dépenser son fiel en vaines fureurs : il n'a ni hommes ni argent pour faire la guerre.

CHARLES.—Sonnez, sonnez l'alarme. Fondons sur eux ; sauvons l'honneur des Français jadis mis en déroute.— Je pardonne ma mort à celui qui me tuera, s'il me voit fuir ou reculer d'un pas. (*Ils sortent. On sonne l'alarme. —Mêlée.—Ensuite une retraite.*) (*Rentrent Charles, Alençon et René.*) Qui vit jamais telle chose ? Quels hommes ai-je donc ? des chiens, des poltrons, des lâches ! Je n'aurais jamais fui s'ils ne m'avaient abandonné au milieu de mes ennemis.

RENÉ.—Salisbury tue en désespéré.—Il combat comme un homme lassé de la vie. Les autres lords, en lions affamés, fondent sur nous comme sur une proie que leur montre la faim.

ALENÇON.—Froissart, un de nos compatriotes, rapporte que l'Angleterre n'enfantait que des Rolands et des Oliviers sous le règne d'Édouard III. Le fait est encore plus vrai de nos jours, car elle n'envoie pour combattre que des Samsons et des Goliaths. Un contre dix ! De grands coquins maigres et efflanqués ! qui aurait jamais cru qu'ils eussent tant de courage et d'audace ?

CHARLES.—Abandonnons cette ville ! Ce sont des forcenés, et la faim les rendra encore plus acharnés. Je les connais de vieille date : ils arracheront les remparts avec leurs dents plutôt que d'abandonner le siège.

RENÉ.—Je crois que, par quelque étrange invention, par quelque sortilége, leurs armes sont ajustées pour frapper sans relâche, comme des battants de cloche; autrement, ils ne pourraient jamais tenir aussi longtemps. —Si l'on suit mon avis, nous les laisserons ici.

ALENÇON.—Soit ; laissons-les.

(Entre le bâtard d'Orléans.)

LE BATARD.—Où est le dauphin? J'ai des nouvelles pour lui.

LE DAUPHIN.—Bâtard d'Orléans, sois trois fois le bienvenu.

LE BATARD.—Il me semble que vos regards sont tristes, votre visage pâle. Est-ce la dernière défaite qui vous a fait ce mal? Ne vous découragez pas : le secours est proche : j'amène ici avec moi une jeune et sainte fille, qui, dans une vision que le Ciel lui a envoyée, a reçu l'ordre de faire lever cet ennuyeux siège et de chasser les Anglais de France. Elle possède l'esprit de prophétie bien mieux que les neuf Sibylles de Rome. Elle peut raconter le passé et l'avenir. Dites, la ferai-je entrer? Croyez-en mes paroles : elles sont certaines et infaillibles.

CHARLES.—Allez, faites-la venir. (*Le bâtard sort.*) Mais, pour éprouver sa science, René, prends ma place et fais le dauphin. Interroge-la fièrement ; que tes regards soient sévères. Par cette ruse, nous sonderons son habileté.

(Entrent la Pucelle, le bâtard d'Orléans et autres.)

RENÉ.—Belle fille, est-il vrai que tu veux exécuter ces étonnants prodiges?

LA PUCELLE.—René, espères-tu me tromper?—Où est le dauphin?—Sors, sors, ne te cache plus là derrière. Je te connais sans t'avoir jamais vu. Ne sois pas étonné, rien n'est caché pour moi. Je veux t'entretenir seul et en particulier.—Retirez-vous, seigneurs, et laissez-nous un moment à part.

RENÉ.—Elle débute hardiment.

(Ils s'éloignent.)

LA PUCELLE.—Dauphin, je suis née fille d'un berger ; mon esprit n'a été exercé dans aucune espèce d'art. Il a plu au Ciel et à Notre-Dame-de-Grâce de jeter un regard sur mon obscure condition. Un jour que je gardais mes tendres agneaux, exposant mon visage aux rayons brûlants du soleil, la mère de Dieu daigna m'apparaître ; et, dans une vision pleine de majesté, elle me commanda de quitter ma basse profession, et de délivrer mon pays de ses calamités : elle me promit son assistance et me garantit le succès. Elle daigna se révéler à moi dans toute sa gloire. J'étais noire et basanée auparavant ; les purs rayons de lumière qu'elle versa sur moi me douèrent de cette beauté que vous voyez. Fais-moi toutes les questions que tu pourras imaginer, et je répondrai sans préparation ; essaye mon courage dans un combat, si tu l'oses, et tu verras que je surpasse mon sexe. Sois certain de ceci : tu seras heureux si tu me reçois pour ton compagnon de guerre.

CHARLES.—Tu m'as étonné par la hauteur de ton discours. Je ne veux que cette preuve de ton mérite ; tu lutteras avec moi dans un combat singulier : si tu as l'avantage, tes paroles sont vraies ; autrement je te refuse ma confiance.

LA PUCELLE.—Je suis prête. Voilà mon épée à la pointe affilée, ornée de chaque côté de cinq fleurs de lis. Je l'ai choisie dans le cimetière de Sainte-Catherine en Touraine, parmi un amas de vieilles armes.

CHARLES.—Viens donc : par le saint nom de Dieu ! je ne crains aucune femme.

LA PUCELLE.—Et moi, tant que je vivrai, je ne fuirai jamais devant un homme.

(Ils combattent.)

CHARLES.—Arrête, arrête ; tu es une amazone : tu combats avec l'épée de Débora.

LA PUCELLE.—La mère du Christ me seconde ; sans elle, je serais trop faible.

CHARLES.—Quelle que soit la main qui te secoure, c'est toi qui dois me secourir. Un désir ardent consume mon âme ; tu as vaincu à la fois et ma force et mon cœur.

Sublime Pucelle, si tel est ton nom, permets que je sois ton serviteur et non pas ton souverain : c'est le dauphin de France qui te conjure ainsi.

LA PUCELLE.—Je ne dois céder à aucun vœu d'amour, car ma vocation a été consacrée d'en haut. Quand j'aurai chassé tes ennemis de ces lieux, je songerai alors à une récompense.

CHARLES.—En attendant, jette un regard de bonté sur ton esclave dévoué.

RENÉ, *en dedans de la tente avec Alençon.*—Monseigneur, il me semble, a un long entretien.

ALENÇON.—N'en doutez pas : il sonde cette femme en tout sens; autrement il n'aurait pas prolongé à ce point la conférence.

RENÉ.—Le dérangerons-nous, puisqu'il ne garde aucune mesure?

ALENÇON.—Il prend peut-être des mesures plus profondes que nous ne savons : les femmes sont de rusées tentatrices avec leur langue.

RENÉ.—Mon prince, où êtes-vous? Quel objet vous occupe si longtemps? Abandonnerons-nous Orléans, ou non?

LA PUCELLE.—Non, non, vous dis-je, infidèles sans foi! Combattez jusqu'au dernier soupir : je serai votre sauvegarde.

CHARLES.—Ce qu'elle dit, je le confirmerai : nous combattrons jusqu'à la fin.

LA PUCELLE.—Je suis destinée à être le fléau des Anglais. Cette nuit je ferai certainement lever le siége. Puisque je me suis engagée dans cette guerre, comptez sur un été de la Saint-Martin, sur les jours de l'alcyon. La gloire est comme un cercle dans l'onde; il ne cesse de s'élargir et de s'étendre, jusqu'à ce qu'à force de s'étendre il s'évanouisse. La mort de Henri est le terme où finit le cercle des Anglais; toutes les gloires qu'il renfermait sont dispersées. Je suis maintenant comme cet orgueilleux vaisseau qui portait César et sa fortune.

CHARLES.—Si Mahomet était inspiré par une colombe[1],

---

[1] Mahomet avait, disent les traditions arabes, une colombe

ACTE I, SCÈNE III.

tu l'es donc, toi, par un aigle. Ni Hélène, la mère du grand Constantin, ni les filles de saint Philippe[1] ne t'égalèrent jamais. Brillante étoile de Vénus, descendue sur la terre, par quel culte assez respectueux pourrai-je t'adorer?

ALENÇON. — Abrégeons les délais, et faisons lever le siége.

RENÉ. — Femme, fais ce qui est en ton pouvoir pour sauver notre honneur. Chasse-les d'Orléans, et immortalise-toi.

CHARLES. — Nous allons en faire l'essai. Allons, marchons à l'entreprise. Si sa promesse est trompeuse, je ne crois plus à aucun prophète.

(Ils sortent.)

SCÈNE III

Londres. — Colline devant la Tour.

Entre LE DUC DE GLOCESTER *qui s'approche des portes de la Tour, avec ses gens vêtus de bleu.*

GLOCESTER. — Je viens pour visiter la Tour : je crains que depuis la mort de Henri il ne s'y soit commis quelque larcin. Où sont donc les gardes, qu'on ne les trouve pas à leur poste? Ouvrez les portes : c'est Glocester qui vous appelle.

PREMIER GARDE. — Qui frappe ainsi en maître?

PREMIER SERVITEUR DE GLOCESTER. — C'est le noble duc de Glocester.

DEUXIÈME GARDE. — Qui que ce soit, vous ne pouvez entrer ici.

---

qu'il nourrissait avec des grains de blé qui tombaient de son oreille ; quand elle avait faim elle se posait sur l'épaule de Mahomet, et introduisait son bec dans l'oreille de son maître pour y chercher sa nourriture. Mahomet disait alors à ses sectateurs que c'était le Saint-Esprit qui venait le conseiller.

[1] Les quatre filles de Philippe dont il est fait mention dans les Actes des apôtres, et qui avaient le don de prophétie

DEUXIÈME SERVITEUR DE GLOCESTER.—Misérables, est-ce ainsi que vous répondez au lord protecteur?

PREMIER GARDE.—Que Dieu protége le protecteur : voilà notre réponse. Nous n'agissons que d'après nos ordres.

GLOCESTER.—Qui vous les a donnés? Quelle autre volonté que la mienne doit commander ici? Il n'est point d'autre protecteur du royaume que moi. (*A ses gens.*) Forcez ces portes : je serai votre garant. Me laisserai-je jouer de la sorte par de vils esclaves?

(Les gens de Glocester cherchent à forcer les portes.

WOODVILLE, *en dedans.*—Quel est ce bruit? Qui sont ces traîtres?

GLOCESTER.—Lieutenant, est-ce vous dont j'entends la voix? Ouvrez les portes : c'est Glocester qui veut entrer.

WOODVILLE.—Patience, noble duc; je ne puis ouvrir. Le cardinal de Winchester le défend : j'ai reçu de lui l'ordre exprès de ne laisser entrer ni toi ni aucun des tiens.

GLOCESTER.—Lâche Woodville, tu le préfères à moi, cet arrogant Winchester, ce prélat hautain que Henri, notre feu roi, ne put jamais supporter? Tu n'es ami ni de Dieu ni du roi. Ouvre les portes, ou dans peu je te fais chasser de la Tour.

PREMIER SERVITEUR DE GLOCESTER.—Ouvrez les portes au lord protecteur. Nous les enfoncerons si vous n'obéissez pas à l'instant.

(Entre Winchester suivi de ses gens en habits jaunâtres [1])

WINCHESTER.—Eh bien, ambitieux Humfroi, que veut dire ceci?

GLOCESTER.—Vil prêtre tondu, est-ce toi qui commandes qu'on me ferme les portes?

WINCHESTER.—Oui, c'est moi, traître d'usurpateur, tu n'es point le protecteur du roi ou du royaume.

GLOCESTER.—Retire-toi, audacieux conspirateur, toi qui machinas le meurtre de notre feu roi, toi qui vends

---

[1] C'était la couleur des vêtements des huissiers dans les cours ecclésiastiques; le jaune était aussi à cette époque une couleur de deuil, comme le noir.

aux filles de mauvaise vie des indulgences qui leur permettent le péché. Je te bernerai dans ton large chapeau de cardinal, si tu t'obstines dans cette insolence.

WINCHESTER.—Retire-toi toi-même ; je ne reculerai pas d'un pied. Que ceci soit la colline de Damas ; et toi, sois le Caïn maudit ; égorge ton frère Abel, si tu veux.

GLOCESTER.—Je ne veux pas te tuer, mais te chasser ; je me servirai, pour t'emporter d'ici, de ta robe d'écarlate, comme on se sert des langes d'un enfant.

WINCHESTER.—Fais ce que tu voudras ; je te brave en face.

GLOCESTER.—Quoi ! je serai ainsi bravé et insulté en face ! Aux armes, mes gens, en dépit des priviléges de ce lieu ; les habits bleus contre les habits jaunes. Prêtre, défends ta barbe. (*Glocester et ses gens attaquent l'évêque.*) Je veux te l'allonger d'un pied et te souffleter d'importance ; je foulerai aux pieds ton chapeau de cardinal, en dépit du pape et des dignités de l'Église ; je te traînerai en tous sens par les oreilles.

WINCHESTER.—Glocester, tu répondras de cette insulte devant le pape.

GLOCESTER. — Oison de Winchester ! — Je crie — une corde ! une corde ! chassez-les d'ici à coups de corde.— Pourquoi les laissez-vous encore là ?—Je te chasserai d'ici, loup couvert d'une peau d'agneau.—Hors d'ici les habits jaunes ! hors d'ici, hypocrite en écarlate !

(Il se fait un grand tumulte. Au milieu du désordre entrent le maire de Londres et ses officiers.)

LE MAIRE.—Fi, milords ! vous, magistrats suprêmes, troubler ainsi outrageusement la paix publique !

GLOCESTER.—Paix, lord maire : tu ne connais pas les outrages que j'ai essuyés. Ce Beaufort, qui ne respecte ni Dieu ni le roi, a ici usurpé la Tour à son usage.

WINCHESTER, *au maire.*—Tu vois ici Glocester, l'ennemi des citoyens, un homme qui propose toujours la guerre, et jamais la paix ; imposant à vos libres trésors d'énormes tributs ; cherchant à renverser la religion, sous prétexte qu'il est le protecteur du royaume. Et il voudrait ici enlever de la Tour l'armure et l'appareil de la majesté, pour se couronner roi, et faire disparaître le prince.

GLOCESTER.—Je ne te répondrai pas par des mots, mais par des coups.

(Leurs gens s'attaquent de nouveau.)

LE MAIRE.—Dans cette rixe tumultueuse, il ne me reste que la ressource d'une proclamation à haute voix.—Officier, avance, et parle aussi haut que tu le pourras.

L'OFFICIER.—Vous tous, gens de toute classe, qui êtes ici assemblés en armes, contre la paix de Dieu et du roi, nous vous ordonnons et commandons, au nom de Sa Majesté, de vous retirer chacun dans vos maisons, et de ne porter, manier, ni employer désormais aucune épée, arme ou poignard sous peine de mort.

GLOCESTER.—Cardinal, je ne veux pas enfreindre la loi : mais nous nous rencontrerons, et nous nous expliquerons à loisir.

WINCHESTER.—Oui, Glocester, nous nous rencontrerons, et il t'en coûtera cher, sois-en sûr ; j'aurai le sang de ton cœur pour ce que tu as fait là aujourd'hui.

LE MAIRE.—Je vais assembler le peuple, si vous différez de vous retirer.—Ce cardinal est plus hautain que Satan.

GLOCESTER.—Maire, adieu. Ce que tu fais, tu as droit de le faire.

WINCHESTER.—Exécrable Glocester, veille sur ta tête; car je prétends l'avoir avant peu. (Ils sortent.)

LE MAIRE, *à ses officiers.*—Veillez à ce qu'on quitte ce lieu, et ensuite nous nous retirerons.—Grand Dieu ! est-il possible que des nobles nourrissent de pareilles haines? Pour moi je ne combats pas une fois dans quarante ans.

(Il sort avec ses officiers.)

SCÈNE IV

France. — Devant Orléans.

Entrent, sur les remparts, LE MAITRE CANONNIER D'ORLÉANS ET SON FILS.

LE CANONNIER.—Mon garçon, tu sais comment Orléans

est assiégé, et comment les Anglais ont emporté les faubourgs?

LE FILS.—Je le sais, mon père, et j'ai souvent tiré sur eux : mais, malheureux que je suis, chaque fois j'ai manqué mon coup.

LE CANONNIER.—A présent tu ne le manqueras pas. Suis mes avis. Je suis maître canonnier en chef de cette ville; il faut que je fasse quelque chose pour me faire bien venir. Les espions du prince m'ont informé que les Anglais, bien retranchés dans les faubourgs, pénètrent par une secrète grille de fer dans la tour que tu vois là-bas, pour dominer la ville, et découvrir de là comment ils pourront, avec le plus d'avantage, nous mettre en péril, soit par leur artillerie, soit par un assaut. Pour faire cesser cet inconvénient, j'ai dirigé contre cette tour une pièce de calibre, et j'ai veillé ces trois jours entiers pour tâcher de les apercevoir. Toi, mon garçon, prends ma place, et veille à ton tour, car je ne puis rester plus longtemps à ce poste. Si tu aperçois quelque Anglais, cours et viens me l'annoncer; tu me trouveras chez le gouverneur.

(Il sort.)

LE FILS.—Mon père, ne vous inquiétez pas : je n'irai pas vous déranger si je puis les découvrir.

(Les lords Salisbury et Talbot, sir Guillaume Glansdale, sir Thomas Gargrave et autres paraissent sur la plate-forme d'une tour.)

SALISBURY.—Talbot, ma vie, ma joie, de retour ici! Et comment t'a-t-on traité tant que tu as été prisonnier? Et par quels moyens as-tu obtenu d'être relâché? Fais-moi ce récit, je t'en conjure, ici sur le plateau de cette tour.

TALBOT.—Le duc de Bedford avait un prisonnier qu'on appelait le brave seigneur Ponton de Saintrailles : j'ai été échangé contre lui. Mais auparavant ils avaient voulu, par mépris, me troquer contre un homme d'armes bien plus ignoble : moi, je l'ai refusé avec dédain et colère, et j'ai demandé la mort plutôt que d'être estimé à si vil prix. Enfin j'ai été racheté comme je le désirais.... Mais, oh! la pensée du traître Fastolffe me déchire le cœur : je l'exécuterais de mes propres mains, si je le tenais en ce moment en ma puissance.

SALISBURY.—Mais tu ne me dis pas comment tu as été traité.

TALBOT.—Accablé de brocards, d'insultes et d'épithètes ignominieuses. Ils m'ont exposé sur la place publique d'un marché, pour servir de spectacle à tout le peuple : « Voilà, disaient-ils, la terreur des Français, l'épouvantail qui effraye nos enfants. » Alors je me suis dégagé des officiers qui me conduisaient, et avec mes ongles j'arrachais les pierres du pavé, pour les lancer aux spectateurs de mon opprobre. Mon air menaçant a fait fuir les autres. Personne n'osait approcher, craignant une mort soudaine. Ils ne me croyaient pas assez en sûreté dans des murs de fer. Telle était la terreur que mon nom avait répandue parmi eux, qu'ils s'imaginaient que je pourrais briser des barres d'acier, et mettre en pièces des poteaux de diamant. Aussi avais-je une garde des fusiliers les plus adroits qui se promenaient à toute minute autour de moi; et si je bougeais seulement de mon lit, aussitôt ils me couchaient en joue, prêts à me tirer au cœur.

SALISBURY.—Je suis au supplice d'entendre les tourments que tu as essuyés; mais nous en serons bien vengés. Maintenant c'est l'heure du souper à Orléans : ici, au travers de cette grille, je peux compter chaque homme, et voir comment les Français fortifient leurs remparts. Allons les observer : cette vue te récréera. Sir Thomas Gargrave, et vous, sir Guillaume Glansdale, je veux savoir positivement votre avis sur le lieu où il nous convient le mieux de diriger notre batterie.

GARGRAVE.—Je pense que c'est à la porte du nord, car c'est là que se tiennent les nobles.

GLANSDALE.—Et moi, ici, au boulevard du pont.

TALBOT.—Autant que je puis voir, il faut affamer cette ville, et l'affaiblir de plus en plus par de légères escarmouches.

(Un coup de canon part des remparts de la ville; Salisbury et Gargrave tombent.)

ACTE I, SCÈNE IV.

SALISBURY.—O Dieu, aie pitié de nous, misérables pécheurs !

GARGRAVE.—O Dieu, aie pitié de moi, malheureux que je suis !

TALBOT.—Quel est ce coup qui vient si soudainement traverser nos projets?—Parle, Salisbury.... si tu peux parler encore. Quelle est ta blessure, modèle de tous les guerriers? Oh! un de tes yeux et ta joue emportés! Tour maudite! Maudite et fatale main, qui as machiné ce coup terrible! Salisbury, vainqueur dans treize batailles! lui qui forma Henri V à la guerre! Tant que sonnait une trompette, ou que battait un tambour, son épée ne cessait de frapper sur le champ de bataille.—Respires-tu encore, Salisbury? Si tu n'as pas de voix, il te reste du moins un œil que tu peux lever vers le Ciel, pour implorer sa miséricorde. Le soleil embrasse l'univers d'un seul regard. Ciel, ne fais grâce à aucun mortel, si Salisbury ne l'obtient pas de toi.—Enlevez son corps : je vais vous aider à l'ensevelir. Et toi, Gargrave, respires-tu encore? Parle à Talbot : regarde-le.—Salisbury, console ton âme par cette pensée : tu ne mourras point tant que.... Il me fait signe de la main, et me sourit comme s'il me disait : « Quand je ne serai plus, souviens-toi de me venger sur les Français.—Plantagenet, je te le promets : comme Néron, je jouerai du luth en contemplant l'incendie de leurs villes. (*Un coup de tonnerre, ensuite une alarme.*) Quel est ce tumulte? Que signifie ce vacarme dans les cieux? D'où viennent cette alarme et ce bruit?

(Entre un messager.)

LE MESSAGER.—Milord, milord : les Français ont rassemblé leurs troupes. Le dauphin, avec une certaine Jeanne la Pucelle..., une sainte prophétesse qui vient de se manifester tout nouvellement, arrive à la tête d'une grande armée pour faire lever le siège.

(Ici Salisbury pousse un gémissement.)

TALBOT.—Écoutez, écoutez, comme gémit Salisbury mourant! son cœur souffre de ne pouvoir se venger. Français, je serai pour vous un Salisbury! Pucelle, ou non Pucelle, dauphin ou chien de mer, j'écraserai vos cœurs sous les pieds de mon cheval. Portez Salisbury dans sa tente ; et, après, voyons jusqu'où va l'audace de ces lâches Français.

(Une alarme. Ils sortent emportant les deux morts.)

SCÈNE V

Devant une des portes d'Orléans.

Alarmes. Escarmouches. TALBOT *poursuit le* DAUPHIN *et le chasse devant lui ; alors paraît* LA PUCELLE, *chassant les Anglais devant elle. Ensuite rentre* TALBOT.

TALBOT.—Où est ma force, mon intrépidité, ma valeur? Nos Anglais se retirent : je ne puis les arrêter. Une femme, vêtue en guerrier, les chasse devant elle. (*Entre la Pucelle.*) La voici, la voici qui s'avance. —Je veux me mesurer avec toi : démon mâle ou femelle, je veux te conjurer : je saurai te tirer du sang[1] ; tu n'es qu'une sorcière : je vais livrer dans l'instant ton âme au maître que tu sers.

LA PUCELLE.—Viens, viens ; c'est à moi seule qu'il est réservé de ternir ta gloire.

(Ils combattent.)

TALBOT.—Ciel ! peux-tu souffrir que l'enfer l'emporte? Plutôt que de renoncer à châtier cette insolente créature, les élans de mon courage feront éclater ma poitrine ; et, dans ma fureur, j'arracherai de mes épaules ces bras impuissants.

LA PUCELLE.—Adieu, Talbot, ton heure n'est pas encore venue : en attendant, il faut que j'aille ravitailler Orléans.—Essaye de me vaincre, si tu peux : je me ris de ta force ; va, va plutôt rafraîchir tes soldats affamés, aider Salisbury à faire son testament. Cette journée est à nous, et bien d'autres qui vont la suivre.

(Elle entre dans Orléans avec les soldats.)

[1] On croyait alors que lorsqu'on pouvait faire couler le sang d'une sorcière, on était hors de l'atteinte de son pouvoir.

TALBOT.—Mes pensées tourbillonnent comme la roue d'un potier. Je ne sais où je suis, ni ce que je fais. Une sorcière, par la peur qu'elle répand, et non par sa force, comme Annibal, pousse devant elle nos troupes, et triomphe comme il lui plaît. Ainsi on voit les abeilles fuir de leurs ruches devant la fumée, et les colombes chassées de leurs asiles par une mauvaise odeur. Ils nous appelaient des *dogues anglais,* à cause de notre acharnement; aujourd'hui, timides comme de petits chiens, nous fuyons en poussant des cris. (*Une courte alarme.*) Écoutez-moi, concitoyens, ou recommencez le combat, ou arrachez les lions de l'écusson d'Angleterre : mettez-y des moutons au lieu de lions; renoncez à votre patrie. Non, le mouton ne fuit pas devant le loup, ni le cheval ou le bœuf devant le léopard, aussi timidement que vous devant ces esclaves que vous avez tant de fois vaincus. (*Une autre escarmouche.*) Ils ne le feront pas. — Retirez-vous dans vos retranchements : vous avez tous conspiré la mort le Salisbury, car nul de vous ne veut frapper un seul coup pour le venger.—La Pucelle est entrée dans Orléans malgré nous et tous nos efforts. Oh! je voudrais mourir avec Salisbury! La honte me forcera de cacher ma tête.

(Il sort.)

(Alarme, bruit de trompettes, retraite.)

SCÈNE VI

LA PUCELLE, CHARLES, RENÉ, ALENÇON,
et des soldats paraissent sur les remparts.

LA PUCELLE.—Arborons nos étendards déployés sur les murs. Orléans est délivré des loups anglais. Ainsi Jeanne la Pucelle a accompli sa parole.

CHARLES.—Divine créature, fille brillante d'Astrée, de quels honneurs assez grands te payerai-je ce succès? Tes promesses ressemblent aux jardins d'Adonis, qui donnaient un jour des fleurs et le lendemain des fruits. France, triomphe et réjouis-toi de ta glorieuse prophétesse. La ville d'Orléans est regagnée : jamais bonheur plus signalé n'est échu à notre empire.

RENÉ.—Pourquoi donc toutes les cloches de la ville n'annoncent-elles pas notre victoire? Dauphin, commandez aux citoyens d'allumer des feux de joie, et de célébrer des fêtes et des banquets dans les rues et les places, pour célébrer le bonheur que Dieu vient de nous accorder.

ALENÇON.—Toute la France sera dans la joie, quand elle apprendra quel mâle courage nous avons montré.

CHARLES.—C'est à Jeanne, et non à nous, que ce beau triomphe est dû. En reconnaissance, je veux partager ma couronne avec elle ; tous les prêtres, tous les religieux de mon royaume chanteront en chœur ses immortelles louanges. Je veux lui élever une pyramide plus magnifique que ne fut jamais celle de la Rhodope de Memphis. En mémoire d'elle, quand elle sera morte, ses cendres, enfermées dans une urne plus précieuse que le coffre aux riches diamants de Darius, seront portées aux fêtes solennelles devant les rois et les reines de France. ce ne sera plus saint Denis que nous invoquerons ; Jeanne la Pucelle sera désormais la patronne de la France. Entrons, et après ce beau jour de victoire, allons nous réjouir dans un banquet royal.

(Fanfare. Ils sortent.)

FIN DU PREMIER ACTE.

ACTE DEUXIÈME

SCÈNE I

France. — Devant Orléans.

Entre UN SERGENT *français, avec* DEUX SENTINELLES.

LE SERGENT.—Camarades, à vos postes, et soyez vigilants. Si vous entendez quelque bruit, si vous apercevez quelque ennemi près des remparts, donnez-nous-en avis au corps de garde par quelque signal.

LES SENTINELLES.—Sergent, vous serez averti. (*Le sergent sort.*) Ainsi les pauvres subalternes, tandis que les autres dorment tranquilles sur leurs lits, sont contraints de veiller au milieu des ténèbres, par le froid et la pluie !
(Entrent Talbot, Bedford, le duc de Bourgogne et les troupes, munis d'échelles d'assaut. Leurs tambours battent une marche sourde.)

TALBOT.—Lord régent, et vous, duc redouté dont l'alliance nous donne l'amitié des provinces d'Artois, de Flandre et de Picardie, pendant cette nuit favorable, les Français sont sans défense, après avoir bu et banqueté tout le jour. Saisissons cette occasion : elle est faite pour nous venger de leur fraude, œuvre de perfidie et d'une sorcellerie diabolique.

BEDFORD.—Lâche roi ! Quel outrage il fait à sa renommée en désespérant ainsi de la vigueur de son bras, et en se liguant avec des sorcières et des suppôts d'enfer !

LE DUC DE BOURGOGNE.—Les traîtres n'ont jamais d'autre alliance. Mais quelle est donc cette Pucelle qu'on dit si chaste ?

TALBOT.—Une jeune fille, dit-on.

BEDFORD.—Une jeune fille! et si guerrière!

LE DUC DE BOURGOGNE.— Prions Dieu que d'ici à peu de temps elle ne prouve pas qu'elle est un homme, si elle continue, comme elle a commencé, à porter l'armure sous l'étendard des Français!

TALBOT. — Eh bien, qu'ils commercent, qu'ils complotent avec les esprits infernaux! Dieu est notre forteresse; en son nom victorieux, déterminons-nous à escalader leurs remparts.

BEDFORD.—Monte, brave Talbot, nous te suivrons.

TALBOT.—Non pas tous ensemble : il vaut bien mieux, à mon avis, que nous entrions par divers côtés à la fois : si quelqu'un de nous vient à échouer, les autres pourront tenir encore contre les ennemis.

BEDFORD.—D'accord. Je vais monter par cet angle, là-bas.

LE DUC DE BOURGOGNE.—Et moi, par celui-ci.

TALBOT.—Et Talbot montera par ici, ou y trouvera son tombeau. Allons, Salisbury; c'est pour toi et pour le droit de Henri d'Angleterre; cette nuit va montrer combien je vous suis dévoué à tous les deux.

(Les Anglais escaladent les murailles en criant : *Saint-George! Talbot!*)

UNE SENTINELLE, *à l'intérieur.*—Aux armes! aux armes! L'ennemi livre l'assaut.

(Les Français accourent et sautent à demi-vêtus sur les murs. Le Bâtard, Alençon, René, arrivent par différents côtés, les uns habillés et armés, et les autres en désordre.)

ALENÇON.—Quoi donc, mes seigneurs, à demi nus!

LE BATARD.—A demi nus? oui; et bien joyeux d'avoir échappé si heureusement!

RENÉ.—Il était temps, je crois, de s'éveiller et de quitter nos lits; l'alarme retentissait à la porte de nos chambres.

ALENÇON.—De tous les exploits que j'ai vus, depuis que je fais la guerre, jamais je n'ai ouï parler d'une entreprise plus hasardeuse et plus désespérée que cet assaut.

LE BATARD.—Je crois que ce Talbot est un démon des enfers.

RENÉ.—Si ce n'est pas l'enfer, à coup sûr, c'est le ciel qui le seconde.

ALENÇON.—Voici Charles qui vient. Je suis étonné de sa diligence.

(Entrent Charles et la Pucelle.)

LE BATARD, *avec ironie.*—Bon! la divine Jeanne était sa garde.

CHARLES, *à la Pucelle.*—Est-ce là ton art, trompeuse dame? N'as-tu commencé de nous flatter d'abord par un léger succès, que pour nous exposer après à une perte dix fois plus grande?

LA PUCELLE.—Pourquoi Charles est-il exigeant avec son amie? Prétendez-vous que ma puissance soit toujours la même? Dois-je l'emporter soit que je veille, soit que je dorme? ou rejetterez-vous sur moi toutes les fautes? Imprévoyants soldats, si vous aviez fait bonne garde, ce désastre soudain ne serait jamais arrivé.

CHARLES.—Duc d'Alençon, c'est votre faute, à vous, qui commandiez la garde de nuit, de n'avoir pas été plus attentif à cet important emploi.

ALENÇON.—Si tous vos quartiers avaient été aussi soigneusement veillés que celui dont j'avais l'inspection, nous n'aurions pas été si honteusement surpris.

LE BATARD.—Le mien était en sûreté.

RENÉ.—Et le mien aussi, mon prince.

CHARLES.—Pour moi, j'ai passé la plus grande partie de cette nuit dans le quartier de la Pucelle et dans le mien, à errer de garde en garde, et à relever les sentinelles : comment donc les ennemis ont-ils pu entrer? par quel côté ont-ils pénétré le premier?

LA PUCELLE.—Ne demandez plus, seigneur, comment et par où. Il est certain qu'ils ont trouvé quelque partie faiblement gardée, où la brèche a été ouverte. Et maintenant il ne nous reste que la ressource de rallier nos soldats épars, et d'établir de nouvelles plates-formes, pour inquiéter les Anglais.

(Une alarme. Entre un soldat anglais criant : *Talbot! Talbot!* Le roi, les ducs et la Pucelle fuient, laissant derrière eux une partie de leurs habits.)

LE SOLDAT.—J'aurai bien la hardiesse de prendre ce qu'ils ont laissé. Le cri de *Talbot* me sert d'épée. Me voilà chargé de dépouilles, sans avoir employé d'autre arme que son nom. (Il sort.)

SCÈNE II

Orléans. — Dans la ville.

Entrent TALBOT, BEDFORD, LE DUC DE BOURGOGNE, UN CAPITAINE *et autres*.

BEDFORD.—Le jour commence à percer, et la nuit fuit en repliant le noir manteau dont elle couvrait la terre. Cessons ici notre chaude poursuite, et faisons sonner la retraite.
(On sonne la retraite.)

TALBOT.—Qu'on apporte le corps du vieux Salisbury et qu'on le dépose au milieu de la place publique, dans le centre même de cette ville maudite.—Me voilà donc acquitté du vœu que j'avais fait à son âme. Pour chaque goutte de sang qu'il a perdue, cinq Français au moins sont morts cette nuit, et afin que les siècles futurs sachent quel désastre a produit sa vengeance, je veux ériger dans leur principal temple une tombe où sera enterré son corps : sur sa tombe, et de telle sorte que chacun le puisse lire, sera gravé le récit du sac d'Orléans, par quelle trahison est arrivée sa mort déplorable, et quelle terreur il inspirait à la France.—Mais je songe, seigneurs, que dans notre sanglant carnage nous n'avons pas rencontré l'altesse du dauphin, ni son nouveau champion, la vaillante Jeanne d'Arc, ni aucun de ses perfides alliés.

BEDFORD.—On croit, lord Talbot, qu'au commencement du combat, arrachés tout d'un coup à leurs lits paresseux, et au milieu des pelotons de gens armés, ils ont sauté par-dessus les murailles pour chercher un asile dans la plaine.

LE DUC DE BOURGOGNE.—Moi-même, autant que j'ai pu

ACTE II, SCÈNE II.

distinguer à travers la fumée et les noires vapeurs de la nuit, je suis sûr d'avoir effrayé le dauphin et sa compagne, comme ils accouraient tous deux les bras enlacés, ainsi qu'un couple de tendres tourterelles, qui ne peuvent vivre séparées ni le jour ni la nuit.—Quand nous aurons mis ordre à tout ici, nous marcherons sur leurs traces avec toutes nos troupes.

(Entre un messager.)

LE MESSAGER.—Salut à vous tous, milords! Quel est celui, dans cette noble réunion, que vous nommez le belliqueux Talbot, célèbre par ses exploits si vantés dans tout le royaume de France?

TALBOT.—Voici Talbot; qui veut lui parler?

LE MESSAGER.—Une vertueuse dame, la comtesse d'Auvergne, admirant avec respect ta renommée, te supplie par moi, illustre seigneur, de lui accorder la faveur de visiter l'humble château où elle réside, afin qu'elle puisse se vanter d'avoir vu l'homme dont la gloire remplit l'univers de son éclat.

LE DUC DE BOURGOGNE.—En est-il donc ainsi? Allons, je vois que nos guerres deviendront un gai et paisible passe-temps, si les dames demandent qu'on aille ainsi les visiter.—Vous ne pouvez honnêtement, milord, dédaigner sa gracieuse requête.

TALBOT.—Ne me croyez plus désormais; car ce qu'un peuple entier d'orateurs n'auraient jamais pu obtenir de moi avec toute leur éloquence, la politesse d'une femme l'emporte. Ainsi, dites-lui que je lui rends grâces, et que, soumis et respectueux, j'irai lui faire ma cour. Vos Seigneuries ne me tiendront-elles pas compagnie?

BEDFORD.—Non certes: ce serait plus que n'exige la politesse; et j'ai ouï dire que les hôtes qui ne sont pas priés ne sont jamais mieux venus que lorsqu'ils s'en vont.

TALBOT.—Allons, j'irai donc seul, puisqu'il n'y a pas moyen de s'en défendre; je veux faire l'essai de la courtoisie de cette dame.—Capitaine, approchez. (*Il lui parle à l'oreille.*) Vous devinez mes intentions?

LE CAPITAINE.—Oui, milord, et je m'y conformerai.

SCÈNE III

Cour du château de la comtesse d'Auvergne.)

LA COMTESSE, *suivie du* CONCIERGE *de son château.*

LA COMTESSE.—Concierge, souviens-toi de ce dont je t'ai chargé; et, quand tu l'auras fait, apporte-moi les clefs.

LE CONCIERGE.—Je le ferai, madame.
(Il sort.)

LA COMTESSE.—Le plan est dressé. Si tout réussit, je serai aussi fameuse par cet exploit que la Scythe Thomyris par la mort de Cyrus.—On fait un grand bruit de ce redoutable chevalier et de ses merveilleuses prouesses. Je serais bien aise que le témoignage de mes yeux concourût avec celui de mes oreilles pour porter mon jugement sur ses hauts faits.

(Entrent le messager et Talbot.)

LE MESSAGER.—Madame, conformément à votre désir exprimé par mon message, le lord Talbot vient vous voir.

LA COMTESSE.—Il est le bienvenu.— Quoi! est-ce lui?

LE MESSAGER.—Madame, lui-même.

LA COMTESSE.—Est-ce là le fléau de la France? Est-ce là ce Talbot si redouté dans l'Europe, et dont le nom sert aux mères pour faire taire leurs enfants? Je vois à présent combien les récits sont fabuleux et trompeurs; je m'attendais à voir un Hercule, un second Hector, à l'aspect farouche, d'une vaste et forte stature. Eh! c'est un enfant, un nain ridicule; il ne se peut pas que cet avorton faible et ridé frappe ses ennemis d'une si grande terreur.

TALBOT.—Madame, j'ai pris la hardiesse de vous importuner; mais puisque Votre Seigneurie n'est pas libre, je choisirai quelque autre temps pour vous faire ma visite.

LA COMTESSE.—Que prétend-il? Allez lui demander où il va.

LE MESSAGER. — Daignez rester, milord Talbot : ma maîtresse désire savoir la cause de votre brusque départ.

TALBOT. — Hé mais, c'est parce que je vois qu'elle est dans l'erreur : je vais lui prouver que Talbot est ici.

(Rentre le concierge avec des clefs.)

LA COMTESSE. — Si tu es Talbot, tu es donc prisonnier.

TALBOT. — Prisonnier? Et de qui?

LA COMTESSE. — Le mien, lord altéré de sang : et voilà pourquoi je t'ai attiré chez moi. Depuis longtemps ton ombre est ma prisonnière, car ton portrait est pendu dans ma galerie. Aujourd'hui l'original subira le même sort, et j'enchaînerai tes bras et tes jambes à toi, qui, depuis tant d'années, as tyranniquement opprimé, ravagé ma patrie, égorgé nos citoyens, et envoyé dans les fers nos enfants et nos maris.

TALBOT. — Ha, ha, ha!

LA COMTESSE. — Tu ris, misérable! Va, ta joie se changera bientôt en gémissements.

TALBOT. — Je ris de votre folie, de croire que vous ayez en votre possession autre chose que l'ombre de Talbot pour objet de vengeance.

LA COMTESSE. — Quoi! n'es-tu pas l'homme?

TALBOT. — Oui, sans doute.

LA COMTESSE. — Eh bien, j'en possède donc l'original.

TALBOT. — Non, non : je ne suis que l'ombre de moi-même. Vous êtes déçue, madame; vous n'avez ici que l'ombre de Talbot : ce que vous voyez n'est qu'un frêle et chétif individu de l'espèce humaine. Je vous dis, madame, que si Talbot tout entier était ici, vous le verriez d'une grandeur et d'une étendue si immense, que votre appartement ne suffirait pas pour le contenir.

LA COMTESSE. — C'est un marchand d'énigmes : il est ici et il n'est point ici : comment ces contradictions peuvent-elles se concilier?

TALBOT. — Je vais vous le montrer dans l'instant. (*Il donne un coup de sifflet : on entend des tambours; aussitôt suit une décharge d'artillerie. Les portes sont forcées; entre une troupe de soldats.*) Qu'en dites-vous, madame? Reconnaissez-vous à présent que Talbot n'est que l'ombre de lui-même? (*Montrant ses soldats*.) Voilà sa substance, ses muscles, ses bras, sa force avec laquelle il courbe sous le joug vos têtes rebelles, rase vos cités, renverse vos places, et les change en un moment en solitudes désolées.

LA COMTESSE.—Victorieux Talbot! pardonne mon outrage. Je vois que tu n'es pas moins grand que ne te peint la renommée, et que tu es bien plus grand que ne l'annonce ta stature. Que ma présomption ne provoque pas ton courroux! Je me reproche de ne t'avoir pas reçu avec le respect qui t'est dû.

TALBOT.—Ne vous effrayez point, belle dame; et ne vous méprenez pas sur l'âme de Talbot, comme vous vous êtes méprise sur son apparence extérieure. Ce que vous avez fait ne m'a point offensé : et je ne vous demande d'autre satisfaction, que de nous permettre, de votre plein gré, de goûter votre vin et de voir quelles douceurs vous avez à nous offrir, car l'appétit des soldats les sert toujours à merveille.

LA COMTESSE.—De tout mon cœur. Et croyez que je me trouve honorée de fêter un si grand guerrier dans ma maison.

(Ils sortent.)

SCÈNE IV

(Londres. — Le jardin du Temple.)

Entrent LES COMTES DE SOMERSET, DE SUFFOLK ET DE WARWICK, RICHARD PLANTAGENET, VERNON *et un autre avocat.*

PLANTAGENET.—Nobles lords, et vous gentilshommes, que signifie ce silence? Personne n'ose-t-il donc rendre hommage à la vérité?

SUFFOLK.—Nous faisions trop de bruit dans la salle du Temple : le jardin nous convient mieux.

PLANTAGENET.—Dites donc, en un mot, si j'ai soutenu la vérité, et si l'obstiné Somerset n'était pas dans l'erreur.

suffolk.—Sur ma foi, je fus toujours un disciple paresseux en matière de lois ; jamais je n'ai pu plier ma volonté à la loi : en revanche je plie la loi à ma volonté.

somerset.—Jugez donc entre nous deux, vous, lord Warwick.

warwick.—Demandez-moi, entre deux faucons, quel est celui qui vole le plus haut ; entre deux dogues, celui qui a la plus large gueule ; entre deux lames, quelle est la mieux trempée ; entre deux chevaux, quel est celui qui a la plus belle encolure ; entre deux jeunes filles, quelle est celle dont l'œil est le plus riant : j'ai là-dessus quelques légères connaissances, assez peut-être pour porter un jugement ; mais quant à ces fines et subtiles équivoques de la loi, sur ma foi, je ne m'y entends nullement, pas plus qu'un choucas.

plantagenet.—Bah ! c'est un adroit subterfuge pour éviter de parler. La vérité paraît si nue, si visible de mon côté, que l'œil le moins perçant peut l'apercevoir.

somerset.—Et elle se manifeste de mon côté si claire et si brillante, que ses rayons se feraient sentir à l'œil même de l'aveugle.

plantagenet.—Puisque votre langue est enchaînée, et qu'il vous répugne tant de parler, déclarez vos pensées par des signes muets. Que celui qui est né vrai gentilhomme, et tient à l'honneur de sa naissance, s'il pense que j'ai plaidé la cause de la vérité, arrache avec moi une rose blanche de cet églantier.

somerset.—Que celui qui n'est pas un lâche, ni un flatteur, et qui ose se ranger du parti de la vérité, arrache avec moi de cette épine une rose rouge.

warwick.—Je n'aime point les couleurs, et dédaignant de colorer mes intentions par une basse et insinuante flatterie, j'arrache cette rose blanche avec Plantagenet.

suffolk.—Et moi cette rose rouge avec le jeune Somerset, et j'ajoute que je pense qu'il a le bon droit pour lui.

vernon. — Arrêtez, lords et gentilshommes ; et ne cueillez plus de roses avant d'avoir décidé que celui des deux qui aura le moins de roses cueillies de son côté cédera à l'autre, et reconnaîtra la justice de son opinion.

somerset.—Sage Vernon, c'est bien dit; si c'est moi qui ai le moins de roses, j'y souscris en silence.

plantagenet.—Et moi aussi.

vernon.—Eh bien, pour rendre hommage à la bonne cause et à son évidence, je cueille ce bouton pâle et vierge, et donne mon suffrage au parti de la rose blanche.

somerset.—Ne vous piquez pas le doigt en la cueillant, de peur que votre sang ne teigne en rouge la rose blanche, et que vous ne veniez à mon avis, fort contre votre gré.

vernon.—Si je saigne pour mon opinion, milord, elle se chargera de guérir ma blessure et me maintiendra du côté où je suis présentement.

somerset.—Fort bien, fort bien : allons, qui encore?

l'avocat, *à Somerset*.—Si mon étude n'est pas vaine, si mes livres ne sont pas faux, le système que vous avez embrassé est une erreur; et, comme preuve, j'arrache aussi une rose blanche.

plantagenet.—Eh bien, Somerset, où est maintenant votre argument?

somerset.—Ici, dans le fourreau, où il se propose de teindre votre rose blanche en rouge de sang.

plantagenet.—En attendant, vos joues contrefont nos roses, car elles pâlissent de crainte, pour attester que la vérité est à nous.

somerset.—Non, Plantagenet, ce n'est pas de crainte, mais de colère de voir tes joues rougir de honte pour contrefaire nos roses; tandis que ta langue refuse de confesser ton erreur.

plantagenet.—Somerset, ta rose n'a-t-elle pas un ver qui la ronge?

somerset.— Plantagenet, ta rose n'a-t-elle pas une épine?

plantagenet.—Oui, une épine aiguë et piquante, propre à défendre la vérité; tandis que ton ver rongeur détruit son mensonge.

somerset. —Eh bien, je trouverai des amis qui porteront mes roses sanglantes et qui soutiendront la vérité de ce que j'ai avancé, tandis que le fourbe Plantagenet n'osera pas se montrer.

PLANTAGENET. — Par ce jeune bouton qui est dans ma main, je te méprise, toi et ton parti, maussade enfant.

SUFFOLK.—Plantagenet, ne dirige pas tes mépris de ce côté.

PLANTAGENET.—Présomptueux Pole, je le veux ainsi, et je te brave ainsi que lui.

SUFFOLK.—C'est dans ton sang que j'en serai vengé.

SOMERSET.—Cesse, cesse, noble Guillaume Pole : nous honorons trop ce paysan, en conversant avec lui.

WARWICK.—Par le ciel, tu lui fais injure, Somerset. Son aïeul était Lionel duc de Clarence, troisième fils d'Édouard III, roi d'Angleterre. Sort-il, d'une souche si antique, des roturiers sans armoiries?

PLANTAGENET.—Il se fie au privilége de ce lieu [1] : autrement, son lâche cœur n'aurait pas osé se permettre ce langage.

SOMERSET.—Par celui qui m'a créé, je soutiendrai mes paroles dans tous les coins de la chrétienté. Richard, le comte de Cambridge, ton père, n'a-t-il pas été exécuté sous le règne du feu roi, pour crime de trahison? Et sa trahison ne t'a-t-elle pas entaché, souillé et dégradé de ton ancienne noblesse? Son crime vit encore dans ton sang, et jusqu'à ce que tu sois réhabilité, non, tu n'es qu'un roturier.

PLANTAGENET.—Mon père fut accusé et non convaincu : il fut condamné à mourir pour crime de trahison ; mais il ne fut point un traître. Et ce que je dis ici, je le prouverai contre de plus illustres adversaires que Somerset, si le temps dans son cours amène et mûrit à mon gré l'occasion. Ton partisan Pole, et toi, vous serez notés dans ma mémoire, et je vous châtierai un jour pour cet

[1] Il ne paraît pas qu'à cette époque le Temple, où se font encore les études de droit, eût aucun privilége analogue au droit d'asile; peut-être ce lieu en avait-il été investi dans des temps antérieurs, lorsque les Templiers l'habitaient.

injurieux préjugé : souvenez-vous-en bien, et tenez-vous pour avertis.

SOMERSET.—Soit : tu nous trouveras toujours prêts à te répondre, et reconnais-nous à ces couleurs pour tes ennemis : mes amis les porteront en dépit de toi.

PLANTAGENET.—Et j'en jure par mon âme, nous porterons à jamais, moi et mon parti, cette rose pâle de courroux, en symbole de ma haine qui ne s'éteindra que dans ton sang. Ou cette fleur se flétrira avec moi dans ma tombe, ou elle fleurira avec moi jusqu'au degré d'élévation qui m'appartient.

SUFFOLK.—Poursuis ta route, et trouve ta ruine dans ton ambition; adieu, jusqu'à la première occasion de te rejoindre.

(Il sort.)

SOMERSET.—Je te suis, Pole. — Adieu, ambitieux Richard.

PLANTAGENET.—Comme on me brave! Et je suis forcé de l'endurer!

WARWICK.—Cette tache, qu'ils reprochent à votre maison, sera effacée dans le prochain parlement, convoqué pour régler un accord entre Winchester et Glocester. Et si vous n'êtes pas ce jour-là créé duc d'York, je ne veux plus m'appeler Warwick. En attendant, en témoignage de mon affection pour vous contre l'orgueilleux Somerset et Guillaume Pole, je veux porter cette rose qui me déclare de votre parti. Et je prédis ici que cette querelle des roses blanches et des roses rouges, née dans le jardin du Temple, et qui a déjà formé une faction, précipitera des milliers d'hommes dans les ombres du tombeau.

PLANTAGENET. — Sage Vernon, je vous dois beaucoup, d'avoir cueilli une rose en faveur de mon parti.

VERNON. — Et je la porterai toujours pour sa défense.

L'AVOCAT. — Et moi aussi.

PLANTAGENET. — Je vous rends grâces, brave gentilhomme. — Allons dîner ensemble tous quatre. J'ose dire qu'un jour viendra où cette querelle s'abreuvera de sang.

(Il sort.)

SCÈNE V

Une salle dans l'intérieur de la Tour.

Entre MORTIMER, *porté sur un siége par* DEUX GEOLIERS.

MORTIMER. — Gardiens compatissants de mon infirme vieillesse, laissez Mortimer mourant se reposer ici. Je souffre dans tous mes membres endoloris par ma longue prison, comme un malheureux à peine échappé à la torture. Je suis aussi vieux que Nestor et vieilli par un siècle de peines, et ces cheveux blancs, messagers du trépas, annoncent la fin d'Edmond Mortimer. Ces yeux, tels que des lampes dont l'huile est consumée, s'obscurcissent de plus en plus, comme prêts à s'éteindre. Mes épaules fléchissent sous le poids du chagrin, et mes bras languissants tombent comme une vigne flétrie, dont les rameaux desséchés rampent sur la terre. Et cependant ces pieds, dont la plante sans force ne peut plus soutenir cette masse d'argile, semblent prendre des ailes dans le désir de me porter au tombeau, comme s'ils comprenaient qu'il ne me reste plus d'autre refuge. Mais, dis-moi, geôlier, mon neveu viendra-t-il?

PREMIER GEOLIER. — Milord, Richard Plantagenet viendra : nous avons envoyé à son appartement dans le Temple, et sa réponse a été qu'il allait venir.

MORTIMER. — C'est assez! mon âme sera donc satisfaite! — Pauvre jeune homme! son malheur égale le mien. Depuis que Henri Monmouth a commencé de régner (hélas! avant son élévation, je brillais à la guerre), j'ai été confiné dans cette odieuse prison; et, depuis le même temps, Richard est tombé dans l'obscurité, dépouillé de ses honneurs et de son héritage. Mais aujourd'hui que l'équitable mort, cet arbitre souverain qui termine tous les désespoirs, et délivre l'homme des misères de la vie, va de sa main propice me faire quitter ce lieu, je voudrais que les peines de ce jeune homme fussent aussi à leur terme et qu'il pût recouvrer ce qu'il a perdu.

(Entre Plantagenet.)

premier geolier.—Milord, votre cher neveu est arrivé.

mortimer.— Richard Plantagenet, mon ami, est-il arrivé?

plantagenet.—Oui, mon noble oncle, votre neveu Richard, si indignement traité, et tout récemment encore si insulté, vient vers vous.

mortimer. — Guidez mes bras, que je puisse l'y serrer et rendre dans son sein mon dernier soupir. Oh! dites-moi quand mes lèvres seront près de toucher ses joues, afin que je puisse dans ma faiblesse lui donner encore un baiser. — Et apprends-moi, cher rejeton de l'illustre tige d'York, pourquoi tu as dit que tu avais tout récemment été insulté.

plantagenet.—Commencez par appuyer sur mon bras votre corps épuisé, et ainsi en repos, vous pourrez entendre le récit de mes douleurs. — Ce jour même, dans une conférence sur un cas de la loi, quelques paroles ont été échangées entre Somerset et moi, et dans la chaleur de cette discussion il a donné carrière à sa langue, et m'a reproché la mort de mon père. Ce reproche imprévu m'a fermé la bouche; autrement j'aurais repoussé l'injure par l'injure. Ainsi, cher oncle, au nom de mon père, pour l'honneur d'un vrai Plantagenet, et en considération de notre alliance, déclarez-moi pourquoi le comte de Cambridge, mon père, a été décapité.

mortimer.—La même cause, mon beau neveu, qui m'a fait emprisonner et détenir, pendant toute ma florissante jeunesse, dans une odieuse prison, pour y languir solitaire, a été aussi la cause détestée de sa mort.

plantagenet. — J'ignore tout. Expliquez-moi cette cause avec plus de détail, car je ne peux rien deviner.

mortimer.—Je vais le faire, si mon souffle haletant me le permet, et si la mort ne survient pas avant la fin de mon récit. — Henri IV, aïeul du roi, déposa son cousin Richard, le fils d'Édouard, le premier-né et l'héritier légitime du roi Édouard, troisième roi de cette race. Pendant son règne, les Percy du Nord, trouvant son usurpation injuste, s'efforcèrent de me porter au trône. La raison qui poussa ces lords belliqueux à cette entreprise était que le jeune roi Richard ainsi écarté, et ne laissant aucun héritier de sa génération, j'étais le premier après lui par ma naissance et ma parenté; car je descends par ma mère de Lionel, duc de Clarence, troisième fils du roi Édouard III; tandis que lui, Monmouth, descend de Jean de Gaunt, qui n'est que le quatrième de cette race héroïque. Mais écoutez : dans cette grande et difficile entreprise, où ils tentaient de placer sur le trône l'héritier légitime, je perdis ma liberté, et eux la vie. Longtemps après ceci, lorsque Henri V, succédant à son père Bolingbroke, vint à régner, ton père, le comte de Cambridge, qui descendait du fameux Edmond Langley, duc d'York, épousa ma sœur, qui fut ta mère. De nouveau touché de ma cruelle infortune, il leva une armée, espérant me délivrer et ceindre mon front du diadème; mais ce généreux comte y périt comme les autres, et fut décapité. Ainsi furent détruits les Mortimer, en qui reposait ce titre.

PLANTAGENET. — Et vous, milord, vous êtes le dernier de leur nom?

MORTIMER. — Oui; et tu vois que je n'ai point de postérité, et que ma voix défaillante annonce ma mort prochaine. Tu es mon héritier : je fais des vœux pour que tu en recueilles les droits; mais sois circonspect dans cette périlleuse affaire.

PLANTAGENET. — Vos graves conseils ont sur moi un juste empire : cependant il me semble que l'exécution de mon père ne fut qu'un acte sanglant de tyrannie.

MORTIMER. — Garde le silence, mon neveu, et conduis-toi avec prudence. La maison de Lancastre est solidement établie, et, telle qu'une montagne, n'est pas facile à ébranler. — Mais en ce moment ton oncle va quitter cette vie, comme les princes quittent leur cour lorsqu'ils sont rassasiés d'un long séjour dans le même lieu.

PLANTAGENET. — O mon oncle, je voudrais qu'une part de mes jeunes années pût éloigner le terme de votre vieillesse.

MORTIMER. — Tu veux donc me faire tort, comme le meurtrier qui donne mille coups de poignard, lorsqu'un seul peut tuer. Ne t'afflige point, ou ne t'afflige que pour mon bien. Donne seulement des ordres pour mes obsèques : adieu ; que toutes tes espérances s'accomplissent, et que ta vie soit heureuse dans la paix et dans la guerre !

(Il expire.)

PLANTAGENET. — Que la paix et non la guerre accompagne ton âme qui s'enfuit ! Tu as passé ton pèlerinage dans une prison, et, comme un ermite, tu y finis tes jours. — Oui, j'enfermerai ton conseil dans mon sein ; ce que je conçois y reposera en silence. — Geôliers, emportez son corps de ces lieux ; je verrai avec moins de douleur ses obsèques que sa triste vie. — (*Les geôliers sortent emportant le corps de Mortimer.*) Ici s'éteint le flambeau consumé des jours de Mortimer, victime de l'ambition de gens méprisables. Quant à l'outrage, à l'injure amère que Somerset a reprochée à ma maison, j'espère bien l'effacer avec honneur : et dans ce dessein, je vais hâter mes pas vers le parlement. Ou je serai rétabli dans tous les honneurs dus à mon sang, ou je ferai de mon malheur même l'instrument de ma fortune.

(Il sort.)

FIN DU DEUXIÈME ACTE.

ACTE TROISIÈME

SCÈNE I

Londres. — La salle du parlement.

Fanfares. Entrent LE ROI HENRI, EXETER, GLOCES-
TER, WINCHESTER, WARWICK, SOMERSET,
SUFFOLK ET RICHARD PLANTAGENET. *Glocester
se met en mesure de présenter un bill ; Winchester le lui arrache et le déchire.*

WINCHESTER.—Humfroi de Glocester, viens-tu ici avec des écrits soigneusement prémédités, des libelles écrits et arrangés avec art ? Si tu as à m'accuser, et que tu te proposes de me charger de quelque imputation, parle sur-le-champ et sans préparation, comme je me propose de répondre sur-le-champ, et par un discours sans apprêt, à ce que tu m'opposeras.

GLOCESTER.—Prêtre présomptueux, ce lieu m'impose la patience ; autrement tu connaîtrais à quel point tu m'as outragé. Ne crois pas que, si j'ai voulu présenter par récit le tableau de tes lâches et odieux méfaits, j'aie rien inventé ou que je sois hors d'état de répéter de vive voix ce qu'avait tracé ma plume. Tu n'es pas un prélat : telle est ton audacieuse perversité, telles sont tes perfidies et ton ambitieuse soif de discorde, que les enfants même parlent de ton orgueil. Tu es un infâme usurier ; insolent par nature, ennemi de la paix, licencieux, débauché, plus qu'il ne convient à un homme de ton état et de ton rang. Et quant à tes trahisons, quoi de plus notoire ? Tu m'as tendu un piège pour surprendre ma vie au pont de Londres et à la Tour; et je craindrais bien, si l'on venait à sonder tes pensées, que le roi, ton souverain, ne fût pas tout à fait à l'abri des jaloux complots de ton cœur ambitieux.

WINCHESTER.—Glocester, je te défie.—Milords, daignez entendre ma réponse : si j'étais avide, pervers, ambitieux, comme il veut que je le sois, comment serais-je si pauvre? Comment arrive-t-il que je ne cherche pas à marcher en avant, à m'élever plus haut, et que je me renferme dans mon état? Quant à l'esprit de dissension, qui chérit la paix plus que moi.... à moins que je ne sois provoqué? Mais, mes dignes lords, ce n'est pas là ce qui offense le duc, ce n'est pas là ce qui l'a irrité : ce qui l'irrite...., c'est qu'il voudrait que nul autre ne gouvernât que lui, que personne que lui n'approchât le roi ; voilà ce qui soulève la tempête dans son cœur, voilà ce qui lui fait exhaler ces accusations contre moi. Mais il connaîtra que je suis aussi bien né....

GLOCESTER. — Aussi bien né? Toi, bâtard de mon aïeul !

WINCHESTER.—Ah ! orgueilleux seigneur, qui es-tu, je te prie, qu'un sujet impérieux sur le trône d'un autre?

GLOCESTER.—Prêtre insolent, ne suis-je pas le protecteur?

WINCHESTER.—Et moi, ne suis-je pas un prélat de l'Église?

GLOCESTER.—Oui, comme un proscrit se tient dans un château et s'en sert pour protéger son brigandage.

WINCHESTER.—Insolent Glocester !

GLOCESTER.—Ta profession mérite du respect, mais non pas ta conduite.

WINCHESTER.—Rome me vengera.

GLOCESTER.—Va donc mendier le secours de Rome[1].

SOMERSET.—Milord, il serait de votre devoir de vous contenir.

---

[1] Winchester. *This Rome shall remedy.*
Glocester. *Roam thither them.*
Ce jeu de mots entre *Rome*, Rome, et *to roam*, rôder, vagabonder, est impossible à reproduire.

warwick, *à Somerset.*—Et vous, retenez donc l'évêque dans les bornes du sien.

somerset.—Il me semble que milord devrait être respectueux, et connaître mieux la dignité sacrée d'un prélat.

warwick.—Il me semble que *Sa Grandeur* devrait être plus modeste; il ne convient pas à un prélat de parler ainsi.

somerset.—Il en a le droit, lorsque son caractère sacré est si vivement offensé.

warwick.—Sacré ou profane, qu'importe? *Sa Grâce* n'est-elle pas le *protecteur* du roi?

plantagenet, *à part.*—Plantagenet, je le vois, doit ici garder le silence : on pourrait lui dire : « Attendez pour parler, que vous en ayez le droit. Votre avis téméraire doit-il se mêler aux débats des lords? » Sans cette crainte, j'aurais déjà lancé un trait à Winchester.

le roi.—Glocester, et vous, Winchester, mes oncles, vous les premiers gardiens de notre Angleterre, je voudrais vous prier, si les prières avaient sur vous quelque empire, de réconcilier vos cœurs dans la paix et l'amitié. Oh! quel scandale pour notre couronne que deux nobles pairs tels que vous soient en discord! Croyez-moi, lords, ma jeunesse peut dire que la discorde civile est un ver funeste qui ronge le cœur de l'État. (*On entend un grand bruit en dehors avec ces cris : « A bas, à bas la livrée jaune! »*) Quel est ce tumulte?

warwick.—C'est une émeute, j'ose l'assurer, commencée par la furie des gens de l'évêque.

(*On entend encore ces cris : Des pierres! des pierres!*)

(*Entre le maire de Londres avec son escorte.*)

le maire.—O mes dignes lords! ô vertueux Henri! prenez pitié de la cité de Londres, prenez pitié de nous. Les gens de l'évêque et ceux du duc de Glocester, malgré la défense récente de porter aucune arme, ont rempli leurs poches de pierres, et, se rangeant en bandes ennemies, les font pleuvoir si violemment les uns sur les autres que nombre d'hommes ont la tête fracassée; on brise nos fenêtres le long des rues, et dans notre alarme nous avons été forcés de fermer nos boutiques.

(Entrent, en se battant et la tête ensanglantée, les gens de Glocester et ceux de Winchester.)

LE ROI.—Nous vous enjoignons, par l'obéissance que vous nous devez, d'arrêter vos mains homicides et de rester en paix.—Mon oncle Glocester, je vous en conjure, apaisez cette rixe.

UN DES GENS DU DUC.—Si l'on nous interdit les pierres, nous combattrons avec nos dents.

UN AUTRE DU PARTI OPPOSÉ.—Faites ce qui vous plaira : nous sommes aussi déterminés.

(Ils recommencent à se battre.)

GLOCESTER.—Hommes de ma maison, cessez cette ridicule querelle, et mettez fin à cet étrange combat.

UN TROISIÈME DE LA SUITE DU DUC.—Milord, nous savons que Votre Grâce est un homme juste et droit, et par votre royale naissance, vous ne le cédez à personne qu'à Sa Majesté ; aussi, avant que nous souffrions qu'un si noble prince, un si bon père de l'État soit insulté par un barbouilleur d'encre, nous combattrons tous, nous, nos femmes et nos enfants, et nous consentirons plutôt à nous voir massacrés par vos ennemis.

UN AUTRE.—Oui ; et morts, on nous verra creuser encore la terre de nos ongles furieux.

(Le combat recommence.)

GLOCESTER.—Arrêtez, arrêtez, vous dis-je ! et si vous m'aimez comme vous le dites, laissez-moi vous persuader de suspendre un instant votre fureur.

LE ROI.—Oh ! que cette discorde afflige mon âme !—Milord Winchester, pouvez-vous voir mes soupirs et mes larmes, et ne pas ralentir votre haine ? Qui donc sera pitoyable, si vous ne l'êtes pas ? Qui se montrera l'ami de la paix, si les saints ministres de l'Église se plaisent dans le trouble ?

WARWICK.—Milord protecteur, cédez.... Cédez, Winchester ; à moins que vous ne vouliez, par votre obstination, égorger aussi votre souverain et bouleverser le royaume. Vous voyez quels désastres, quels meurtres sont l'ouvrage de votre inimitié ! Réconciliez-vous donc si vous n'êtes pas altérés de sang.

WINCHESTER.—Qu'il commence par se soumettre ou je ne céderai jamais.

GLOCESTER.—Ma tendre compassion pour le roi me commande de céder; sans quoi, je verrais le cœur de ce prêtre arraché de ses entrailles, avant qu'il pût se vanter de cet avantage sur moi.

WARWICK.—Voyez, milord Winchester, voyez; le duc a déjà banni toute furieuse colère : son front adouci vous l'annonce. Pourquoi paraissez-vous encore si farouche et si menaçant?

GLOCESTER.—Voilà ma main, Winchester; je te l'offre.

LE ROI.—C'est une honte, Beaufort! Je vous ai entendu prêcher que la haine était un grave et énorme péché : ne pratiquerez-vous pas la morale que vous enseignez? Voulez-vous être le premier à la transgresser?

WARWICK.—Bon roi! le prélat est touché.—Allons, milord Winchester, quelle honte! apaisez-vous. Quoi! un enfant vous enseignera-t-il votre devoir?

WINCHESTER.—Eh bien, duc de Glocester, je veux bien te céder. Je te rends amour pour amour, et j'unis ma main à la tienne.

GLOCESTER, *à part.*—Oui, mais je crains bien que ce ne soit d'un cœur mensonger.... (*Haut.*) Voyez, mes amis, mes chers compatriotes : ce gage est un signal de trêve entre nous et tous nos serviteurs; que Dieu m'assiste, comme il est vrai que je ne dissimule rien.

WINCHESTER, *à part.*—Que Dieu m'assiste, comme ce n'est pas là mon intention.

LE ROI.—O mon bon oncle, mon cher duc de Glocester, que vous me rendez joyeux par cet accord de paix. (*A leurs gens.*) Allons, mes amis, retirez-vous : ne nous troublez pas davantage ; redevenez amis, à l'exemple de vos maîtres.

UN DES GENS.—Volontiers.—Je vais chez le chirurgien.

UN AUTRE.—Et moi aussi.

UN TROISIÈME.—Et moi, je vais voir quel remède la taverne pourra me procurer.

(Sortent les gens des deux partis, le Maire, etc.)

WARWICK.—Gracieux souverain, recevez cette requête,

que nous présentons à Votre Majesté pour la restitution des droits de Richard Plantagenet.

GLOCESTER.—J'approuve votre démarche, milord Warwick.—(*Au roi.*) En effet, cher prince, si Votre Majesté considère toutes les circonstances, vous trouverez de grands motifs de réhabiliter Plantagenet dans ses droits, surtout si vous songez aux événements d'Eltham, dont j'ai entretenu Votre Majesté.

LE ROI.—Oui, ce furent autant d'actes de violence. Aussi, chers lords, nous voulons que Richard soit rétabli dans tous les priviléges de sa naissance.

WARWICK.—Que Richard soit rétabli dans les priviléges de sa naissance; ainsi seront réparés les torts faits à son père.

WINCHESTER.—L'avis de l'assemblée sera celui de Winchester.

LE ROI.—Que Richard jure d'être fidèle, et je lui rendrai non-seulement cela, mais encore tout l'héritage de la maison d'York, dont vous descendez, Richard, en ligne directe.

RICHARD.—Votre humble sujet vous dévoue son obéissance et ses services, jusqu'à son dernier soupir.

LE ROI. — Incline-toi donc, et mets ton genou à mes pieds; et en retour de cet acte d'hommage ainsi accompli, je te ceindrai de la vaillante épée d'York.—Lève-toi, Richard, comme un vrai Plantagenet; et lève-toi, créé par nous prince et duc d'York.

RICHARD. — Que Richard prospère, et que vos ennemis succombent! et périssent tous ceux qui cachent une seule pensée suspecte contre Votre Majesté, comme il est vrai que mon zèle est ardent et ma soumission sincère!

TOUS LES PAIRS. — Salut, noble prince, puissant duc d'York!

SOMERSET, *à part*. — Périsse ce vil prince, cet ignoble duc d'York!

GLOCESTER.—Maintenant l'intérêt de Votre Majesté est de traverser les mers et de vous faire couronner en France. La présence d'un roi réveille l'amour dans le cœur de ses sujets et de ses fidèles amis, comme elle décourage ses ennemis.

LE ROI. —Quand Glocester a parlé, Henri n'hésite point : le conseil d'un ami sage est la mort de beaucoup d'ennemis.

GLOCESTER.—Votre flotte est prête à faire voile.
(Tous sortent excepté Exeter.)

EXETER, *seul*.— Oui : nous pourrions bien voyager en France ou en Angleterre, sans prévoir les événements qui nous menacent. Le feu de cette dernière dissension, qui s'est élevée entre ces pairs, couve sous les cendres trompeuses d'une fausse amitié, et éclatera bientôt en flammes terribles ; ainsi que les membres gangrenés se corrompent par degrés, jusqu'à ce que la chair, les os et les nerfs tombent en dissolution, de même se développera cette jalouse et fatale haine ; et je crains bien l'accomplissement de cette sinistre prédiction qui, du temps de Henri V, était dans la bouche des enfants à la mamelle : *Que le Henri né à Monmouth gagnerait tout, et que le Henri né à Windsor perdrait tout.* Cela est si probable que le vœu d'Exeter est de finir ses jours avant de voir ces temps désastreux.

SCÈNE II

En France.—Devant Rouen.

Entrent LA PUCELLE DÉGUISÉE ET DES SOLDATS
vêtus en paysans, portant des sacs sur le dos.

LA PUCELLE. —Voici les portes de la ville, les portes de Rouen, dont il faut que notre adresse nous ouvre l'entrée. Soyez sur vos gardes, faites bien attention à vos paroles ; parlez comme des paysans de la campagne, qui viennent au marché vendre leur blé. Si nous parvenons à entrer, comme j'en ai l'espérance, et que nous ne trouvions qu'une garde faible et négligente, d'un signal j'avertirai nos amis, afin que le dauphin Charles vienne attaquer les Anglais.

un soldat. — Les sacs que nous portons préparent le sac de la ville, et nous serons bientôt maîtres et seigneurs de Rouen. Allons, frappons aux portes.
(Ils frappent.)

la sentinelle. — Qui va là?

la pucelle. — Paysans, pauvres gens de France; de pauvres fermiers qui viennent vendre leur blé.

la sentinelle. — Entrez, entrez; la cloche du marché a déjà sonné.
(Elle ouvre les portes.)

la pucelle. — C'est maintenant, ô Rouen, que je renverserai tes remparts jusque dans leurs fondements!
(Ils entrent dans la ville.)
(Entrent Charles, le Bâtard d'Orléans, Alençon et des troupes.)

charles. — Que saint Denis favorise cet heureux stratagème! et nous dormirons encore une fois en sûreté dans Rouen.

le batard. — Voici par où sont entrées la Pucelle et sa troupe. A présent qu'elle est dans la ville, comment nous indiquera-t-elle le passage le plus facile et le plus sûr?

alençon. — En plaçant, à cette tour, une torche allumée : à l'endroit où nous la verrons paraître, ce signal nous annoncera qu'il n'est point de passage plus facile que celui par où la Pucelle s'est introduite.
(La Pucelle paraît sur le haut d'une tour, tenant une torche allumée.)

la pucelle. — Regardez; voici l'heureux flambeau d'union qui va réunir Rouen à ses compatriotes : mais il brille d'un éclat fatal aux gens de Talbot.

le batard. — Voyez, noble Charles, le phare de notre amie. La torche enflammée est plantée là-bas sur cette petite tour.

charles. — Qu'elle brille comme une comète vengeresse et présage la ruine de nos ennemis!

alençon. — Ne perdons pas de temps; les délais finissent mal : entrons à l'instant, en criant : *Vive le dauphin!* et égorgeons les sentinelles.
(Ils entrent.)
(Alarme. Arrive Talbot suivi de quelques Anglais.)

TALBOT.—France, tes larmes expieront cette trahison, si Talbot survit à cette perfidie. C'est la Pucelle, cette sorcière, cette infernale magicienne, qui a ourdi cette trame diabolique et nous a surpris ; à grand'peine avons-nous échappé au malheur de servir d'ornement à l'orgueil de la France.

(Une alarme. Sortie, escarmouche. Entrent Bedford, transporté mourant sur un siége hors de la ville, Talbot, le duc de Bourgogne et les troupes anglaises. La Pucelle, Charles, le Bâtard, Alençon et autres paraissent sur les remparts.)

LA PUCELLE.—Salut, mes braves : avez-vous besoin de blé pour faire du pain ? Je crois que le duc de Bourgogne jeûnera quelque temps avant d'en racheter une seconde fois à pareil prix : il était plein d'ivraie. En aimez-vous le goût ?

LE DUC DE BOURGOGNE.—Raille, raille, vil démon, courtisane effrontée. Je me flatte qu'avant peu nous t'étoufferons avec ton blé, et que nous te ferons maudire la moisson que tu viens de faire.

CHARLES.—Votre Altesse pourrait bien mourir de faim avant ce moment-là.

BEDFORD.—Oh ! que des actions et non des paroles nous vengent de cette trahison !

LA PUCELLE.—Hé ! que ferez-vous, pauvre vieillard à la barbe grise ? Prétendez-vous rompre une lance et porter un coup mortel, assis et défaillant sur votre chaise ?

TALBOT.—Odieux démon de France, sorcière dévouée à l'opprobre, qui te fais suivre sans pudeur de tes lascifs galants, te convient-il d'insulter son honorable vieillesse et de braver lâchement un homme à demi mort ? Ma belle, je veux faire assaut avec toi, ou que Talbot périsse dans l'ignominie.

LA PUCELLE. — Vous êtes bien vif, seigneur. — Mais nous, restons en paix ; si Talbot commence à tonner, la pluie suivra bientôt. (*Talbot et les autres Anglais délibèrent ensemble.*) Que Dieu préside à votre parlement ! Qui de vous sera l'orateur ?

TALBOT. — Oseras-tu sortir et venir nous joindre en plaine ?

LA PUCELLE.—En vérité, Votre Seigneurie nous prend donc pour des insensés, en nous proposant de remettre en question si ce qui nous appartient est à nous ?

TALBOT.—Ce n'est point à cette moqueuse Hécate que je parle; c'est à toi, Alençon, et aux autres chevaliers. Voulez-vous venir et combattre en soldats ?

ALENÇON.—Non, seigneur.

TALBOT.—Au diable avec ton seigneur !—Vils muletiers de France ! Ils se tiennent sur les murailles comme d'ignobles paysans, et n'osent prendre les armes en gentilshommes.

LA PUCELLE, *à Alençon et autres seigneurs.*—Capitaines, quittons ces remparts : le regard de Talbot ne nous annonce rien de bon. Que Dieu soit avec vous, milord ! Nous étions venus simplement pour vous dire que nous étions ici.

(La Pucelle et les Français descendent des remparts.)

TALBOT.—Et nous y serons aussi avant peu, ou que l'ignominie devienne la gloire de Talbot. Jure, duc de Bourgogne, par l'honneur de ta maison offensée des outrages publics que te fait souffrir la France ; jure de reprendre la ville ou de périr : et moi, aussi sûr que Henri d'Angleterre respire, que son père est entré ici en conquérant, et que le grand cœur de Richard Cœur de Lion est enseveli dans cette ville que la trahison vient de nous enlever, je jure de la reprendre ou de mourir.

LE DUC DE BOURGOGNE.—J'associe mon vœu au tien.

TALBOT.—Mais, avant de partir, prenons soin de ce héros mourant, du vaillant duc de Bedford.—(*A Bedford.*) Venez, milord ; nous allons vous placer dans un lieu plus sûr, et plus favorable pour votre état languissant et votre grand âge.

BEDFORD.—Lord Talbot, ne me déshonore pas à ce point. Je veux rester ici, assis devant les murs de Rouen ; et partager encore vos succès ou vos revers.

LE DUC DE BOURGOGNE.—Courageux Bedford, laissez-vous persuader.

BEDFORD.—Non, je ne quitterai point ce lieu ; je me

souviens d'avoir lu que jadis l'intrépide Pendragon, mourant, se fit porter dans sa litière au champ de bataille, et vainquit ses ennemis. Il me semble que d'ici je ranimerai encore les cœurs de nos soldats : je les ai toujours trouvés tels que j'étais moi-même.

TALBOT. — O courage invincible dans un corps mourant ! Eh bien, soit : que le Ciel garde en sûreté le vieux Bedford ! et nous, maintenant, brave duc de Bourgogne, nous n'avons plus qu'à rassembler les troupes qui sont sous notre main, et à fondre sur notre insolent ennemi.

(Ils sortent.)

(Alarme. Sorties, escarmouche. Entrent sir Jean Fastolffe et un capitaine.)

LE CAPITAINE. — Où va sir Jean Fastolffe, à pas si précipités ?

FASTOLFFE. — Où je vais ? me sauver en fuyant[1]. Nous avons bien l'air d'être mis en déroute une seconde fois.

LE CAPITAINE. — Quoi, vous fuyez ? Vous abandonneriez lord Talbot ?

FASTOLFFE. — Tous les Talbot de l'univers, pour sauver ma vie.

(Il sort.)

LE CAPITAINE. — Lâche chevalier, que le malheur te suive !
(Il sort.)

(Retraite, escarmouches. Entrent, au sortir de la ville, la Pucelle, Charles, Alençon et autres qui fuient.)

BEDFORD. — A présent, mon âme, pars en paix, quand il plaira au Ciel ! j'ai vu la déroute de nos ennemis. Qu'est-ce que la force et la confiance de l'homme insensé ? Ceux qui tout à l'heure nous insultaient de leurs railleries sont trop heureux en ce moment de sauver leur vie par la fuite.

(Il expire et on l'emporte.)

(Alarme. Entrent Talbot, le duc de Bourgogne et autres.)

---

[1] Sir Jean Fastolffe, capitaine anglais, se conduisit en effet lâchement dans les guerres de France, et fut tué en 1429, à la bataille de Patay. Il y a lieu de croire que c'est la lâcheté, devenue proverbiale, de sir Jean Fastolffe qui a donné à Shakspeare l'idée d'appeler Falstaff le compagnon des débauches du prince Henri, lorsqu'il renonça à mettre ce rôle sous le nom de sir John Oldcastle.

TALBOT.—Perdue et reprise en un jour! C'est un double honneur, duc de Bourgogne! Mais que le Ciel ait toute la gloire de cette victoire.

LE DUC DE BOURGOGNE.—Brave Talbot, le duc de Bourgogne t'ouvre un sanctuaire dans son cœur, et y grave tes nobles exploits en monument de ta valeur.

TALBOT.—Duc, je te rends grâces. — Mais où est la Pucelle maintenant? Je pense que son démon familier est endormi. Où sont maintenant les bravades du Bâtard, et les railleries de Charles? Quoi, tous évanouis! Rouen est dans le deuil, et gémit d'avoir perdu de si braves hôtes!—A présent mettons quelque ordre dans la ville, en y plaçant des officiers expérimentés, et allons ensuite à Paris, rejoindre le roi : car le jeune Henri y est avec sa cour.

LE DUC DE BOURGOGNE.—Tout ce que veut le lord Talbot plaît au duc de Bourgogne.

TALBOT.—Mais, avant de partir, n'oublions pas le noble duc de Bedford, qui vient de mourir : assistons à ses obsèques dans la ville. Jamais plus brave guerrier ne tint sa lance en arrêt; jamais caractère plus aimable ne gouverna une cour. Mais les rois et les plus fiers potentats doivent mourir. C'est le terme des misères humaines.

(Ils sortent.)

SCÈNE III

Entrent CHARLES, LE BATARD, ALENÇON, LA PUCELLE *et des troupes.*

LA PUCELLE.—Princes, ne vous découragez pas pour un revers, et ne gémissez plus de voir Rouen retomber aux mains de l'ennemi. Le chagrin n'est point un remède, mais bien plutôt un corrosif pour des maux auxquels il n'y a point de remède. Laissez le frénétique Talbot triompher un moment, et, comme un paon, étaler fièrement sa queue : nous lui arracherons ses brillantes plumes, et tout son orgueilleux appareil, si vous voulez vous laisser conduire par mes avis.

CHARLES.—C'est vous qui nous avez guidés jusqu'ici, et nous nous sommes confiés en votre habileté : un échec inattendu n'éveillera pas notre défiance.

LE BATARD.—Cherchez dans votre génie quelque ressource heureuse, et nous publierons votre renommée dans l'univers.

ALENÇON.—Nous placerons ta statue dans quelque lieu sacré, et nous t'y révérerons comme une sainte. Agis donc, admirable vierge, et travaille à notre succès.

LA PUCELLE.—Eh bien, voici ce que Jeanne propose. Par un discours insinuant et de douces paroles, nous captiverons le duc de Bourgogne, et le déterminerons à quitter Talbot pour nous suivre.

CHARLES.—Ah! chère Jeanne, si nous pouvions gagner cela, la France ne serait plus remplie des guerriers de Henri : cette nation ne serait plus si fière avec nous, et nous l'extirperions de nos provinces.

ALENÇON.—L'Anglais serait pour jamais chassé de la France, et n'y conserverait pas le titre d'un seul comté.

LA PUCELLE.—Vos seigneurs seront témoins de la manière dont je vais m'y prendre pour parvenir au but que vous désirez. (*On entend battre le tambour.*) Écoutez; au son de ces tambours vous pouvez reconnaître que l'armée anglaise marche vers Paris. (*Une marche anglaise. Entrent et passent à distance Talbot et ses troupes.*) Voilà Talbot qui s'avance, enseignes déployées, et suivi de toutes les troupes anglaises. (*Une marche française. Entrent le duc de Bourgogne et ses troupes.*) Ensuite viennent à l'arrière-garde le duc et sa troupe. La fortune nous seconde en le faisant rester ainsi en arrière. Faites demander un pourparler; nous entrerons en conférence avec lui.   (On sonne pour demander un pourparler.)

CHARLES.—Un pourparler avec le duc de Bourgogne

LE DUC DE BOURGOGNE.—Qui demande une conférence avec le duc de Bourgogne?

LA PUCELLE.—Le prince Charles de France, ton compatriote.

LE DUC DE BOURGOGNE.—Eh bien, Charles, que me veux-tu? je suis pressé de partir d'ici.

CHARLES.—Parle, Jeanne, et charme-le par tes paroles.

LA PUCELLE.—Brave duc de Bourgogne, infaillible espoir de la France, arrête et permets à ton humble servante de t'entretenir un moment.

LE DUC DE BOURGOGNE.—Parle; mais pas de longueurs.

LA PUCELLE.—Contemple ton pays, contemple la fertile France; vois ses villes et ses cités défigurées par les ravages destructeurs d'un ennemi cruel; ainsi qu'une mère contemple son jeune enfant au berceau, dont la mort va fermer les yeux, vois, vois les maux qui consument la France. Vois les plaies, les plaies barbares dont ta main dénaturée a déchiré son malheureux sein; ah! détourne contre d'autres victimes le fer de ton épée; frappe ceux qui blessent, et ne blesse pas ceux qui secourent. Une seule goutte de sang tirée du sein de ta patrie devrait te causer plus de douleur que des flots d'un sang étranger. Efface donc par tes larmes les taches sanglantes qui couvrent le corps de ta malheureuse patrie.

LE DUC DE BOURGOGNE.—Il faut qu'elle m'ait ensorcelé par ses paroles, ou que la nature m'inspire cet attendrissement soudain!

LA PUCELLE.—Toute la France et ses enfants poussent sur toi des cris de surprise, et commencent à douter de ta naissance et de ta légitimité.... A quel peuple t'es-tu associé? A une nation hautaine, qui ne te sera fidèle que selon son intérêt. Quand Talbot aura mis le pied en France, et aura fait de toi un instrument de calamités, dis, quel autre que Henri d'Angleterre sera le souverain? et toi, tu seras rejeté comme un proscrit. Rappelle à ta mémoire.... et que ceci serve à te convaincre :—le duc d'Orléans n'était-il pas ton ennemi? et n'était-il pas prisonnier en Angleterre? mais dès qu'ils ont su qu'il était ton ennemi, ils lui ont rendu sa liberté sans rançon, au mépris des intérêts du duc de Bourgogne et de tous ses amis. Vois donc, tu combats contre tes compatriotes, et tu t'es lié avec ceux qui sont prêts à devenir

tes assassins. Allons, reviens, reviens, prince égaré ;
Charles et toute la France sont prêts à te recevoir dans
leurs bras.

LE DUC DE BOURGOGNE.—Je suis vaincu ; ses victorieuses
paroles m'ont bombardé comme le canon bat les remparts d'une ville ; et je me sens prêt à fléchir les genoux.
—Pardonne, ô ma patrie ; pardonnez, mes chers compatriotes ; et vous, princes, acceptez ce cordial et sincère
embrassement. Mes forces et mes soldats sont à vous ;
adieu, Talbot ; je ne me fierai plus à toi.

LA PUCELLE.—Je reconnais là un Français : change encore une fois pour revenir vers nous.

CHARLES.—Sois le bienvenu, brave duc ; ton amitié
renouvelle nos forces.

LE BATARD.—Elle ramène un nouveau courage dans
notre sein.

ALENÇON.—La Pucelle a rempli admirablement son
rôle : elle mérite une couronne d'or.

CHARLES.—Allons, seigneurs, marchons ; joignons nos
troupes, et cherchons tous les moyens de nuire à notre
ennemi. (Ils sortent.)

SCÈNE IV

Paris. — Un appartement du palais.

Entrent LE ROI HENRI, GLOCESTER, WINCHESTER, YORK, SUFFOLK, SOMERSET, WARWICK, EXETER, TALBOT, *suivi de quelques officiers, leur adresse ces paroles.*

TALBOT.—Mon auguste prince, et vous, illustres pairs !
ayant appris votre arrivée dans ce royaume, j'ai suspendu quelque temps mes combats pour venir rendre hommage à mon souverain. Ce bras qui a remis
sous votre obéissance cinquante forteresses, douze villes
et sept places fortes, outre cinq cents prisonniers de
marque, laisse tomber son épée aux pieds de Votre Majesté ; et, avec la soumission d'un cœur loyal, il renvoie
toute la gloire de ses conquêtes d'abord à son Dieu, et
ensuite à Votre Majesté.

LE ROI.—Est-ce là lord Talbot, mon oncle Glocester, ce guerrier qui depuis si longtemps combat en France?

GLOCESTER.—Oui, mon souverain, c'est lui-même.

LE ROI.—Soyez le bienvenu, brave capitaine, victorieux Talbot. Lorsque j'étais jeune, et je ne suis pas vieux encore, je me rappelle que mon père me disait que jamais plus intrépide chevalier n'avait manié l'épée. Depuis longtemps nous étions instruits de votre loyauté, de vos fidèles services, de vos travaux guerriers, et cependant vous n'avez jamais connu les récompenses de votre souverain; vous n'avez pas même reçu ses remercîments : car, avant ce jour, je n'avais jamais vu vos traits. Levez-vous, et pour tous ces illustres services nous vous créons ici comte de Shrewsbury; vous prendrez votre rang à notre couronnement.

(Sortent le roi, Glocester, Talbot et autres seigneurs.)

VERNON.—Maintenant, seigneur, vous qui étiez si fougueux sur mer et qui avez insulté les couleurs que je porte en l'honneur de mon noble lord York, osez-vous ici soutenir les paroles que vous avez dites?

BASSET.—Oui, je l'ose, comme vous osez soutenir les jalouses inventions de votre langue insolente contre mon noble lord, le duc de Somerset.

VERNON.—Drôle, j'honore ton lord pour ce qu'il est.

BASSET.—Et qu'est-il? Il vaut autant qu'York.

VERNON.—Lui? non. Et en preuve reçois ceci.

(Il le frappe.)

BASSET.—Lâche, tu sais trop que la loi des armes est que quiconque tire son épée dans le palais du roi est sur-le-champ condamné à mort; sans cela cette attaque te coûterait le plus pur de ton sang; mais je vais m'adresser à Sa Majesté, et lui demander la liberté de me venger de cet affront; et alors tu verras si je sais te joindre et t'en punir.

VERNON.—Allons, homme sans foi; j'y serai aussitôt que toi; et après tu me rencontreras plus tôt que tu ne voudras.

(Ils sortent.)

FIN DU TROISIÈME ACTE.

ACTE QUATRIÈME

SCÈNE I

Paris. — Une salle d'apparat.

LE ROI HENRI, GLOCESTER, WINCHESTER, YORK, SUFFOLK, SOMERSET, WARWICK, TALBOT, EXETER, LE GOUVERNEUR *de Paris et autres.*

GLOCESTER.—Lord évêque, placez la couronne sur sa tête.

WINCHESTER.—Que Dieu protége le roi Henri sixième du nom !

GLOCESTER.—A présent, gouverneur de Paris, prêtez votre serment.—(*Le gouverneur se met à genoux.*) Que vous ne reconnaîtrez d'autre roi que Henri ; que vous n'aurez d'amis que ses amis, et que vous ne compterez pour vos ennemis que ceux qui machineront de coupables complots contre Sa Majesté. Ainsi faites que le Dieu de justice vous protége !

(*Sortent le gouverneur et la suite.*)
(*Entre sir Jean Fastolffe.*)

FASTOLFFE.—Mon gracieux souverain, comme je venais de Calais, pressant mon cheval pour me trouver à votre couronnement, on a remis dans mes mains cette lettre adressée à Votre Majesté par le duc de Bourgogne.

TALBOT.—Opprobre sur le duc de Bourgogne et sur toi ! Lâche chevalier, j'ai fait vœu, dès que je te trouverais, d'arracher la jarretière de ta jambe fuyarde, et je le fais (*il la lui arrache*), car tu étais indigne d'être élevé à ce rang honorable. Pardonnez, mon roi, et vous, lords ; ce lâche, à la bataille de Patay, lorsque je n'avais en tout que six mille hommes, et que les Français étaient presque dix contre un, avant même que nous nous fussions rencontrés, avant qu'un seul coup eût été frappé, s'est enfui comme un écuyer confident. Dans cette attaque nous avons perdu douze cents hommes, et moi-même avec nombre d'autres gentilshommes, nous avons été surpris et faits prisonniers. Jugez à présent, nobles lords, si j'ai mal fait, et si de tels lâches sont faits pour porter cet ornement des chevaliers

GLOCESTER.—Il faut l'avouer, cette action est infâme : elle déshonorerait un simple soldat; à plus forte raison un chevalier, un officier, un chef.

TALBOT.—Dans les premiers temps où cet ordre fut établi, milords, les chevaliers de la Jarretière étaient d'une noble naissance, vaillants et généreux, pleins d'un courage intrépide, comme des hommes nés pour s'illustrer par la guerre, qui ne craignaient point la mort, qui n'étaient point abattus par l'infortune, mais toujours pleins de résolution dans les plus affreuses extrémités. Celui donc qui n'est pas doué de ces qualités usurpe le nom sacré de chevalier, profane l'honneur de cet ordre, et devrait, si l'on s'en rapportait à mon jugement, être dégradé comme un obscur paysan qui oserait se vanter d'être issu d'un sang illustre.

LE ROI, *à Fastolffe.*—Opprobre de ton pays, tu viens d'entendre ta condamnation; fuis de notre vue, toi qui fus jadis chevalier : nous te bannissons de notre présence sous peine de mort. (*Fastolffe sort.*) Maintenant, lord protecteur, voyons cette lettre que nous envoie notre oncle le duc de Bourgogne.

GLOCESTER, *lisant la suscription.* — Que prétend donc Son Altesse, en changeant son style ordinaire? On ne lit ici que cette adresse nue et familière : *Au roi.* A-t-il donc oublié que Henri est son souverain? ou cette formule irrespectueuse annonce-t-elle quelque changement dans sa volonté?—Voyons ce qu'elle dit. (*Il ouvre et lit.*)

« Cédant à des motifs particuliers, et ému de pitié des
« désastres de ma patrie et des plaintes des victimes
« infortunées que vous opprimez, j'ai abandonné votre

« inique faction, et je me suis joint à Charles, le roi
« légitime de la France. » O trahison monstrueuse ! Se
peut-il que dans une telle alliance, au sein de tant d'a-
mitié et de serments, nous ne trouvions que tant de
fausseté et de perfidie?

LE ROI.—Quoi! Est-ce que mon oncle le duc de Bourgogne se révolte contre nous?

GLOCESTER. — Oui, mon prince, il est devenu votre
ennemi.

LE ROI.—Est-ce là ce que sa lettre contient de plus
grave?

GLOCESTER.—Oui, mon souverain; voilà tout ce qu'il
écrit.

LE ROI. — Eh bien, lord Talbot aura une entrevue avec
lui et saura le punir de cette fourberie. (*A Talbot.*) Milord, qu'en dites-vous? n'est-ce pas votre avis?

TALBOT.—Mon avis? Oui, sans doute, mon souverain ;
et si vous ne m'aviez prévenu, j'allais vous supplier de
me charger de cette tâche.

LE ROI.—Rassemblez des forces et marchez sans délai :
qu'il connaisse quelle indignation nous inspire sa perfidie, et quel crime c'est d'insulter ses amis.

TALBOT.—Je pars, mon prince, en formant dans mon
cœur le vœu que vous voyiez bientôt vos ennemis confondus.

(Il sort.)

(Entrent Vernon et Basset.)

VERNON.—Gracieux souverain, accordez-moi le combat.

BASSET.—Et à moi aussi, mon seigneur.

YORK.—Celui-ci est de ma maison : écoutez-le, noble
prince.

SOMERSET. — Et l'autre est de la mienne : aimable
Henri, soyez-lui favorable.

LE ROI.—Patience, lords, laissez-les parler.—Expliquez-vous, gentilshommes : quelle est la raison de cette
démarche? Pourquoi demandez-vous le combat, et avec
qui?

VERNON.—Avec lui, mon prince ; il m'a outragé.

BASSET.—Et moi avec lui : c'est lui qui m'a outragé.

le roi.—Quel est cet outrage dont vous vous plaignez tous deux? faites-le-moi connaître; et ensuite je vous répondrai.

basset.—En traversant la mer d'Angleterre en France, cet homme, d'une langue insultante et railleuse, m'a reproché la rose que je porte; disant que la couleur de sang de ses feuilles représente la rougeur des joues de mon maître, dans une dispute où il repoussait opiniâtrement la vérité, sur une question de loi élevée entre le duc d'York et lui; et il y a ajouté d'autres paroles pleines de mépris et d'ignominie. C'est pour réfuter son odieux reproche et pour défendre l'honneur de mon seigneur que je réclame le privilége de la loi des armes.

vernon.—Et c'est aussi là ma demande, noble seigneur; car bien qu'il affecte de colorer adroitement d'un vernis trompeur son audace et ses torts, apprenez que c'est lui qui m'a provoqué, et qui, le premier, a lancé ses observations malignes sur la rose que je porte, en disant que la pâleur de cette fleur décelait la faiblesse du cœur de mon maître.

york.—Eh quoi, Somerset, ne renonceras-tu jamais à cette maligne animosité?

somerset.—Et c'est vous, milord d'York, dont la secrète envie éclate à tout moment, malgré vos adroites précautions pour la dissimuler.

le roi.—Grand Dieu! quel délire insensé s'empare des hommes, pour nourrir, sur des causes si légères, sur des prétextes si frivoles, ces haines jalouses et factieuses? Nobles cousins, York, et vous, Somerset, calmez-vous, je vous prie, et vivez en paix.

york.—Que d'abord un combat vide cette querelle, et ensuite Votre Majesté nous commandera la paix.

somerset.—Cette querelle n'intéresse que nous seuls: laissez-nous donc la vider ensemble.

york.—Voilà mon gage; relève-le, Somerset.

vernon.—Non, que la querelle reste là où elle a commencé.

basset, *à Somerset.*—Oui; daignez le permettre, mon honorable seigneur.

GLOCESTER.—Le permettre? Maudits soient vos débats, et vous et vos audacieux propos! vassaux présomptueux, n'êtes-vous pas honteux de venir troubler et inquiéter le roi et nous de vos indiscrètes et insolentes clameurs? —Et vous, milords, il me semble que vous avez grand tort de souffrir leurs mutuels reproches; et beaucoup plus encore de prendre occasion des querelles de vos vassaux pour éveiller la discorde entre vous-mêmes. Laissez-moi vous persuader de suivre un parti plus sage.

EXETER.—Ceci désole Sa Majesté. Chers lords, soyez amis.

LE ROI.—Approchez, vous qui demandez le combat.— Je vous enjoins désormais, si vous êtes jaloux de notre faveur, d'oublier pour toujours cette querelle et sa cause.—Et vous, milords, souvenez-vous du lieu où nous sommes; en France, au milieu d'une nation inconstante et légère. S'ils surprennent la dissension dans nos regards, s'ils s'aperçoivent que nous soyons divisés, combien leurs cœurs, déjà irrités, se porteront aisément à la désobéissance et à la révolte! Et quel déshonneur pour vous si les princes étrangers viennent à apprendre que pour un rien, une chose sans importance, les pairs d'Angleterre et la première noblesse du roi Henri se sont détruits eux-mêmes et ont perdu le royaume de France? Oh! songez à la conquête de mon père, à ma tendre jeunesse, et ne sacrifiez pas pour une bagatelle le prix de tant de sang. Laissez-moi être l'arbitre de votre différend. Je ne vois aucune raison, si je porte cette rose (*il prend une rose rouge*), de faire soupçonner à personne que j'incline plus pour Somerset que pour York : tous deux sont mes parents, et je les aime tous deux. On pourrait donc aussi me reprocher ma couronne, parce que le roi d'Écosse est aussi couronné. Mais vos lumières peuvent bien mieux vous persuader que mes raisonnements et mes avis. Allons, nous sommes venus ici en paix, continuons de vivre en paix et en bonne amitié. Cousin d'York, nous vous établissons régent de ces contrées de la France; et vous, noble lord de Somerset, unissez votre cavalerie à son infanterie, et comme des sujets fidèles, dignes fils de vos pères, vivez en bon accord et déchargez votre ressentiment sur nos ennemis. Nous, le lord protecteur et les autres lords, après quelque repos, nous reprendrons le chemin de Calais : de là nous repasserons en Angleterre, où j'espère apprendre avant peu vos victoires sur Charles, sur Alençon et cette bande de traîtres. *(Une fanfare. Ils sortent.)*

WARWICK.—Milord d'York, le jeune roi, à mon avis, vient de parler avec beaucoup d'éloquence.

YORK.— J'en conviens ; mais ce qui me déplaît, c'est qu'il porte la livrée de Somerset.

WARWICK. — Bon ! c'est une pure fantaisie : ne l'en blâmez pas. J'ose assurer que cet aimable prince n'a en cela nulle intention d'offenser.

YORK.—Et moi, si je m'y connais bien, je l'en soupçonne.—Mais laissons cela.—Nous nous devons en ce moment à d'autres soins. *(Ils sortent.)*

EXETER, *seul*.—Tu as bien fait, Richard, d'étouffer ta voix ; car si la passion de ton cœur avait éclaté, je crains bien que nous n'eussions pu y voir plus de rancune haineuse et des discordes plus acharnées qu'il n'est possible de l'imaginer. Il n'est point d'homme si borné qui, en voyant ces violentes dissensions de la noblesse, ces discordes au sein de la cour, ces partis réunissant leurs serviteurs en bandes factieuses, ne prévoie dans l'avenir quelque événement funeste. C'est un malheur quand le sceptre est dans la main d'un enfant ; mais c'est un bien plus grand malheur encore quand la rivalité enfante ces divisions cruelles : alors approche la ruine, alors commence la confusion.

SCÈNE II

Devant les murs de Bordeaux.

Entre TALBOT, *suivi de trompettes et de tambours.*

TALBOT.—Trompette, avance aux portes de Bordeaux, et somme le gouverneur de paraître sur le rempart. *(La trompette sonne.—Le gouverneur paraît sur les murs.)* Capitaines, Jean Talbot d'Angleterre, homme d'armes et vassal de Henri, roi d'Angleterre, vous appelle sous vos murs et vous dit : Ouvrez les portes de votre ville ; rendez-vous à nous ; reconnaissez mon souverain pour le vôtre, rendez-lui hommage en sujets soumis, et alors je me retire avec ces troupes qui vous menacent. Mais si vous dédaignez la paix que je vous propose, vous tentez les trois fléaux qui suivent mes pas : la famine amaigrie, le fer tranchant et le feu dévorant. Ces trois monstres abaisseront bientôt au niveau du sol vos hautes et orgueilleuses tours, si vous repoussez l'offre de notre amitié.

LE GOUVERNEUR.—Hibou funeste et redouté, qui annonces la mort, effroi et fléau sanguinaire de notre nation, le terme de ta tyrannie est proche : tu ne peux entrer dans notre ville que par les portes du trépas. Je t'annonce que nous sommes bien fortifiés, et assez forts pour sortir de nos murs et te combattre. Si tu te retires, le dauphin, bien accompagné, t'attend pour t'envelopper dans les piéges de la guerre. De tous côtés, autour de toi, sont postés des escadrons pour t'ôter la liberté de fuir ; tu ne peux tourner tes pas vers aucun asile que tu ne rencontres partout la mort en face, sûre de sa conquête : partout la pâle destruction t'environne. Dix mille Français ont fait serment de ne pointer leurs canons homicides contre nulle autre tête de chrétien que celle de l'Anglais Talbot. Ainsi, tu es là maintenant plein de vie, héros d'un courage indomptable et invaincu ; mais ces paroles que je t'adresse, moi ton ennemi, sont les dernières louanges de ta gloire que tu doives entendre, car avant que ce sable qui commence à couler ait comblé la mesure de cette heure, mes yeux qui te voient en cet instant plein de santé te verront sanglant, pâle et mort. (*On entend des tambours au loin.*) Écoute, écoute ; les tambours du dauphin, de leurs sons prophétiques, font entendre à ton âme effrayée une musique sinistre : les miens vont leur répondre et annoncer ta ruine prochaine.

(Le gouverneur s'en va.)

TALBOT. — Il ne ment point ; j'entends l'ennemi. — Holà ! quelques cavaliers des mieux montés pour aller reconnaître leurs ailes. — O molle et imprudente discipline ! Comment arrive-t-il que nous soyons enfermés et cernés ici de toutes parts ? Un petit troupeau de timides daims anglais, qu'environnent une meute de chiens français avides de proie ! Eh bien, si nous sommes des daims anglais, plongeons-nous dans le sang : n'allons pas succomber honteusement sous les premiers coups comme un daim affaibli ; mais plutôt, tels que des cerfs enragés et au désespoir, retournons contre ces chiens ensanglantés nos redoutables pieds d'airain et forçons ces lâches à se tenir au loin, aboyant autour de nous. Mes amis, que chacun vende sa vie aussi cher que je vendrai la mienne, et ils payeront cher notre chair [1]. Dieu et saint George ! Talbot et le bon droit de l'Angleterre ! Que nos drapeaux prospèrent dans ce périlleux combat !

(Ils sortent.)

SCÈNE III

La scène se passe dans les plaines de la Gascogne.

Entre UN MESSAGER *qui va au-devant* D'YORK, *à la tête d'une troupe que précèdent des trompettes.*

YORK. — Les agiles espions envoyés pour reconnaître les forces du dauphin sont-ils de retour ?

LE MESSAGER. — Oui, milord, et ils annoncent que le dauphin marche vers Bordeaux avec son armée pour combattre Talbot. Ils ont vu encore deux troupes de soldats plus fortes que l'armée du dauphin le joindre sur son passage et marcher avec lui vers Bordeaux.

YORK. — Malédiction sur cet odieux Somerset, qui tarde si longtemps à m'envoyer le renfort promis d'un corps de cavalerie, levé exprès pour ce siége ! L'illustre Talbot

---

[1] Toujours le jeu de mots entre *deer*, daim, et *dear*, cher, qu'on rend ici par un équivalent qui s'y adapte presque partout.

attend mes secours, et je suis joué par un traître, et ne puis secourir ce brave chevalier ; que Dieu l'assiste dans sa détresse ! S'il échoue, adieu les guerres en France.

(Entre sir William Lucy.)

LUCY.—O vous, le premier commandant des forces de l'Angleterre, jamais vous ne fûtes si nécessaire sur le territoire de France ! volez au secours du noble Talbot, qui en ce moment est environné d'une ceinture de fer et assiégé de toutes parts par la hideuse destruction. A Bordeaux, vaillant duc ; à Bordeaux, York ! ou c'en est fait de Talbot, de la France et de l'honneur de l'Angleterre.

YORK.—O Dieu ! Si Somerset, dont l'orgueil jaloux retient ma cavalerie, était à la place de Talbot ! Nous sauverions un brave guerrier, au prix de la perte d'un lâche et d'un traître. Oui, je pleure de rage et de désespoir, de voir que nous périssons, tandis que des traîtres dorment en repos.

LUCY.—Oh ! envoyez quelque secours à ce brave lord en danger.

YORK.—Talbot périt ! Nous perdons tout : je manque à ma parole de soldat. Nous pleurons ; la France sourit : et chaque jour une nouvelle perte pour l'Angleterre ; le tout par la faute du traître Somerset !

LUCY.—Que Dieu prenne donc en pitié l'âme du brave Talbot et de son jeune fils Jean, que j'ai rencontré il y a deux heures, voyageant pour aller joindre son glorieux père. Depuis sept ans entiers Talbot n'a pas vu son fils ; et ils se revoient aujourd'hui pour mourir tous deux.

YORK.—Hélas ! quelle joie le noble Talbot aura-t-il à revoir son jeune fils pour lui dire adieu au bord de la tombe ! Loin de moi cette idée ! le chagrin étouffe ma voix : deux amis séparés qui se saluent à l'heure de la mort ! Adieu, cher Lucy ! Ma destinée ne me permet plus rien, que de maudire l'auteur de nos maux ; mais je ne puis secourir ce brave. Le Maine, Blois, Poitiers et Tours sont déjà perdus, et tout cela par la faute de Somerset et de ses retards.

(Il sort.)

LUCY.—Ainsi, tandis que le vautour de la discorde se

repaît du cœur de ces grands du royaume, l'inaction et la négligence perdent les conquêtes de notre héros dont les cendres sont tièdes encore, de cet homme d'éternelle mémoire, Henri V. Tandis qu'ils se traversent l'un l'autre, nos vies, nos terres, notre honneur, tout se perd et s'abîme.

(Il sort.)

SCÈNE IV

Une autre partie de la France.

Entre SOMERSET *à la tête de son armée.*

SOMERSET.—Il est trop tard : je ne puis les envoyer à présent ; cette expédition a été trop témérairement projetée par York et par Talbot. Toutes nos forces rassemblées pourraient être enveloppées et coupées par une sortie de la seule garnison de la ville. Le présomptueux Talbot a terni l'éclat de sa gloire par cette entreprise imprudente et désespérée, où il a mis tout au hasard. York l'a envoyé combattre et mourir dans la honte, afin que Talbot mort, le grand York puisse avoir l'honneur de la guerre.

UN CAPITAINE.—Voici sir William Lucy, qui a été député avec moi par nos troupes en péril, pour réclamer votre secours.

(Entre sir William Lucy.)

SOMERSET.—Eh bien, sir William, de la part de qui venez-vous ?

LUCY.—De la part de qui, milord ? de la part du lord Talbot, dont la vie est vendue et achetée. Assiégé de tous côtés par la fière adversité, il appelle à grands cris York et Somerset, pour repousser la mort qui fond sur ses faibles légions. Et tandis que ce brave général voit une sueur sanglante couler de ses membres harassés par les combats, et profite de sa position pour prolonger sa résistance en attendant du secours ; vous qui trompez son espérance, vous, dépositaires de l'honneur de l'Angleterre, vous vous tenez oisifs loin de lui, livrés à vos honteuses jalousies! que vos querelles personnelles ne retardent pas plus longtemps le renfort qui devait le secourir, lorsque ce brave et glorieux général expose sa vie aux chances les plus inégales. Le bâtard d'Orléans, Charles et le duc de Bourgogne, Alençon et René, l'environnent ; et Talbot périt par votre faute.

SOMERSET.—York l'a engagé dans ce péril ; York devrait le secourir.

LUCY.—Et York se déchaîne aussi contre Votre Seigneurie, et jure que vous lui retenez sa cavalerie, qui avait été levée pour cette expédition.

SOMERSET.—York ment : il pouvait envoyer demander ce renfort, et il l'eût eu. Je lui dois peu de déférence et encore moins d'amitié, et je dédaigne de le flatter en le prévenant.

LUCY.—Ce sont les fraudes des chefs de l'Angleterre, et non la force de la France, qui ont précipité dans ce piége le généreux Talbot. Jamais il ne reverra vivant sa patrie : il meurt livré à la fortune par vos dissensions.

SOMERSET.—Allons ; je vais lui envoyer ce détachement : dans six heures ils seront en état de le secourir.

LUCY.—Le secours vient trop tard : il est déjà pris ou tué, car Talbot ne pourrait fuir, quand il le voudrait ; et Talbot ne fuira jamais, quand il le pourrait.

SOMERSET.—S'il est mort, disons donc adieu au brave Talbot.

LUCY.—Sa gloire vit dans l'univers, et la honte de sa défaite s'attache à vous.

(Ils sortent.)

SCÈNE V.

Un champ de bataille près de Bordeaux.

Entrent TALBOT ET SON FILS.

TALBOT.—Jeune Jean Talbot, je t'ai mandé pour te servir de maître dans l'art de la guerre, afin que le nom de Talbot pût revivre en toi, quand l'épuisement de l'âge et la faiblesse de membres impuissants retiendraient sur une chaise ton père immobile. Mais, ô fatale et pernicieuse étoile! tu reviens aujourd'hui pour une fête funèbre, pour un terrible et inévitable péril. Cher enfant, remonte donc sur le plus léger de mes chevaux, et je t'enseignerai le moyen d'échapper par une fuite précipitée. Allons, ne diffère plus, et pars.

JEAN TALBOT. — Talbot est-il mon nom? suis-je votre fils? et fuirai-je? Oh! si vous aimez ma mère, ne déshonorez pas son honorable nom, en faisant de moi un bâtard et un lâche. L'univers dira : « Il n'est point le fils de Talbot, celui qui a fui lâchement quand le noble Talbot est resté. »

TALBOT. — Fuis pour venger ma mort, si je suis tué.

JEAN TALBOT. — Qui fuit ainsi ne reviendra jamais au combat.

TALBOT. — Si nous restons tous deux, nous sommes tous deux sûrs de mourir.

JEAN TALBOT. — Eh bien, laissez-moi rester, et vous, mon père, sauvez-vous. Votre mort est une perte immense, et vous devez vous conserver : mon mérite est inconnu; en me perdant, on ignore ce qu'on perd. Les Français tireront peu de gloire de ma mort; ils seraient fiers de la vôtre : avec vous s'évanouissent toutes nos espérances. La fuite ne peut ternir la gloire que vous avez acquise; mais la fuite me déshonorerait, moi qui n'ai fait aucun exploit. Tout le monde fera serment que vous avez fui pour vaincre un jour; mais moi, si je recule, on dira que c'était de peur. Il n'y aura plus d'espérance que je reste sur le champ de bataille, si à la première heure je fléchis et me sauve. Ici, à genoux, j'implore la mort plutôt qu'une vie conservée par l'infamie.

TALBOT. — Quoi! toutes les espérances de ta mère descendront dans le même tombeau?

JEAN TALBOT. — Oui, plutôt que de déshonorer le sein de ma mère.

TALBOT. — Au nom de ma bénédiction, je t'ordonne de partir.

JEAN TALBOT. — Pour combattre l'ennemi, mais non pour le fuir.

TALBOT. — Tu peux sauver en toi une partie de ton père.

JEAN TALBOT. — Je ne sauverai rien de mon père; il sera déshonoré en moi.

TALBOT. — Tu n'as pas encore eu de gloire; tu ne peux pas la perdre.

JEAN TALBOT. — Oui, et votre glorieux nom, irai-je le flétrir?

TALBOT. — L'ordre de ton père t'absoudra du reproche.

JEAN TALBOT. — Pourrez-vous rendre témoignage pour moi quand vous ne serez plus? Si la mort est inévitable, fuyons ensemble.

TALBOT. — Que je laisse ici mes soldats combattre et mourir! Jamais pareille honte n'a souillé ma vie.

JEAN TALBOT. — Et ma jeunesse en serait souillée! Il n'est pas plus possible de séparer votre fils de vous, que vous ne pouvez vous-même vous partager en deux. Restez, fuyez, faites ce que vous voudrez, je le ferai aussi; si mon père meurt, je ne veux plus vivre.

TALBOT. — Je prends donc ici congé de toi, mon noble fils; tu es né pour voir ta vie s'éteindre avant la fin de ce jour. Allons vivre et mourir l'un à côté de l'autre, et que nos deux âmes unies s'envolent ensemble de France au ciel.

(Ils sortent.)

SCÈNE VI

Une alarme. Sorties dans lesquelles le fils de TALBOT *est enveloppé; il est sauvé par son père.*

TALBOT. — Saint George, victoire! Combattons, soldats, combattons. Le régent a violé la parole qu'il avait donnée à Talbot, et nous a laissés exposés à la furie de l'épée française. — Où est Jean Talbot? — Repose-toi, mon fils, et reprends haleine : je t'ai donné la vie, et je viens de te sauver de la mort.

jean talbot.—O vous, deux fois mon père, je suis deux fois votre fils. La première vie que vous m'aviez donnée était perdue ; c'en était fait ; et votre belliqueuse épée, en dépit du sort, a fait recommencer le cours des ans qui me sont assignés.

talbot.—Quand j'ai vu ton épée faire jaillir le feu du casque du dauphin, cela a rallumé dans le cœur de ton père un orgueilleux désir de la victoire au visage hardi. Alors la pesante vieillesse s'est sentie animée de l'ardeur du jeune âge et d'une fureur guerrière : j'ai repoussé Alençon, Orléans, le duc de Bourgogne, et je t'ai délivré de l'orgueil de la Gaule. Le fougueux Bâtard qui t'a tiré du sang, ô mon fils ! et qui a eu les prémices de ton premier combat,—je l'ai attaqué soudain,—et dans le rapide échange de nos coups, j'ai bientôt fait couler son ignoble sang : et dans mon dédain, je lui ai adressé ces mots : « Je fais couler ton sang impur, vil et méprisable,
« faible et indigne dédommagement du pur sang que
« tu as fait jaillir des flancs de Talbot mon brave
« enfant; » et ici, brûlant de frapper à mort le Bâtard, je t'ai puissamment secouru.—Dis-moi, unique souci de ton père, n'es-tu pas fatigué, Jean? Comment te trouves-tu? Mon enfant, veux-tu maintenant quitter ce champ de bataille et te sauver? Maintenant te voilà dignement reçu chevalier. Fuis, pour venger ma mort quand je ne serai plus : le secours d'un homme est peu de chose pour moi. Oh ! c'est trop de folie de hasarder tous notre vie dans une seule petite barque. Moi, si je ne meurs pas aujourd'hui sous les coups des Français, je mourrai demain de mon grand âge; ils ne gagnent rien par ma mort ; et en restant ici, je n'abrége ma vie que d'un jour. Mais en toi mourront ta mère, et le nom de notre famille, et ma vengeance, et ta jeunesse, et la gloire de l'Angleterre. Si tu restes, nous exposons tout cela et bien plus encore : et si tu veux fuir, tout cela sera sauvé.

jean talbot. — L'épée d'Orléans ne m'a fait aucun mal ; mais vos paroles font couler le plus pur sang de mon cœur. Oh! quel avantage, au prix d'une telle infamie, que de traîner une vie misérable et de sacrifier une glorieuse renommée! Avant que le jeune Talbot fuie le vieux Talbot, que le cheval qui me porte succombe et meure, et me laisse à pied comme les vils paysans de France, en butte au mépris et objet d'outrages! Oui, par toute la gloire que vous avez acquise, si je fuis je ne suis pas le fils de Talbot : ne me parlez donc plus de fuir; c'est en vain : si je suis le fils de Talbot, je dois mourir aux pieds de Talbot.

TALBOT.—Allons, suis-moi donc, et sois l'Icare d'un Dédale au désespoir. Ta vie m'est bien chère; si tu veux combattre, combats à côté de ton père, et après t'être illustré, mourons tous deux fièrement.

(Ils sortent.)

SCÈNE VII

Une alarme : combats. Entre le vieux TALBOT *blessé, conduit par des soldats français.*

TALBOT.—Où est ma seconde vie?—C'est fait de la mienne.—Oh! où est le jeune Talbot? où est le vaillant Jean? O mort glorieuse ternie par la captivité, la valeur du jeune Talbot fait que je te reçois en souriant. Lorsqu'il m'a vu chanceler et tomber sur mes genoux, il a brandi au-dessus de ma tête son épée sanglante, et comme un lion affamé, il a commencé avec furie les plus terribles exploits. Mais lorsque mon défenseur courroucé s'est vu seul, ne protégeant plus que ma vie expirante, et sans ennemis qui le vinssent assaillir, alors les yeux étincelants, le cœur saisi de rage, il s'est élancé soudain de mes côtés dans le plus épais des bataillons français, et dans cette mer de sang mon enfant a éteint sa vie et son âme sublime, et là est mort dans son noble orgueil mon Icare, ma fleur.

(On apporte Jean Talbot mort.)

UN DES SERVITEURS DE TALBOT.—O mon cher maître! voyez : c'est votre fils qu'ils portent.

TALBOT.—O mort hideuse, qui te fais un jeu de nous insulter ici, bientôt affranchis de ton insolente tyrannie, et unis par les liens de l'immortalité, les deux Talbot voleront ensemble au travers des cieux légers, et en dépit de toi échapperont au néant de l'oubli.—(*A son fils.*)—O toi dont les blessures annoncent une mort si dure, parle à ton père avant de rendre ton dernier soupir! brave encore la mort en parlant, qu'elle veuille ou ne veuille pas t'écouter; traite-la comme un Français, comme ton ennemi.—Pauvre enfant! il me semble qu'il sourit, comme s'il voulait dire : « Si la mort avait été un Français, la mort serait morte aujourd'hui! » Approchez, approchez, et mettez-le dans les bras de son père. Mon âme ne peut plus supporter tant de douleurs. Soldats! adieu : j'ai ce que je voulais avoir, et mes vieux bras sont le tombeau du jeune Jean Talbot!

(Il meurt.)

FIN DU QUATRIÈME ACTE.

ACTE CINQUIÈME

SCÈNE I

Toujours devant Bordeaux.

Entrent CHARLES, ALENÇON, LE DUC DE BOURGO-
GNE, LE BATARD D'ORLÉANS et LA PUCELLE.

CHARLES. — Si York et Somerset avaient envoyé du renfort ici, nous aurions eu une journée sanglante.

LE BATARD. — Avec quelle furie le jeune nourrisson de Talbot abreuvait de sang français son épée novice!

LA PUCELLE. — Je l'ai attaqué une fois en lui disant : « Toi, jeune homme, sois vaincu par une jeune fille. » Mais, avec un fier et majestueux dédain, il m'a répondu : « Le jeune Talbot n'est pas fait pour se commettre avec « une prostituée; » et, s'élançant dans le sein des bataillons français, il m'a quittée avec mépris, comme un adversaire indigne de lui.

LE DUC DE BOURGOGNE. — Certes, il aurait fait un brave chevalier. Tenez, le voici enseveli dans les bras de son père, sanguinaire auteur de ses exploits meurtriers.

LE BATARD. — Taillons-les en pièces, hachons les cadavres de ces deux ennemis, la gloire de l'Angleterre et la terreur de la France.

CHARLES. — Oh! non! arrêtez; n'outrageons pas morts ceux que nous avons fuis vivants.

(Entre sir William Lucy précédé d'un héraut.)

LUCY. — Héraut, conduis-moi à la tente du Dauphin, à qui est resté l'avantage de cette journée.

CHARLES. — Quelle soumission est l'objet de ton message?

lucy.—Soumission, Dauphin! ce mot est purement français; nous autres soldats anglais, nous ignorons ce qu'il signifie.—Je viens savoir quels prisonniers vous avez faits et reconnaître nos morts.

charles.—Tu redemandes des prisonniers? nos prisons, c'est l'enfer.—Mais qui cherches-tu?

lucy.—Où est le grand Hercule du champ de bataille, le vaillant lord Talbot, comte de Shrewsbury, créé, pour récompense de ses rares exploits, grand comte de Washford, de Waterford et de Valence, lord Talbot de Goodrig et d'Urchinfield? Où sont le lord Strange de Blachmore, le lord Vernon d'Alton, le lord Cromwell de Wingfield, le lord Furnival de Sheffield, le lord Faulconbridge, illustre par trois victoires, chevalier de l'ordre de Saint-George, de Saint-Michel et de la Toison d'Or, grand maréchal de notre roi Henri V dans toutes ses guerres de France?

la pucelle.—Voilà un style bien impertinent et bien magnifique. Le grand sultan, qui domine sur cinquante-deux royaumes, ne s'exprime pas d'un ton si fastueux. —Vois; celui que tu pares de tous ces titres est ici gisant à nos pieds, cadavre impur et la proie des vers!

lucy.—Talbot est donc tué, le fléau des Français, la terreur et la sombre Némésis de votre nation! Oh! que mes deux yeux ne peuvent-ils se changer en balles! comme je les lancerais contre vous! Que ne puis-je rappeler ces morts à la vie? c'en serait assez pour effrayer toute la France. Oui, l'image seule de Talbot suffirait pour épouvanter le plus fier d'entre vous.—Cédez-moi leurs corps, que je les emporte de ce lieu, et que je leur donne la sépulture qui convient à leur mérite.

la pucelle.—Je crois que ce fanfaron est l'ombre du vieux Talbot, il parle d'un ton si orgueilleux et si hautain. Au nom de Dieu, qu'il prenne ces cadavres, qu'il les emporte d'ici; ils ne serviraient qu'à infecter l'air de notre patrie.

charles.—Tu peux enlever ces corps.

lucy.—Oui, je vais les enlever d'ici; mais de leurs cendres renaîtra un phénix qui fera trembler la France.

CHARLES.—Délivre-nous de leur vue, et fais après ce que tu voudras.—Marchons vers Paris sans délai, et suivons le cours de nos conquêtes; tout va fléchir devant nous, à présent que le terrible Talbot est mort.

(Ils sortent.)

SCÈNE II

A Londres.—Une salle du palais.

Entrent LE ROI HENRI, GLOCESTER et EXETER.

LE ROI.—Avez-vous vu les lettres du pape, de l'empereur et du comte d'Armagnac?

GLOCESTER.—Oui, mon prince, et voici ce qu'elles contiennent : ils demandent en grâce à Votre Majesté qu'une bienheureuse paix soit conclue entre la France et l'Angleterre.

LE ROI.—Et que pensez-vous de cette demande?

GLOCESTER.—Je l'approuve, mon prince, comme le moyen d'arrêter l'effusion du sang chrétien et de rétablir la tranquillité dans les deux royaumes.

LE ROI.—Allons, j'y consens, mon oncle; car j'ai toujours pensé que c'était une chose impie et contre nature, que d'entretenir ces barbares et sanglantes querelles entre des nations qui professent la même foi.

GLOCESTER.—De plus, sire, pour accélérer et affermir encore plus le nœud de cette alliance, le comte d'Armagnac, proche parent de Charles, et homme d'un grand poids en France, propose à Votre Majesté sa fille en mariage, avec une riche et magnifique dot.

LE ROI.—En mariage? Hélas! mon oncle, je suis bien jeune encore : mon cabinet et mes livres vont mieux à mon âge que l'amour et le choix d'une femme. Cependant, qu'on fasse entrer les ambassadeurs, et que chacun d'eux reçoive la réponse que vous jugerez convenable; je serai satisfait de toute résolution qui tendra à la gloire de Dieu et au bien de mon pays.

(Entrent un légat et deux ambassadeurs, avec Winchester, revêtu du chapeau de cardinal.)

EXETER, *à part.*—Quoi ! voilà donc le lord Winchester élevé à la dignité de cardinal[1] ! Ah ! je commence à voir que ce qu'a prédit un jour Henri V pourra bien s'accomplir : « *Si jamais,* disait-il, *Winchester parvient à être cardinal, il fera de son chapeau le rival de la couronne.* »

LE ROI.—Ambassadeurs, vos différentes demandes ont été examinées et discutées. Votre proposition est juste et sage : aussi nous sommes décidément résolus à dresser les articles d'une paix sincère ; et ils seront incessamment présentés à la France par milord Winchester.

GLOCESTER, *à l'ambassadeur du comte d'Armagnac.*—Et quant à l'offre particulière du comte votre maître, j'en ai instruit Sa Majesté en détail ; et le roi, satisfait des vertus de la princesse, informé de sa beauté, et content de sa dot, a le dessein de la faire reine de l'Angleterre.

LE ROI.—Pour preuve de mes intentions et de mon aveu, portez-lui ce joyau, gage de mon affection. (*Il lui remet un bijou.*) Et vous, lord protecteur, veillez à ce qu'ils soient escortés et conduits en sûreté jusqu'à Douvres ; et après qu'ils seront embarqués, remettez-les aux chances de la mer.

(Le roi sort avec sa suite.)

WINCHESTER, *au légat.*—Arrêtez, seigneur légat ; vous recevrez d'abord la somme que j'ai promise à Sa Sainteté, en échange de ces ornements vénérables dont elle m'a revêtu.

LE LÉGAT.—J'attendrai votre convenance, milord.

WINCHESTER.—Maintenant Winchester ne se soumettra pas, je pense, et ne le cédera pas au plus fier des pairs. —Humfroy de Glocester, tu reconnaîtras que l'évêque n'est ton inférieur, ni en naissance, ni en autorité, je te ferai plier et fléchir le genou, ou j'abîmerai ce royaume à force de révoltes.

(Ils sortent.)

---

[1] Shakspeare a oublié ici que dans les premières scènes de cette tragédie il avait déjà, à diverses reprises, qualifié Winchester de cardinal ; du reste, c'est en lui donnant trop tôt ce titre qu'il s'est trompé ; l'évêque de Winchester ne reçut en effet le chapeau de cardinal que dans la cinquième année du règne de Henri VI.

SCÈNE III

En France.

Entrent CHARLES, LE DUC DE BOURGOGNE, ALENÇON, LE BATARD, RENÉ et LA PUCELLE.

CHARLES.—Ces nouvelles, seigneur, doivent ranimer nos esprits abattus. On dit que les fiers Parisiens se révoltent et reviennent au parti des Français.

ALENÇON.—Marchons donc vers Paris, prince, et ne tenons pas ici notre armée dans l'inaction.

LA PUCELLE.—Que la paix soit avec eux, s'ils reviennent à nous! Autrement, que la ruine s'attache à leurs palais!

(Entre un éclaireur.)

L'ÉCLAIREUR.—Succès à notre vaillant général, et prospérité à ses partisans!

CHARLES.—Quelles nouvelles nous envoient nos éclaireurs? Parle.

L'ÉCLAIREUR.—L'armée anglaise, qui était divisée en deux corps, est maintenant réunie en un seul, et se propose de vous livrer bataille à l'instant.

CHARLES.—Cet avis est un peu soudain; mais nous allons nous mettre en état de les recevoir.

LE DUC DE BOURGOGNE.—J'ai confiance; l'ombre de Talbot n'est pas au milieu d'eux : à présent que Talbot n'est plus, seigneur, vous ne devez plus vous alarmer.

LA PUCELLE.—De toutes les passions honteuses, la plus maudite est la peur. Commandez à la victoire, Charles, et la victoire est à vous. Que Henri écume de rage; et que l'univers murmure en voyant nos triomphes.

CHARLES.—Marchons, mes seigneurs. Et que la France soit heureuse!

(Ils sortent.)

SCÈNE IV

Une alarme. — Attaques.

Entre LA PUCELLE.

LA PUCELLE. — Le régent triomphe, et les Français fuient ! — Venez à notre secours, paroles magiques, charmes puissants[1]; et vous, esprits d'élite qui m'instruisez de l'avenir et me faites prévoir les événements. (*On entend un coup de tonnerre.*) Vous, génies légers, qui servez sous les lois du souverain monarque du Nord, paraissez, et secondez-moi dans cette entreprise. (*Paraissent des démons.*) A cette prompte apparition, je reconnais votre obéissance ordinaire à ma voix. Maintenant, esprits familiers, qui sortez du redoutable empire des régions souterraines, assistez-moi aujourd'hui, et faites que la France ait la victoire ! (*Les démons se promènent en silence.*) Ah ! ne gardez pas plus longtemps ce morne silence. — Faut-il vous nourrir de mon propre sang? Je vais me couper un membre et vous le donner pour gage d'un plus riche salaire; consentez donc à m'assister. (*Les démons baissent la tête.*) N'est-il plus d'espoir de secours? — Eh bien, si vous m'accordez ma prière, mon corps sera le prix dont je payerai votre bienfait. (*Les démons secouent la tête.*) Quoi? le sacrifice de mon corps et de mon sang ne peuvent vous toucher et obtenir votre assistance accoutumée? Prenez donc mon âme. Oui, mon corps, mon sang, mon âme, tout, plutôt que de laisser la France succomber sous l'Angleterre. (*Les démons s'évanouissent.*) Hélas! ils m'abandonnent! — L'heure est donc venue où la France doit couvrir d'un voile son superbe panache et laisser tomber sa tête dans le giron de l'Angleterre. Mes anciens enchantements sont impuissants, et l'enfer est trop fort pour que je lutte contre lui. C'en

---

[1] *Periapts*, amulettes.

ACTE V, SCÈNE IV.

est fait, ô France; ta gloire va tomber en poussière.
(Elle sort.)
(Escarmouches. La Pucelle et York combattent corps à corps. La Pucelle est prise. Les Français fuient.)

york.—Damoiselle de France, je crois que je vous tiens.—Déchaînez à présent vos esprits infernaux par vos sortiléges; essayez s'ils peuvent vous remettre en liberté : vous êtes une précieuse prise et qui doit tenter le diable.—Voyez comme cette sorcière hideuse fronce ses sourcils; on dirait que, comme une autre Circé, elle cherche à me faire changer de forme.

la pucelle.—Tu ne peux recevoir une forme plus odieuse que la tienne.

york.—Oh! sans doute, le dauphin Charles est un bel homme; nul autre que lui ne peut plaire à votre œil difficile.

la pucelle.—Que la peste tombe sur Charles et sur toi! et puissiez-vous tous deux être surpris endormis dans votre lit et assaillis par des mains homicides!

york.—Farouche et maudite sorcière, retiens ta langue.

la pucelle.—Je t'en conjure, laisse-moi maudire à mon gré.

york.—Tu maudiras à ton gré, mécréante, quand tu seras attachée au poteau.
(Ils sortent.)
(Une alarme. Entre Suffolk tenant Marguerite par la main.)

suffolk.—Soyez qui vous voudrez, vous êtes ma prisonnière. (*Il la regarde.*) O la plus belle de toutes les belles, ne crains rien, ne songe pas à fuir : je ne te toucherai que d'une main respectueuse; et je les pose doucement sur ton cœur. Je baise ces doigts en signe d'une paix éternelle. Qui es-tu? dis-le-moi afin que je te rende l'hommage qui t'est dû.

marguerite.—Marguerite est mon nom : je suis fille d'un roi, du roi de Naples; apprends-le, qui que tu sois toi-même.

suffolk.—Je suis comte, et je m'appelle Suffolk. Merveille de la nature, ne t'offense point du sort qui t'a fait ma captive; c'est ainsi que le cygne sauve ses petits du danger en les tenant emprisonnés sous ses ailes. Mais si ce droit de la guerre t'offense, va, sois libre comme l'amie de Suffolk. (*Marguerite va pour s'éloigner.*)—Ah! reste.—Je ne me sens pas le pouvoir de la laisser partir: ma main voudrait la laisser libre, mais mon cœur dit non. Telle que l'image du soleil dont les rayons se jouent dans l'onde pure, telle paraît à mes yeux cette beauté ravissante.—Je voudrais lui faire ma cour, mais je n'ose lui parler. Je vais demander une plume et de l'encre et lui écrire ma pensée.—Allons donc, Suffolk, aie plus de confiance en toi. N'as-tu pas une langue? n'est-elle pas ta captive? Seras-tu dompté par la vue d'une femme?— Oh! la majesté de la beauté est si souveraine qu'elle enchaîne la langue et confond tous les sens.

MARGUERITE. — Dis, comte de Suffolk, si tel est ton nom, quelle rançon faudra-t-il que je paye pour obtenir ma liberté? car je vois que je suis ta prisonnière.

SUFFOLK, *à part.*—Comment peux-tu être sûr qu'elle dédaignera tes vœux avant d'avoir essayé de gagner son amour?

MARGUERITE.—Pourquoi ne parles-tu pas? Quelle rançon dois-je payer?

SUFFOLK, *à part.*—Elle est belle, et dès lors faite pour être adorée; elle est femme, et dès lors faite pour être conquise.

MARGUERITE.—Veux-tu accepter une rançon, oui ou non?

SUFFOLK, *à part.*—Insensé, souviens-toi que tu as une femme : comment donc Marguerite pourrait-elle être l'objet de ton amour?

MARGUERITE.—Il vaut mieux que je le quitte; car il ne veut point m'entendre.

SUFFOLK, *à part.*—C'est là ce qui renverse tous mes projets; il n'y faut plus songer.

MARGUERITE.—Il parle au hasard : sûrement cet homme est fou.

SUFFOLK, *à part.*—Mais on pourrait obtenir une dispense.

MARGUERITE.—Et cependant je voudrais bien obtenir votre réponse.

SUFFOLK, *toujours à part*.—Je veux gagner le cœur de cette belle Marguerite.... Pour qui?—Quoi? pour mon roi.—Ah! c'est une créature de bois.

MARGUERITE.—Il parle de bois : c'est quelque charpentier.

SUFFOLK, *à part*.—Mais enfin ce moyen satisferait mon désir, et la paix serait cimentée entre les deux royaumes. —Mais à cela il reste encore un obstacle : car quoique son père soit roi de Naples, duc d'Anjou et du Maine, cependant il est pauvre, et notre noblesse dédaignerait cette alliance.

MARGUERITE. — M'entendez-vous, capitaine? — N'en avez-vous donc pas le loisir?

SUFFOLK.—Cela sera, en dépit de tous leurs dédains. Henri est jeune, il cédera facilement. (*En se rapprochant d'elle*.) Madame, j'ai un secret à vous révéler.

MARGUERITE, *à part*.—Quoique je sois prisonnière, il me paraît un chevalier, et je ne dois craindre aucune insulte.

SUFFOLK.—Madame, daignez écouter ce que je vous dis.

MARGUERITE, *à part*.—Peut-être serai-je délivrée par les Français, et alors je n'ai pas besoin de mendier ses égards.

SUFFOLK.—Aimable dame, donnez-moi votre attention sur un objet important.

MARGUERITE. —Après tout, d'autres femmes ont été captives avant moi.

SUFFOLK.—Madame, pourquoi parlez-vous ainsi?

MARGUERITE.—Je vous demande merci; ce n'est qu'un prêté rendu[1].

SUFFOLK.—Répondez, aimable princesse; ne regarderiez-vous pas votre esclavage comme un heureux événement, s'il vous faisait reine?

---

[1] *A quid pro quo*, c'est-à-dire : *Quelque chose, pour quelque chose de pareil*.

MARGUERITE.—Une reine dans l'esclavage est plus avilie qu'un esclave dans la plus basse servitude : il faut que les princes soient libres.

SUFFOLK.—Et vous le serez, si le roi de la belle Angleterre l'est lui-même.

MARGUERITE.—Quoi? que me fait sa liberté?

SUFFOLK.—J'entreprendrai de te faire la reine de Henri, de placer dans ta main un sceptre d'or, et une riche couronne sur ta tête, si tu veux condescendre à être ma....

MARGUERITE.—Quoi?

SUFFOLK.—L'objet de son amour.

MARGUERITE.—Je suis indigne d'être l'épouse de Henri.

SUFFOLK.—Non, madame, c'est moi qui suis indigne et me sens incapable de faire ma cour à une beauté si céleste, pour la rendre la femme de Henri, sans avoir moi-même aucune part dans ce choix. Eh bien! madame, que répondez-vous? êtes-vous satisfaite?

MARGUERITE.—Oui, je le suis, si mon père y consent.

SUFFOLK.—Allons, assemblons nos officiers et déployons nos enseignes; et, près des murs du château de votre père, faisons sonner un pourparler pour lui demander à conférer avec lui. (*Un trompette sonne un pourparler.—René paraît sur les murs.*) Vois, René, vois ta fille prisonnière.

RENÉ.—De qui?

SUFFOLK.—La mienne.

RENÉ.—Eh bien, Suffolk, quel remède? Je suis un soldat, et ne sais ni pleurer, ni me déchaîner contre l'inconstance de la fortune.

SUFFOLK.—Il est un remède, seigneur. Consentez (et pour votre gloire consentez-y) que votre fille soit mariée à mon roi, c'est avec peine que je suis parvenu à l'y déterminer, et cette captivité si douce aura valu à votre fille la liberté et un trône.

RENÉ.—Suffolk pense-t-il comme il parle?

SUFFOLK.—La belle Marguerite sait que Suffolk ne sait ni flatter, ni dissimuler, ni tromper.

ACTE V, SCÈNE IV.

rené.—Sur ta parole de comte, je descends pour répondre à tes gracieuses offres.

suffolk.—Et moi, je vais t'attendre ici.

(Les trompettes sonnent. Entre René.)

rené.—Brave comte, sois le bienvenu sur notre territoire : commande dans l'Anjou selon qu'il te plaira.

suffolk.—Je te rends grâces, René, heureux père d'une si belle enfant, faite pour devenir la compagne d'un roi. Quelle réponse fais-tu à ma demande ?

rené.—Puisque tu daignes rechercher le faible mérite de ma fille pour en faire la royale épouse d'un si grand prince, ma fille appartiendra à Henri s'il veut bien l'accepter, à condition que je jouirai tranquillement de mes duchés du Maine et de l'Anjou, exempt des troubles et de tous les maux de la guerre.

suffolk.—Ton consentement est sa rançon; je lui rends sa liberté; et je me charge d'obtenir pour toi la jouissance paisible de tes deux comtés.

rené.—Et moi, au nom de l'auguste Henri, voyant en toi le représentant et l'envoyé de ce puissant roi, je te donne sa main pour gage de sa foi.

suffolk.—René de France, je te rends grâces au nom du roi; car c'est ici un pacte convenu pour les intérêts du roi. (*A part.*) Et cependant il me semble que je serais avec plaisir, dans cet accord, mon propre mandataire. —Je vais partir pour l'Angleterre avec cette nouvelle et hâter la célébration de ce mariage. Adieu, René : dépose ce diamant dans un palais, ainsi qu'il convient.

rené.—Je t'embrasse, comme j'embrasserais le pieux roi Henri s'il était ici.

marguerite, *à Suffolk.*—Adieu, milord. Suffolk peut compter toute sa vie sur les vœux, les prières et les louanges de Marguerite.

(Elle va pour se retirer.)

suffolk.—Adieu, ravissante dame.—Eh quoi! Marguerite, ne me chargerez-vous d'aucun compliment pour mon roi ?

marguerite.—Dites-lui de ma part tout ce que peut lui dire une jeune fille, sa servante.

suffolk.—Douces paroles, pleines de grâce et de modestie ! Mais, madame, il faut que je vous importune encore : quoi ! nul gage d'amour pour Sa Majesté ?

marguerite. — Excusez-moi, mon cher lord : je lui envoie un cœur pur et sans tache, que n'a jamais profané l'amour.

suffolk, *en l'embrassant.*—Et ce baiser aussi....

marguerite.—Que ceci soit pour vous.—Je n'aurais pas la présomption d'envoyer à un roi des gages si téméraires.

(Sortent René et Marguerite.)

suffolk.—Oh ! si tu étais pour moi !.... Mais, arrête, Suffolk ; ne t'engage pas dans ce dangereux labyrinthe : là sont cachés des monstres dévorants et d'horribles trahisons. — Éveille plutôt l'amour de Henri par les louanges de la charmante Marguerite ; grave dans ta mémoire ses ravissantes vertus et ses grâces naturelles si supérieures à l'art : retrace-toi souvent son image en traversant les mers, afin qu'arrivé aux pieds de Henri tu puisses troubler sa raison et l'enivrer d'admiration.

(Il sort.)

SCÈNE V

Camp du duc d'York, en Anjou.

Entrent YORK, WARWICK, UN BERGER, LA PUCELLE.

york.—Amenez cette sorcière, qui est condamnée au feu.

le berger.—Ah ! Jeanne, ce coup donne la mort au cœur de ton père. N'ai-je donc parcouru tant de pays, et ne te retrouvé-je à présent que pour être témoin de ta mort cruelle et prématurée ? Ah ! Jeanne, ma chère fille, je veux mourir avec toi.

la pucelle.—Vieillard décrépit, ignoble et vil mendiant, je suis sortie d'un plus noble sang que le tien : tu n'es point mon père, ni mon ami.

le berger.—Ah ! malheureuse !.... Milord, je vous en

conjure, cela n'est pas. Je suis son père : toute la paroisse le sait ; sa mère vit encore et peut attester qu'elle fut le premier fruit de ma jeunesse.

WARWICK.—Ingrate, veux-tu donc renier tes parents?

YORK.—On peut juger par là quel genre de vie elle a menée, honteuse et criminelle ; sa mort répond à sa vie.

LE BERGER.—C'est une honte, Jeanne, de vouloir ainsi démentir ton père. Dieu sait que tu es formée de ma chair, et que pour toi j'ai versé bien des larmes : ne me méconnais pas, chère fille, je t'en conjure.

LA PUCELLE.—Loin de moi, paysan. *(Aux Anglais.)* Vous avez suborné cet homme pour flétrir ma noble origine.

LE BERGER.—Il est vrai que je donnai un *noble*[1] au prêtre le jour où j'épousai sa mère.—Mets-toi à genoux, ma chère fille, et reçois ma bénédiction. Quoi, tu ne veux pas? Eh bien, maudit soit l'instant de ta naissance! je voudrais que le lait que tu suçais sur le sein de ta mère fût devenu un poison pour toi ; ou bien je voudrais que dans le temps où tu gardais mes moutons dans les champs, quelque loup affamé t'eût dévorée : tu renies ton père, infâme prostituée? Brûlez-la! brûlez-la! le gibet serait un supplice trop doux pour elle.

(Il sort.)

YORK.—Qu'on l'emmène ; elle a vécu trop longtemps pour semer dans l'univers ces vices odieux.

LA PUCELLE.—Laissez-moi d'abord vous dire qui vous condamnez. Je ne suis point la fille d'un obscur berger : je suis issue de la race des rois ; vierge chaste et sacrée, choisie par le Ciel, inspirée par sa grâce, et appelée à opérer sur la terre les plus grands miracles. Jamais je n'eus de commerce avec les esprits infernaux. Mais vous, hommes corrompus par la débauche, souillés du sang des innocents, chargés d'iniquités et de vices, parce que vous êtes privés de la grâce dont d'autres ont reçu les dons, vous jugez impossible d'opérer des merveilles, si ce n'est par le secours des démons. Non! cette Jeanne

---

[1] Jeu de mots sur *noble*, noble, et un *noble,* monnaie du temps.

d'Arc, que méconnaît votre ignorance, naquit et vécut vierge depuis sa tendre enfance : elle vécut chaste et sans reproche même dans ses pensées ; et son sang pur, que vos mains barbares versent si injustement, criera vengeance contre vous aux portes du Ciel.

YORK.—Oui, oui ; allons, qu'on l'entraîne au supplice.

WARWICK, *aux exécuteurs.*—Ecoutez ; comme elle est fille, allumez un grand bûcher, et placez au-dessus des barils de poix, afin d'abréger ses tourments.

LA PUCELLE.—Rien ne touchera-t-il vos cœurs impitoyables ? — Allons, Jeanne, puisqu'il le faut, dévoile donc ta faiblesse qui t'assure le privilége de la loi. Je suis enceinte, homicides sanguinaires ; si vous m'entraînez à une mort violente, ne faites pas du moins périr le fruit qui vit dans mon sein.

YORK.—Que le Ciel ne permette pas.... La sainte Pucelle enceinte ?

WARWICK.—C'est là le plus grand miracle que tu aies jamais fait. Voilà donc où aboutit ta scrupuleuse vertu ?

YORK.—Sûrement le dauphin et elle auront eu commerce ensemble. J'avais prévu que ce serait là son dernier refuge.

WARWICK.—Allons, pars : nous ne voulons point sauver la vie à des bâtards, surtout à ceux dont Charles est le père.

LA PUCELLE.—Vous vous trompez ; mon enfant n'est point de lui : c'est Alençon qui a eu mon amour.

YORK.—Alençon, cet indigne Machiavel[1] ! Elle mourra, eût-elle mille vies à perdre.

LA PUCELLE.—Oh ! permettez. Je vous ai trompés encore : ce n'est ni Charles ni ce duc que je viens de nommer, c'est René, le roi de Naples, qui a triomphé de ma vertu.

WARWICK.—Un homme marié ! Ce crime est intolérable.

---

[1] Machiavel est postérieur à Henri VI, et cela a fait supposer à quelques critiques que ce vers avait été intercalé par quelque comédien ignorant ; mais Shakspeare commet bien souvent de tels anachronismes.

york.—Bon ; nous avons ici une vraie fille : je crois qu'elle ne sait trop lequel accuser, tant elle a eu d'amants !

warwick.—C'est une marque qu'elle a été facile et libérale.

york.—Et cependant tout à l'heure elle était vierge.—Vile prostituée, tes paroles te condamnent, toi et ton indigne fruit. Cesse tes instances ; elles sont inutiles.

la pucelle.—Eh bien ! emmenez-moi, vous à qui je lègue mes malédictions. Puisse le brillant soleil ne jamais laisser tomber ses rayons sur le pays que vous habitez ! que la nuit et les funestes ombres de la mort vous environnent, jusqu'à ce que le malheur et le désespoir vous poussent à vous égorger ou à vous étrangler vous-mêmes !

(Les gardes l'emmènent.)

york.—Va tomber en lambeaux et te réduire en cendres, ministre maudit de l'enfer.

(Entre l'évêque de Winchester, cardinal de Beaufort.)

le cardinal.—Lord régent, je salue Votre Grâce, et vous remets des lettres du roi. Apprenez, milord, que les puissances de la chrétienté, émues de pitié à la vue de ces sanglantes querelles, ont sollicité avec les plus vives instances une paix générale entre nous et l'ambitieuse France.—Et voyez le dauphin et sa suite qui s'avancent pour conférer avec nous sur les articles.

york. — Est-ce là tout le fruit de notre expédition ? Après le meurtre de tant d'illustres lords, de tant de braves guerriers, capitaines et soldats, qui ont été immolés dans cette querelle et ont vendu leur vie pour leur patrie, finirons-nous par conclure une paix honteuse ? N'avons-nous pas perdu par trahison, par fraude, la plupart des villes qu'avaient conquises nos illustres ancêtres ? O Warwick, Warwick, je prévois avec douleur la perte complète de tout le royaume de France.

warwick.—Calmez-vous, York : si nous signons une paix, ce sera à des conditions si rigoureuses et si sévères, que les Français en retireront peu d'avantage.

(Entrent Charles, Alençon, le Bâtard et René.)

charles. — Lords d'Angleterre, puisqu'il est arrêté qu'il sera proclamé une trêve en France, nous venons savoir de vous-mêmes quelles doivent être les conditions du traité.

york. — Parlez, Winchester : car la bouillante colère me suffoque et étouffe ma voix à la vue de nos mortels ennemis.

le cardinal. — Charles, et vous, princes de France, voici les clauses : Qu'en reconnaissance de ce que le roi Henri, ému de compassion, et par pure clémence, consent à soulager votre pays des calamités de la guerre, et à vous laisser respirer au sein d'une heureuse paix, vous vous reconnaîtrez les vassaux fidèles de sa couronne. Et vous, Charles, à condition que vous ferez serment de lui payer tribut, et l'hommage de votre soumission, vous serez établi en qualité de vice-roi sous ses ordres, et vous n'en jouirez pas moins de la dignité royale.

alençon. — Quoi! faudra-t-il qu'il ne soit plus que l'ombre de lui-même? qu'il orne son front d'une couronne, et qu'en réalité et en autorité il ne conserve que le privilége d'un simple sujet? Cette offre est absurde et dénuée de toute raison.

charles. — Il est notoire que je suis déjà en possession de plus de la moitié du territoire de la France, et que j'y suis reconnu pour légitime souverain. Irai-je, pour gagner le reste des provinces non encore conquises, ravaler le privilége de ma royauté au point de n'avoir plus que le titre de vice-roi? Non, non, lord ambassadeur; j'aime mieux garder ce que je possède, que de me voir, par un désir trop pressé d'acquérir ce que je n'ai pas encore, dépouillé de l'espoir de devenir maître de tout.

york. — Présomptueux Charles! as-tu donc, par de sourdes intrigues, imploré l'intercession de l'Europe pour obtenir une paix, et aujourd'hui qu'on en vient à la conclure, oses tu comparer ton état présent aux conditions que nous t'offrons? Accepte de tenir comme un bienfait de notre roi le titre que tu usurpes, et non comme un droit qui t'appartienne, ou bien nous le poursuivrons d'une guerre éternelle.

rené, *bas au dauphin*.—Seigneur, vous avez tort de vous obstiner à chicaner les articles du traité ; si vous laissez échapper cette occasion, je gage dix contre un que vous n'en retrouverez jamais une aussi favorable.

alençon, *bas au dauphin*.—Il faut convenir qu'il est de votre prudence de sauver vos sujets d'un si cruel carnage, et de tous les barbares massacres qui s'exercent tous les jours dans le cours de nos hostilités. Ainsi, acceptez cette trêve, vous la romprez quand votre intérêt l'exigera.

warwick.—Que répondez-vous, Charles ? nos conditions tiennent-elles ?

charles.—Elles tiendront. Je demande seulement que vous ne conserviez aucune force dans nos villes de garnison.

york.—Jure donc foi et hommage à Sa Majesté, et, sur l'honneur d'un chevalier, jure de ne jamais désobéir, de n'être jamais rebelle à la couronne d'Angleterre, ni toi ni ta noblesse. (*Charles et sa suite font acte d'hommage.*) A présent, licenciez votre armée quand il vous plaira ; suspendez vos étendards, et que vos tambours se taisent, car nous promettons ici d'observer une paix sacrée.

SCÈNE VI

En Angleterre.—Un appartement du palais.

Entrent SUFFOLK *s'entretenant avec* LE ROI HENRI, GLOCESTER et EXETER.

le roi.—Noble comte, votre ravissant portrait de la belle Marguerite m'a saisi d'étonnement. Ses vertus parées des grâces de la beauté éveillent dans mon cœur, auparavant tranquille, toutes les passions de l'amour. Tel qu'un ruisseau dans la tempête, que la fureur des vents soulève et pousse contre la marée, tel mon cœur agité par le récit de son rare mérite se sent invinciblement entraîné, ou vers le naufrage, ou vers le lieu où je pourrai jouir de son amour.

SUFFOLK.—Eh bien, mon bon prince, ce récit superficiel n'est pour ainsi dire que l'exorde des louanges dont elle est digne. Toutes les perfections de cette divine dame, si j'avais assez d'art pour les décrire, formeraient un volume de pages ravissantes qui plongeraient dans l'extase l'imagination la plus insensible; et ce qui vaut mieux encore, c'est qu'avec cette beauté céleste, avec tant de grâces et d'appas, elle proteste, de l'âme la plus humble et la plus modeste, qu'elle est satisfaite d'être à vos ordres, s'ils sont honnêtes et vertueux; qu'elle est prête à aimer et respecter Henri comme son seigneur.

LE ROI.—Et jamais Henri n'osera exiger d'elle autre chose; ainsi, milord protecteur, donnez votre consentement à ce que Marguerite soit la reine de l'Angleterre.

GLOCESTER.—Je consentirais donc à flatter le crime? Vous savez, mon prince, que Votre Majesté est engagée à une autre dame du mérite le plus distingué. Comment vous dispenserez-vous de ce contrat sans souiller votre honneur d'un reproche honteux?

SUFFOLK.—Comme un souverain se dispense d'accomplir des serments illégitimes; ou comme un athlète qui, dans un tournois, ayant fait vœu de combattre, abandonne la lice à cause de l'inégalité de son adversaire. La fille d'un pauvre comte est un parti inégal et dont on peut se dégager sans offense.

GLOCESTER.—Eh quoi, je vous prie, qu'est de plus Marguerite? Son père n'est rien de mieux qu'un comte, malgré tous les titres fastueux dont il se décore.

SUFFOLK.—Milord, son père est un roi, roi de Naples et de Jérusalem; et il a une si grande autorité en France, que son alliance affermira notre paix et tiendra les Français dans l'obéissance.

GLOCESTER.—Et le comte d'Armagnac aura le même pouvoir, car il est le proche parent de Charles.

EXETER.—D'ailleurs son opulence promet une riche dot, tandis que René est plus prêt à recevoir qu'à donner.

SUFFOLK. — Une dot, milords ? N'avilissez pas notre monarque à ce point, d'être assez abject, assez pauvre, pour déterminer son choix par la richesse et non par l'amour. Henri est en état d'enrichir une reine, au lieu de chercher une reine qui l'enrichisse. C'est ainsi que les vils paysans marchandent leurs femmes, comme ils marchandent des bœufs, des chevaux ou des moutons. Mais le mariage est une affaire trop importante pour être ainsi traitée par procureur. Ce n'est pas celle que nos intérêts pourraient nous faire préférer, mais celle qui plaît à Sa Majesté, qui doit partager sa couche nuptiale. Ainsi, lords, puisque c'est Marguerite que Henri préfère, c'est là un motif plus puissant que tous les autres qui nous oblige à la préférer aussi. Car qu'est-ce qu'un mariage forcé, sinon un enfer, une vie de discorde et de querelles éternelles, tandis qu'une union libre et volontaire donne le bonheur et fait goûter ici-bas la paix des cieux? Pourrions-nous faire épouser à Henri, qui est roi, une autre que Marguerite qui est la fille d'un roi? Ses incomparables attraits, joints à sa naissance, annoncent qu'elle n'est faite que pour épouser un roi. Son vaillant courage, son âme intrépide à un degré bien au-dessus du courage ordinaire de son sexe, nous promettent tout ce que nos espérances attendent de la lignée d'un roi. Henri, fils d'un conquérant, ne peut manquer d'engendrer des conquérants, si l'amour l'unit avec une femme d'une âme aussi élevée que l'est celle de la belle Marguerite. Rendez-vous donc, milords, et convenez ici avec moi que Marguerite sera notre reine, et nulle autre qu'elle.

LE ROI. — Si c'est l'impression puissante que m'a faite votre récit, mon noble lord Suffolk, ou si c'est que mon jeune cœur n'a jamais encore senti l'atteinte des flammes de l'amour, c'est ce que je ne puis expliquer : mais il est certain que je sens un trouble si violent dans mon âme, de si vives alarmes de crainte et d'espérance, que je suis fatigué et malade du tumulte de mes pensées. Allez donc vous embarquer : pressez votre arrivée en France, convenez de toutes les conditions, et faites tout pour que la belle Marguerite consente à traverser les mers, et vienne en Angleterre se voir couronner la reine fidèle et sacrée du roi Henri. Pour fournir aux dépenses et aux honneurs de votre ambassade, levez un dixième sur le peuple, et partez sans délai, car jusqu'à votre retour je vais être agité de mille soucis.—Et vous, mon cher oncle, bannissez tout reproche ; si vous jugez ma faiblesse sur ce que vous fûtes autrefois, et non sur ce que vous êtes aujourd'hui, je suis sûr que vous pardonnerez cette soudaine exécution de ma volonté.—Allez, conduisez-moi dans un lieu où, loin de tout témoin, je puisse me livrer sans contrainte aux pensées qui tourmentent mon âme.

(Il sort.)

GLOCESTER.—Oui, je crains bien que les tourments qui commencent avec ce dessein ne cessent plus désormais.

(Glocester et Exeter sortent.)

SUFFOLK, *seul*.—Ainsi, Suffolk l'emporte : et comme autrefois Pâris s'embarqua pour la Grèce, il part aujourd'hui pour la France, avec l'espoir de rencontrer la même fortune en amour, mais de prospérer plus heureusement que ne fit le Troyen. Marguerite sera reine, et gouvernera le roi : et moi je gouvernerai la reine, le roi et le royaume.

(Il sort.)

FIN DU CINQUIÈME ET DERNIER ACTE.

HENRI VI

TRAGÉDIE

SECONDE PARTIE.

HENRI VI
TRAGÉDIE
SECONDE PARTIE.

PERSONNAGES

LE ROI HENRI VI.
HUMPHROY, duc de Glocester, son oncle.
LE CARDINAL BEAUFORT, évêque de Winchester, grand-oncle du roi.
RICHARD PLANTAGENET, duc d'York.
EDOUARD, RICHARD, } ses fils.
LE DUC DE BUCKINGHAM,
LE DUC DE SOMERSET,
LE DUC DE SUFFOLK, } partisans du roi.
LORD CLIFFORD,
LE JEUNE CLIFFORD,
LE COMTE DE SALISBURY,
LE COMTE DE WARWICK, son fils, } de la faction d'York.
LE LORD SAY.
LE LORD SCALES, gouverneur de la Tour.
SIR HUMPHROY STAFFORD.
LE JEUNE STAFFORD, son frère.
SIR JOHN STANLEY.
ALEXANDRE IDEN, gentilhomme du comté de Kent.
UN CAPITAINE de vaisseau, UN MAITRE, UN CONTRE-MAITRE, et WALTER WHITMORE, pirates.
UN HERAUT.
DEUX GENTILSHOMMES, prisonniers avec Suffolk.
HUME VAUX et SOUTHWELL, deux prêtres.
BOLINGBROOK, devin : esprit évoqué par lui.
THOMAS HORNER, armurier, et PIERRE, son apprenti.
UN CLERC de Chatam.
LE MAIRE de Saint-Albans.
SIMPCOX, imposteur.
DEUX MEURTRIERS.
JACQUES CADE, rebelle.
BEVIS,
MICHEL,
GEORGE,
JEAN, } partisans d'York.
DICK, boucher,
SMITH, tisserand,
LA REINE MARGUERITE, femme de Henri VI.
ELFONOR, duchesse de Glocester.
MARGERY JOURDAIN, sorcière.
LA FEMME DE SIMPCOX.

SEIGNEURS, DAMES, ET LEUR SUITE, PÉTITIONNAIRES, ALDERMEN, CHAPELAIN, SHÉRIF, OFFICIERS, CITOYENS, APPRENTIS, FAUCONNIERS, GARDES, SOLDATS, MESSAGERS, ET AUTRES.

La scène se passe successivement dans les différentes parties de l'Angleterre.

ACTE PREMIER

SCÈNE I

Londres.—Une salle d'apparat dans le palais.

Fanfares et trompettes, suivies de hautbois. Entrent d'un côté LE ROI HENRI, LE DUC DE GLOCESTER, SALISBURY, WARWICK, ET LE CARDINAL BEAUFORT; *de l'autre,* LA REINE MARGUERITE, *conduite par* SUFFOLK *et suivie de* YORK, SOMERSET, BUCKINGHAM *et plusieurs autres.*

SUFFOLK, *s'avançant vers le roi.*—Chargé, à mon départ

pour la France, en qualité de représentant de votre haute et souveraine majesté, d'épouser pour elle et en son nom, la princesse Marguerite, c'est dans la fameuse et ancienne ville de Tours, qu'en présence des rois de France et de Sicile, des ducs d'Orléans, de Calabre, de Bretagne et d'Alençon, de sept comtes, de douze barons et de vingt respectables évêques, j'ai rempli mon office et épousé la princesse : aujourd'hui, je viens humblement le genou en terre, à la vue de l'Angleterre et des lords ses pairs, remettre le titre que j'ai acquis sur la reine entre les mains de Votre Majesté, qui est la réalité d'où provient cette ombre auguste dont je n'ai fait qu'offrir l'image. Voici le plus précieux don que marquis ait jamais pu faire, la plus belle reine que roi ait jamais reçue.

LE ROI.—Suffolk, levez-vous,—reine Marguerite, soyez la bienvenue. Je ne puis vous donner de mon amour un gage plus tendre que ce tendre baiser.—O toi, mon Dieu, qui me prêtes la vie, prête-moi aussi un cœur plein de reconnaissance ! Car tu as donné à mon âme, dans cet objet plein de charmes, un monde de félicités terrestres, si tu permets que la sympathie unisse nos pensées dans un mutuel amour.

MARGUERITE.—Grand roi d'Angleterre, et mon gracieux seigneur, le jour ou la nuit, éveillée, ou dans mes songes, au milieu de la cour, ou en faisant mes prières, je me suis si souvent entretenue dans ma pensée avec vous, mon souverain chéri, que j'en deviens plus hardie à saluer mon roi dans un langage sans art, tel qu'il se présente à mon esprit, et que me l'inspire la joie dont déborde mon cœur.

LE ROI.—Sa beauté ravit, mais la grâce de ses discours, ses paroles qu'embellit la majesté de la sagesse, me font passer de l'admiration aux larmes de la joie, tant mon cœur est plein de son bonheur !—Lords, que vos joyeuses voix saluent unanimement ma bien-aimée.

TOUS LES PAIRS.—Longue vie à la reine Marguerite, la joie de l'Angleterre !

MARGUERITE.—Nous vous rendons grâces à tous.

(Fanfares.)

SUFFOLK, *au duc de Glocester*.—Lord protecteur, permettez-moi de présenter à Votre Grâce les articles de la paix contractée entre notre souverain et Charles, roi de France, et conclue, d'un commun accord, pour l'espace de dix-huit mois.

GLOCESTER *lit*.—« *Imprimis,* il est convenu, entre le roi français Charles[1] et William de la Pole, marquis de Suffolk, ambassadeur de Henri, roi d'Angleterre, que ledit Henri épousera la princesse Marguerite, fille de René, roi de Naples, de Sicile et de Jérusalem, et la fera couronner reine d'Angleterre, avant le trente de mai prochain.

« *Item.* Que le duché d'Anjou et le comté du Maine seront évacués et remis au roi son père. »

LE ROI.—Mon oncle, qu'avez-vous ?

GLOCESTER.—Pardonnez, mon gracieux seigneur. Un saisissement soudain a pressé mon cœur et obscurci mes yeux tellement que je ne puis en lire davantage.

LE ROI.—Mon oncle de Winchester, continuez, je vous prie.

LE CARDINAL.—« *Item.* Il est de plus convenu entre eux que les duchés d'Anjou et du Maine seront évacués et remis au roi son père, et que la princesse sera envoyée à Londres, aux frais et dépens du roi d'Angleterre, et sans dot. »

LE ROI.—Je suis satisfait des articles. Lord marquis, mets-toi à genoux. Nous te créons ici premier duc de Suffolk, et te ceignons de l'épée.—Mon cousin d'York, vos fonctions de régent dans nos provinces de France sont suspendues jusqu'à la complète expiration des dix-huit mois.—Je vous remercie, mon oncle de Winchester, Glocester, York, Buckingham, et vous, Somerset, Salisbury et Warwick, des marques d'affection que vous venez de me donner par l'accueil que vous avez fait à ma noble reine. Venez, rentrons et ordonnons avec

---

[1] *The French king*. Le roi d'Angleterre, dans ce traité, ne reconnaît Charles ni pour roi de France, ni pour roi des Français, mais simplement pour roi français.

toute la diligence possible les apprêts de son couronnement. (Sortent le roi, la reine et Suffolk.)

GLOCESTER.—Braves pairs de l'Angleterre, piliers de l'État, c'est dans votre sein que le duc Humphroy doit déposer le fardeau de sa douleur, de votre douleur, de la douleur commune à toute notre patrie. Eh quoi! mon frère Henri aura donc prodigué, dans les guerres, sa jeunesse, sa valeur, son peuple et ses trésors ; il aura si souvent habité en plein champ, en proie, soit au froid de l'hiver, soit aux ardeurs dévorantes de l'été pour conquérir la France, son légitime héritage ; et mon frère Bedford aura fatigué son esprit à conserver, par la politique, ce qu'avait conquis Henri; vous-mêmes, Somerset, Buckingham, brave York, Salisbury, et vous, victorieux Warwick, vous aurez reçu de profondes blessures en France et en Normandie ; mon oncle Beaufort, et moi-même, avec les sages assemblées du royaume, nous aurons médité si longtemps, tenu conseil durant de longues journées, discutant en tous sens les moyens de tenir dans la soumission la France et les Français ; Sa Majesté aura été, dans son enfance, couronnée dans Paris, en dépit de ses ennemis; et tant de travaux, tant d'honneurs vont être perdus ! La conquête de Henri, la vigilance de Bedford, vos exploits, tous nos conseils seront perdus ! O pairs d'Angleterre, cette alliance est honteuse, ce mariage fatal ! Il anéantit votre renommée, efface vos noms du livre de mémoire, détruit les titres de votre gloire, renverse les monuments de la France asservie, et défait tout ce qui a jamais été fait.

LE CARDINAL.—Mon neveu, que signifient ce discours si passionné et les images accumulées dans votre péroraison? La France est à nous, et nous prétendons bien la conserver toujours.

GLOCESTER.—Oui, sans doute, mon oncle, nous la conserverons si nous le pouvons ; mais à présent il est impossible que nous le puissions. Suffolk, ce duc de nouvelle fabrique qui fait ici la pluie et le beau temps[1], a

---

[1] *That rules the roast,* qui gouverne le rôti.

donné les duchés du Maine et de l'Anjou à ce pauvre roi René, dont le style boursouflé s'accorde mal avec la maigreur de sa bourse.

SALISBURY.—Et par la mort de celui qui mourut pour tous, ces deux comtés étaient les clefs de la Normandie... Mais de quoi pleure Warwick, mon valeureux fils?

WARWICK.—De la douleur de les voir perdus sans retour : car s'il y avait quelque espoir de les reconquérir, mon épée ferait couler un sang fumant et mes yeux ne verseraient point de larmes. Anjou et Maine, c'est moi qui les avais conquis, voilà les bras qui ont assujetti ces provinces ; et ces villes que j'ai gagnées par mes blessures, on les rend pour des paroles de paix ! Mort-Dieu[1] !

YORK.—C'est le duc de Suffolk ! Puisse-t-il être étranglé, lui qui ternit l'honneur de cette île belliqueuse ! La France eût arraché et déchiré mon cœur, avant qu'on m'eût vu souscrire à ce traité. J'ai vu partout dans l'histoire les rois d'Angleterre recevant avec leurs épouses de fortes sommes d'or, des dots considérables : et notre roi Henri abandonne ce qui lui appartient pour épouser une fille qui n'apporte avec elle aucun avantage.

GLOCESTER.—C'est une vraie plaisanterie, une chose inouïe, que Suffolk demande un quinzième tout entier pour les frais de son transport. Elle eût pu rester en France ; elle eût pu mourir de faim en France avant que je....

LE CARDINAL.—Milord Glocester, vous vous échauffez trop ; cela s'est fait par le bon plaisir de notre seigneur et roi.

GLOCESTER.—Milord Winchester, je connais vos dispositions : ce ne sont pas mes discours qui vous déplaisent, c'est ma présence qui vous gêne.—Ta haine se fait jour, prélat superbe ; je vois ta fureur sur ton visage. Si je restais plus longtemps, nous recommencerions nos anciens démêlés. Adieu, lords ; et, quand je ne serai plus, dites que j'ai été prophète : avant peu, la France sera perdue pour nous.

(Il sort.)

[1] Warwick prononce ce jurement en français.

LE CARDINAL. — Voilà le protecteur qui nous quitte plein de rage. Vous savez qu'il est mon ennemi ; je dirai plus, il est votre ennemi à tous, et je le crois fort peu ami du roi. Faites-y attention, milords, il est le plus proche du trône par le sang et l'héritier présomptif de la couronne d'Angleterre. Quand Henri, par son mariage, aurait acquis un empire et toutes les riches monarchies de l'Occident, Glocester eût encore eu des raisons pour en être mécontent. Prenez-y garde, milords ; ne laissez pas séduire vos cœurs par ses paroles insidieuses : soyez prudents et circonspects ; car bien qu'il ait la faveur du peuple, qui l'appelle *Humphroy, le bon duc de Glocester!* frappe des mains et crie à haute voix : *Que Jésus conserve Votre Altesse Royale! que Dieu garde le bon duc Humphroy!* je crains, milords, qu'avec tout cet éclat flatteur il ne devienne un protecteur dangereux.

BUCKINGHAM. — Pourquoi serait-il le protecteur de notre souverain, maintenant d'âge à se gouverner par lui-même? Mon cousin de Somerset, joignez-vous à moi, et unissons-nous tous deux avec le duc de Suffolk, et nous aurons bientôt fait sauter de son poste le duc Humphroy.

LE CARDINAL. — Cette importante affaire ne souffrira point de délais : je me rends à l'instant chez le duc de Suffolk.

(Il sort.)

SOMERSET. — Cousin de Buckingham, quoique l'orgueil d'Humphroy et l'éclat de sa place ne laissent pas de nous être pénibles, crois-moi, surveillons avec soin ce hautain cardinal : son insolence est plus insupportable que ne le serait celle de tous les autres princes de l'Angleterre. Si Glocester est renversé, c'est lui qui sera protecteur.

BUCKINGHAM. — Toi, Somerset, ou moi, nous devons l'être, en dépit du duc Humphroy et du cardinal.

(Sortent Buckingham et Somerset.)

SALISBURY. — L'orgueil s'est mis le premier en mouvement, l'ambition le suit. Tandis qu'ils vont travailler pour leur fortune, il nous convient de travailler pour le pays. Je n'ai jamais vu Humphroy, duc de Glocester, se conduire autrement qu'il n'appartient à un digne gentilhomme ; mais j'ai vu souvent cet orgueilleux cardinal, plus semblable à un soldat qu'à un homme d'église, et aussi fier, aussi hautain que s'il eût été maître de tout, je l'ai vu blasphémer comme un brigand, et se comporter d'une manière bien peu convenable au régulateur d'un empire. Warwick, mon fils, l'appui de ma vieillesse, tes actions, ta franchise, ton hospitalité, t'ont placé dans le cœur de la nation plus haut qu'aucun autre, si ce n'est le bon duc Humphroy. Et vous, mon frère York, vos soins en Irlande, pour soumettre ses habitants au joug régulier des lois [1], et vos derniers exploits dans le cœur de la France, tandis que vous y exerciez la régence au nom de notre souverain, vous ont fait craindre et respecter des peuples. Unissons-nous ensemble, dans la vue du bien public, pour réprimer et contenir, autant qu'il nous sera possible, l'orgueil de Suffolk et du cardinal, ainsi que l'ambition de Somerset et de Buckingham ; et soutenons de tout notre pouvoir la marche du duc Humphroy, puisqu'elle tend à l'avantage du pays.

WARWICK. — Que Dieu seconde Warwick, comme il aime la patrie et le bien général de son pays !

YORK. — York en dit autant, car il a plus que personne sujet de le désirer.

SALISBURY. — Ne perdons pas un instant ; et voyons où ceci nous mène [2].

WARWICK. — Où ceci nous mène ? ô mon père ! le Maine est perdu, le Maine que Warwick avait conquis avec le

---

[1] Le duc d'York avait épousé une sœur consanguine du comte de Salisbury. Il ne fut vice-roi d'Irlande que quelques années plus tard, comme on le verra dans la suite de cette pièce.

[2] *Look unto the main. Unto the main ! O father, Maine is lost. Look unto the main* signifie : songeons au plus important. Il a fallu passer à côté du sens littéral, pour conserver quelque chose du jeu de mots entre *main* et *Maine,* et de même dans la suite du discours de Warwick, où celui-ci dit avoir conquis le Maine, *by main force* (par une très-grande valeur, etc.)

courage qui le mène, et qu'il aurait gardé tant qu'il aurait eu un souffle de vie! Mon père, vous demandiez où ceci nous mène, et moi, je ne parle que du Maine que je reprendrai sur la France, ou j'y périrai.

(Sortent Salisbury et Warwick.)

YORK.—Le Maine et l'Anjou sont cédés aux Français! Paris est perdu; le sort de la Normandie ne tient plus qu'à un fil fragile : maintenant que nous avons perdu le reste, Suffolk a conclu ce traité, les pairs y ont accédé, et Henri s'est trouvé satisfait d'échanger deux duchés contre les charmes de la fille d'un duc. Je ne saurais les en blâmer; car que leur importe? C'est de ton bien, York, qu'ils disposent, et non du leur. Des pirates peuvent faire bon marché de leur pillage, en acheter des amis, le prodiguer à des courtisanes, et se réjouir, comme de grands seigneurs, jusqu'à ce que tout soit dissipé, tandis que l'impuissant propriétaire de ces richesses les pleure, tord ses faibles mains, et tremblant, secouant la tête, demeure à regarder de loin ceux qui se partagent et emportent son bien, sans oser, dans la faim qui le presse, y porter sa main. Comme lui, il faut qu'York reste assis, enrageant et mordant ses lèvres, tandis que les pays qui lui appartiennent sont vendus à l'encan.—Il me semble que ces trois royaumes, d'*Angleterre,* de *France,* d'*Irlande,* sont à ma chair et à mon sang ce qu'était au prince de Calydon ce fatal tison d'Althée, qui en brûlant consumait son cœur. L'Anjou et le Maine, tous deux abandonnés aux Français! tristes nouvelles pour moi, car j'espérais posséder la France, aussi bien que les champs fertiles de l'Angleterre. Un jour viendra où York pourra réclamer son bien. Dans cette vue, je veux m'associer au parti des Nevil, et faire montre d'affection pour l'orgueilleux duc Humphroy; et, dès que je pourrai saisir l'occasion favorable, revendiquer la couronne; car c'est à ce but brillant que je vise. Et il ne sera pas dit que l'orgueilleux Lancastre usurpe mes droits, retienne le sceptre dans une main d'enfant, et porte le diadème sur cette tête dont les inclinations de prêtre conviennent mal à la couronne. Sois donc patient et tranquille, York, jusqu'à ce que l'occasion te favorise ; épie le moment, et veille, pendant que les autres dorment, pour pénétrer dans les secrets de l'État, jusqu'à ce que Henri, enivré de l'amour de cette nouvelle épouse, de cette reine si chèrement achetée par l'Angleterre, et Glocester et les pairs soient tombés dans la discorde. Alors j'élèverai dans les airs la rose blanche comme le lait, et je les parfumerai de sa douce odeur ; je porterai sur mon étendard les armes d'York, pour lutter avec la maison de Lancastre ; et je le forcerai bien à me céder la couronne, ce roi, dont les maximes scolastiques ont battu notre belle Angleterre. (Il sort.)

SCÈNE II

Toujours à Londres, un appartement dans le palais du duc de Glocester.

Entrent GLOCESTER ET LA DUCHESSE.

LA DUCHESSE. — Pourquoi mon seigneur semble-t-il ployer comme l'épi mûr, forcé de courber sa tête sous le poids des libéralités de Cérès ? Pourquoi le grand duc Humphroy fronce-t-il le sourcil comme irrité à l'aspect du monde ? Pourquoi tes yeux demeurent-ils attachés sur la terre insensible, occupés à considérer un objet qui semble obscurcir ta vue ? Qu'y aperçois-tu ? Le diadème du roi Henri, enrichi de tous les honneurs de l'univers ? si ta pensée est là, continue à y fixer tes yeux, et prosterne ta face jusqu'à ce que tu en aies couronné ta tête. Étends ta main pour atteindre à ce glorieux métal. Quoi ! serait-elle trop courte ? je l'allongerai de la mienne, et quand à nous deux nous l'aurons soulevé, tous deux nous élèverons nos têtes vers le ciel, et notre vue ne s'abaissera plus jamais jusqu'à accorder un coup d'œil à la terre.

GLOCESTER. — O Nell, chère Nell, si tu aimes ton seigneur, chasse le ver dévorant de ces ambitieux désirs, et puisse la première pensée de nuire à mon roi et à mon neveu, le vertueux Henri, être mon dernier soupir dans ce monde périssable! Les songes inquiétants de cette nuit ont jeté la tristesse dans mon âme.

LA DUCHESSE.—Qu'a rêvé mon seigneur? Dis-le-moi, et je t'en récompenserai par le charmant récit du songe que j'ai fait ce matin.

GLOCESTER.—Il m'a semblé que le bâton de commandement, signe de mon office à la cour, avait été rompu en deux. Par qui? Je l'ai oublié; mais si je ne me trompe, c'était par le cardinal ; et sur les deux bouts de ce bâton brisé étaient placées les têtes d'Edmond, duc de Somerset, et de Guillaume de la Pole, premier duc de Suffolk. Tel a été mon songe : ce qu'il présage, Dieu le sait!

LA DUCHESSE.—Eh quoi, la seule chose que cela puisse nous annoncer, c'est que quiconque rompra un rameau du bocage de Glocester payera de sa tête une semblable audace. Mais écoute-moi, maintenant, mon Humphroy, mon cher duc. Il m'a semblé que j'étais solennellement assise sur un siége royal, dans l'église cathédrale de Westminster, et dans ce fauteuil où les rois et les reines sont couronnés. Henri et dame Marguerite ont plié le genou devant moi, et sur ma tête ils ont placé le diadème.

GLOCESTER.—En vérité, Éléonor, tu me forces à te réprimander sévèrement. Présomptueuse que tu es, malapprise, Éléonor, n'es-tu pas la seconde femme du royaume, la femme du protecteur, l'objet chéri de sa tendresse? N'as-tu pas à ta disposition une plus grande abondance des joies de ce monde que n'en peut atteindre ou concevoir ta pensée? Et tu veux continuer à trouver des trahisons, pour précipiter ton mari et toi-même, du faîte des honneurs, au plus bas degré de la honte! Laisse-moi, je ne veux plus rien entendre.

LA DUCHESSE.—Eh quoi, quoi donc, milord! tant de colère contre Éléonor, pour vous avoir raconté son rêve! Dorénavant, je garderai mes rêves pour moi seule, et je ne m'exposerai plus à ces reproches.

GLOCESTER.—Allons, ne te fâche pas, me voilà de nouveau de bonne humeur.

(Entre un messager.)

LE MESSAGER.—Milord protecteur, le bon plaisir de Sa Majesté est que vous vous disposiez à monter à cheval pour Saint-Albans, où le roi et la reine ont l'intention d'aller chasser au faucon.

GLOCESTER.—Je vais m'y rendre. Allons, Nell, tu viendras avec nous.

LA DUCHESSE.—Oui, mon cher lord, je vous suis. (*Sortent Glocester et le messager.*) Il faut bien que je suive ; je ne peux marcher devant, tant que Glocester portera cette âme abjecte et servile. Si j'étais un homme, un duc, un prince du sang, j'écarterais bientôt ces incommodes obstacles; j'aplanirais mon chemin par-dessus leurs troncs mutilés : mais, quoique femme, je ne négligerai pas le rôle que j'ai à jouer dans cette cérémonie de la fortune. Où êtes-vous, sir John ? Eh non, homme, ne crains rien ; nous sommes seuls ; il n'y ici que toi et moi.

(Entre Hume.)

HUME.—Jésus conserve votre royale Majesté !

LA DUCHESSE.—Que dis-tu, Majesté ? je n'ai que le titre de Grâce.

HUME.—Mais par la grâce du ciel et les conseils de Hume, le titre de Votre Grâce sera bientôt agrandi.

LA DUCHESSE. — Homme, qu'as-tu à me dire ? As-tu conféré avec Margery Jourdain, cette habile sorcière, et Roger Bolingbrook, qui conjure les esprits ? Entreprendront-ils de me servir ?

HUME.—Ils m'ont promis de faire paraître devant Votre Grandeur un esprit évoqué des profondeurs de la terre, qui répondra à toutes les questions que pourra lui faire Votre Grâce.

LA DUCHESSE.—Il suffit. Je songerai aux questions. Il faut qu'à notre retour de Saint-Albans, ils accomplissent entièrement leurs promesses. Toi, Hume, prends cette récompense, et va te réjouir avec tes associés dans cette importante opération.

(Elle sort.)

HUME.—Hume a ordre de se réjouir avec l'or de la duchesse : vraiment, il n'y manquera pas. Mais songez-y bien, sir John Hume, mettez un sceau à vos lèvres, et ne prononcez pas un mot, si ce n'est, chut. Cette affaire exige un profond secret. — Dame Éléonor me donne de l'or, pour lui amener la magicienne ! Fût-ce le diable, son or ne peut venir mal à propos ; et l'or m'arrive encore d'un autre point du compas ; j'ose à peine le dire, du riche cardinal et de ce puissant et nouveau duc de Suffolk ; cependant, cela est ainsi, et à parler franchement, connaissant l'humeur ambitieuse de dame Éléonor, ils me payent pour tramer secrètement la ruine de la duchesse, et lui mettre dans la tête ces idées d'apparitions. On dit qu'habile fripon n'a pas besoin de courtier : cependant je suis le courtier de Suffolk et du cardinal. — Mais prenez donc garde, Hume, il ne s'en faut de rien que vous ne parliez d'eux comme d'une paire d'habiles fripons. A la bonne heure, puisqu'il en est ainsi. Je crains bien qu'en définitive, la friponnerie de Hume ne soit la perte de la duchesse, et sa disgrâce, la chute d'Humphroy. Arrive qui pourra, j'aurai de l'argent de tout le monde.

(Il sort.)

SCÈNE III

Toujours à Londres.—Une salle du palais.

Entrent PIERRE *et plusieurs autres avec des pétitions.*

PREMIER PÉTITIONNAIRE. — Restons là tout près, mes maîtres. Milord protecteur va bientôt passer par ici, nous pourrons alors lui présenter nos suppliques par écrit.

DEUXIÈME PÉTITIONNAIRE.—Ma foi, Dieu le conserve, car c'est un brave homme. Jésus le bénisse !

(Entrent Suffolk et la reine Marguerite.)

PREMIER PÉTITIONNAIRE.—Je crois que le voilà qui vient, et la reine avec lui. Je serai le premier, c'est sûr.

DEUXIÈME PÉTITIONNAIRE.—En arrière, imbécile. C'est le duc de Suffolk, et non pas milord protecteur.

SUFFOLK.—Eh bien, qu'y a-t-il ? me veux-tu quelque chose ?

PREMIER PÉTITIONNAIRE.—Je vous prie, milord, pardonnez ; je vous ai pris pour milord protecteur.

MARGUERITE, *lisant le dessus des pétitions.*—*Milord protecteur!* C'est à Sa Seigneurie que vos suppliques s'adressent? Laissez-moi les voir.—Quelle est la tienne ?

DEUXIÈME PÉTITIONNAIRE.—La mienne, avec la permission de Votre Grâce, est contre John Goodman, un des gens de milord cardinal, qui m'a pris ma maison, mes terres, ma femme et tout.

SUFFOLK.—Ta femme aussi? Cela n'est pas trop bien, en effet. Et vous, la vôtre?—Qu'est-ce que c'est? (*Il lit.*) Contre le duc de Suffolk, pour avoir fait enclore les communes de Melfort. Comment, monsieur le drôle !

PREMIER PÉTITIONNAIRE.—Hélas ! monsieur ; je ne suis qu'un pauvre citoyen chargé des plaintes de toute notre ville.

PIERRE, *présentant sa pétition.* —Contre mon maître Thomas Horner, pour avoir dit que le duc d'York était le légitime héritier de la couronne.

MARGUERITE.—Que dis-tu là? Le duc d'York a-t-il dit qu'il était l'héritier légitime de la couronne?

PIERRE.—Que mon maître l'était? non vraiment. Mais mon maître a dit qu'il l'était, et que le roi était un usurpateur.

(Entrent des domestiques.)

SUFFOLK.—Y a-t-il quelqu'un là ? Retenez cet homme et envoyez chercher son maître par un huissier. Nous nous occuperons de votre affaire en présence du roi.

(Les domestiques sortent avec Pierre.)

MARGUERITE. — Et vous qui aimez à être protégé des ailes de votre *duc protecteur*, vous pouvez recommencer vos suppliques et vous adresser à lui. (*Elle déchire leurs requêtes.*) Sortez, canaille. Suffolk, renvoyez-les.

TOUS.—Allons, sortons.

(Ils sortent.)

MARGUERITE.—Milord de Suffolk, parlez. Sont-ce là vos usages? est-ce là la mode de la cour d'Angleterre, le gouvernement de votre île britannique? est-ce là la royauté d'un roi d'Albion? Eh quoi! le roi Henri demeurera-t-il éternellement sous la domination du sombre Humphroy? Et moi, reine seulement de nom et pour la forme, faut-il que je sois la sujette d'un duc? Je te le dis, Pole, quand dans la ville de Tours, tu rompis une lance pour l'amour de moi, et enlevas les cœurs des dames de France, je crus que le roi Henri te ressemblerait en galanterie, en beauté, en courage; mais son esprit est entièrement tourné à la dévotion : tout occupé à compter des *ave Maria* sur son chapelet, il n'a d'autres champions que les prophètes et les apôtres, d'autres armes que les passages sacrés de l'Écriture sainte, d'autre champ clos que son cabinet, d'autres amours que les images en bronze des saints canonisés. Je voudrais que le collége des cardinaux voulût le nommer pape et l'emmener à Rome, pour y placer sur sa tête la triple couronne. Tels sont les honneurs qui conviennent à sa piété.

SUFFOLK.—Madame, prenez patience. C'est moi qui ai fait venir Votre Altesse en Angleterre, et je travaillerai à ce qu'en Angleterre tous les désirs de Votre Grâce soient pleinement satisfaits.

MARGUERITE.—Outre ce hautain protecteur, n'avons-nous pas encore Beaufort, ce prêtre impérieux, et Buckingham, et Somerset, et York, qui se plaint toujours, et le moins puissant d'entre eux ne l'est-il pas en Angleterre plus que le roi?

SUFFOLK.—Et de tous, le plus puissant ne l'est pas en Angleterre plus que les Nevil. Salisbury et Warwick ne sont point de simples pairs.

MARGUERITE.—Tous ces lords ensemble ne m'irritent pas autant que cette arrogante Éléonor, la femme du lord protecteur. On la voit, suivie d'un cortége de dames, balayer les salles du palais, plutôt de l'air d'une impératrice que de la femme du duc Humphroy. Les personnes étrangères à la cour la prennent pour la reine. Elle porte sur elle le revenu d'un duché, et dans son cœur elle insulte à notre indigence. Ne vivrai-je point assez pour me voir vengée d'elle? L'autre jour, au milieu de ses favoris, cette créature de rien ne disait-elle pas insolemment, méprisante drôlesse! que la queue de sa plus mauvaise robe de tous les jours valait mieux que toutes les terres de mon père, avant que Suffolk lui eût donné deux duchés en échange de sa fille.

SUFFOLK.—Madame, j'ai moi-même disposé la glu sur le buisson où elle doit venir se prendre, et j'y ai placé un chœur d'oiseaux si propres à l'attirer, qu'elle viendra s'y abattre pour écouter leurs chants et ne reprendra plus le vol qui vous blesse. Laissez-la donc en paix, et écoutez-moi, madame, car j'ose vous donner ici quelques conseils. Quoique le cardinal nous déplaise, il faut nous unir à lui et au reste des pairs, jusqu'à ce que nous ayons fait tomber le duc Humphroy dans la disgrâce. Quant au duc d'York, la plainte que nous venons de recevoir n'avancera pas ses affaires; ainsi, nous les déracinerons tous l'un après l'autre, et de vous seule l'heureux gouvernail recevra sa direction.

(Entrent le roi Henri, York et Somerset causant avec lui. le duc et la duchesse de Glocester, le cardinal, Buckingham, Salisbury et Warwick.)

LE ROI.—Quant à moi, nobles lords, le choix m'est indifférent : ou Somerset, ou York, c'est pour moi la même chose.

YORK.—Si York s'est mal conduit en France, que la régence lui soit refusée.

SOMERSET. — Si Somerset est indigne de la place, qu'York soit régent, je suis prêt à la lui céder.

WARWICK.—Que Votre Grâce soit digne ou non, ce n'est pas là la question : York en est le plus digne.

LE CARDINAL.—Ambitieux Warwick, laisse parler ceux qui valent mieux que toi.

WARWICK.—Le cardinal ne vaut pas mieux que moi sur le champ de bataille.

BUCKINGHAM.—Tous ceux qui sont ici présents valent mieux que toi, Warwick.

WARWICK.—Et Warwick pourra vivre assez pour être un jour le meilleur de tous.

SALISBURY.—Paix! mon fils.—Et vous, Buckingham,

faites-nous connaître, par quelques raisons, pourquoi Somerset doit être préféré en ceci?

MARGUERITE.—Eh! vraiment, parce que cela convient au roi.

GLOCESTER.—Madame, le roi est en âge de dire lui-même son avis; et ce n'est point ici l'affaire des femmes.

MARGUERITE.—Si le roi est en âge, qu'a-t-il besoin, milord, que vous demeuriez protecteur de Sa Majesté?

GLOCESTER.—Je suis protecteur du royaume, madame; et, quand il le voudra, je résignerai mes fonctions.

SUFFOLK.—Résigne-les donc, et mets un terme à ton insolence. Depuis que tu es roi (car qui donc est roi que toi?), l'État se précipite chaque jour vers sa ruine. Le dauphin a triomphé au delà des mers; les pairs et les nobles du royaume ne sont plus autre chose que les vassaux de ton pouvoir.

LE CARDINAL.—Tu as écrasé le peuple, appauvri, exténué la bourse du clergé par tes extorsions.

SOMERSET.—Tes somptueux palais, les parures de ta femme, ont absorbé une portion des richesses publiques.

BUCKINGHAM.—La cruauté de tes exécutions a excédé la rigueur des lois, et te livre à ton tour à la merci des lois.

MARGUERITE.—Ton trafic des emplois, et la vente des villes de France, si on pouvait faire connaître tout ce qu'on soupçonne, devraient avant peu te rapetisser de la tête[1]. (*Glocester sort.—La reine laisse tomber son éventail.*) Donnez-moi mon éventail.—Quoi donc, beau sire, ne sauriez-vous faire ce que je vous dis? (*Elle donne un soufflet à la duchesse.*) Ah! madame, je vous demande pardon : quoi! c'est vous?....

LA DUCHESSE.—Si c'est moi? Oui, c'est moi, orgueilleuse Française. Si mes ongles pouvaient atteindre votre beauté, j'imprimerais mes dix commandements sur votre face.

LE ROI.—Ma chère tante, calmez-vous; c'est contre sa volonté.

[1] *Would make thee quickly hop without thy head.* Devraient avant peu te rendre boiteux de la tête.

LA DUCHESSE.—Contre sa volonté! Bon roi, prends-y garde à temps ; elle t'emmaillottera et te bercera comme un enfant. Quoiqu'il y ait ici plus d'un homme qui ne sache pas porter le haut-de-chausses, elle n'aura pas impunément frappé dame Éléonor.

BUCKINGHAM.—Lord cardinal, je vais suivre Éléonor, et m'informer de Glocester, de tous ses mouvements.—La voilà lancée, elle n'a pas besoin maintenant d'éperons pour l'échauffer, elle va galoper assez vite à sa perte.

(Buckingham sort.)

(Rentre Glocester.)

GLOCESTER.—Maintenant, milords, qu'un tour de terrasse a dissipé ma colère, je reviens délibérer sur les affaires de l'État. Quant à vos odieuses et fausses imputations, prouvez-les, soumettez-les au jugement de la loi. Puisse Dieu dans sa miséricorde traiter mon âme selon la mesure de mon affectueuse fidélité envers mon pays et mon roi! Mais venons à l'objet qui nous occupe. Dans mon opinion, mon souverain, York est l'homme le plus propre à remplir en France l'office de régent.

SUFFOLK.—Avant qu'on choisisse, permettez-moi de vous faire comprendre, par quelques raisons qui ne sont pas de peu d'importance, qu'York est de tous les hommes le moins propre à cet emploi.

YORK.—Je te le dirai, Suffolk, pourquoi j'y suis le moins propre. D'abord, c'est parce que je ne sais point flatter ton orgueil; ensuite si le choix tombe sur moi, milord de Somerset me laissera encore sans munitions, sans argent et sans secours, jusqu'à ce que la France soit retombée entre les mains du dauphin. Dernièrement il m'a fallu attendre, tantôt sur un pied tantôt sur l'autre [1], son bon plaisir, jusqu'à ce que Paris fût assiégé, affamé et perdu.

WARWICK.—J'en puis rendre témoignage, et jamais traître n'a commis envers son pays une action plus criminelle.

SUFFOLK.—Paix donc, impétueux Warwick.

---

[1] *I danc'd attendance on his will.*

WARWICK. — Emblème d'orgueil, pourquoi me tairais-je ?

(Entrent les domestiques de Suffolk amenant Horner et Pierre.)

SUFFOLK. — Parce qu'il y a ici un homme accusé de trahison. Dieu veuille que le duc d'York réussisse à se justifier !

YORK. — Quelqu'un accuse-t-il York de trahison ?

LE ROI. — Que signifie tout ceci, Suffolk ? Dis-moi qui sont ces hommes ?

SUFFOLK. — Avec la permission de Votre Majesté, cet homme est celui qui accuse son maître de haute trahison. Il assure lui avoir entendu dire que Richard, duc d'York, était le légitime héritier de la couronne d'Angleterre, et que Votre Majesté était un usurpateur.

LE ROI, *à Horner.* — Dis, as-tu tenu ce discours ?

HORNER. — Avec la permission de Votre Majesté, je n'ai jamais rien dit ni pensé de semblable. Dieu m'est témoin que je suis faussement accusé par ce coquin.

PIERRE, *levant les mains en haut.* — Par ces dix os, milords, il m'a dit cela un soir que nous étions dans le grenier à nettoyer l'armure du duc d'York.

YORK. — Infâme misérable, vil artisan, ta tête me payera tes criminelles paroles. Je conjure Votre Royale Majesté de le livrer à toute la rigueur de la loi.

(York sort.)

HORNER. — Hélas, milord, que je sois pendu si jamais j'ai prononcé ces mots. Mon accusateur est mon apprenti. L'autre jour, comme je l'avais corrigé pour une faute, il a fait serment à genoux qu'il me le revaudrait : j'ai de bons témoins du fait. Je conjure donc Votre Majesté de ne pas perdre un honnête homme sur l'accusation d'un coquin.

LE ROI. — Glocester, que pouvons-nous légalement ordonner sur ceci ?

GLOCESTER. — Voici mon jugement, seigneur, s'il m'appartient de décider : donnez à Somerset la régence de la France, parce que ceci a élevé des soupçons contre York, et indiquez un jour, un lieu convenable pour le combat singulier entre ces deux hommes. Telle est la loi, telle est la sentence du duc Humphroy.

LE ROI.—Qu'il en soit ainsi. Milord de Somerset, nous vous nommons lord régent de France.

SOMERSET. — Je remercie humblement Votre Royale Majesté.

HORNER.—Et moi, j'accepte volontiers le combat.

PIERRE.—Hélas! milord, je ne saurais combattre. Pour l'amour de Dieu, prenez en pitié ce qui m'arrive; c'est la méchanceté des hommes qui m'a conduit là. O seigneur, ayez pitié de moi! Jamais je ne serai en état de porter un coup. O Dieu! ô mon cœur!

GLOCESTER.—Il faut que tu te battes ou que tu sois pendu.

LE ROI.—Conduisez-les en prison. Le dernier jour du mois prochain sera celui du combat.—Viens, Somerset: nous allons pourvoir à ton départ.

SCÈNE IV

Toujours à Londres.—Dans les jardins du duc de Glocester.

Entrent MARGERY, JOURDAIN, HUME, SOUTHWELL ET BOLINGBROOK.

HUME.—Venez, mes maîtres : la duchesse, je vous l'ai dit, attend l'accomplissement de vos promesses.

BOLINGBROOK.—Nous sommes tout prêts, maître Hume. Mais la duchesse veut-elle entendre et voir nos mystères?

HUME.—Oui, pourquoi pas? comptez sur son courage.

BOLINGBROOK.—J'ai entendu dire que c'était une femme d'une fermeté inébranlable. Cependant, il sera bon, maître Hume, que vous soyez là-haut près d'elle, tandis que nous travaillerons ici en bas. Ainsi, je vous prie, sortez, au nom de Dieu, et laissez-nous. (*Hume sort.*) Mère Jourdain, prosternez-vous la face contre terre. Southwell, lisez, et commençons notre œuvre.

(La duchesse paraît à une fenêtre.)

LA DUCHESSE.—Bien dit, mes maîtres; soyez tous les bienvenus. A la besogne; le plus tôt sera le mieux.

BOLINGBROOK.—Patience, ma bonne dame; les magiciens connaissent leur temps; la profonde nuit, la sombre nuit, le silence de la nuit, l'heure de la nuit où l'on mit le feu à Troie; le temps où errent les oiseaux funèbres, où hurlent les chiens de garde, où les esprits se promènent, où les fantômes brisent leurs tombeaux : tel est le temps propre à l'œuvre qui nous tient occupés. Asseyez-vous, madame, et ne craignez rien ; ce que nous allons faire paraître ne pourra sortir de l'enceinte sacrée.

> (Ils exécutent les cérémonies d'usage, et tracent le cercle. Bolingbrook ou Southwell lit la formule, *Conjuro te*, etc. Éclairs et tonnerres effroyables, l'Esprit sort de terre.)

L'ESPRIT.—*Adsum.*

MARGERY.—*Asmath,* par le Dieu éternel, dont le nom et le pouvoir te font trembler, réponds à mes demandes; car jusqu'à ce que tu m'aies satisfait, tu ne passeras point cette enceinte.

L'ESPRIT.—Demande ce que tu voudras : que n'ai-je déjà dit et fini!

BOLINGBROOK, *lisant les questions contenues dans un papier.*—*D'abord le roi, qu'en doit-il advenir?*

L'ESPRIT.—Le duc qui déposera Henri est vivant; mais il lui survivra et mourra d'une mort violente.

> (A mesure que l'Esprit parle, Southwell écrit la réponse.)

BOLINGBROOK.—*Quel est le sort qui attend le duc de Suffolk?*

L'ESPRIT.—Par l'eau il mourra et trouvera sa fin.

BOLINGBROOK.—Qu'arrivera-t-il au duc de Somerset?

L'ESPRIT.—Qu'il évite les châteaux; il sera plus en sûreté dans les plaines sablonneuses qu'aux lieux où les châteaux se tiennent en haut. Finis; à peine pourrais-je endurer plus longtemps.

BOLINGBROOK.—Descends dans les ténèbres et dans le lac brûlant, esprit pervers : en fuite!

> (Tonnerre et éclairs. L'Esprit descend sous terre.)
> (Entrent précipitamment York et Buckingham, suivis de gardes, et autres personnages.)

YORK.—Saisissez-vous de ces traîtres et de tout leur bagage. Sorcière, nous vous suivions, je crois, de bien près. Quoi! madame, vous ici? le roi et l'État vous devront beaucoup pour les peines que vous avez prises, et milord protecteur désirera sans doute vous voir bien récompensée de cette bonne œuvre.

LA DUCHESSE.—Elle n'est pas la moitié aussi coupable que les tiennes envers le roi d'Angleterre, duc outrageant qui menaces sans cause.

BUCKINGHAM.—En effet, sans la moindre cause, madame. Comment appelez-vous ceci? (*Lui montrant le papier qu'il a saisi.*) Emmenez-les, qu'on les tienne bien renfermés et séparés.—Vous, madame, vous allez nous suivre. Stafford, prends-la sous ta garde. (*La duchesse quitte la fenêtre.*) Nous allons mettre au jour toutes ces bagatelles. Sortez tous.

(Les gardes sortent, emmenant Margery, Southwell, etc.)

YORK.—Je vois, lord Buckingham, que vous l'aviez bien surveillée. C'est une petite intrigue bien imaginée, et sur laquelle on peut bâtir bien des choses. Maintenant je vous prie, milord, voyons ce qu'a écrit le diable. (*Il lit.*) *Le duc qui doit déposer Henri est vivant, mais il lui survivra et mourra d'une mort violente.* C'est tout justement..... *Aio te, Æneïda, Romanos vincere posse.*—*Dites-moi quel sort attend le duc de Suffolk?*—*Il mourra par l'eau et y trouvera sa fin.*—*Qu'arrivera-t-il au duc de Somerset?* —*Qu'il évite les châteaux, il sera plus en sûreté dans les plaines sablonneuses que là où les châteaux se tiennent en haut.* Allons, allons, milord, ce sont là des oracles dangereux à obtenir, et difficiles à comprendre. Le roi est sur la route de Saint-Albans, et l'époux de cette aimable dame l'accompagne. Que cette nouvelle leur arrive aussi promptement qu'un cheval pourra la leur porter. Triste déjeuner pour milord protecteur!

BUCKINGHAM.—Que Votre Grâce me permette, milord d'York, de porter moi-même ce message, dans l'espoir d'en obtenir la récompense.

YORK.—Comme il vous plaira, mon cher lord.—Y a-t-il quelqu'un ici? (*Entre un domestique*). Invitez de ma part les lords Salisbury et Warwick à souper chez moi ce soir. Allons-nous-en. (Ils sortent.)

FIN DU PREMIER ACTE.

ACTE DEUXIÈME

SCÈNE I

Saint-Albans.

Entrent LE ROI HENRI ET LA REINE MARGUERITE, GLOCESTER, LE CARDINAL, ET SUFFOLK *suivis de fauconniers rappelant des oiseaux.*

MARGUERITE.—En vérité, milords, depuis sept ans je n'ai pas vu de plus belle chasse aux oiseaux d'eau, et cependant vous conviendrez que le vent était très-fort, et qu'il y avait dix contre un à parier que le vieux Jean ne partirait pas.

LE ROI, *à Glocester.*—Mais quelle pointe a fait votre faucon, milord! A quelle hauteur il s'est élevé au-dessus de tous les autres! Comme on reconnaît l'œuvre de Dieu dans toutes ses créatures! Vraiment oui, l'homme et l'oiseau aspirent à monter.

SUFFOLK.—Il n'est pas étonnant, si Votre Majesté me permet de le dire, que les oiseaux de milord protecteur sachent si bien s'élever; ils n'ignorent pas que leur maître aime les hautes régions et porte ses pensées bien au delà du vol de son faucon.

GLOCESTER.—C'est un esprit ignoble et vulgaire, milord, que celui qui ne s'élève pas plus haut qu'un oiseau ne peut voler.

LE CARDINAL.—Je le savais bien; il voudrait se voir au-dessus des nuages.

GLOCESTER.—Sans doute. Milord cardinal, qu'entendez-vous par là? Ne siérait-il pas à Votre Grâce de prendre son essor vers le ciel?

LE ROI.—Trésor d'éternelle félicité!

LE CARDINAL.—Ton ciel est sur la terre. Tes yeux et tes pensées demeurent attachés sur la couronne, trésor de ton cœur. Pernicieux protecteur, dangereux pair, flatteur du roi et du peuple!

GLOCESTER.—Eh quoi! cardinal, cela me paraît bien violent pour un prêtre, *Tantæne animis cœlestibus iræ?* Les ecclésiastiques sont-ils donc si colères? Mon cher oncle, cachez mieux votre haine. Convient-elle à votre caractère sacré?

SUFFOLK.—Il n'y a point là de haine, milord, pas plus qu'il ne convient dans une si juste querelle contre un pair si odieux.

GLOCESTER.—Que.... qui, milord?

SUFFOLK.—Qui? vous, milord, n'en déplaise à Sa Seigneurie milord protecteur.

GLOCESTER.—Suffolk, l'Angleterre connaît ton insolence.

MARGUERITE.—Et ton ambition, Glocester.

LE ROI.—Tais-toi, de grâce, chère reine : n'aigris point la haine de ces pairs furieux; bienheureux sont ceux qui procurent la paix sur la terre!

LE CARDINAL.—Que je sois donc béni pour la paix que j'établirai entre ce hautain protecteur et moi, au moyen de mon épée!

GLOCESTER, *à part au cardinal.*—Sur ma foi, mon saint oncle, j'aimerais fort que nous en fussions déjà là.

LE CARDINAL, *à part.*—Nous y serons vraiment, dès que tu en auras le cœur.

GLOCESTER, *à part.*—Ne va pas ameuter pour cela un parti de factieux; charge-toi de répondre seul de tes insultes.

LE CARDINAL, *à part.*—Oui, pour que tu n'oses pas montrer ton nez; mais si tu l'oses, ce soir même, à l'est du bosquet.

LE ROI.—Qu'est-ce que c'est donc, milords?

LE CARDINAL, *haut.*—Croyez-m'en sur ma parole, cousin Glocester : si votre écuyer n'avait pas si soudainement rappelé l'oiseau, nous aurions poussé plus loin la chasse. (*A part.*) Viens avec ton épée[1] à deux mains.

GLOCESTER, *à part.*—Vous y pouvez compter, mon oncle.

LE CARDINAL, *à part.*—Entendez-vous?.... à l'est du bosquet.

GLOCESTER, *à part.*—J'y serai, cardinal.

LE ROI.—Comment? Qu'est-ce que c'est, oncle Glocester?

GLOCESTER.—Nous parlons de chasse : rien de plus, mon prince. (*A part.*) Par la mère de Dieu, prêtre, je vous élargirai la tonsure du crâne, ou tous mes coups porteront à faux.

LE CARDINAL, *à part.*—*Medica teipsum,* protecteur; songez-y, songez à vous protéger vous-même.

LE ROI.—Les vents augmentent, et votre colère aussi, milords. Quelle aigre musique vous faites entendre à mon cœur! Quand de pareilles cordes détonnent, comment espérer la moindre harmonie? Je vous en prie, milords, laissez-moi arranger ce différend.

(Entre un habitant de Saint-Albans criant: *Miracle!*)

GLOCESTER.—Que signifie ce bruit? Ami, quel miracle proclames-tu là?

L'HABITANT.—Un miracle! un miracle!

SUFFOLK.—Avance vers le roi, et dis-lui quel est ce miracle.

L'HABITANT.—Eh! vraiment : un aveugle qui a recouvré la vue à la châsse de saint Alban, il n'y a pas une demi-heure; un homme qui n'avait vu de sa vie.

LE ROI.—Gloire à Dieu, qui donne aux âmes croyantes la lumière dans les ténèbres et les consolations dans le désespoir!

(Entrent le maire de Saint-Albans et des compagnons, Simpcox, porté par deux personnes dans une chaise, et suivi de sa femme et d'une grande foule de peuple.)

LE CARDINAL.—Voici le peuple qui vient en procession présenter cet homme à Votre Majesté.

LE ROI.—Grande est sa consolation dans cette vallée

---

[1] *Two hand-sword.* Cette sorte d'épée s'appelait aussi *long-sword* (longue épée).

terrestre, quoique la vue doive augmenter pour lui le nombre des péchés!

GLOCESTER.—Arrêtez, mes maîtres, portez-le près du roi. Sa Majesté veut l'entretenir.

LE ROI.—Bonhomme, raconte-nous la chose en détail, afin que nous puissions glorifier en toi le Seigneur. Est-il vrai que tu sois depuis longtemps aveugle, et que tu aies été guéri tout à l'heure?

SIMPCOX.—Je suis né aveugle, n'en déplaise à Votre Grâce.

LA FEMME.—Oui, en vérité, il est né aveugle.

SUFFOLK.—Quelle est cette femme?

LA FEMME.—Sa femme, sauf le bon plaisir de Votre Seigneurie.

GLOCESTER.—Tu en serais plus certaine si tu eusses été sa mère.

LE ROI.—Où es-tu né?

SIMPCOX.—A Berwick, dans le nord, n'en déplaise à Votre Grâce.

LE ROI.—Pauvre créature! la bonté de Dieu a été grande envers toi. Ne laisse passer ni jour ni nuit sans le célébrer, et conserve éternellement la mémoire de ce que le Seigneur a fait pour toi.

MARGUERITE.—Dis-moi, mon ami, est-ce par hasard ou par dévotion que tu es venu à cette sainte châsse?

SIMPCOX.—Dieu sait que c'est par pure dévotion, parce que j'avais été appelé cent fois et plus pendant mon sommeil par le bon saint Alban, qui me disait : « Simpcox, va te présenter à ma châsse, et je viendrai à ton secours. »

LA FEMME.—Cela est bien vrai, sur ma parole. Moi-même j'ai entendu plusieurs fois, très-souvent, une voix qui l'appelait comme cela.

GLOCESTER.—Mais quoi! es-tu donc boiteux?

SIMPCOX.—Oui; que le Dieu tout-puissant aie pitié de moi!

GLOCESTER.—Par quel accident?

SIMPCOX.—Je suis tombé d'un arbre.

LA FEMME.—D'un prunier, monsieur.

GLOCESTER.—Combien y a-t-il que tu es aveugle ?
SIMPCOX.—Oh ! je suis né comme cela, milord.
GLOCESTER.—Et tu voulais monter au haut d'un arbre ?
SIMPCOX.—Cette seule fois de ma vie, quand j'étais jeune.
LA FEMME.—C'est encore la vérité : il lui en a coûté cher pour y avoir monté.
GLOCESTER.—Par la messe ! il fallait que tu aimasses bien les prunes pour t'exposer ainsi.
SIMPCOX.—Hélas ! mon bon monsieur, c'était ma femme qui eut envie de quelques prunes de Damas, et cela me fit monter au péril de ma vie.
GLOCESTER.—Tu es un rusé coquin ! mais cela ne te servira de rien.—Laisse-moi voir tes yeux.—Ferme-les. —Ouvre-les, à présent. Il me semble que tu ne vois pas bien.
SIMPCOX.—Si fait, monsieur, aussi clair que le jour, grâce à Dieu et à saint Alban.
GLOCESTER.—Vraiment ? De quelle couleur est cet habit ?
SIMPCOX.—Rouge, monsieur, rouge comme du sang.
GLOCESTER.—Ta réponse est juste. De quelle couleur est le mien ?
SIMPCOX.—Il est noir, vraiment, comme du charbon, comme jais.
LE ROI.—Quoi ! tu sais donc de quelle couleur est le jais ?
SUFFOLK.—Et pourtant je m'imagine qu'il n'a jamais vu de jais.
GLOCESTER.—Mais il a vu bien des manteaux et des habits avant ce jour.
LA FEMME.—Jamais de la vie : pas un avant aujourd'hui.
GLOCESTER.—Dis-moi, l'ami, quel est mon nom ?
SIMPCOX.—Hélas ! monsieur, je ne le sais pas.
GLOCESTER.—Quel est son nom ?
(Montrant un autre lord.)
SIMPCOX.—Je ne le sais pas.
GLOCESTER.—Ni le sien ?
(En montrant un autre.)
SIMPCOX.—Non, en vérité, monsieur.
GLOCESTER.—Et ton nom, quel est-il ?
SIMPCOX.—Saunder Simpcox, ne vous en déplaise, monsieur.

GLOCESTER.—Je te déclare donc, Saunder, ici présent, le plus menteur coquin de toute la chrétienté. Si tu avais été en effet aveugle de naissance, il ne t'aurait pas été plus difficile de connaître ainsi nos noms, que de nommer les différentes couleurs de nos habits. La vue peut, il est vrai, distinguer les couleurs; mais leur donner leurs noms divers la première fois qu'on les voit, cela est impossible. Milords, saint Alban a fait ici un miracle; mais ne pensez-vous pas que ce serait une grande habileté que de rendre à cet estropié l'usage de ses jambes?

SIMPCOX.—Ah! plût à Dieu, monsieur, que vous le pussiez.

GLOCESTER.—Mes amis de Saint-Albans, n'avez-vous pas d'officier de justice dans votre ville, et de ces choses qu'on appelle des fouets?

LE MAIRE.—Oui, milord, si c'est votre bon plaisir.

GLOCESTER.—Envoyez-en chercher un à l'instant.

LE MAIRE.—Allez, et amenez ici sans délai un exécuteur.

(Sort un homme de la suite.)

GLOCESTER.—Maintenant mettez-moi là un escabeau tout près.—Maintenant, l'ami, si vous voulez éviter les coups de fouet, sautez-moi par-dessus cet escabeau et sauvez-vous.

SIMPCOX.—Hélas! monsieur, je ne suis pas en état de me soutenir seul; vous allez me tourmenter en vain.

(Entre l'homme de la suite avec l'exécuteur.)

GLOCESTER.—C'est bon, mon ami, il faut que nous vous fassions retrouver vos jambes. Exécuteur, frappez jusqu'à ce qu'il saute par-dessus l'escabeau.

L'EXÉCUTEUR.—Je vais obéir, milord.—Allons, l'ami, ôtez votre pourpoint.

SIMPCOX.—Hélas! monsieur, que ferais-je? Je ne suis pas en état de me soutenir.

(Au premier coup de fouet, il saute par-dessus l'escabeau et s'enfuit. Le peuple le suit en criant: *Miracle*[1]!)

---

[1] L'anecdote du miracle de Saint-Albans est rapportée par sir Thomas More qui l'avait entendu raconter à son père. (V. *ses Œuvres*, p. 134, édit. 1557.)

le roi. — O Dieu, tu vois de telles choses, et tu retiens si longtemps ta colère !

marguerite. — J'ai bien ri de voir courir ce misérable.

glocester. — Poursuivez le drôle, et emmenez-moi cette malheureuse.

la femme. — Hélas ! monsieur, c'est la misère qui nous l'a fait faire.

glocester. — Qu'ils soient fouettés le long de toutes les villes de marché, jusqu'à Berwick, d'où ils sont venus.

(Sortent l'exécuteur, le maire, la femme, etc.)

le cardinal. — Le duc Humphroy a fait un miracle aujourd'hui !

suffolk. — Il est vrai, il a fait sauter et s'enfuir les boiteux.

glocester, *à Suffolk*. — Vous avez fait de plus grands miracles que moi, milord : en un seul jour vous avez fait échapper de nos mains des villes entières.

(Entre Buckingham.)

le roi. — Quelles nouvelles nous apporte notre cousin Buckingham ?

buckingham. — Des choses que mon cœur frémit de vous apprendre. Une bande de méchants, adonnés à des œuvres maudites sous les auspices et dans la compagnie de la femme du protecteur, d'Éléonor, chef et auteur de cette odieuse réunion, se sont livrés à des pratiques criminelles contre Votre Majesté, de concert avec des sorcières et des magiciens, que nous avons pris sur le fait, faisant sortir de terre des esprits pervers, et les interrogeant sur la vie et la mort d'Henri, et d'autres personnages du conseil privé de Votre Majesté, comme on le mettra plus en détail sous les yeux de Votre Grâce.

le cardinal, *bas à Glocester*. — Eh bien, lord protecteur, par ce moyen votre épouse va figurer encore dans Londres. Cette nouvelle, je crois, aura un peu émoussé le fil de votre épée. Il n'y a pas d'apparence, milord, que notre rendez-vous tienne.

glocester. — Prêtre ambitieux, cesse d'affliger mon cœur. L'accablement et la douleur ont vaincu mon courage ; et vaincu que je suis, je te cède comme je céderais au dernier valet.

LE ROI.—O Providence ! quels crimes trament les méchants ! et toujours pour amener la destruction sur leur propre tête !

MARGUERITE.—Glocester, ton nid est déshonoré ; et toi-même, prends bien garde d'être irréprochable, je te le conseille.

GLOCESTER.—Madame, pour moi j'en appelle au Ciel de l'amour que j'ai porté à mon roi et à l'État. Quant à ma femme, j'ignore comment sont les choses. Je suis affligé d'avoir appris ce que je viens d'apprendre. Elle est noble ; mais si elle a mis en oubli l'honneur et la vertu, et qu'elle ait eu commerce avec gens dont le contact, semblable à la poix, entache toute noblesse, je la bannis de mon lit et de ma compagnie, et j'abandonne aux lois et à l'opprobre celle qui déshonore l'honnête nom de Glocester.

LE ROI.—Allons, nous coucherons ici cette nuit. Demain nous retournerons à Londres pour examiner cette affaire à fond, interroger ces odieux coupables, et peser leur cause dans les équitables balances de la justice, dont le fléau ne sait point fléchir, et d'où le droit sort triomphant.

(Fanfares. Ils sortent.)

SCÈNE II

Londres.—Jardins du duc d'York.

Entrent YORK, SALISBURY ET WARWICK.

YORK.—Maintenant, mes chers lords de Salisbury et de Warwick, souffrez qu'après notre modeste souper, et dans cette promenade solitaire, je me donne la satisfaction de chercher à vous prouver mon titre incontestable à la couronne d'Angleterre.

SALISBURY.—J'attends avec impatience, milord, que vous nous l'exposiez pleinement.

WARWICK.—Parle, cher York ; et si ta réclamation est fondée, les Nevil n'attendent plus que tes ordres.

YORK.—Écoutez donc.—Édouard III, milords, eut sept fils. Le premier fut Édouard, le prince Noir, prince de Galles ; le second, William de Hatfield, et le troisième, Lionel, duc de Clarence, que suivait immédiatement Jean de Gaunt, duc de Lancastre ; le cinquième fut Edmond Langley, duc d'York ; le sixième fut Thomas de Woodstock, duc de Glocester ; Guillaume de Windsor fut le septième et le dernier. Édouard, le prince Noir, mourut avant son père, et laissa pour lignée Richard, son fils unique, qui, après la mort d'Édouard III, régna en qualité de roi, jusqu'au jour où Henri Bolingbroke, duc de Lancastre, fils aîné et héritier de Jean de Gaunt, couronné sous le nom d'Henri IV, s'empara du royaume, déposa le roi légitime, envoya la pauvre reine en France, sa patrie, et le roi au château de Pomfret, où, comme vous le savez tous, l'inoffensif Richard fut traîtreusement assassiné.

WARWICK.—Mon père, c'est la vérité que le duc vient de nous dire : ce fut ainsi que la maison de Lancastre obtint la couronne.

YORK.—Qu'aujourd'hui elle retient par force, et non par son droit : car après la mort de Richard, héritier de l'aîné, la postérité de son cadet immédiat devait succéder au trône.

SALISBURY.—Mais ce cadet William Hatfield mourut, comme vous en convenez, sans laisser d'héritier.

YORK.—Le duc de Clarence, troisième des fils et de qui je tiens mes prétentions au trône, laissa une fille, Philippe, qui épousa Edmond Mortimer, comte des Marches ; Edmond eut un fils, Roger, comte des Marches ; Roger eut des enfants, Edmond, Anne et Éléonor.

SALISBURY.—Cet Edmond, sous le règne de Bolingbroke, fit valoir, ainsi que je l'ai lu, ses prétentions à la couronne, et eût été roi sans Owen Glendower, qui le tint prisonnier jusqu'à sa mort [1].—Mais voyons le reste.

---

[1] *Jusqu'à sa mort.* Le poëte entend probablement la mort

york.—Anne, sa sœur aînée et ma mère, héritière de la couronne, épousa Richard, comte de Cambridge, fils d'Edmond Langley, cinquième fils d'Édouard III ; et c'est de son chef que je réclame la couronne, car elle était héritière de Roger, comte des Marches, et d'Edmond Mortimer, qui avait épousé Philippe, fille unique de Lionel, duc de Clarence. Ainsi, si la postérité de l'aîné doit succéder avant celle du cadet, c'est moi qui suis roi.

warwick.—Quelle filiation directe est plus simple que celle-ci ? Henri tire ses prétentions au trône de Jean de Gaunt, quatrième fils d'Édouard : York tire les siennes du troisième. Jusqu'à ce que la branche de Lionel s'éteigne, l'autre ne doit point régner, et cette branche n'a point encore manqué : elle fleurit en vous et dans vos fils, dignes rejetons d'une telle souche. Ainsi, Salisbury, fléchissons tous deux le genou devant lui, et dans ce pacte formé en secret, soyons les premiers à rendre à notre roi légitime les honneurs souverains qui appartiennent à son droit héréditaire !

tous deux.—Longue vie à notre souverain Richard, roi d'Angleterre !

york.—Nous vous remercions, milords ; mais je ne suis point votre roi tant que je ne serai pas couronné, que mon épée ne sera pas rougie du sang sorti du cœur de la maison de Lancastre ; et cela ne peut s'exécuter par une entreprise soudaine, mais par la prudence et un profond secret ; sachez comme moi, dans ces temps dangereux, fermer les yeux sur l'insolence de Suffolk, sur l'orgueil de Beaufort, sur l'ambition de Somerset, sur Buckingham, et sur toute la bande jusqu'à ce qu'ils aient enveloppé dans leurs pièges le gardien du troupeau, ce prince vertueux, le bon duc Humphroy : c'est à cela qu'ils travaillent, et en y travaillant, ils trouveront la mort si York a l'art de prédire.

salisbury.—C'en est assez, milord ; nous voilà parfaitement instruits de vos intentions.

d'Owen Glendower, car on a vu dans la pièce précédente mourir Edmond Mortimer à la Tour de Londres, où cependant il paraît qu'il ne fut jamais renfermé.

warwick.—Mon cœur m'assure que le comte de Warwick fera un jour du duc d'York un roi.

york.—Et moi, je m'assure, Nevil, que Richard vivra pour faire du comte de Warwick le plus grand personnage de l'Angleterre après le roi.

(Ils sortent.)

SCÈNE III.

Londres.—Salle du tribunal.

Les trompettes sonnent. Entrent LE ROI HENRI, LA REINE MARGUERITE, GLOCESTER, YORK, SUFFOLK, SALISBURY; LA DUCHESSE DE GLOCESTER, MARGERY JOURDAIN, SOUTHWELL, HUME ET BOLINGBROOK, *gardés.*

le roi.—Avancez, dame Éléonor Cobham, femme de Glocester. Aux yeux de Dieu et aux nôtres, votre crime est grand. Recevez la sentence de la loi, pour des offenses que le livre de Dieu a condamnées à la mort. (*A Margery.*) Vous allez tous les quatre retourner en prison, et de là au lieu de l'exécution. La sorcière sera brûlée et réduite en cendres à Smithfield, et les trois autres étranglés sur un gibet. (*A la duchesse.*) Vous, madame, en considération de votre naissance, dépouillée d'honneurs pendant votre vie, après trois jours d'une pénitence publique, vous vivrez dans votre pays, mais dans un bannissement perpétuel à l'île de Man, sous la garde de sir John Stanley.

la duchesse.—J'accepte volontiers l'exil : j'eusse de même accepté la mort [1].

glocester.—Tu le vois, Éléonor, la loi t'a jugée ; je ne saurais justifier celle que la loi condamne. (*La duchesse et les autres prisonniers sortent environnés de gardes.*) Mes yeux sont pleins de larmes, et mon cœur de douleur. Ah!

---

[1] Le procès et la condamnation de la duchesse de Glocester eurent lieu en 1441, trois ans avant le mariage du roi; ainsi le personnage d'Éléonor est un pur anachronisme.

Humphroy, cet opprobre de ta vieillesse va incliner vers la tombe ta tête chargée de douleur. Je demande à Votre Majesté la liberté de me retirer, ma douleur a besoin de soulagement, et mon âge de repos.

LE ROI.—Demeure un instant, Humphroy, duc de Glocester. Avant de te retirer, remets-moi ton bâton de commandement : Henri veut être son protecteur à lui-même, et Dieu sera mon espoir, mon appui, mon guide, et le flambeau de mes pas ; et toi, va en paix, Humphroy, non moins chéri de ton roi que lorsque tu étais son protecteur.

MARGUERITE.—En effet, je ne vois pas pourquoi un roi en âge de régner aurait, comme un enfant, besoin d'un protecteur. Que Dieu et le roi Henri tiennent le gouvernail de l'Angleterre. Remettez ici votre bâton, monsieur, et au roi son royaume.

GLOCESTER.—Mon bâton ? Le voilà, noble Henri, mon bâton de commandement ; je vous le remets d'aussi bon cœur que me le confia Henri votre père : je le dépose à vos pieds avec autant de satisfaction que l'ambition de quelques autres en auraient à le recevoir. Adieu, bon roi : quand je serai mort et disparu de ce monde, puissent l'honneur et la paix environner ton trône !

(Il sort.)

MARGUERITE.—Enfin Henri est roi, et Marguerite est reine, et Humphroy, duc de Glocester, si rudement mutilé qu'il demeure à peine lui-même. Deux secousses à la fois : sa femme bannie, et un de ses membres enlevé, ce bâton de commandement ressaisi. Qu'il reste où il est, où il lui convient d'être, dans la main d'Henri.

SUFFOLK.—Ainsi ce pin orgueilleux laisse tomber sa tête et pendre ses branches flétries, ainsi meurt l'orgueil naissant d'Éléonor.

YORK.—N'en parlons plus, milords.—Avec la permission de Votre Majesté, voici le jour désigné pour le combat. Déjà l'appelant et le défendant, l'armurier et son apprenti, sont prêts à entrer dans la lice ; que Vos Majestés veuillent donc bien venir assister à cette lutte.

MARGUERITE.—Oui, certainement, mon cher lord, car

j'ai quitté la cour exprès pour être témoin de cette épreuve.

LE ROI.—Au nom de Dieu, ayez soin que toutes choses soient bien ordonnées selon les règles ; qu'ils décident ici leur différend, et Dieu garde le droit !

YORK.—Je n'ai jamais vu, milord, un drôle de plus mauvaise mine, ni plus effrayé de combattre que l'appelant, le valet de cet armurier.

(Entrent d'un côté Horner et ses voisins qui boivent à sa santé, et de telle sorte qu'il est ivre. Il s'avance, précédé d'un tambour, avec son bâton auquel est attaché un sac plein de sable[1] ; de l'autre côté Pierre, aussi avec un tambour et un bâton pareil, accompagné d'apprentis qui boivent à sa santé.)

PREMIER VOISIN, *à Horner*.—Allons, voisin Horner, je bois à votre santé un verre de vin d'Espagne : n'ayez pas peur, voisin, vous irez bien.

SECOND VOISIN.—Et voilà, voisin, un verre de malvoisie.

TROISIÈME VOISIN.—Et voilà un pot de bonne double bière ; voisin, buvez, et n'ayez pas peur de votre apprenti.

HORNER.—Tout comme on voudra, par ma foi ; je vous fais raison à tous, et je me moque de Pierre.

PREMIER APPRENTI.—Allons, Pierre, je bois à toi ; n'aie pas peur.

SECOND APPRENTI.—Allons, ami Pierre, ne crains pas ton maître ; combats pour l'honneur des apprentis.

PIERRE.—Je vous remercie tous : buvez, et priez pour moi, je vous en prie ; car je crois bien que j'ai bu mon dernier coup en ce monde.—Tiens, Robin, si je meurs, je te donne mon tablier.—Et toi, William, tu auras mon marteau.—Et toi, Tom, tiens, prends tout l'argent que j'ai. O Seigneur ! assistez-moi, mon Dieu, je vous en prie, car je ne serai jamais en état de tenir tête à mon maître, lui qui apprend l'escrime depuis si longtemps.

---

[1] Dans ces sortes d'épreuves, les chevaliers combattaient avec la lance et l'épée, les gens du commun avec un bâton noirci au bout duquel était attaché un sac rempli de sable très-pressé.

ACTE II, SCÈNE III.

SALISBURY.—Allons, cessez de boire et venez aux coups. Toi, quel est ton nom?

PIERRE.—Pierre, vraiment.

SALISBURY.—Pierre! Et encore?

PIERRE.—Tap[1].

SALISBURY.—Tap! Songe donc à bien taper ton maître.

HORNER.—Messieurs, je suis venu ici comme qui dirait à l'instigation de mon apprenti, pour prouver qu'il est un coquin et moi un honnête homme.—Et quant au duc d'York, je jurerai sur ma mort que jamais je ne lui ai voulu aucun mal, ni au roi, ni à la reine. En conséquence, Pierre, prends garde à ce coup que je t'assène avec la fureur dont Bevis de Southampton tomba sur Ascapart[2].

YORK.—Allons, dépêchez.—La langue de ce drôle commence à bégayer. Sonnez, trompettes, donnez le signal aux combattants.

(Signal. Ils se battent: Pierre, d'un coup, renverse son maître sur le sable.)

HORNER.—Assez, Pierre, assez; je confesse, je confesse.... ma trahison.

(Il meurt.)

YORK.—Emporte son arme. Ami, remercie Dieu, et le bon vin qui s'est trouvé dans le chemin de ton maître.

PIERRE.—O Dieu! j'ai triomphé de mes ennemis en présence de cette assemblée! O Pierre! tu as triomphé dans la bonne cause!

LE ROI.—Allons, qu'on emporte d'ici le corps de ce traître, car sa mort nous a manifesté son crime; et Dieu, dans sa justice, nous a révélé l'innocence et la sincérité de ce pauvre garçon, qu'il espérait faire périr

[1] Dans l'original, *Thump*, qui signifie *coup pesant*. Il a fallu y substituer un nom qui permit de conserver dans la traduction la plaisanterie de Salisbury.—Cet homme se nommait en réalité John Davy, et son maître William Calour. La chose se passa comme elle est représentée ici, à cela près que l'armurier ne fut pas tué dans le combat, mais seulement vaincu, et pendu ensuite; il ne s'était cependant pas déclaré coupable, et, selon Hollinshed, l'accusation était fausse.

[2] *Ascapart*, nom d'un géant fameux dans les récits populaires.

injustement. Viens, suis-nous, pour recevoir ta récompense.

(Ils sortent.)

SCÈNE IV

Toujours à Londres.—Une rue.

Entrent GLOCESTER ET SES DOMESTIQUES,
tous vêtus de deuil.

GLOCESTER.—Ainsi quelquefois le jour le plus brillant se couvre de nuages; et, après l'été, suit invariablement le stérile hiver, avec les rigueurs de son amère froidure; comme les saisons se succèdent, ainsi se précipitent les joies et les peines. Quelle heure est-il, messieurs?

UN SERVITEUR.—Dix heures, milord.

GLOCESTER.—C'est l'heure qui m'a été marquée pour attendre le passage de la duchesse subissant sa punition. On la traîne sans pitié dans les rues : ses pieds délicats ne posent qu'avec une douleur presque insupportable sur le pavé de ces rues. Chère Nell, ton âme noble a peine à supporter l'aspect de ce vil peuple, les yeux fixés sur ton visage, et du rire de l'envie insultant à ta honte; lui qui naguère suivait les roues orgueilleuses de ta voiture, lorsque tu passais en triomphe à travers les rues!.... Mais paix, je crois qu'elle approche, et je veux préparer mes yeux troublés de larmes à voir ses misères.

(Entrent la duchesse de Glocester, couverte d'une pièce de toile blanche, plusieurs papiers attachés derrière elle, les pieds nus et un flambeau allumé à la main; sir John Stanley, un shérif et des officiers de justice.)

UN DES DOMESTIQUES.—Si Votre Grâce le permet, nous allons l'enlever au shérif.

GLOCESTER.—Non; tenez-vous tranquilles; sous peine de la vie, laissez-la passer.

LA DUCHESSE.—Venez-vous, milord, pour être témoin de ma honte publique? En ce moment, tu fais aussi pénitence. Vois comme ils nous contemplent, comme cette folle multitude te montre au doigt, comme ils balancent leurs têtes et tournent les yeux sur toi. Ah! Glocester, cache-toi à leurs regards odieux, et, enfermé dans ton cabinet, vas-y pleurer ma honte, et maudire tes ennemis, à la fois les miens et les tiens!

GLOCESTER.—Prends patience, chère Nell : cesse de te rappeler tes douleurs.

LA DUCHESSE.—Ah! Glocester, fais donc que je ne me rappelle plus qui je suis. Car quand je pense que je suis ta femme par mariage, et toi un prince, le protecteur de ce royaume, il me semble que je ne devrais pas être ainsi conduite à travers les rues, revêtue d'infamie, des écriteaux sur mon dos, et suivie par une vile populace qui se réjouit de voir mes pleurs et d'entendre mes profonds gémissements. La pierre impitoyable déchire mes pieds sensibles; et quand je tressaille de douleur, ce peuple envieux rit de ma peine et m'avertit de prendre garde où je marche. Ah! Humphroy, puis-je supporter ce poids accablant de honte? Crois-tu que je veuille jamais jeter un regard sur ce monde, ou nommer heureux ceux qui jouissent de la lumière du soleil? Non : les ténèbres seront ma lumière, et la nuit sera pour moi le jour; le souvenir de ma grandeur passée sera mon enfer. Quelquefois je me dirai que je suis la femme du duc Humphroy, et lui un prince tout-puissant, maître dans ce pays : et que cependant tel a été l'exercice de sa puissance, telle a été sa dignité de prince, qu'il était là tandis que je passais, moi sa femme, abandonnée, livrée en spectacle à leur curiosité, et montrée au doigt par cette canaille fainéante rassemblée à ma suite. Mais continue à te montrer patient, ne rougis pas de ma honte, demeure inactif jusqu'à ce que la hache de la mort se lève sur ta tête, comme, sois-en assuré, elle se lèvera bientôt; car Suffolk, lui qui peut tout obtenir, sur tous les points, de celle qui te hait et qui nous hait tous, et York, et l'impie Beaufort, ce prêtre sans foi, ont englué le buisson où doivent se prendre tes ailes; et, de quelque côté que tu diriges ton vol, ils t'envelopperont dans leurs trames; mais continue de ne rien craindre, et ne prends aucune précaution contre tes ennemis, jusqu'à ce que ton pied soit retenu dans le piége.

glocester. — Ah! cesse, Nell, tes conjectures t'égarent. Il faut que je sois coupable avant de pouvoir être condamné. Eussé-je vingt fois autant d'ennemis, et chacun d'eux eût-il vingt fois leur pouvoir, tous ensemble seraient hors d'état de me causer le moindre mal aussi longtemps que je serai loyal, fidèle et exempt de reproche. Voudrais-tu donc que je t'eusse enlevée de force à l'humiliation que tu subis? Crois-moi, ta honte n'eût point été lavée par là, et je me serais mis en danger par l'infraction de la loi. C'est du calme, chère Nell, que tu pourras recevoir le plus de secours. Je t'en prie, forme ton âme à la patience ; ces quelques jours de confusion seront bientôt passés.

(Entre un héraut.)

le héraut. — Je somme Votre Grâce de se rendre au parlement de Sa Majesté, qui sera tenu le premier du mois prochain.

glocester. — Jamais ma présence n'y a été requise jusqu'à ce jour. Il y a quelque chose de caché là-dessous. — Il suffit, je m'y rendrai. (*Le héraut sort.*) Mon Éléonor.... il faut nous séparer. Maître shérif, n'ajoutez point à la peine à laquelle le roi l'a condamnée.

le shérif. — Avec la permission de Votre Grâce, mes fonctions ne vont pas plus loin, et sir John Stanley est chargé maintenant de l'emmener avec lui dans l'île de Man.

glocester. — Me promettez-vous, Stanley, de protéger mon épouse dans son exil?

stanley. — Ce sont là mes ordres, avec le bon plaisir de Votre Grâce.

glocester. — Ne la traitez pas plus mal parce que je vous sollicite en sa faveur. Le monde peut me montrer encore un visage riant, et je puis vivre assez pour vous bien traiter si vous en usez bien avec elle. Sur ce, adieu, sir John.

la duchesse. — Quoi! partir, milord, et sans me dire adieu!

GLOCESTER.—Mes pleurs te disent que je ne puis m'arrêter à parler.
(Sortent Glocester et ses domestiques.)

LA DUCHESSE.—Es-tu donc parti, et toute consolation avec toi, car aucune ne m'accompagne? Ma joie est la mort, la mort dont le nom seul m'a fait frémir tant de fois, parce que je souhaitais l'éternité de ce monde. Stanley, je t'en prie, allons, emmène-moi d'ici; peu m'importe où tu me mèneras, car je ne te demande point d'autre faveur que de me conduire où on te l'a ordonné.

STANLEY.—Vous le savez, madame; c'est à l'île de Man, pour y être traitée selon votre condition.

LA DUCHESSE.—Je le serai donc bien mal, car ma condition, c'est la honte. Serai-je donc traitée honteusement?

STANLEY.—Vous le serez comme une duchesse, comme la femme du duc Humphroy; tel est le traitement qui vous attend.

LA DUCHESSE.—Shérif, sois heureux, et plus que je ne le suis, quoique tu aies dirigé les opprobres que je viens de subir.

LE SHÉRIF.—C'était mon office, madame, et je vous en demande pardon.

LA DUCHESSE.—Oui, oui, adieu, ton office est rempli. Allons, Stanley, partons-nous?

STANLEY.—Madame, votre pénitence est finie; quittez cette toile qui vous couvre, et venez vous habiller pour notre voyage.

LA DUCHESSE.—Je ne dépouillerai point ma honte avec cette toile : non, elle couvrira mes plus riches vêtements, et se montrera, quelque parure que je prenne. Allons, conduisez-moi, je languis de voir ma prison.
(Ils sortent.)

FIN DU SECOND ACTE.

ACTE TROISIÈME

SCÈNE I

L'abbaye de Bury.

Entrent au parlement LE ROI HENRI, LA REINE MAR-
GUERITE, SUFFOLK, LE CARDINAL, YORK, BUC-
KINGHAM, *et d'autres personnages.*

LE ROI.—Je m'étonne que milord de Glocester ne soit pas arrivé encore ; je ne sais quelle raison peut le retenir aujourd'hui ; mais il n'a pas coutume de venir le dernier.

MARGUERITE.—Ne pouvez-vous donc voir, ou ne voulez-vous pas observer l'étrange changement qui s'est fait dans toutes ses manières, quel air de majesté il affecte, comme il est devenu depuis peu insolent, impérieux, différent de lui-même? Nous avons vu le temps où il était doux et affable. Si de loin seulement nous jetions un regard sur lui, aussitôt son genou fléchi faisait admirer à toute la cour sa soumission. Mais aujourd'hui si nous venons à le rencontrer, et que ce soit le matin, au moment où chacun attache un souhait à l'heure du jour, il fronce le sourcil et, montrant un œil de colère, il passe fièrement avec un genou inflexible, dédaignant de nous rendre le respect qui nous appartient. Un petit roquet peut grogner sans qu'on y fasse attention ; mais les hommes puissants tremblent lorsque le lion rugit ; et Humphroy n'est pas en Angleterre un homme de peu de chose. Considérez d'abord qu'il est après vous le premier dans l'ordre de la naissance, et que si vous tombiez, c'est à lui de monter le premier. Il me semble donc que, considérant le ressentiment qu'il nourrit dans son cœur et les avantages qu'aurait pour lui votre mort, il serait contraire à la politique de le laisser approcher de trop près votre royale personne ou de l'admettre plus longtemps dans les conseils de Votre Majesté. Il a gagné par ses flatteries le cœur du peuple, et lorsqu'il lui plaira de le soulever, il est à craindre que tous ne le suivent. Le printemps commence; les mauvaises herbes ne sont pas encore profondément enracinées : si nous les laissons maintenant sur pied, elles envahiront le jardin tout entier et étoufferont les plantes utiles, privées de la culture dont elles ont besoin. Ma religieuse sollicitude pour mon seigneur m'a conduite à recueillir tous les sujets de crainte qui nous viennent de la part du duc. Si elle m'a rendue trop pusillanime, nommez ma frayeur une vaine frayeur de femme. Cédant à de meilleures raisons, je souscrirai moi-même à ce jugement, et je dirai : j'ai fait injure au duc. Milords de Suffolk, de Buckingham et d'York, repoussez, si vous le pouvez, mes allégations, ou concluez que mes paroles sont un fait.

SUFFOLK.—Votre Grandeur a très-bien pénétré le duc, et si j'avais été le premier appelé à exprimer mon opinion, je crois que j'aurais dit absolument la même chose que Votre Grâce. C'est, j'en jurerais sur ma vie, à son instigation que la duchesse s'est livrée à ses pratiques diaboliques, ou, s'il n'a pas pris part à ce forfait, du moins son affectation à rappeler sa haute origine (étant en effet, comme le plus proche parent du roi, son successeur immédiat), toutes ses orgueilleuses vanteries sur sa noblesse auront excité l'esprit malade de la folle duchesse à tramer, par des moyens maudits, la chute de notre souverain. L'eau coule paisiblement là où son lit est profond ; sous un extérieur simple il recèle la trahison. Le renard se tait quand il médite de surprendre l'agneau. Non, non, mon souverain ; Glocester est un homme qu'on n'a point encore pénétré, et il est rempli d'une profonde dissimulation.

LE CARDINAL.—N'a-t-il pas, contre toutes les formes de

la loi, inventé des genres de mort cruels pour de légères offenses?

YORK.—Et n'a-t-il pas, durant le cours de son protectorat, levé dans le royaume de grosses sommes d'argent pour la solde de l'armée de France, sans jamais les envoyer, d'où il arrivait que les villes se révoltaient chaque jour?

BUCKINGHAM.—Bon, ce ne sont là que de bien petits délits auprès de ceux que le temps dévoilera dans la conduite du doucereux duc Humphroy.

LE ROI.—Pour vous répondre à tous, milords, le soin que vous prenez d'arracher les épines qui pourraient offenser mes pieds, est digne de louange. Mais vous parlerai-je selon ma conscience? Notre cousin Glocester est aussi innocent de toute intention de trahison contre notre royale personne, que l'agneau qui tette ou l'innocente colombe. Le duc est né vertueux, et il est trop adonné au bien pour songer au mal, et travailler à ma ruine.

MARGUERITE.—Ah! qu'y a-t-il de plus dangereux que cette aimable confiance? S'il ressemble à la colombe, son plumage est emprunté, car ses sentiments sont ceux de l'odieux corbeau. Le prenez-vous pour un agneau? c'est qu'on lui aura prêté une peau qui n'est pas la sienne, car ses inclinations sont celles des loups dévorants. Quel est celui qui, pour tromper, ne sait pas revêtir une forme traîtresse? Prenez-y garde, seigneur; il y va de notre sûreté à tous si l'on ne coupe court aux projets de cet homme artificieux.

(Entre Somerset.)

SOMERSET.—Santé à mon gracieux souverain!

LE ROI.—Vous êtes le bienvenu, lord Somerset. Quelles nouvelles de France?

SOMERSET.—Que toutes vos possessions dans ce royaume vous sont entièrement enlevées : tout est perdu.

LE ROI.—Tristes nouvelles, lord Somerset; mais que la volonté de Dieu soit faite.

YORK, *à part*.—Tristes nouvelles pour moi, car j'espérais la France aussi fermement que j'espère la fertile

Angleterre. Ainsi la fleur de mes espérances périt dans son bouton, et les chenilles en dévorent les feuilles. Mais avant peu je remédierai à tout cela, ou je vendrai mon titre pour un glorieux tombeau.

(Entre Glocester.)

GLOCESTER.—Toutes sortes de bonheur à mon seigneur et roi; pardon, mon souverain, d'avoir tant tardé.

SUFFOLK.—Non, Glocester, apprends que tu es venu encore trop tôt pour un déloyal tel que toi. Je t'arrête ici pour haute trahison.

GLOCESTER.—Comme tu voudras, Suffolk, tu ne me verras point rougir ni changer de contenance à cet arrêt. Un cœur irréprochable n'est pas facile à intimider. La source la plus pure n'est pas si exempte de limon que je suis innocent de trahison envers mon souverain. Qui peut m'accuser? de quoi suis-je coupable?

YORK.—On croit, milord, que vous vous êtes laissé payer par la France, et que durant votre protectorat vous avez retenu la solde des troupes, ce qui fait que Sa Majesté a perdu la France.

GLOCESTER.—On ne fait que le croire? Qui sont ceux qui le croient? je n'ai jamais dérobé aux soldats leur paye; je n'ai jamais reçu le moindre argent de la France. Que Dieu me protége, comme j'ai veillé la nuit, oui, une nuit après l'autre, occupé de faire le bien de l'Angleterre. Puisse l'obole, dont j'ai jamais fait tort au roi, la pièce de monnaie que j'ai détournée à mon profit, être produite contre moi au jour de mon jugement! bien plus, pour ne pas taxer les communes, j'ai déboursé sur mon propre bien, pour payer les garnisons, plus d'une somme dont je n'ai jamais demandé restitution.

LE CARDINAL.—Cela vous est très-bon à dire, milord.

GLOCESTER.—Je ne dis que la vérité, Dieu me soit en aide.

YORK.—Durant votre protectorat, vous avez inventé, pour les coupables, des supplices cruels et inouïs jusqu'alors, et vous avez déshonoré l'Angleterre par votre tyrannie.

GLOCESTER.—Eh quoi! l'on sait bien que tant que j'ai

été protecteur, l'indulgence a été mon seul tort, car je me laissais attendrir par les larmes des coupables. Un aveu et quelques mots d'humilité suffisaient pour le rachat de leurs fautes. A l'exception du meurtrier sanguinaire, et du brigand félon qui dépouillait les pauvres voyageurs, jamais je n'ai mesuré la punition à l'offense. Le meurtre, à la vérité, ce crime sanglant, je l'ai puni par des tourments plus cruels que la félonie ou tout autre crime.

suffolk.—Milord, il est bientôt fait de répondre à ces accusations ; mais vous avez à votre charge des crimes d'une plus haute importance et dont il ne sera pas si facile de vous disculper. Je vous arrête au nom de Sa Majesté, et je vous remets entre les mains de milord cardinal, pour vous tenir en sa garde jusqu'au jour de votre procès.

le roi.—Milord de Glocester, j'ai, quant à moi, l'espérance que vous vous laverez de tout soupçon : ma conscience me dit que vous êtes innocent.

glocester.—Ah! mon gracieux seigneur, ces jours sont des jours de danger! la vertu est étouffée par la criminelle ambition, la charité chassée de cette cour par la main de la rancune. L'odieuse subornation est en possession du pouvoir, et l'équité est exilée de la terre où règne Votre Majesté. Je sais que l'objet de leur complot est d'avoir ma vie; et si ma mort pouvait ramener le bonheur dans cette île, et devenir le terme de leur tyrannie, je la recevrais en toute satisfaction. Mais ma mort n'est que le prologue de la pièce; et mille autres qui sont bien loin de soupçonner le péril, ne cloront pas encore la sanglante tragédie qu'ils méditent. Les yeux rouges et étincelants de Beaufort racontent le fiel de son cœur; et le front chargé de nuages de Suffolk présage les tempêtes de sa haine. Buckingham, par l'âpreté de ses discours se soulage du poids de l'envie dont son sein est surchargé; et le sombre York, qui voudrait atteindre la lune, et dont j'ai retenu le bras présomptueux, dirige contre ma vie de fausses accusations; et vous, ma souveraine dame, ainsi que les autres, vous avez, sans que je vous en aie donné sujet, appelé les disgrâces sur ma tête, et employé tout ce que vous avez de moyens pour exciter contre moi l'inimitié de mon cher seigneur. Que dis-je ! vous avez tous tenu conseil ensemble ; j'ai su vos secrètes assemblées, et tout a été convenu pour vous délivrer de mon innocente vie. Je ne manquerai point de faux témoins qui déposeront contre moi, ni de trahisons accumulées pour grossir la liste de mes crimes, et l'ancien proverbe sera justifié : On a bientôt trouvé un bâton pour battre un chien.

LE CARDINAL.—Seigneur, ses invectives sont intolérables. Si ceux qui veillent pour garantir vos jours du poignard caché de la trahison et de la rage des traîtres sont ainsi en butte aux personnalités, aux reproches et à l'injure, et que toute liberté de parole soit ainsi accordée au coupable, cela refroidira leur zèle pour Votre Grâce.

SUFFOLK.—N'a-t-il pas insulté notre souveraine dame par des paroles ignominieuses, bien que savamment tournées, comme si elle eût suborné des gens pour porter contre lui, avec serment, de faux témoignages et causer ainsi sa ruine ?

MARGUERITE.—Je puis permettre les reproches à celui qui perd.

GLOCESTER. — Vous parlez beaucoup plus juste que vous n'en aviez l'intention. Je perds en effet, et malheur à ceux qui gagnent, car ils ont été envers moi des joueurs infidèles, et qui perd ainsi a bien le droit de parler.

BUCKINGHAM.—Il détournera le sens de nos paroles, et il nous tiendra ici tout le jour. Lord cardinal, il est votre prisonnier.

LE CARDINAL, *à sa suite*.—Vous, emmenez le duc, et gardez-le avec soin.

GLOCESTER. — Ainsi, le roi Henri rejette sa béquille avant que ses jambes soient assez fermes pour soutenir son corps. Ainsi est chassé à grands coups le berger qui veillait à tes côtés, tandis qu'autour de toi hurlent déjà les loups, qui te dévorent le premier. Ah ! que ne peuvent mes craintes être vaines! Plût à Dieu! car, mon bon roi Henri, je crains ta chute.

(Des gens de la suite emmènent Glocester.)

LE ROI.—Milords, agissez selon que dans votre sagesse vous le jugerez le plus convenable; faites ou défaites comme si nous étions présent.

MARGUERITE.—Quoi, Votre Majesté veut-elle quitter le parlement?

LE ROI.—Oui, Marguerite, mon cœur est inondé d'une douleur dont les flots commencent à couler dans mes yeux. Mon corps est tout entouré de misère; car quel homme plus misérable que celui qui a perdu le contentement? Ah! mon oncle Humphroy, je vois sur ton visage tous les traits de la fidélité, de l'honneur, de la loyauté; et l'heure est encore à venir, bon Humphroy, où j'aie jamais éprouvé de toi une perfidie, où j'aie rien eu à craindre de ta foi. Quelle étoile contraire à ta fortune, lui jetant un regard d'envie, a donc pu engager ces nobles lords et Marguerite, mon épouse, à s'armer ainsi contre ta vie inoffensive? Tu ne leur as jamais fait aucun tort, tu n'as fait tort à personne. Comme le boucher emmène le jeune veau, lie le malheureux, et le bat s'il s'écarte du chemin qui le conduit à la sanglante maison du meurtre, de même, et sans remords, ils t'ont amené en ce lieu; et moi, comme la mère qui court çà et là en mugissant, et regardant le chemin par où lui a été emmenée son innocente progéniture, et ne pouvant rien pour lui, que gémir sur la perte de son enfant chéri, je déplore le sort du bon Glocester, avec d'amères et d'inutiles larmes. Mes yeux obscurcis de pleurs suivent sa trace et ne peuvent le secourir, tant sont puissants ses ennemis conjurés! Je pleurerai ses malheurs, et entre chaque gémissement je répéterai : *Qui que ce soit qui puisse être un traître, ce n'est pas* Glocester.

(Il sort.)

MARGUERITE.—Milords, vous qui êtes libres de scrupules, songez que la chaleur des rayons du soleil fond la neige la plus glacée. Henri, mon seigneur, est froid dans les grandes affaires. Trop plein d'une puérile pitié, l'apparente vertu de Glocester le trompe, comme la plainte du crocodile attire dans le piège de sa fausse douleur le voyageur compatissant, ou comme le serpent qui, sur un sentier fleuri, et paré des brillantes couleurs de sa peau, blesse l'enfant à qui sa beauté l'avait fait juger excellent en toutes choses. Croyez-moi, milords, si personne ici n'était plus sage que moi, et cependant je ne crois pas mon jugement mauvais, ce Glocester serait bientôt délivré des soins du monde, pour nous délivrer de la peur qu'il nous fait.

LE CARDINAL.—Il est d'une sage politique de le faire périr : mais nous manquons de couleurs pour sa mort; il convient qu'il soit jugé dans la forme régulière des lois.

SUFFOLK.—C'est là ce qui, dans mon opinion, serait contre la politique. Le roi travaillera sans relâche à lui sauver la vie. Le peuple peut aussi très-bien se soulever pour le défendre. Et cependant nous n'avons, pour prouver qu'il a mérité la mort, rien autre chose que le prétexte banal du soupçon.

YORK.—En sorte que, par cette raison, vous ne voulez pas qu'il meure?

SUFFOLK.—Ah! York, nul homme vivant ne le désire autant que moi.

YORK.—C'est York qui a le plus grand intérêt à sa mort. Mais parlez, milord cardinal, et vous, milord Suffolk, dites ce que vous pensez, et parlez dans toute la sincérité de vos âmes. Ne vaudrait-il pas autant charger un aigle à jeun de garder les poulets contre un vautour affamé, que de faire du duc Humphroy le protecteur du roi?

MARGUERITE.—Les pauvres poulets seraient bien sûrs de leur mort.

SUFFOLK.—Il est bien vrai, madame. Pourrait-on, sans folie, établir le renard pour gardien de la bergerie, et, tout accusé qu'il est de donner la mort en trahison, attendre sottement à le déclarer coupable, sous le prétexte qu'il n'a point encore exécuté son crime? Non, qu'il meure, parce que c'est un renard, connu par sa nature pour ennemi des troupeaux, et avant que sa gueule soit rougie de sang : nous avons prouvé, par de fortes raisons, qu'Humphroy agirait ainsi à l'égard de notre souverain. N'allons donc point perdre le temps en subtils débats sur le genre de sa mort; par embûche, piége ou surprise, éveillé ou endormi, peu importe, pourvu qu'il meure. La fraude est permise quand elle prévient celui qui le premier a médité la fraude.

MARGUERITE. — Trois fois noble Suffolk, c'est parler avec courage.

SUFFOLK. — Il n'y a point de courage si l'action ne suit les paroles; car souvent on dit ce qu'on n'a pas l'intention d'exécuter : mais en ceci mon cœur s'accorde avec ma langue. Considérant que l'acte est méritoire, et va à défendre mon roi de son ennemi, vous n'avez qu'à dire un mot, et je lui servirai de prêtre.

LE CARDINAL. — Mais je voudrais qu'il mourût, milord de Suffolk, un peu plus tôt que vous ne pouvez avoir reçu les ordres; l'action bien examinée, prononcez que vous en êtes d'accord; et je me charge de l'exécution, tant je chéris le salut de mon souverain!

SUFFOLK. — Voilà ma main, l'action est légitime.

MARGUERITE. — J'en dis autant.

YORK. — Et moi aussi; et maintenant que nous l'avons prononcé tous trois, il importe peu qui attaque notre arrêt.

(Entre un messager.)

LE MESSAGER. — Nobles pairs, je suis venu d'Irlande en grande diligence pour vous informer que les peuples se sont révoltés, et ont passé les Anglais au fil de l'épée. Envoyez un prompt secours, milords, et hâtez-vous d'arrêter leur furie avant que le mal devienne incurable; car, tandis qu'il est dans sa nouveauté, on peut espérer d'y porter remède.

LE CARDINAL. — C'est une brèche qui demande qu'on la répare promptement. Quel conseil donnez-vous dans cet urgent péril?

YORK. — Que Somerset y soit envoyé comme régent. Il est à propos d'employer un heureux administrateur; il a eu tant de succès en France!

SOMERSET.—Si York, avec sa politique tortueuse, avait été régent à ma place, il n'eût jamais tenu en France aussi longtemps.

YORK. — Non pas, certes, pour la perdre tout entière comme tu l'as fait. J'aurais plutôt perdu la vie à propos que de rapporter dans ma patrie ce fardeau de déshonneur, en m'arrêtant si longtemps jusqu'à ce que tout fût perdu. Montre-moi sur ta peau la marque d'une blessure. Une chair si bien conservée remporte rarement la victoire.

MARGUERITE.—Eh quoi! cette étincelle va devenir un incendie violent, si on s'accorde à l'exciter et à l'entretenir. York, cher Somerset, contenez-vous.—Si on t'eût chargé de la régence, ta fortune, York, eût peut-être été pire encore que la sienne.

YORK.—Quoi? pire que rien? Mais que la honte les engloutisse!

SOMERSET.—Et toi avec, qui nous désires la honte.

LE CARDINAL.—Milord York, éprouvez votre fortune : les sauvages Kernes d'Irlande sont en armes, et trempent la terre avec le sang des Anglais. Voulez-vous conduire en Irlande une troupe d'hommes d'élite choisis séparément sur chaque comté, et essayer votre bonheur contre les Irlandais?

YORK.—Je le veux bien, milord, si c'est le bon plaisir de Sa Majesté.

SUFFOLK.—Notre autorité dirige son consentement. Ce que nous établissons, il le confirme toujours. Allez donc, noble York, et chargez-vous de cette tâche.

YORK.—Je l'accepte. Ayez soin de me fournir des soldats, milord, tandis que je mettrai ordre à mes affaires particulières.

SUFFOLK.—C'est un soin dont je me charge, lord York. Revenons à présent au perfide duc Humphroy.

LE CARDINAL.—N'en parlons plus. Je ferai ses affaires de telle sorte, que dorénavant nous n'aurons plus à nous en inquiéter : ainsi, brisons là. Le jour baisse; lord Suffolk, vous et moi, nous avons quelque chose à régler ensemble sur cet événement.

york.—Milord de Suffolk, dans quinze jours j'attendrai mes soldats à Bristol; c'est là que je les embarquerai pour l'Irlande.

suffolk.—J'aurai soin que tout soit bien préparé, milord d'York.

(Tous sortent excepté York.)

york.—A présent, York, ou jamais, donne à tes timides pensées la trempe de l'acier, et change enfin tes doutes en résolutions. Sois ce que tu espères être, ou cède à la mort ce que tu es, et qui ne mérite pas d'être conservé. Laisse la pâle crainte à l'homme né dans la bassesse; elle ne doit point trouver asile dans un cœur de race royale. Pressées comme les gouttes d'une ondée de printemps, les pensées succèdent dans mon âme aux pensées, et pas une qui ne tende au pouvoir. Mon cerveau plus actif que l'araignée laborieuse, ourdit de pénibles trames pour envelopper mes ennemis. —A merveille, nobles, à merveille, c'est un trait de votre haute prudence de m'envoyer avec un corps de soldats. Je crains bien que vous ne fassiez que réchauffer le serpent affamé qui, ranimé dans votre sein, vous percera le cœur. Il me manquait des hommes et vous allez me les donner. Je vous en sais bon gré, mais soyez sûrs que vous placez des épées tranchantes dans les mains d'un furieux. Tandis qu'en Irlande j'entretiendrai des forces redoutables, je veux susciter en Angleterre quelque noire tempête, dont le souffle envoie dix mille âmes au ciel ou en enfer; et cet ouragan terrible ne s'apaisera que lorsque, placé sur ma tête, le cercle d'or, semblable aux rayons perçants du soleil, calmera la violence de ce tourbillon furieux. J'ai déjà séduit, pour me servir d'instrument, un habitant de Kent, le fougueux Jean Cade d'Ashford; il doit, sous le nom de Jean Mortimer, exciter un soulèvement aussi étendu qu'il lui sera possible. J'ai vu en Irlande cet indomptable Cade combattre seul une troupe de Kernes, et se défendre si longtemps que ses cuisses hérissées de traits offraient presque l'aspect d'un porc-épic redressant ses dards, et lorsque enfin il eut été secouru, je le vis sauter en se relevant sur ses pieds comme un danseur moresque, et secouant les dards sanglants comme celui-ci agite ses sonnettes. Souvent, sous l'apparence d'un rusé Kerne aux cheveux ébouriffés il s'est introduit parmi les ennemis, et sans être découvert il est revenu vers moi me rendre compte de leurs perfides projets. Ce démon sera mon substitut dans ces lieux ; car dans son port, dans ses traits, dans le son de sa voix, il ressemble en tout à Jean Mortimer qui n'est plus. Par là je sonderai les dispositions du peuple, et je connaîtrai s'il est disposé en faveur de la maison et des prétentions d'York. Supposons qu'il soit pris, martyrisé, mis à la torture : parmi les tourments qu'on lui peut infliger je n'en connais pas un qui soit capable de lui arracher l'aveu que c'est à mon instigation qu'il a pris les armes. Supposons qu'il prospère, comme cela est vraisemblable, j'arriverai d'Irlande à la tête de mes troupes et recueillerai la moisson qu'aura semée ce coquin ; car Humphroy mort, comme il va l'être, et Henri mis de côté, le reste est à moi.

(Il sort.)

SCÈNE II

A Bury.—Un appartement dans le palais.

Entrent précipitamment quelques ASSASSINS.

PREMIER ASSASSIN.—Cours vers milord de Suffolk : apprends-lui que nous venons d'expédier le duc comme il l'a commandé.

SECOND ASSASSIN.—Ah ! que cela fût encore à faire ! Qu'avons-nous fait ? — As-tu jamais entendu un homme si pénitent ?

(Entre Suffolk.)

PREMIER ASSASSIN.—Voici milord.

SUFFOLK.—Eh bien, vous autres, avez-vous expédié notre affaire ?

PREMIER ASSASSIN.—Oui, mon bon seigneur.

SUFFOLK.—Voilà une bonne parole ; allez chez moi, je

récompenserai ce périlleux service. Le roi et tous les pairs sont sur mes pas; disparaissez. Avez-vous remis le lit en ordre, et tout disposé suivant les instructions que je vous avais données?

PREMIER ASSASSIN.—Oui, mon bon seigneur.

SUFFOLK.—Allez, partez.

(Les assassins sortent.)
(Entrent le roi Henri, la reine Marguerite, le cardinal, Somerset, lords et autres personnages.)

LE ROI.—Allez, avertissez le duc de Glocester de comparaître sur-le-champ en notre présence : dites à Sa Grâce que j'ai résolu d'examiner aujourd'hui s'il est coupable, comme on le publie.

SUFFOLK.—Je vais le chercher, mon noble seigneur.

(Suffolk sort.)

LE ROI.—Milords, prenez vos places, et, je vous en prie, ne procédez point avec rigueur contre mon oncle Glocester, à moins que des témoins sincères, et d'une bonne réputation, ne l'aient convaincu de pratiques coupables.

MARGUERITE.—A Dieu ne plaise que la haine puisse réussir à faire condamner un noble qui ne serait pas coupable! Je prie le Ciel que Glocester parvienne à se laver de tout soupçon.

LE ROI.—Je te remercie, Marguerite ; ces paroles me donnent une grande satisfaction. (*Rentre Suffolk.*) Qu'est-ce, Suffolk? D'où vient cette pâleur? Pourquoi trembles-tu ainsi?... Où est notre oncle? Que lui est-il arrivé, Suffolk?

SUFFOLK.—Mort dans son lit, seigneur! Glocester est mort!

MARGUERITE.—Dieu nous en préserve!

LE CARDINAL.—Un secret jugement de Dieu! J'ai rêvé cette nuit que le duc était muet et ne pouvait prononcer une parole.

(Le roi s'évanouit.)

MARGUERITE.—Qu'arrive-t-il à mon seigneur?—Au secours, milords!—Le roi est mort!

SOMERSET.—Relevez-le ; tordez-lui le nez.

MARGUERITE.—Courez, allez... Au secours! au secours! Oh! Henri, ouvre les yeux!

SUFFOLK.—Il se ranime, madame ; calmez-vous.

LE ROI.—O Dieu du ciel!...

MARGUERITE.—Comment se trouve mon gracieux seigneur?

SUFFOLK.—Prenez courage, mon souverain; gracieux Henri, prenez courage.

LE ROI.—Quoi! c'est milord de Suffolk qui me conseille de prendre courage, lui qui vient de me faire entendre un chant de corbeau dont les sons funèbres ont arrêté en moi les forces vitales; croit-il que la voix joyeuse d'un roitelet qui, du fond d'un sein perfide, viendra me crier *courage*, pourra chasser le souvenir du son que j'ai d'abord entendu? — Ne cache point ton venin sous des paroles emmiellées. — Ne porte pas tes mains sur moi; éloigne-toi, te dis-je: leur toucher m'épouvante comme le dard du serpent. Sinistre messager, ôte-toi de ma vue; sous tes prunelles s'assied la tyrannie sanguinaire, effrayant le monde de sa hideuse majesté. Ne porte point tes regards sur moi; tes regards assassinent... Mais non, ne t'éloigne pas; viens, basilic, et tue de tes regards l'innocent qui te contemple, car dans les ombres de la mort je trouverai la joie; et vivre, c'est pour moi une double mort, puisque Glocester ne vit plus.

MARGUERITE.—Pourquoi maltraiter ainsi milord Suffolk? Quoique le duc fût son ennemi, il déplore chrétiennement sa mort : et moi-même, quelque inimitié qu'il m'ait montrée, si d'humides larmes, des gémissements qui déchirent le cœur, et si les soupirs qui consument le sang pouvaient le rappeler à la vie, je serais aveuglée par mes pleurs, malade à force de gémissements; mon sang, dévoré par les soupirs, laisserait mes joues pâles comme la primevère, et tout cela pour rendre la vie au noble duc. Et que sais-je de l'opinion que va prendre de moi le monde? On a appris qu'il y avait entre nous peu d'amitié. On pourra soupçonner que c'est moi qui me suis débarrassée du duc : ainsi la calomnie flétrira mon nom, et les cours des princes seront remplies de mon déshonneur. Voilà ce qui me revient de sa mort : malheureuse que je suis! être reine et se voir couronnée d'infamie!

LE ROI.—Ah! malheur à moi d'avoir perdu Glocester! Pauvre infortuné!

MARGUERITE.—Malheur à moi, bien plus à plaindre que lui! Quoi! tu te détournes et caches ton visage! Je ne suis point dégoûtante de lèpre, regarde-moi. Quoi! es-tu donc devenu sourd comme le serpent [1]? Deviens donc venimeux comme lui, et tue ta reine abandonnée. Tout ton bonheur est-il donc renfermé dans la tombe de Glocester? S'il en est ainsi, Marguerite ne fit jamais ta joie. Élève une statue au duc, adore-le, et fais de mon image l'enseigne d'un cabaret. Est-ce donc pour cela que j'ai failli périr sur la mer, deux fois repoussée, par les vents contraires, des rivages de l'Angleterre sur ma terre natale? Que signifiait ce présage, si ce n'est un avertissement des vents bienveillants, qui semblaient me dire : Ne va point chercher un nid de scorpions, ne pose point ton pied sur ce rivage ennemi. Et moi, que faisais-je alors que maudire les vents propices, et celui qui les avait déchaînés de leurs antres d'airain? Je les conjurais de souffler vers les bords chéris de l'Angleterre, ou de jeter la quille de notre bâtiment sur quelque rocher épouvantable. Cependant Éole ne voulut point devenir meurtrier; il te laissa cet odieux emploi. La mer bondissant avec ménagement refusa de m'engloutir, sachant que, sur le rivage, ta dureté devait me noyer dans des larmes aussi amères que ses eaux. Les rochers aigus s'enfoncèrent dans les sables affaissés, et ne voulurent point me briser sur leurs flancs raboteux, afin que ton cœur de pierre, plus insensible qu'eux, fît dans ton palais périr Marguerite. Tandis que l'orage nous repoussait de tes bords, d'aussi loin que je pus apercevoir tes promontoires blanchâtres, je demeurai sur le tillac au milieu de la tempête : et lorsqu'un ciel ténébreux vint dérober à mes yeux avides la vue de ton pays, j'ôtai de mon cou un joyau précieux (c'était un cœur enchâssé dans le diamant), et je le jetai du côté de la terre. La mer

---

[1] Le serpent qui se bouche les oreilles pour ne pas entendre la voix de l'enchanteur.

le reçut, et je formai le vœu que ton sein pût de même recevoir mon cœur. C'est alors que, perdant de vue la belle Angleterre, j'aurais voulu que mes yeux pussent me quitter avec mon cœur ; c'est alors que je les traitai de verres troubles et aveugles, pour n'avoir pas su me conserver la vue des rives désirées d'Albion. Combien de fois ai-je excité Suffolk, l'agent de ta coupable inconstance, à venir, assis près de moi, m'enchanter de ses récits, comme Ascagne égara l'âme de Didon en lui racontant les actions de son père, à partir de l'incendie de Troie? N'ai-je pas été séduite comme elle? N'es-tu pas perfide comme lui? Hélas! je succombe. Meurs, Marguerite, car Henri déplore que tu vives si longtemps.

(Bruit derrière le théâtre. Entrent Salisbury et Warwick. Le peuple se presse à la porte.)

WARWICK.—Puissant souverain, un bruit se répand que le bon duc Humphroy a été assassiné en trahison, par l'ordre de Suffolk et du cardinal Beaufort. Le peuple, semblable à un essaim irrité qui a perdu son chef, se répand de côté et d'autre, sans s'inquiéter où tombe l'aiguillon. J'ai obtenu qu'ils suspendissent la fureur de leur révolte, jusqu'à ce qu'ils fussent instruits des circonstances de sa mort.

LE ROI.—Que le duc est mort, bon Warwick, il n'est que trop vrai ; mais comment il est mort, Dieu le sait, et non pas Henri. Entrez dans sa chambre, voyez son corps inanimé, et faites alors vos conjectures sur sa mort soudaine.

WARWICK.—Oui, je vais y entrer, seigneur. Salisbury, demeure jusqu'à mon retour près de cette multitude emportée.

(Warwick entre dans une chambre intérieure, et Salisbury se retire.)

LE ROI.—O toi qui juges toutes choses, arrête mes pensées, mes pensées qui s'évertuent à convaincre mon âme que la violence a terminé la vie de Glocester. Si mon soupçon est injuste, pardonne-moi, grand Dieu! car le jugement n'appartient qu'à toi seul. — Mon désir serait d'aller, par vingt mille baisers, réchauffer ses lèvres pâlies, verser sur son visage un océan de larmes amères, dire ma tendresse à ce corps muet et sourd, presser de ma main sa main insensible. Mais de quoi lui serviraient ces misérables honneurs? et, en tournant mes yeux sur sa froide et terrestre dépouille, que ferais-je qu'augmenter ma douleur?

(On ouvre les deux battants d'une porte conduisant à une chambre intérieure, où l'on voit Glocester mort dans son lit. Warwick et plusieurs autres l'entourent.)

WARWICK.—Approchez, gracieux souverain; jetez les yeux sur ce corps.

LE ROI.—C'est donc pour y contempler à quelle profondeur on a creusé ma tombe; car avec son âme se sont envolées toutes mes joies en ce monde; en le regardant, je vois dans sa mort le destin de ma vie.

WARWICK.—Aussi certainement que mon âme espère vivre avec ce roi redoutable qui, pour nous racheter de la malédiction de son père irrité, a pris sur lui notre état, aussi certainement je crois que la violence a terminé les jours de ce duc trois fois renommé.

SUFFOLK.—C'est là un serment terrible, prononcé d'un ton bien solennel! Et quelle preuve donne lord Warwick de ce qu'il atteste?

WARWICK, *au roi*.—Observez comme son sang est arrêté sur son visage. J'ai vu plus d'une fois un corps que venait d'abandonner la vie, mais je l'ai vu de couleur terreuse, amaigri, pâle, vide de son sang, tout entier descendu vers le cœur qui, dans les assauts que lui livre la mort, attire le sang pour s'en aider contre son ennemie. Il s'y glace au même instant que le cœur, et ne retourne jamais animer et embellir la face des morts. Mais voyez; son visage est noir, gonflé de sang, le globe de l'œil bien plus saillant que pendant sa vie, ses yeux ouverts et hagards comme ceux d'un homme étranglé; ses cheveux dressés, ses narines dilatées par de violents efforts, ses mains ouvertes et écartées, comme celles d'un homme qui a cherché à saisir, qui a défendu sa vie, et a été vaincu par la force. Voyez sur ses draps l'empreinte de sa chevelure, et sa barbe, ordinairement si bien rangée, inégale et en désordre, comme le blé renversé par la tempête. Il est impossible, seigneur, que Glocester n'ait pas été étouffé à cette place : le moindre de ces signes fournirait à lui seul une probabilité.

SUFFOLK.—Quoi, Warwick! Eh! qui donc aurait assassiné le duc? Beaufort et moi l'avions sous notre protection ; et ni l'un ni l'autre, j'espère, milords, nous ne sommes des assassins.

WARWICK.—Mais tous deux vous étiez les ennemis jurés du duc Humphroy, et tous deux, en effet, vous aviez le bon duc à votre garde. Il y avait lieu de juger que votre dessein n'était pas de le traiter en ami, et il est bien manifeste qu'il a trouvé un ennemi.

MARGUERITE.—Ainsi, vous paraissez soupçonner ces deux nobles seigneurs d'être coupables de la mort précipitée d'Humphroy?

WARWICK.—Qui peut trouver la génisse sans vie et saignant encore, et voir auprès d'elle le boucher, la hache à la main, et ne pas soupçonner que c'est lui qui a porté le coup mortel? Qui peut trouver la perdrix dans le nid du vautour, et ne pas imaginer comment est mort l'oiseau, quoique sur le bec du vautour qui s'envole ne paraisse aucune trace de sang? Ce tragique spectacle fait naître des soupçons tout pareils.

MARGUERITE.—Êtes-vous le boucher, Suffolk? où est votre couteau? Beaufort est-il désigné pour le vautour? où sont ses serres?

SUFFOLK.—Je n'ai point de couteau pour poignarder un homme endormi; mais voici une épée vengeresse qui, rouillée par le repos, va s'éclaircir dans ce cœur rempli de fiel, qui veut me marquer ignominieusement des signes sanglants du meurtre. Dis, si tu l'oses, orgueilleux lord du comté de Warwick, que j'ai eu une coupable part à la mort du duc Humphroy.

WARWICK.—Que n'osera pas Warwick, si le perfide Suffolk ose le défier?

MARGUERITE.—Il craindrait, quand Suffolk l'en défierait vingt fois, de contenir son caractère outrageant, d'imposer silence à son arrogante censure.

WARWICK.—Madame, tenez-vous en repos, j'ose vous le demander avec respect, car chaque mot que vous prononcez en sa faveur est un affront fait à votre royale dignité.

SUFFOLK.—Lord stupide et brutal, ignoble dans ta conduite, si jamais femme outragea son époux à cet excès, il est sûr que ta mère admit dans son lit déshonoré quelque paysan farouche et mal-appris, et qu'elle enta sur une noble tige un vil sauvageon dont tu es le fruit, et non celui de la noble race des Nevil.

WARWICK.—Si le crime de ton meurtre ne te servait de bouclier, si je consentais à frustrer le bourreau de ses profits, et à t'affranchir ainsi de dix mille opprobres, et si la présence de mon roi ne contenait ma colère, je voudrais, traître et lâche meurtrier, te faire demander pardon à genoux, pour la parole qui vient de t'échapper, et te contraindre à confesser que c'est de ta mère que tu voulais parler, et que c'est toi qui es né dans l'adultère; et, après avoir reçu de toi cet hommage de ta peur, je te donnerais ton salaire, et j'enverrais ton âme aux enfers, pernicieux vampire des hommes endormis.

SUFFOLK.—Tu seras éveillé quand je verserai le tien, si tu as le courage de me suivre hors de cette assemblée.

WARWICK.—Sortons tout à l'heure, ou je t'en vais arracher. Quoique tu en sois indigne, je veux bien me mesurer avec toi, et rendre ainsi un hommage funèbre aux mânes du duc Humphroy.

(Warwick et Suffolk sortent.)

LE ROI.—Quelle cuirasse plus impénétrable qu'un cœur irréprochable! il porte une triple armure, l'homme dont la querelle est juste : mais, fût-il enfermé dans l'acier, celui dont la conscience est souillée par l'injustice reste nu et sans défense!

(Bruit derrière le théâtre.)

MARGUERITE.—Quel bruit est-ce là?

(Rentrent Suffolk et Warwick l'épée nue.)

LE ROI.—Que vois-je, lords? quoi! vos épées menaçantes hors du fourreau, en notre présence! osez-vous

vous permettre une telle audace? Eh quoi! quelle clameur tumultueuse s'élève près d'ici?

SUFFOLK.—Le traître Warwick et les hommes de Bury, puissant souverain, se sont tous réunis contre moi.

(Bruit tumultueux derrière le théâtre.)
(Rentre Salisbury.)

SALISBURY, *parlant à la foule derrière le théâtre.*—Écartez-vous, mes amis; le roi connaîtra vos sentiments. Redoutable seigneur, les communes vous déclarent par ma voix que, si le traître Suffolk n'est pas sur-le-champ mis à mort, ou banni du territoire de la belle Angleterre, on viendra l'arracher de force de votre palais, et on lui fera souffrir les tourments d'une mort lente et cruelle. Le peuple dit que c'est par lui qu'a péri le bon duc Humphroy, qu'il y a tout à craindre de lui pour la vie de Votre Majesté; et qu'un pur mouvement d'attachement et de zèle, exempt de toute espèce d'intention de révolte, telle que serait la pensée de contredire votre royale volonté, a seul excité la hardiesse avec laquelle vos sujets demandent son bannissement. Ils sont, disent-ils, pleins de sollicitude pour votre royale personne; si Votre Majesté voulait se livrer au sommeil, et eût défendu sous peine de disgrâce, ou même de la mort, que l'on osât troubler votre repos, et que, cependant, on vît un serpent, avec sa langue à double dard, se glisser en silence vers Votre Majesté, malgré cet édit rigoureux il serait nécessaire que l'on vous réveillât, de peur que, si on vous laissait à ce dangereux assoupissement, l'animal meurtrier ne le changeât en un sommeil éternel. Tel est le motif, seigneur, qui porte vos peuples à vous crier, bien que vous l'ayez défendu, qu'avec ou sans votre consentement, ils veulent vous garder d'un serpent aussi dangereux que le traître Suffolk, dont le dard fatal et empoisonné a déjà, disent-ils, lâchement ôté la vie à votre cher et digne oncle qui valait vingt fois mieux que lui.

LE PEUPLE, *derrière le théâtre.*—Une réponse du roi, milord de Salisbury.

SUFFOLK.—On conçoit que le peuple, canaille insolente et grossière, eût pu adresser un pareil message à son souverain : mais vous, milord, vous vous êtes chargé avec joie de le porter, pour montrer l'élégance de votre talent d'orateur. Cependant tout l'honneur qu'y aura gagné Salisbury, c'est d'avoir été auprès du roi le lord ambassadeur d'une compagnie de chaudronniers.

LE PEUPLE, *derrière le théâtre.*—Une réponse du roi, ou nous allons forcer l'entrée.

LE ROI.—Retournez, Salisbury; dites-leur à tous, de ma part, que je leur sais gré de leur tendre sollicitude, et que, n'en eussé-je pas été pressé par eux, j'avais dessein de faire ce qu'ils demandent; car j'ai dans l'esprit la continuelle et ferme pensée que l'État est menacé de quelque malheur par le fait de Suffolk. C'est pourquoi je jure, par la majesté suprême dont je suis le très-indigne représentant, que dans trois jours Suffolk aura, sous peine de mort, cessé de souiller de son haleine l'air de ce pays.

MARGUERITE.—O Henri! laissez-moi vous toucher en faveur du noble Suffolk.

LE ROI.—Reine sans noblesse, quand tu l'appelles le noble Suffolk, pas un mot de plus, je te le dis; en me parlant pour lui tu ne feras qu'ajouter à ma colère. N'eussé-je fait que le dire, j'aurais voulu tenir ma parole; mais, quand je l'ai juré, mon arrêt est irrévocable. (*A Suffolk.*) Si, passé le terme de trois jours, on te trouve sur aucune terre de ma domination, le monde entier ne rachètera pas ta vie. Viens, Warwick, viens, bon Warwick, suis-moi; j'ai des choses importantes à te communiquer.

(Sortent le roi Henri, Warwick, lords, etc.)

MARGUERITE.—Puissent la fatalité et la douleur vous suivre en tous lieux! Que la désolation du cœur et l'inconsolable affliction soient les compagnes et la société de vos loisirs! Qu'avec vous deux le diable fasse le troisième, et qu'une triple vengeance s'attache à vos pas!

SUFFOLK.—Cesse, aimable reine, ces imprécations, et laisse ton cher Suffolk te dire un douloureux adieu.

ACTE III, SCÈNE II.

MARGUERITE.—Honte à toi, lâche femmelette! malheureux au cœur faible, n'as-tu donc pas le courage de maudire tes ennemis?

SUFFOLK.—La peste les étouffe!—Et pourquoi les maudirais-je? Si, comme le gémissement de la mandragore, les malédictions avaient le pouvoir de tuer, je voudrais inventer des paroles aussi poignantes, aussi maudites, aussi acerbes, aussi horribles à entendre, et les faire sortir énergiquement de ma bouche à travers mes dents serrées, avec autant de signes d'une haine mortelle qu'en peut manifester dans son antre détestable le visage décharné de l'Envie. Ma langue s'embarrasserait dans la rapidité de mes paroles, mes yeux étincelleraient comme le caillou sous l'acier, mes cheveux se dresseraient sur leurs racines, comme ceux d'un frénétique; oui, chacun de mes muscles semblerait exécrer et maudire; et même dans ce moment je sens que mon cœur surchargé se briserait si je ne les maudissais. Poison, sois leur breuvage; fiel, pis que le fiel leur plus doux aliment; que leur plus gracieux ombrage soit un bocage de cyprès, que pour leur plus charmant aspect ils n'aperçoivent que des basilics meurtriers, que ce qu'ils touchent de plus doux leur soit aussi âpre que la dent du lézard, qu'ils aient pour toute musique des sons effrayants comme le sifflement des serpents, et que les lugubres cris du hibou, précurseur de la mort, viennent compléter le concert! puissent toutes les noires terreurs de l'enfer, siége de ténèbres....

MARGUERITE.—Arrête, cher Suffolk, tu ne fais que te tourmenter toi-même; et c'est contre toi seul que ces terribles malédictions tournent toute leur force, comme une arme trop chargée, ou le rayon du soleil répercuté par une glace.

SUFFOLK.—C'est vous qui m'avez demandé ces imprécations, et c'est vous qui voulez les arrêter! Par cette terre dont je suis banni, je pourrais maintenant passer à maudire toute une nuit d'hiver, dussé-je la passer nu, sur le sommet d'une montagne, où l'âpreté du froid n'aurait jamais laissé croître un seul brin d'herbe; et ce ne serait pour moi qu'une minute écoulée dans les plaisirs.

MARGUERITE. —Oh! je t'en conjure, cesse. Donne-moi ta main, que je l'arrose de mes douloureuses larmes; ne laisse jamais la pluie du ciel la mouiller et en effacer ce monument de ma douleur. (*Elle lui baise la main.*) Oh! je voudrais que ce baiser pût s'imprimer sur ta main, comme un cachet qui te rappelât ces lèvres d'où s'exhalent pour toi mille soupirs. Allons, va-t'en pour que je connaisse tout mon malheur; tant que tu es là près de moi, je ne fais que me le représenter, comme on peut penser au besoin au milieu des excès d'un repas. —J'obtiendrai ton rappel, ou, sois-en bien assuré, je m'exposerai à être bannie moi-même. Je le suis bannie, puisque je le suis de toi; va, ne me parle pas, va-t'en tout de suite. Oh! ne t'en va pas encore!.... ainsi deux amis condamnés à la mort se pressent et s'embrassent, et se disent mille fois adieu, ayant bien plus de peine à se séparer qu'à mourir.... Et cependant adieu enfin, et avec toi, adieu la vie!

SUFFOLK. —Ainsi le pauvre Suffolk souffre dix exils, un par le roi, et par toi trois fois un triple exil. Ce n'est point mon pays que je regrette. Si tu en sortais avec moi! Un désert serait assez peuplé pour Suffolk, s'il y jouissait du charme céleste de ta présence; car où tu es, là est mon univers, accompagné de tous les plaisirs qui le remplissent, et où tu n'es pas, il n'y a rien que désolation. Je n'en puis plus; vis, pour vivre heureuse : moi, pour ne sentir qu'une seule joie, c'est que tu vives.

(Entre Vaux.)

MARGUERITE. —Où court Vaux avec tant de précipitation? Quelles nouvelles, je t'en prie?

VAUX. —Annoncer au roi, madame, que le cardinal Beaufort touche à l'heure de sa mort; il a été tout à coup saisi d'un mal effrayant qui le fait haleter, rouler les yeux, et aspirer l'air avec avidité, blasphémant Dieu, et maudissant tous les hommes de la terre. Tantôt il parle comme si l'ombre du duc Humphroy était à ses côtés; tantôt il appelle le roi, puis confie tout bas à son oreiller, comme s'il parlait au roi, les secrets de son âme surchargée; et dans ce moment je suis envoyé pour informer Sa Majesté qu'il l'appelle à grands cris.

MARGUERITE.—Allez, faites votre triste message au roi. (*Vaux sort.*) Hélas! qu'est-ce que ce monde, et quelle nouvelle? mais quoi, irai-je donc m'affliger d'une misérable perte à déplorer une heure, et oublier l'exil de Suffolk, trésor de mon âme! Comment se fait-il, Suffolk, que je ne pleure pas uniquement sur toi, le disputant aux nuages du midi par l'abondance de mes larmes qui nourriraient mon chagrin comme les leurs nourrissent la terre? Mais hâte-toi de partir; le roi, tu le sais, va venir; et s'il te trouve avec moi, tu es mort.

SUFFOLK.—Si je me sépare de toi, je ne puis plus vivre. Mourir en ta présence, serait-ce autre chose que m'endormir avec joie dans tes bras? J'exhalerais mon âme dans les airs aussi doucement, aussi paisiblement que l'enfant au berceau qui meurt la mamelle de sa mère entre les lèvres. Mais mourant loin de toi, je mourrai dans les accès de la rage; je t'appellerai à grands cris pour clore mes yeux, pour fermer ma bouche de tes lèvres, et retenir mon âme prête à fuir, ou la recevoir dans ton cœur avec mon dernier soupir, et la faire vivre ainsi dans un doux Élysée. Mourir près de toi n'est qu'un jeu; mourir loin de toi serait un tourment pire que la mort. Oh! laisse-moi rester ici, arrive qui pourra.

MARGUERITE.—Ah! pars: la séparation est un douloureux corrosif, mais qu'il faut appliquer à une blessure mortelle. En France, cher Suffolk! Instruis-moi de ton sort, et, quelque part que tu t'arrêtes sur ce vaste globe, je saurai trouver une Iris pour t'y découvrir.

SUFFOLK.—Je pars!

MARGUERITE.—Et emporte mon cœur avec toi.

SUFFOLK.—Joyau gardé dans la plus lugubre cassette qui ait jamais renfermé une chose de prix! Nous nous séparons en deux comme une barque brisée sur le rocher; c'est de ce côté que la mort va m'engloutir.

MARGUERITE.—Et moi de ce côté.

(*Ils sortent de deux côtés différents.*)

SCÈNE III

Londres.—La chambre à coucher du cardinal Beaufort.

Entrent LE ROI HENRI, SALISBURY, WARWICK, *et plusieurs autres.* LE CARDINAL *est dans son lit entouré de plusieurs personnes.*

LE ROI.—Comment vous portez-vous, milord? Parle, Beaufort, à ton souverain.

LE CARDINAL.—Si tu es la mort, je te donnerai, des trésors de l'Angleterre, assez pour acheter une autre île pareille, afin que tu me laisses vivre et cesser de souffrir.

LE ROI.—Ah! quel signe d'une mauvaise vie, lorsque l'approche de la mort se montre si terrible!

WARWICK.—Beaufort, c'est ton souverain qui te parle.

LE CARDINAL.—Faites-moi mon procès quand vous voudrez.—N'est-il pas mort dans son lit? Où devait-il mourir? Puis-je faire vivre les hommes bon gré mal gré?—Oh! ne me torturez pas davantage, je confesserai.... Quoi, encore en vie? Montrez-moi donc où il est. Je donnerai mille livres pour le voir.... Il n'a point d'yeux, la poussière les a éteints. Peignez donc ses cheveux. Voyez, voyez, ils sont hérissés et droits comme des rameaux englués, pour arrêter les ailes de mon âme! Donnez-moi quelque chose à boire, et dites à l'apothicaire d'apporter le violent poison que je lui ai acheté.

LE ROI.—O toi, éternel moteur des cieux, jette un regard de miséricorde sur ce misérable! repousse le démon actif et vigilant qui assiége de toutes parts cett âme malheureuse, et délivre son sein de ce noir désespoir!

WARWICK.—Voyez, comme les angoisses de la mort lui font grincer les dents.

SALISBURY.—Ne le troublons point; laissons-le passer paisiblement.

LE ROI.—Que la paix soit à son âme, si c'est la volonté

de Dieu! Milord cardinal, si tu espères en la félicité du ciel, lève ta main, donne-nous quelque signe d'espérance.... Il meurt, et ne fait aucun signe!—O Dieu, pardonne-lui!

WARWICK.—Une mort si terrible atteste une vie monstrueuse.

LE ROI.—Abstenez-vous de juger, car nous sommes tous pécheurs. Fermez ses yeux, tirez les rideaux sur son corps, et allons tous méditer.

FIN DU TROISIÈME ACTE.

ACTE QUATRIÈME

—

SCÈNE I

Le bord de la mer près de Douvres.

On entend sur la mer des coups de feu, puis on voit descendre d'un bâtiment UN CAPITAINE *de navire,* UN PILOTE, UN CONTRE-MAITRE, WALTER WHITMORE, *et leurs gens, amenant* SUFFOLK, *et d'autres gentilshommes de sa suite, prisonniers.*

LE CAPITAINE.—Enfin le jour indiscret, joyeux, ouvert à la pitié, est rentré dans le sein profond de la mer. Maintenant les loups et leurs bruyants hurlements éveillent les coursiers qui tirent le char funeste de la nuit mélancolique, et de leurs ailes endormies, lentes et molles, enveloppent les tombeaux des morts, tandis que de leur gueule humide s'exhalent, dans l'air épaissi, les ténèbres contagieuses. Amenez donc les guerriers que nous venons de prendre; tandis que notre pinasse va rester à l'ancre dans les dunes, ils vont ici, sur la plage, traiter de leur rançon, où ils teindront de leur sang ce sable décoloré. Pilote, je te cède de bon cœur ce captif, et toi, contre-maitre, fais ton profit de son compagnon. (*Désignant Suffolk.*) Withmore, celui-ci est ton partage.

PREMIER GENTILHOMME.—A quoi suis-je taxé, maître? fais-le-moi savoir.

LE PILOTE.—A mille couronnes; faute de quoi, à bas la tête.

LE CONTRE-MAITRE.—Et vous, vous m'en donnerez autant, ou la vôtre sautera.

LE CAPITAINE.—Quoi! pensez-vous donc que deux mille

ACTE IV, SCÈNE I.

couronnes ce soit payer bien cher pour des gens qui portent le nom et la mine de gentilshommes ? Coupez-moi la gorge à ces coquins-là : vous mourrez ; de si faibles rançons ne compensent point la perte de nos compagnons tués dans le combat.

PREMIER GENTILHOMME.—Je vous les donnerai, monsieur, épargnez ma vie.

SECOND GENTILHOMME.—Et moi aussi ; et je vais écrire sur-le-champ pour les avoir.

WHITMORE, *à Suffolk.* J'ai perdu un œil à l'abordage de cette prise ; et pour ma vengeance tu mourras, toi ; il en arriverait autant aux autres, si je faisais ma volonté.

LE CAPITAINE.—Ne sois pas si fou ; prends une rançon et laisse-le vivre.

SUFFOLK.—Vois ma croix de Saint-George ; je suis gentilhomme ; taxe moi au prix que tu voudras, tu seras payé.

WHITMORE.—Je suis gentilhomme aussi, mon nom est Walter Whitmore... Comment ! qui te fait tressaillir ? Quoi ! la mort te fait peur ?

SUFFOLK.—C'est ton nom qui me fait peur ; il renferme pour moi le son de la mort. Un habile homme, d'après des calculs sur ma naissance, m'a dit que je périrais par l'eau ; et c'est là ce que signifie ton nom [1]. Cependant que cela ne t'inspire pas des idées sanguinaires. Ton nom bien prononcé est Gauthier.

WHITMORE.—Que ce soit Gauthier ou Walter, peu m'importe : jamais l'ignoble déshonneur n'a terni notre nom, que ce fer n'en ait aussitôt effacé la tache. Aussi, quand je me résoudrai à vendre la vengeance comme une marchandise, que mon épée soit brisée, mes armes déchirées et effacées, et que je sois proclamé lâche dans tout l'univers.

(Il saisit Suffolk.)

---

[1] *C'est là ce que signifie ton nom.* Il a fallu ajouter ces paroles, pour rendre la chose intelligible. Walter se prononce à peu près comme *Water* (eau), ce qui, dans l'anglais, fait comprendre sur-le-champ le sujet de la crainte de Suffolk, et ne peut se remplacer en français.

suffolk.—Arrête, Whitmore, ton prisonnier est un prince, le duc de Suffolk, William de la Pole.

whitmore.—Le duc de Suffolk, caché sous des haillons!

suffolk.—Oui : mais ces vêtements ne font pas partie du duc. Jupiter s'est quelquefois travesti : pourquoi n'en ferais-je pas autant?

le capitaine.—Mais Jupiter n'a jamais été tué, et toi, tu vas l'être.

suffolk.—Ignoble et vil paysan, le sang du roi Henri, le noble sang de Lancastre ne doit point être versé par un vil valet comme toi. Ne t'ai-je pas vu, baisant ta main, me tenir l'étrier, tête nue, et soutenant la housse de ma mule, heureux d'obtenir de moi un signe de tête? Combien de fois as-tu attendu pour recevoir mon verre, t'es-tu nourri des restes de mon buffet, t'es-tu agenouillé près de la table, lorsque je m'y asseyais avec la reine Marguerite? Souviens-t'en, et que cela te fasse un peu baisser le ton, et que cela adoucisse ton orgueil prématuré. Combien de fois ne t'es-tu pas tenu dans mes vestibules, pour attendre respectueusement ma sortie? Cette main a écrit en ta faveur : elle pourra donc charmer ta langue téméraire.

whitmore. — Parlez, capitaine : poignarderai-je ce rustre abandonné?

le capitaine.—Laisse-moi auparavant poignarder son cœur de mes paroles, comme il a fait le mien.

suffolk.—Bas esclave, tes paroles sont sans vigueur comme toi.

le capitaine. — Emmenez-le d'ici, et tranchez-lui la tête sur notre chaloupe.

suffolk.—Sur ta vie, tu ne l'oseras pas.

le capitaine.—Si fait, Poole [1].

suffolk.—Poole?

le capitaine.—Pole, sir Pole, lord Poole, ruisseau boueux, mare, marais, dont le limon et la fange troublent les sources pures où s'abreuve l'Angleterre; je vais

---

[1] Le capitaine travestit ici le nom de Pole en *poole* ou *pool*, qui signifie *eau stagnante*.

combler ta bouche toujours ouverte pour dévorer les trésors de l'État. Tes lèvres, qui ont baisé celles de la reine, balayeront la poussière. Toi, qu'on vit sourire à la mort du bon duc Humphroy, tu montreras en vain tes dents aux vents insensibles, qui te répondront avec mépris par leurs sifflements. Sois marié aux furies de l'enfer, pour avoir eu l'audace de fiancer un puissant prince à la fille d'un misérable roi, sans sujets, trésors, ni diadème. Tu t'es agrandi par une politique infernale, et, comme l'ambitieux Sylla, tu t'es gorgé du sang tiré à plaisir du cœur de ta mère. Par toi l'Anjou et le Maine ont été vendus aux Français. Par ta faute, les perfides Normands révoltés dédaignent de nous rendre hommage; la Picardie a massacré ses gouverneurs, surpris nos forteresses, et renvoyé, en Angleterre, les débris de nos soldats sanglants. C'est en haine de toi que le généreux Warwick et tous les Nevil, dont l'épée redoutable ne fut jamais tirée en vain, courent aux armes; et que la maison d'York, précipitée du trône par le honteux assassinat d'un roi innocent et les envahissements d'un tyran orgueilleux, brûle des feux de la vengeance. Déjà ses drapeaux pleins d'espoir marchent en avant sous l'emblème d'un soleil à demi voilé, et aspirent à briller avec cette devise : *Invitis nubibus*. Le peuple de Kent a pris les armes ; et, pour conclure enfin, la honte et la misère sont entrées dans le palais de notre roi, et tous ces maux sont ton ouvrage. Allons, emmenez-le.

SUFFOLK.—Oh! que ne suis-je un dieu pour lancer la foudre sur cette misérable, cette abjecte et vile canaille! Il faut bien peu de chose pour enivrer des hommes de rien. Ce malheureux, parce qu'il commande une pinasse, menace plus haut que Bargulus, le puissant pirate de l'Illyrie. Des frelons ne sucent point le sang des aigles; c'est assez pour eux de piller la ruche de l'abeille. Il est impossible que je meure par la main d'un vassal aussi abject que toi. Tes discours émeuvent en moi la rage et non pas la crainte. La reine m'a chargé d'un message pour la France. Je te commande de me transporter sur ton bord de l'autre côté du canal.

LE CAPITAINE.—Walter...

WHITMORE.—Viens, Suffolk, je vais te transporter à la mort.

SUFFOLK. — *Gelidus timor occupat artus :* c'est toi que je crains.

WHITMORE.—Je t'en donnerai sujet avant de nous séparer. Quoi! êtes-vous dompté à présent? ne consentez-vous pas à vous humilier?

PREMIER GENTILHOMME.—Mon gracieux seigneur, intercédez pour votre vie : donnez-lui de bonnes paroles.

SUFFOLK.—La voix souveraine de Suffolk est sévère et inflexible. Accoutumée à commander, elle ne sait point demander grâce. Loin de moi la faiblesse d'honorer ces brigands d'une humble prière! Non; que ma tête s'abaisse sur le billot fatal, plutôt qu'on voie mes genoux fléchir devant personne, que devant le Dieu du ciel, ou devant mon roi; qu'on la voie plutôt danser en cadence sur un pieu sanglant, que se découvrir devant cette ignoble valetaille. La vraie noblesse est exempte de peur. (*A Whitmore.*) J'en puis souffrir plus que vous n'en osez exécuter.

LE CAPITAINE.—Arrachez-le d'ici, et qu'il n'en dise pas davantage.

SUFFOLK.—Allons, soldats, montrez-vous aussi cruels que vous pourrez, afin que ma mort ne soit jamais oubliée! plus d'un grand homme fut immolé par de vils brigands. Un estafier romain et un misérable bandit massacrèrent l'éloquent Cicéron : la main bâtarde de Brutus poignarda Jules César; de sauvages insulaires égorgèrent le grand Pompée, et Suffolk meurt par la main des pirates.

(Sortent Suffolk, Withmore, et plusieurs autres.)

LE CAPITAINE.—A l'égard de ceux dont nous avons fixé la rançon, ma volonté est que l'un d'eux soit relâché sur sa parole : ainsi donc venez avec nous et laissez-le partir.

(Tous sortent excepté le premier gentilhomme.)
(Rentre Whitmore, portant le corps de Suffolk.)

WHITMORE.—Que cette tête et ce corps sans vie restent

gisants ici (*il les jette sur la terre*), jusqu'à ce que la reine, sa maîtresse, lui donne la sépulture.

(Il sort.)

PREMIER GENTILHOMME.—O barbare et sanglant spectacle! je veux porter son corps au roi ; et s'il laisse sa mort impunie, ses amis la vengeront. La reine la vengera, elle à qui Suffolk vivant était si cher.

(Il sort en emportant le corps.)

SCÈNE II

Une autre partie du comté de Kent.

BEVIS, *laboureur;* JOHN HOLLAND.

BEVIS.—Viens, et procure-toi une épée, ne fût-elle que de latte. Ils sont sur pied depuis deux jours.

HOLLAND.—Ils n'en ont que plus besoin de dormir aujourd'hui.

BEVIS.—Je te dis que Jacques Cade, le drapier, se propose de rhabiller l'État, de le retourner et de le mettre à neuf.

HOLLAND.—Il en a bien besoin, car on voit la corde. Oui, je le répète, il n'y a pas eu un moment de bon temps en Angleterre, depuis que les nobles ont pris le dessus.

BEVIS.—O malheureux âge! on ne fait aucun cas de la vertu dans les gens de métier.

HOLLAND.—La noblesse croit que c'est une honte que de porter un tablier de cuir.

BEVIS.—Bien plus, il n'y a dans le conseil du roi que de mauvais ouvriers.

HOLLAND.—C'est la vérité ; et cependant il est dit : *Travaille dans ta vocation.* C'est comme qui dirait : Que les magistrats soient des travailleurs, et dès lors nous devrions être magistrats.

BEVIS.—Tu as touché juste, car il n'y a point de signe plus certain d'un bon courage qu'une main durcie.

holland. —Oh ! je les vois, je les vois ; je reconnais le fils de Best, tanneur de Wingham.

bevis. —Il prendra la peau de nos ennemis pour faire du cuir de chien.

holland. —Et voilà aussi Dick, le boucher.

bevis. —Allons, le péché sera assommé comme un bœuf, et l'iniquité égorgée comme un veau.

holland. —Et Smith, le tisserand.

bevis. —*Argo,* le fil de leur vie tire à sa fin.

holland. —Allons, viens : mêlons-nous avec eux.

(Tambour. Entrent Cade, Dick le boucher, Smith le tisserand, et d'autres en grand nombre.)

cade. —Nous, Jean Cade, ainsi appelé du nom de notre père putatif.

dick. —Ou plutôt pour avoir volé une caque[1] de harengs.

cade. —Et parce que nos ennemis tomberont devant nous[2], qui sommes inspirés de l'esprit de renversement contre les rois et les princes....—Commande le silence.

dick. —Silence !

cade. —Mon père était un Mortimer.

dick, *à part.* —C'était un fort honnête homme, un fort bon maçon.

cade. —Ma mère, une Plantagenet.

dick, *à part.* —Je l'ai bien connue : elle était sage-femme.

cade. —Ma femme descendait des Lacy.

dick, *à part.* —En effet, elle était fille d'un porte-balle, et elle a vendu force lacets.

smith, *à part.* —Mais depuis quelque temps, n'étant plus en état de voyager chargée de sa malle, elle est blanchisseuse ici dans le canton.

cade. —Je suis donc sorti d'une honorable maison.

dick, *à part.* —Oui, sur ma foi. Les champs sont un honorable domicile, et c'est là qu'il est né, sous une haie ; car jamais son père n'a eu d'autre maison que la prison.

[1] En vieil anglais *cade* signifie *caque.*
[2] De *cado.*

cade.—Je suis vaillant.

smith, *à part*.—Il le faut bien : la misère est brave.

cade.—Je sais souffrir la peine.

dick, *à part*.—Oh! cela n'est pas douteux; car je l'ai vu fouetter pendant trois jours de marché consécutifs.

cade.—Je ne crains ni le fer ni le feu.

smith.—Il ne doit pas craindre le fer, car son habit est à l'épreuve de tout.

dick, *à part*.—Mais il me semble qu'il devrait craindre un peu le feu, après avoir eu la main brûlée pour un vol de moutons.

cade.—Soyez donc braves, car votre chef est brave et fait vœu de réformer l'État. Les sept pains d'un demi-penny seront vendus, en Angleterre, pour un penny ; la mesure de trois pots en contiendra dix, et sous mes lois ce sera félonie que de boire de la petite bière. Tout le royaume sera en communes, et mon palefroi ira paître l'herbe de Cheapside. Et lorsque je serai roi.... (car je serai roi!)

tout le peuple.—Dieu conserve Votre Majesté!

cade.—Je vous remercie, bon peuple. Il n'y aura plus d'argent; tous boiront et mangeront à mes frais, et je les habillerai tous d'un même uniforme, afin qu'ils puissent être unis comme des frères et me révérer comme leur souverain.

dick.—La première chose à faire, c'est d'aller tuer tous les gens de loi.

cade.—Oui, c'est bien mon dessein. N'est-ce pas une chose déplorable que la peau d'un innocent agneau serve à faire du parchemin, et que le parchemin, lorsqu'il aura été griffonné, puisse perdre un homme? On dit que l'abeille fait mal avec son aiguillon, et moi je dis que c'est la cire de l'abeille. Je n'ai usé du sceau qu'une fois, et je n'ai jamais été mon maître depuis.—Qu'y a-t-il? Qui vient à nous?

(Entrent quelques hommes, conduisant le clerc de Chatham.)

smith.—C'est le clerc de Chatham : il sait écrire et lire, et dresser un compte.

cade.—Chose horrible!

SMITH.—Nous l'avons pris faisant des exemples pour les enfants.

CADE.—C'est un infâme.

SMITH.—Il a dans sa poche un livre écrit en lettres rouges.

CADE.—C'est de plus un sorcier.

DICK.—Il sait encore faire des contrats, et écrire par abréviation.

CADE.—J'en suis fâché pour lui. C'est un homme de bonne façon, sur mon honneur : et si je ne le trouve pas coupable, il ne mourra pas.—Approche ici, je veux t'examiner. Quel est ton nom ?

LE CLERC.—Emmanuel.

DICK.—C'est le nom que les nobles ont coutume d'écrire en tête de leurs lettres.—Vos affaires vont mal.

CADE.—Laisse-moi lui parler.—As-tu coutume d'écrire ton nom ? Ou as-tu une marque pour désigner ta signature, comme il convient à un honnête homme qui y va tout bonnement ?

LE CLERC.—Monsieur, j'ai été, Dieu merci, assez bien élevé pour savoir écrire mon nom.

LE PEUPLE.—Il a avoué. Emmenez-le : c'est un scélérat, un traître.

CADE.—Emmenez-le, dis-je, et qu'on le pende avec sa plume et son cornet au cou.

(Quelques-uns des assistants sortent emmenant le clerc.)
(Entre Michel.)

MICHEL.—Où est notre général ?

CADE.—Me voici. Que me veux-tu si particulièrement ?

MICHEL.—Fuyez, fuyez, fuyez ! Milord Stafford et son frère sont ici près avec les troupes du roi.

CADE.—Arrête, misérable, arrête, ou je te jette à bas. —Il aura affaire à aussi bon que lui. Ce n'est qu'un chevalier, n'est-ce pas ?

MICHEL.—Non.

CADE.—Pour être son égal, je vais me faire chevalier à l'instant. Relève-toi, sir Jean Mortimer. A présent, marchons à lui.

(Entrent sir Humphroy Stafford et William son frère, avec des tambours et des soldats.)

STAFFORD.—Populace rebelle, l'écume et la fange du comté de Kent, marqués pour la potence, jetez vos armes, regagnez vos chaumières, et abandonnez ce drôle. Le roi sera miséricordieux, si vous abjurez la révolte.

WILLIAM STAFFORD.—Mais il sera furieux, inexorable et sanguinaire, si vous y persévérez : ainsi, l'obéissance ou la mort.

CADE.—Pour ces esclaves vêtus de soie, je n'y fais pas attention. C'est à vous que je m'adresse, bon peuple, sur qui j'espère régner un jour ; car je suis l'héritier légitime de la couronne.

STAFFORD.—Misérable ! ton père était un maçon ; et toi-même, qu'est-ce que tu es, un tondeur de draps, n'est-ce pas ?

CADE.—Et Adam était un jardinier.

WILLIAM STAFFORD.—Eh bien, quelle conséquence ?

CADE.—Vraiment, la voici. Edmond Mortimer, comte des Marches, épousa la fille du duc de Clarence. Cela n'est-il pas vrai ?

STAFFORD.—Eh bien, après ?

CADE.—Elle accoucha, à la fois, de deux enfants mâles.

WILLIAM STAFFORD.—Cela est faux.

CADE.—Oui, c'est là la question ; mais je dis, moi, que cela est vrai. Le premier né des deux ayant été mis en nourrice, fut enlevé par une mendiante ; et ignorant sa naissance et son parentage, se fit maçon quand il fut en âge. Je suis son fils. Niez-le, si vous pouvez.

DICK.—Oui, c'est encore vrai ; en conséquence, il sera roi.

SMITH.—Oui, monsieur, il a fait une cheminée chez mon père, et les briques en sont encore sur pied pour rendre témoignage ; ainsi, n'allez pas dire le contraire.

STAFFORD.—Ajouterez-vous donc foi aux paroles de ce vil coquin qui parle de ce qu'il ne sait pas ?

LE PEUPLE.—Oui, nous le croyons ; allez-vous-en donc.

WILLIAM STAFFORD.—Jack Cade, c'est le duc d'York qui vous fait la leçon.

CADE, *à part*.—Il ment, car c'est moi qui l'ai inventée. (*Haut.*) Va, mon cher, dis au roi de ma part, que pour l'amour de son père, Henri V, au temps de qui les enfants jouaient au petit palet avec des écus de France, je consens à le laisser régner, à condition que je serai son protecteur.

un chef du peuple.—Et de plus, que nous voulons avoir la tête du lord Say, qui a vendu le duché du Maine.

cade.—Et cela est juste ; car par là l'Angleterre a été estropiée, et marcherait bientôt avec un bâton, si ma puissance ne la soutenait. Camarades rois, je vous dis que le lord Say a mutilé l'État, et l'a fait eunuque ; et pis que tout cela, il sait parler français, et par conséquent c'est un traître.

stafford.—O grossière et déplorable ignorance !

cade.—Eh bien, répondez si vous pouvez. Les Français sont nos ennemis ; cela posé, je dis seulement : celui qui parle avec la langue d'un ennemi, peut-il être un bon conseiller ou non ?

tout le peuple.—Non, non, et nous voulons avoir sa tête.

william stafford. —Allons, puisque les paroles de douceur n'y peuvent rien, fondons sur eux avec l'armée du roi.

stafford.—Allez, héraut, et proclamez traîtres, dans toutes les villes, tous ceux qui s'armeront en faveur de Cade : annoncez que ceux qui fuiront de nos rangs avant la fin de la bataille seront, pour l'exemple, pendus à leur porte, sous les yeux de leurs femmes et de leurs enfants. Que ceux qui tiennent pour le roi me suivent.

(Les deux Stafford sortent avec leurs troupes.)

cade.—Et que ceux qui aiment le peuple me suivent : voici le moment de montrer que vous êtes des hommes ; c'est pour la liberté. Nous ne laisserons pas sur pied un seul lord, un seul noble. N'épargnons que ceux qui seront mal vêtus ; car ce sont de pauvres et honnêtes gens, qui prendraient bien notre parti s'ils l'osaient.

dick.—Les voilà qui viennent en bon ordre, et qui s'avancent contre nous.

CADE.—Et notre ordre, à nous, c'est d'être bien en désordre. En avant, marche !

SCÈNE III

Une autre partie de la plaine de Blackheath.

Alarmes. Les deux partis entrent et combattent : les DEUX STAFFORD *sont tués.*

CADE.—Où est Dick, le boucher d'Ashford ?

DICK.—Me voilà, monsieur.

CADE.—Ils tombaient devant toi comme des bœufs et des brebis, et tu y allais comme si tu avais été dans ta boucherie. Voici donc ta récompense : le carême sera deux fois aussi long qu'il l'est à présent ; et d'ici à cent ans moins un, tu auras tout ce temps-là le privilége exclusif de tuer.

DICK.—Je n'en demande pas davantage.

CADE.—Et pour dire vrai, tu ne mérites pas moins. Je veux porter ce monument de ma victoire [1], et les corps seront traînés aux jarrets de mon cheval jusqu'à ce que j'arrive à Londres, où nous ferons porter devant nous l'épée du maire.

UN CHEF DU PEUPLE.—Si nous voulons prospérer et faire le bien, forçons les portes des prisons, et délivrons les prisonniers.

CADE.—Ah ! n'aie pas peur, tu peux y compter. Allons, marchons sur Londres.

(Ils sortent.)

SCÈNE IV

Londres.—Un appartement dans le palais.

Entre LE ROI HENRI *lisant une requête Il est suivi du duc de* BUCKINGHAM *et du lord* SAY. *Vient à quelque distance* LA REINE MARGUERITE, *pleurant sur la tête de Suffolk.*

MARGUERITE.—J'ai souvent ouï dire que la douleur

---

[1] Cade, après cette bataille, se revêtit en effet de l'armure de Stafford.

amollit l'âme, et la remplit de crainte, d'abattement. Pense donc à la vengeance et cesse de pleurer.—Mais qui peut cesser de pleurer en voyant cet objet? Sa tête peut bien reposer ici sur mon sein palpitant; mais où est le corps que je serrerais dans mes bras?

BUCKINGHAM.—Quelle réponse fait Votre Majesté à la requête des rebelles?

LE ROI.—Je vais députer quelque saint évêque pour tâcher de les ramener; car à Dieu ne plaise que tant de pauvres simples créatures périssent par l'épée! Et plutôt que de souffrir qu'elles soient exterminées par une guerre sanglante, je veux avoir moi-même une entrevue avec leur général Cade. Mais attendez, je veux lire encore une fois leur requête.

MARGUERITE.—Scélérats barbares! Ce visage enchanteur qui, comme une planète, dominait ma destinée, n'a-t-il donc pu vous obliger à la pitié, vous qui n'étiez pas dignes de le regarder?

LE ROI.—Lord Say, Jack Cade a juré d'avoir ta tête.

SAY.—Oui, mais j'espère que Votre Majesté aura la sienne.

LE ROI.—Eh quoi, madame, toujours vous lamentant, toujours pleurant la mort de Suffolk! Ah! je crains, ma bien-aimée, que, si j'étais mort à sa place, vous ne m'eussiez pas tant pleuré.

MARGUERITE.—Non, mon bien-aimé, je ne pleurerais pas, mais je mourrais pour toi.

(Entre un messager.)

LE ROI.—Quoi? Quelles nouvelles apportes-tu? Pourquoi arrives-tu en si grande hâte?

LE MESSAGER. — Les rebelles sont dans Southwark. Fuyez, seigneur; Cade se proclame lord Mortimer, descendant de la maison du duc de Clarence. Il traite hautement Votre Majesté d'usurpateur, et il jure de se couronner lui-même dans Westminster. Il a pour armée une multitude déguenillée de paysans, d'ouvriers, gens grossiers et sans pitié. La mort de sir Humphroy Stafford et de son frère leur a donné cœur et courage pour marcher en avant. Tout homme sachant lire et écrire, homme de loi, courtisan, gentilhomme, est, selon eux, une vilaine chenille, et qu'il faut mettre à mort.

LE ROI. — O les malheureux ! Ils ne savent ce qu'ils font.

BUCKINGHAM. — Mon gracieux seigneur, retirez-vous à Kenel-Worth, jusqu'à ce qu'on ait levé des troupes pour faire main-basse sur eux.

MARGUERITE. — Oh ! si le duc de Suffolk vivait encore, les rebelles de Kent seraient bientôt soumis.

LE ROI. — Lord Say, ces traîtres te haïssent : viens donc avec nous à Kenel-Worth.

SAY. — Cela pourrait exposer la personne de Votre Grâce. Ma vue leur serait odieuse : je demeurerai donc dans la ville, et je m'y tiendrai aussi caché que je le pourrai.

(Entre un autre messager.)

LE MESSAGER. — Jack Cade s'est rendu maître du pont de Londres. Les bourgeois fuient et abandonnent leurs maisons. La mauvaise populace, toujours avide de pillage, court se joindre au traître, et tous jurent de concert de dévaster la ville et votre palais.

BUCKINGHAM. — Ne perdez pas un moment, seigneur, montez à cheval.

LE ROI. — Venez, Marguerite ; Dieu, notre espérance, viendra à notre secours.

MARGUERITE. — Mon espérance est morte avec Suffolk.

LE ROI, à Say. — Adieu, milord, ne vous fiez pas aux rebelles de Kent.

BUCKINGHAM. — Ne vous fiez à personne, de peur d'être trahi.

SAY. — Ma confiance est dans mon innocence : aussi suis-je fier et résolu.

(Ils sortent.)

SCÈNE V

Toujours à Londres.—La Tour.

Le lord SCALES *et d'autres paraissent sur les murs. Au pied arrivent quelques* CITOYENS.

SCALES. — Quelles nouvelles ? Jack Cade est-il tué ?

PREMIER CITOYEN.—Non, milord, et il n'y a point d'apparence que cela lui arrive. Ils se sont emparés du pont, et ils tuent tout ce qui leur résiste. Le lord maire vous demande quelque renfort des troupes de la Tour, pour défendre la ville contre les rebelles.

SCALES.—Tout ce que je pourrai en détacher sans inconvénient sera à vos ordres. Mais je suis moi-même ici dans les alarmes. Les rebelles ont déjà tenté d'emporter la Tour. Mais gagnez la plaine de Smithfield, formez un corps de troupes, et je vais y envoyer Matthieu Gough. Allez, combattez pour votre roi, pour votre pays et pour votre vie. Adieu, il faut que je m'en retourne.

(Ils sortent.)

SCÈNE VI

Londres.—Cannon street.

Entrent JACK CADE *et sa troupe; il frappe de son bâton de commandement la pierre de Londres.*

CADE.—A présent, Mortimer est seigneur de Londres; et, ici placé sur la pierre de Londres, j'entends et j'ordonne, qu'aux frais de la ville, la fontaine ne verse que du vin de Bordeaux pendant la première année de mon règne. Dorénavant il y aura crime de trahison pour quiconque m'appellera autrement que *Mortimer*.

(Entre un soldat.)

LE SOLDAT, *courant*.—Jack Cade! Jack Cade!

CADE.—Tuez-le sur la place.

(Ils le tuent.)

SMITH.—Pour peu que cet homme ait raison, il ne lui arrivera jamais de vous appeler Jack Cade. Je crois qu'il est content de la leçon.

DICK.—Milord, il se rassemble une armée à Smithfield.

CADE.—Marchons donc; allons les combattre. Mais auparavant allez mettre le feu au pont de Londres; et, si vous pouvez, brûlez la Tour aussi.—Allons, marchons.

(Ils sortent.)

SCÈNE VII

Smithfield.

Une alarme. Entrent d'un côté CADE *et sa troupe; de l'autre, les citoyens et les troupes du roi, commandés par* MATTHIEU GOUGH. *Ils combattent · les citoyens sont mis en déroute, Mathieu Gough est tué.*

CADE.—Voilà ce que c'est, mes amis.—Allez quelques-uns de vous abattre leur palais de Savoie, d'autres les colléges de droit : abattez tout.

DICK.—J'ai une requête à présenter à Votre Seigneurie.

CADE.—Fût-ce le titre de lord, tu es sûr de l'obtenir pour ce mot.

DICK.—La grâce que je vous demande, c'est que toutes les lois de l'Angleterre émanent de votre bouche.

JEAN, *à part.*—Par la messe ! ce seront de sanglantes lois; car il a reçu dans la mâchoire un coup de lance, et la plaie n'est pas encore guérie.

SMITH, *à part.*—Et de plus, Jean, ce seront des lois qui ne sentiront pas bon ; car son haleine sent furieusement le fromage grillé.

CADE.—J'y ai pensé, cela sera ainsi. Allez, brûlez tous les registres du royaume ; ma bouche sera le parlement d'Angleterre.

JEAN.—Cela a tout l'air de vouloir nous donner des statuts qui mordront ferme, à moins qu'on ne lui arrache les dents.

CADE.—Et désormais tout sera en commun.

(*Entre un messager.*)

LE MESSAGER.—Milord, une capture ! une capture ! le lord Say ! qui vendait les villes en France, et qui nous a fait payer vingt-un quinzièmes et un schelling par livre dans le dernier subside.

(*Entre George Bevis avec le lord Say.*)

CADE.—Eh bien, pour cela il sera décapité dix fois. Te

voilà donc, lord Say [1], lord de serge, lord de bougran. Te voilà dans le domaine de notre juridiction souveraine ! Qu'as-tu à répondre à ma majesté, pour te disculper d'avoir livré la Normandie à monsieur Basimecu[2], le dauphin de France? Qu'il te soit donc déclaré par-devant cette assemblée, et par-devant lord Mortimer, que je suis le balai destiné à nettoyer la cour d'immondices telles que toi. Tu as traîtreusement corrompu la jeunesse du royaume, en érigeant une école de grammaire; et tandis que, jusqu'à présent, nos ancêtres n'avaient eu d'autres livres que la mesure et la taille, c'est toi qui es cause qu'on s'est servi de l'imprimerie. Contre les intérêts du roi, de sa couronne et de sa dignité, tu as bâti un moulin à papier. Il te sera prouvé en fait que tu as autour de toi des hommes qui parlent habituellement de noms, de verbes, et autres mots abominables, que ne peut supporter une oreille chrétienne. Tu as établi des juges de paix, pour citer devant eux les pauvres gens, pour des choses sur lesquelles ils ne sont pas en état de répondre : de plus, tu les as fait mettre en prison, et parce qu'ils ne savaient pas lire, tu les as fait pendre; tandis que seulement, pour cela, ils auraient mérité de vivre. Tu montes un cheval couvert d'une housse : cela est-il vrai ou non?

say.—Qu'importe?

cade.—Ce qu'il importe? Tu ne dois pas souffrir que ton cheval porte un manteau, tandis que de plus honnêtes gens que toi vont en chausses et en pourpoint.

dick.— Et souvent travaillent en chemise, comme moi, par exemple, qui suis boucher !

say.—Peuple de Kent....

dick.—Que voulez-vous dire de Kent?

say.—Rien de plus que ceci : *Bona gens, mala gens.*

cade.—Emmenez-le, emmenez-le, il parle latin.

say.—Écoutez seulement ce que j'ai à dire, puis, pre-

---

[1] *Say*, en vieux langage, signifiait *Sire*.

[2] *Basimecu*, par corruption, pour *Basemycu;* grossier sobriquet, qu'apparemment la populace de Londres donnait au dauphin.

nez-le comme vous voudrez. — Kent, dans les *Commentaires* écrits par César, est nommé le canton le plus policé de notre île. Le pays est agréable, parce qu'il est rempli de richesses; le peuple libéral, vaillant, actif, opulent; ce qui me fait espérer que vous n'êtes pas dénués de pitié. — Je n'ai point vendu le Maine, je n'ai point perdu la Normandie; mais pour les recouvrer, je perdrais volontiers la vie. J'ai toujours rendu la justice avec indulgence; les prières et les larmes ont touché mon cœur, et jamais les présents. Quand ai-je exigé une seule imposition de vous, si ce n'est pour l'utilité du Kent, du roi, du royaume et de vous? j'ai répandu de grandes largesses sur les savants clercs, parce que c'était à mes livres que j'avais dû mon avancement auprès du roi. Et voyant que l'ignorance est la malédiction de Dieu, et la science l'aile avec laquelle nous nous élevons au ciel, à moins que vous ne soyez possédés de l'esprit du démon, vous vous garderez certainement de me tuer. Cette langue a négocié avec les rois étrangers, pour votre avantage.

CADE. — Bah! Quand as-tu frappé un seul coup sur le champ de bataille?

SAY. — Les hommes en place ont le bras long. J'ai frappé souvent ceux que je ne vis jamais, et je les ai frappés à mort.

GEORGE. — Oh! l'infâme lâche! venir comme cela par derrière le monde!

SAY. — Ces joues sont pâlies par mes veilles pour votre bien.

CADE. — Frappez-le au visage, et cela lui fera revenir les couleurs.

SAY. — Les longues séances que j'ai données pour juger les causes des pauvres m'ont accablé d'infirmités et de maladies.

CADE. — On vous fournira, pour les guérir, une chandelle de chanvre et l'assistance d'une hache.

DICK. — Comment! est-ce que tu trembles?

SAY. — C'est la paralysie, et non la peur, qui me fait trembler.

cade.—Voyez, il remue la tête, comme s'il nous disait: Je vous le revaudrai. Je veux voir si elle sera plus ferme sur un pieu. Emmenez-le, et coupez-lui la tête.

say.—Dites-moi donc quel grand crime j'ai commis. Ai-je affecté l'opulence ou la grandeur? Répondez. Mes coffres sont-ils remplis d'un or extorqué? Mes vêtements sont-ils somptueux à voir? A qui de vous ai-je fait tort pour que vous vouliez me faire mourir? Ces mains sont pures du sang innocent : ce sein est exempt de toutes pensées de crimes et de perfidie. Oh! laissez-moi vivre.

cade.—Je sens que ses paroles me touchent le cœur, mais j'y mettrai ordre; il mourra, ne fût-ce que pour avoir si bien plaidé pour sa vie. Emmenez-le. Il a un démon familier sous sa langue; il ne parle pas au nom de Dieu. Emmenez-le, vous dis-je, et abattez-lui la tête sur l'heure. Ensuite allez enfoncer les portes de la maison de son gendre, sir James Cromer; tranchez-lui la tête aussi, et rapportez-les ici toutes deux, fichées sur des pieux.

le peuple.—Cela va être fait.

say.—O compatriotes! si, quand vous faites vos prières, Dieu était aussi endurci que vous l'êtes, comment s'en trouveraient vos âmes après la mort? Laissez-vous fléchir, et épargnez ma vie.

cade.—Emmenez-le, et faites ce que je vous ordonne. (*Quelques-uns sortent emmenant lord Say.*) Le plus magnifique pair du royaume ne pourra porter sa tête sur ses épaules sans me payer tribut. Pas une fille ne sera mariée qu'elle ne paye un tribut pour sa virginité avant qu'on en jouisse. Les hommes relèveront de moi *in capite*, et nous voulons et prétendons que leurs femmes soient aussi libres que le cœur peut le désirer, ou la langue l'exprimer.

dick.—Milord, quand irons-nous à Cheapside prendre des marchandises sur nos bons?

cade.—Eh vraiment, sur-le-champ.

le peuple.—Bravo.

(*On apporte la tête du lord Say, et celle de son gendre.*)

cade.—Ceci ne vaut-il pas encore plus de bravos?—

Faites-les se baiser l'un l'autre, car ils s'aimaient beaucoup quand ils étaient en vie. A présent séparez-les, de peur qu'ils ne consultent ensemble sur le moyen de livrer quelques villes de plus aux Français. Soldats, différons jusqu'à la nuit qui approche le pillage de la ville, et promenons-nous dans les rues avec ces têtes portées devant nous en guise de masses d'armes, et à chaque coin de rue faites-les se baiser. Allons.

(Ils se retirent.)

SCÈNE VIII

Southwark.

Une alarme. Entre CADE, *suivi de toute la populace.*

CADE.—Montez par Fish-Street, descendez par l'angle de Saint-Magnus ; tuez, assommez : jetez-les dans la Tamise. (*Une trompette sonne un pourparler et une retraite.*) Quel bruit est-ce là? Qui donc est assez hardi pour sonner la retraite ou un pourparler quand je commande qu'on tue?

(Entrent Buckingham et le vieux Clifford, avec des troupes.)

BUCKINGHAM.—C'est nous vraiment qui avons cette hardiesse, et qui venons te déranger. Sache, Cade, que nous venons comme ambassadeurs de la part du roi vers le peuple que tu as égaré, pour annoncer un pardon absolu à tous ceux qui t'abandonneront et retourneront tranquillement chez eux.

CLIFFORD.—Que dites-vous, compatriotes? Voulez-vous vous rendre au pardon qui vous est encore offert, ou attendez-vous que votre révolte vous conduise à la mort? Qui aime le roi et accepte son pardon, qu'il jette son chaperon en l'air et crie : *Dieu garde le roi!* Que celui qui le hait et n'honore pas son père Henri V, qui fit trembler la France, secoue son arme contre nous et continue son chemin.

LE PEUPLE.—Dieu garde le roi! Dieu garde le roi!

CADE. — Quoi! Buckingham et Clifford, êtes-vous si braves? et vous, stupides paysans, croyez-vous à leurs paroles? Avez-vous donc envie d'être pendus avec vos lettres de grâce attachées au cou? Mon épée s'est-elle donc fait jour à travers les portes de Londres pour que vous m'abandonniez au White-Hart dans Southwark? Je pensais que jamais vous ne poseriez les armes avant d'avoir recouvré vos anciennes libertés; mais vous êtes tous des misérables, des lâches, qui vous plaisez à vivre esclaves de la noblesse. Laissez-les vous briser les reins à force de fardeaux, vous chasser de dessous vos toits, ravir devant vos yeux vos femmes et vos filles. Il y en a toujours un que je saurai bien tirer d'affaire. Que la malédiction de Dieu vous éclaire tous!

LE PEUPLE. — Nous voulons suivre Cade, nous voulons suivre Cade!

CLIFFORD. — Cade est-il le fils de Henri V pour crier ainsi que vous voulez le suivre? Vous conduira-t-il dans le cœur de la France pour y faire, des derniers d'entre vous, des comtes ou des ducs? Hélas! il n'a pas seulement une maison, un asile pour se réfugier; il ne sait comment se procurer de quoi vivre, si ce n'est par le pillage, en nous volant, nous qui sommes vos amis. Ne serait-ce pas une honte, si, tandis que vous êtes ici à vous chamailler, le timide Français, naguère vaincu par vous, faisait une subite incursion sur la mer, et venait vous vaincre? Il me semble déjà le voir, au milieu de nos discordes civiles, parcourir en maître les rues de Londres, en appelant villageois tous ceux qu'il rencontre. Ah! périssent plutôt dix mille canailles de Cades, que de vous voir demander grâce à un Français! En France! en France! et regagnez ce que vous avez perdu; épargnez l'Angleterre, c'est votre rivage natal. Henri a de l'argent; vous êtes forts et courageux; Dieu est avec nous : ne doutez pas de la victoire.

TOUT LE PEUPLE. — A Clifford! à Clifford! nous suivons le roi et Clifford.

CADE. — Vit-on jamais plume aussi facile à souffler çà et là que cette multitude? Le nom de Henri V les entraîne à cent mauvaises actions, et ils me laissent là seul et abandonné. Je les vois se consulter ensemble pour me saisir par surprise. Mon épée m'ouvrira un chemin, car il n'y a plus moyen de rester ici. En dépit des diables et de l'enfer, je passerai au milieu de vous. Le ciel et l'honneur me sont témoins que ce n'est pas défaut de courage en moi, mais seulement la basse, l'ignominieuse trahison de ceux qui me suivent, qui me force de tourner les talons et de fuir.

BUCKINGHAM.—Quoi! il s'est échappé? Que quelques-uns de vous aillent après lui. Celui qui apportera sa tête au roi recevra mille couronnes pour sa récompense. (*Quelques-uns sortent.*) Suivez-moi, soldats; nous allons chercher un moyen de vous réconcilier tous avec le roi.

(Ils sortent.)

SCÈNE IX

Château de Kenilworth.

LE ROI HENRI, LA REINE MARGUERITE et SOMERSET *paraissent sur la terrasse du château.*

LE ROI.—Fut-il jamais un roi, possesseur d'un trône terrestre, qui fut aussi peu maître de se procurer quelque satisfaction? Je commençais à peine à ramper hors de mon berceau, qu'on fit de moi un roi, à l'âge de neuf mois. Hélas! jamais sujet ne souhaita de devenir roi, comme je souhaite et languis du désir d'être sujet.

(Entrent Buckingham et Clifford.)

BUCKINGHAM.—Salut et bonnes nouvelles à Votre Majesté!

LE ROI.—Comment! Buckingham, le rebelle Cade est-il surpris? ou ne s'est-il retiré que pour attendre de nouvelles forces?

CLIFFORD.—Il est en fuite, seigneur, et tout son monde se soumet. (*Entrent un grand nombre des partisans de Cade, la corde au cou.*) Ils viennent humblement, la corde au cou, recevoir de Votre Majesté leur sentence de vie ou de mort.

LE ROI.—Ouvre donc, ô ciel, tes portes éternelles, pour donner passage à mes remercîments et à mes actions de grâces. Soldats, vous avez, dans ce jour, racheté votre vie, et montré combien vous chérissiez votre roi et votre pays. Persévérez toujours dans de si bons sentiments, et Henri, fût-il malheureux, vous assure qu'il ne sera jamais dur pour vous. Recevez donc tous, tant que vous êtes, mes remercîments et mon pardon, et retournez dans vos différents pays.

TOUTE LA MULTITUDE.—Dieu conserve le roi ! Dieu conserve le roi !

(Entre un messager.)

LE MESSAGER.—Votre Grâce, avec sa permission, doit être avertie que le duc d'York est récemment arrivé d'Irlande, avec un corps nombreux et puissant de Gallowglasses déterminés ; il s'avance vers ces lieux en belle ordonnance, et proclame, sur la route, que le seul objet de son armement est d'éloigner de la cour le duc de Somerset, qu'il appelle un traître.

LE ROI.—Ainsi, entre Cade et York, mon pouvoir flotte dans la détresse, comme un vaisseau qui, sortant de la tempête, est surpris par un calme et abordé par un pirate. Cade vient seulement d'être réprimé, et ses forces dispersées, et voilà qu'York s'élève en armes et lui succède. Va, je te prie, à sa rencontre, Buckingham ; demande-lui le motif de cette prise d'armes. Dis-lui que j'enverrai le duc Edmond à la Tour ; et en effet, Somerset, nous t'y ferons renfermer jusqu'à ce qu'il ait congédié son armée.

SOMERSET.—Seigneur, je me rendrai de moi-même à la prison ; j'irai, s'il le faut, à la mort, pour le bien de mon pays.

LE ROI, *à Buckingham.*—Quoi qu'il arrive, n'employez pas des termes trop durs ; vous savez qu'il est violent, et ne supporte pas un langage trop sévère.

BUCKINGHAM.—Je prendrai soin, seigneur, et j'agirai, n'en doutez pas, de telle sorte, que toutes choses vous tourneront à bien.

(Il sort.)

LE ROI.—Venez, ma femme, rentrons; et apprenons à mieux gouverner; car jusqu'ici l'Angleterre peut maudire mon malheureux règne.

(Ils sortent.)

SCÈNE X

Kent.—Le jardin d'Iden.

Entre CADE.

CADE.— Peste soit de l'ambition ! et peste soit de moi, qui porte une épée, et cependant suis près de mourir de faim ! Cinq jours entiers je suis resté caché dans ces bois sans oser mettre le nez dehors, car tout le pays est après moi ; mais à présent je suis si affamé, que, quand on me ferait un bail de mille ans de vie, je ne pourrais y tenir plus longtemps. J'ai donc escaladé ce mur de briques, et pénétré dans ce jardin pour tenter si je n'y pourrais pas trouver de l'herbe à manger, ou bien arracher une fois ou l'autre une salade, ce qui n'est pas mauvais pour rafraîchir l'estomac dans cette extrême chaleur; et je pense que les salades de toute espèce ont été créées pour mon bien : car plus d'une fois, sans ma salade [1], j'aurais bien pu avoir le crâne fendu d'un coup de hache d'armes; et plus d'une fois aussi, lorsque j'étais pressé de la soif, et marchant sans relâche, elle m'a servi de pot pour y boire, et aujourd'hui c'est encore une salade qui va me rassasier.

(Entre Iden avec des domestiques.)

IDEN.—O Dieu ! qui voudrait vivre dans le tumulte d'une cour lorsqu'il peut jouir de promenades aussi paisibles que celles-ci? Ce modique héritage que m'a laissé mon père, suffit à mes désirs, et vaut une monarchie. Je ne cherche point à m'agrandir par la ruine des autres, non plus qu'à accumuler des richesses, quitte à attirer sur moi je ne sais combien d'envie; il me suffit d'avoir de

---

[1] *Sallet*, salade, dans la double signification de *casque* et de *salade à manger*.

quoi soutenir mon état, et renvoyer toujours de ma porte le pauvre satisfait.

CADE.—J'aperçois le maître du terrain qui vient me saisir comme un vagabond, pour être entré dans son domaine sans sa permission. Ah! misérable, tu me livrerais et recevrais du roi mille couronnes pour lui avoir porté ma tête ; mais avant que nous nous séparions je veux te faire manger du fer comme une autruche, et avaler une épée comme une grande épingle.

IDEN.—A qui en as-tu, brutal que tu es ? Qui que tu sois, je ne te connais pas. Pourquoi donc te livrerais-je ? N'est-ce pas assez d'être entré dans mon jardin, contre ma volonté, à moi qui en suis le propriétaire, et d'y venir comme un voleur par-dessus les murs dérober les fruits de ma terre ? il faut que tu me braves encore par tes propos insolents!

CADE.—Te braver ? oui, par le meilleur sang qui ait jamais été tiré, et te faire la barbe encore. Regarde-moi bien ; je n'ai pas mangé depuis cinq jours : viens cependant avec tes cinq hommes, et si je ne vous étends pas là, roides comme un clou de porte, je prie Dieu qu'il ne me soit plus permis de manger un seul brin d'herbe.

IDEN.—Non, il ne sera jamais dit, tant que l'Angleterre subsistera, qu'Alexandre Iden, écuyer de Kent, ait combattu, en nombre inégal, un pauvre homme épuisé par la faim. Fixe sur mes yeux tes yeux assurés, et vois si tu peux m'intimider de tes regards; mesure tes membres contre mes membres, et vois si tu n'es pas le plus petit de beaucoup. Ta main n'est qu'un doigt comparée à mon poing, ta jambe qu'un bâton auprès de cette massue, mon pied soutiendrait le combat contre toute la force que t'a donnée le ciel. Si mon bras s'élève en l'air, ta fosse est déjà creusée en terre ; et au lieu de paroles supérieures aux tiennes et dont la grandeur puisse répondre au reste de mes discours, je charge mon épée de te dire ce que t'épargne ma langue.

CADE.—Par ma valeur, c'est bien le champion le plus accompli dont j'aie jamais ouï parler! Toi, fer, si tu fléchis, et si, avant de t'endormir dans le fourreau, tu ne fais pas une émincée de bœuf de cette énorme charpente de paysan, je prie Dieu à genoux que tu serves à faire des clous de fer à cheval. (*Ils se battent, Cade tombe.*) Oh! je suis mort. C'est la famine, pas autre chose qui m'a tué. Envoie dix mille démons contre moi; pourvu que tu me donnes seulement les dix repas que j'ai perdus, je les défie tous. Sèche, jardin, et sois désormais la sépulture de tous ceux qui vivent dans cette maison, puisqu'ici l'âme indomptée de Cade s'est évanouie.

IDEN.—Est-ce donc Cade que j'ai tué? Cet horrible traître? O mon épée! je veux te consacrer pour cet exploit, et quand je serai mort, te faire suspendre sur ma tombe. Jamais ce sang ne sera essuyé de ta pointe : tu le porteras comme un écusson glorieux, emblème de l'honneur que s'est acquis ton maître.

CADE.—Iden, adieu, et sois fier de ta victoire; dis au pays de Kent, de ma part, qu'il a perdu son meilleur soldat, et exhorte tous les hommes à être des lâches; car moi je ne redoutai jamais personne, je suis vaincu par la famine, et non par la valeur.

(Il meurt.)

IDEN.—Tu me fais injure. Que le ciel soit mon juge! Meurs, scélérat maudit, malédiction sur celle qui t'a porté dans son sein! Et comme j'enfonce mon épée dans ton corps, puissé-je enfoncer ton âme dans l'enfer! Je veux te traîner par les pieds dans un fumier qui te servira de tombeau. Là, je couperai ta tête proscrite, et je la porterai en triomphe au roi, laissant ton corps pour pâture aux corbeaux des champs.

(Il sort en traînant le corps.)

FIN DU QUATRIÈME ACTE.

ACTE CINQUIÈME

SCÈNE I

Plaines entre Dartford et Blackheath.

D'un côté le camp du roi, de l'autre entre YORK *avec sa suite, des tambours et des drapeaux; ses troupes à quelque distance.*

YORK.—Ainsi, York revient de l'Irlande pour revendiquer ses droits et arracher la couronne de la tête du faible Henri. Cloches, sonnez à grand bruit; feux de joie, brûlez d'une flamme claire et brillante, pour fêter le monarque légitime de l'illustre Angleterre.—Ah! *sancta majestas*, qui ne voudrait t'acheter au plus haut prix! Qu'ils obéissent, ceux qui ne savent pas gouverner. Cette main fut faite pour ne manier que l'or. Je ne puis donner à mes paroles l'influence qui leur appartient, si cette main ne balance une épée ou un sceptre. S'il est vrai que j'aie une âme, elle aura un sceptre, sur lequel s'agiteront les fleurs de lis de la France. (*Entre Buckingham.*) Qui vois-je s'avancer? Buckingham, qui vient me gêner par sa présence. Sûrement c'est le roi qui l'envoie : dissimulons.

BUCKINGHAM.—York, si tes intentions sont bonnes, je te salue de bon cœur.

YORK.—Humphroy de Buckingham, je reçois ton salut. Es-tu envoyé, ou viens-tu de ton propre mouvement?

BUCKINGHAM.—Envoyé par Henri, notre redouté souverain, pour savoir la raison de cette prise d'armes en temps de paix, ou pour que tu me dises à quel titre, toi, sujet comme moi, et contre ton serment d'obéissance et de fidélité, tu assembles, sans l'ordre du roi, ce grand nombre de soldats, et oses conduire tes troupes si près de sa cour.

YORK, *à part.*—A peine puis-je parler tant est grande ma colère. Oh! dans l'indignation que m'inspirent ces paroles avilissantes, que ne puis-je déraciner les rochers et me battre contre la pierre! et que n'ai-je en ce moment, comme Ajax, le fils de Télamon, le pouvoir de décharger ma furie sur des bœufs et des brebis! Je suis né bien plus haut que ce roi, bien plus semblable à un roi, bien plus roi par mes pensées... Mais je dois encore un peu de temps affecter la sérénité, jusqu'à ce que Henri soit plus faible et moi plus fort. (*Haut.*) Oh! Buckingham, pardonne-moi, je te prie, d'avoir été si longtemps sans te répondre; mon esprit était absorbé par une profonde mélancolie.—Mon but, en amenant cette armée, est... d'éloigner du roi l'orgueilleux Somerset, traître envers Sa Grâce et envers l'État.

BUCKINGHAM.—Cela est trop présomptueux de ta part. Cependant, si cet armement n'a point d'autre but, le roi a cédé à ta demande : le duc de Somerset est à la Tour.

YORK.—Sur ton honneur, est-il en prison?

BUCKINGHAM.—Sur mon honneur, il est en prison.

YORK.—En ce cas, Buckingham, je congédie mon armée. Soldats, je vous remercie tous : dispersez-vous, et venez demain me trouver aux prés de Saint-George; vous y recevrez votre paye, et tout ce que vous pourrez désirer. Que mon souverain, le vertueux Henri, me demande mon fils aîné; que dis-je! tous mes fils, comme otages de ma fidélité et de mon attachement : je les lui remettrai tous avec autant de satisfaction que j'en ai à vivre. Terres, biens, cheval, armure, tout ce que je possède est à ses ordres, comme il est vrai que je désire que Somerset périsse.

BUCKINGHAM.—York, je loue cette affectueuse soumission, et nous allons nous rendre ensemble à la tente du roi.

(Entre le roi avec sa suite.)

LE ROI.—Buckingham, York n'a-t-il donc point dessein de nous nuire, que je le vois s'avancer ainsi son bras passé dans le tien?

YORK.—York vient, rempli de soumission et de respect, se présenter à Votre Majesté.

LE ROI.—Dans quelle intention as-tu donc amené toutes ces troupes?

YORK.—Pour enlever d'auprès de vous le traître Somerset, et pour marcher contre Cade, cet abominable rebelle, que je viens d'apprendre avoir été défait.

(Entre Iden avec la tête de Cade.)

IDEN.—Si un homme grossier comme moi et d'une aussi basse condition peut paraître en la présence d'un roi, je viens offrir à Votre Grâce la tête d'un traître, la tête de Cade que j'ai tué en combat.

LE ROI.—La tête de Cade! Grand Dieu, quelle est ta justice! Oh! laisse-moi regarder mort le visage de celui qui vivant m'a suscité de si cruels embarras. Dis-moi, mon ami; est-ce toi qui l'as tué?

IDEN.—C'est moi-même, n'en déplaise à Votre Majesté.

LE ROI.—Comment t'appelles-tu? quelle est ta condition?

IDEN.—Alexandre Iden est mon nom, un pauvre écuyer de Kent, qui aime son roi.

BUCKINGHAM.—Avec votre permission, seigneur, il ne serait pas mal de le créer chevalier pour un pareil service.

LE ROI.—Iden, mets-toi à genoux (*il se met à genoux*), et relève-toi chevalier. Je te donne mille marcs pour récompense, et je veux que désormais tu demeures attaché à notre suite.

IDEN.—Puisse Iden vivre pour mériter tant de bonté! et ne vivre jamais que pour être fidèle à son souverain!

(Entrent la reine Marguerite, Somerset.)

LE ROI.—Voyez, Buckingham, voilà Somerset qui s'approche avec la reine; allez la prier de le cacher promptement aux regards du duc.

MARGUERITE.—Pour mille York, il ne cachera pas sa

tête ; mais il demeurera hardiment pour l'affronter en face.

YORK.—Quoi donc! Somerset en liberté! S'il en est ainsi, York, laisse donc un libre cours à tes pensées emprisonnées trop longtemps, et que ta langue parle comme ton cœur? Endurerai-je la vue de Somerset? Perfide roi, pourquoi as-tu rompu ta foi avec moi, toi qui sais combien je souffre peu qu'on m'outrage? T'appellerai-je donc roi? Non, tu n'es point un roi, tu n'es point propre à gouverner ni à régir des peuples, toi qui n'oses pas, qui ne peux pas maîtriser un traître. Ta tête ne sait point porter une couronne. Ta main est faite pour serrer le bâton de palmier, non pour soutenir le sceptre imposant d'un souverain. C'est mon front qui doit ceindre l'or de la couronne ; ce front dont la sérénité ou la colère peut, comme la lance d'Achille, tuer ou guérir par ses divers mouvements. Voilà la main qui saura tenir un sceptre, qui saura établir ses lois suprêmes. Cède-moi la place. Par le ciel, tu ne régneras pas plus longtemps sur celui que le ciel a créé pour régner sur toi.

SOMERSET.—O épouvantable traître! je t'arrête, York, pour crime de haute trahison contre le roi et la couronne. Obéis, traître audacieux. A genoux, pour demander grâce.

YORK.—Moi, me mettre à genoux! demande d'abord à mes genoux s'ils souffriront que je plie devant un homme. Qu'on appelle mes fils pour me servir de caution. (*Sort un homme de la suite.*) Je suis bien sûr qu'avant qu'ils me laissent conduire en prison, leurs épées se rendront caution de mon affranchissement.

MARGUERITE. — Qu'on cherche Clifford : priez-le de venir promptement, et qu'il nous dise si les bâtards d'York peuvent servir de caution à leur traître de père.

YORK.—O Napolitaine teinte de sang, rebut proscrit de Naples, fléau sanguinaire de l'Angleterre! Les fils d'York, bien meilleurs que toi par la naissance, seront la caution de leur père : malheur à ceux qui la refuseraient! (*Entrent d'un côté Édouard et Richard Plantagenet avec des* soldats; et de l'autre aussi avec des soldats, le vieux Clifford et son fils.) Vois s'ils viennent; je réponds qu'ils tiendront ma parole.

MARGUERITE.—Et voilà Clifford qui arrive pour rejeter leur caution.

CLIFFORD.—Salut et bonheur à mon seigneur roi!

YORK.—Je te rends grâces, Clifford : dis quel sujet t'amène. Ne nous chagrine pas par un regard ennemi, c'est nous qui sommes ton souverain, Clifford; fléchis de nouveau le genou, nous te pardonnerons de t'être mépris.

CLIFFORD.—Voici mon roi, York; je ne me méprends point. Mais, toi, tu te méprends fort de m'imputer une méprise. Il le faut envoyer à Bedlam : cet homme est-il devenu fou?

LE ROI.—Oui, Cliford, une folie ambitieuse le porte à s'élever contre son roi.

CLIFFORD.—C'est un traître. Faites-le conduire à la Tour, et qu'on vous mette à bas sa tête séditieuse.

MARGUERITE.—Il est arrêté; mais il ne veut pas obéir. Ses fils, dit-il, donneront pour lui leur parole.

YORK.—N'y consentez-vous pas, mes enfants?

ÉDOUARD PLANTAGENET.—Oui, mon noble père, si nos paroles peuvent vous servir.

RICHARD PLANTAGENET.—Et si nos paroles ne le peuvent, ce sera nos épées.

CLIFFORD.—Quoi? quelle race de traîtres avons-nous donc ici?

YORK.—Regarde dans un miroir, et donne ce nom à ton image. Je suis ton roi, et toi un traître au cœur faux. Appelez ici, pour se placer au poteau[1], mes deux braves ours; que du seul bruit de leurs chaînes ils fassent trembler ces chiens félons qui tournent timide-

---

[1] *Call hither to the stake.*

Cette allusion de l'ours qu'on enchaînait à un poteau, et qu'on faisait harceler par une meute de chiens, est familière à Shakspeare pour désigner un guerrier redoutable. Un ours rampant était l'écusson des Nevils.

ment autour d'eux. Priez Salisbury et Warwick de se rendre près de moi.

(Tambours. Entrent Salisbury et Warwick avec des soldats.)

CLIFFORD.—Sont-ce là tes ours? Eh bien ! je harcèlerai tes ours jusqu'à la mort, et de leurs chaînes j'attacherai le gardien d'ours lui-même, s'il se hasarde à les conduire dans la lice.

RICHARD PLANTAGENET.—J'ai vu souvent un dogue ardent et présomptueux se retourner et mordre celui qui l'empêchait de s'élancer ; puis aussitôt que, laissé en liberté, il sentait la patte cruelle de l'ours, je l'ai vu serrer la queue entre ses jambes en poussant des cris; tel est le rôle que vous jouerez, si vous vous mesurez en ennemi avec le lord Warwick.

CLIFFORD.—Loin d'ici, amas de disgrâces, hideuse et grossière ébauche, aussi difforme par ton âme que par ta figure!

YORK.—Nous allons dans peu vous échauffer autrement.

CLIFFORD.—Prenez garde que cette chaleur ne vous brûle vous-même.

LE ROI.—Quoi, Warwick ! Tes genoux ont-ils désappris à fléchir?... Et toi, Salisbury, honte sur tes cheveux blancs! Toi, guide insensé, qui égares le cœur malade de ton fils, veux-tu, sur ton lit de mort, jouer le rôle d'un brigand, et chercher ton malheur avec tes lunettes! Oh! où est la foi, où est la loyauté ? Si elles sont bannies d'une tête glacée par les ans, où trouveront-elles un refuge sur la terre? Veux-tu donc creuser ton tombeau pour y trouver encore la guerre, et souiller de sang ton âge honorable? Quoi ! vieux comme tu l'es, tu manques d'expérience ; ou, si tu en as, pourquoi lui fais-tu un tel outrage? Pour ton honneur, rends-toi au devoir, fléchis devant moi ces genoux que ton âge avancé fait déjà plier vers la tombe.

SALISBURY.—Seigneur, j'ai examiné avec moi-même le titre de ce très-renommé duc, et, dans ma conscience, je crois que c'est à Sa Grâce qu'appartient par droit de succession le trône d'Angleterre.

LE ROI.—Ne m as-tu pas juré fidélité et obéissance?

SALISBURY.—Oui.

LE ROI.—Peux-tu te dégager envers le ciel de la nécessité d'acquitter ton serment?

SALISBURY.—C'est un grand péché de jurer le péché; mais c'en est un plus grand encore de tenir un serment coupable. Quel vœu assez solennel peut contraindre à commettre un meurtre, à dépouiller autrui, à outrager la pudeur d'une vierge sans tache, à ravir le patrimoine de l'orphelin, à priver la veuve de ses droits légitimes, sans autre raison de cette injustice que le lien d'un serment solennel?

MARGUERITE.—Un traître subtil n'a pas besoin de sophiste.

LE ROI.—Appelez Buckingham; dites-lui de s'armer.

YORK.—Appelle Buckingham, Henri, et tout ce que tu as d'amis. Je suis résolu à mourir ou à régner.

CLIFFORD.—Je te garantis le premier, si les songes prédisent la vérité.

WARWICK.—Tu ferais mieux de regagner ton lit et d'y aller rêver encore, pour te mettre à l'abri de la tempête du champ de bataille.

CLIFFORD.—Je suis résolu à soutenir une tempête plus terrible que celle qu'il est en ton pouvoir de susciter aujourd'hui; et je compte écrire cette résolution sur ton cimier, si je puis seulement te reconnaître aux armes de ta maison.

WARWICK.—Oui, j'en jure par les armoiries de mon père, par l'ancien écu des Nevil, l'ours rampant enchaîné à un poteau tortueux, je veux porter aujourd'hui mon panache élevé, comme le cèdre qui se déploie sur le sommet d'une montagne et conserve son feuillage en dépit de la tempête, pour te faire trembler seulement à le voir.

CLIFFORD.—Et moi, je t'arracherai ton ours de dessus ton casque, et le foulerai sous mes pieds avec tout le mépris dont je suis capable, en haine du gardeur d'ours par qui l'ours sera défendu.

LE JEUNE CLIFFORD.—Aux armes donc, mon victorieux

père, pour réprimer ces rebelles et leurs complices.

RICHARD PLANTAGENET.—Fi donc! pour votre honneur un peu plus de charité ; ne proférez point de paroles de haine, car vous souperez ce soir avec *Jésus-Christ*.

LE JEUNE CLIFFORD.—Odieux signe de colère, c'est plus que tu n'en peux dire.

RICHARD PLANTAGENET.—Si ce n'est pas dans le ciel que vous souperez, ce sera donc sûrement en enfer.

(Ils sortent de différents côtés.)

SCÈNE II

Saint-Albans.

Alarmes, combattants qui passent et repassent
Entre WARWICK.

WARWICK.—Clifford de Cumberland, c'est Warwick qui t'appelle ; et si tu ne te caches pas devant l'ours, maintenant que les trompettes furieuses sonnent l'alarme et que les cris des mourants remplissent le vide des airs, Clifford, je t'appelle. Viens et combats contre moi, orgueilleux lord du nord. Clifford de Cumberland, Warwick s'enroue à force de t'appeler aux armes. (*Entre York.*) Quoi ! mon noble lord, comment, à pied ?

YORK.—Clifford, dont la mort arme le bras, vient de tuer mon cheval ; mais coup pour coup, et au même moment, j'ai fait de cette excellente bête qu'il aimait tant un repas pour les vautours et les corbeaux.

Entre Clifford.)

WARWICK.—L'heure de l'un de nous ou de tous deux est arrivée.

YORK.—Arrête, Warwick, et cherche ailleurs quelque autre proie ; car c'est moi qui dois poursuivre celle-ci jusqu'à la mort.

WARWICK.—En ce cas, fais vaillamment, York ; c'est pour une couronne que tu combats Clifford ; comme il est vrai que je compte réussir aujourd'hui, j'ai du chagrin au cœur de te quitter sans te combattre.

(Warwick sort.)

CLIFFORD.—Que vois-tu donc en moi, York? Pourquoi t'arrêter ainsi?

YORK.—J'aimerais ta contenance guerrière si tu ne m'étais pas si profondément ennemi.

CLIFFORD.—Et l'on ne refuserait pas à ta valeur la louange et l'estime, si tu ne l'employais honteusement et pour le crime.

YORK. — Puisse-t-elle me défendre contre ton épée, comme il est vrai qu'elle soutient la justice et la bonne cause!

CLIFFORD.—Mon âme et mon corps ensemble sur cette affaire-ci.

YORK.—Voilà un terrible gage. En garde sur-le-champ.

(Ils combattent, Clifford tombe.)

CLIFFORD.—*La fin couronne les œuvres*[1].

(Il meurt.)

YORK.—Ainsi la guerre t'a donné la paix, car te voilà tranquille. Que le repos soit avec son âme, si c'est la volonté du ciel!

(Il sort.)

(Entre le jeune Clifford.)

LE JEUNE CLIFFORD.—Honte et confusion! Tout est en déroute. La peur crée le désordre, et le désordre frappe ceux qu'il faudrait défendre. O guerre! fille des enfers, dont le ciel irrité a fait l'instrument de sa colère, jette dans les cœurs glacés des nôtres les charbons brûlants de la vengeance! Ne laisse pas fuir un soldat. L'homme qui s'est vraiment consacré à la guerre ne connaît pas l'amour de soi. Quiconque s'aime soi-même n'a point essentiellement, mais seulement par le hasard des circonstances, les caractères de la valeur..... (*Voyant son père mort.*) O que ce vil monde prenne fin, et que les flammes du dernier jour confondent, avant le temps, la terre et le ciel embrasés ensemble! Que le souffle de la

---

[1] Clifford dit ces paroles en français: il ne mourut point de la main du duc d'York, mais fut tué dans la mêlée. Sa mort est ainsi racontée dans la troisième partie de *Henri VI*, et la même incohérence se remarque dans les pièces originales. C'est une inadvertance comme on en rencontre souvent dans Shakspeare.

trompette universelle se fasse entendre et impose silence au son mesquin des divers bruits du monde! Père chéri, étais-tu donc destiné à perdre ta jeunesse dans la paix, et à revêtir les couleurs argentées de l'âge, de la prudence, pour venir, aux jours vénérables où l'on garde la maison, périr dans une mêlée de brigands. A cette vue, mon cœur se change en pierre, et tant qu'il m'appartiendra il demeurera dur comme elle.—York n'épargne point nos vieillards, je n'épargnerai pas davantage leurs enfants. Les larmes des jeunes vierges feront sur mon cœur l'effet de la rosée sur la flamme ; et la beauté, qui si souvent a rappelé les tyrans à la clémence, ne fera, comme l'huile et la cire, qu'animer l'ardeur de ma colère. Dès ce moment, la pitié ne m'est plus rien. Si je trouve un enfant de la maison d'York, je le couperai en autant de bouchées que la farouche Médée fit du jeune Absyrte, et je chercherai ma gloire dans la cruauté. (*Il prend sur ses épaules le corps de son père.*) Viens, toi, ruine récente de l'antique maison de Clifford; comme Énée emporta le vieil Anchise, je vais te charger sur mes robustes épaules. Mais Énée portait une charge vivante, elle ne lui pesait pas ce que me pèsent mes douleurs.

(Il sort.)
(Entrent Richard Plantagenet et Somerset : ils combattent, Somerset est tué.)

RICHARD PLANTAGENET.—Te voilà donc là gisant! Par sa mort sous une misérable enseigne du château de Saint-Albans, mise à la porte d'un cabaret, Somerset va rendre fameuse la sorcière qui l'a prédite[1]. Fer, conserve ta trempe; cœur, continue d'être impitoyable. Les prêtres prient pour leurs ennemis, mais les princes tuent.

(Il sort.)
(Alarmes. Différentes excursions des deux partis. Entrent le roi Henri et la reine Marguerite et quelques autres faisant retraite.)

[1] La sorcière avait prédit à Somerset qu'il aurait à se garder des châteaux qui se tiennent en haut, *that mounted stand*, et il meurt sous l'enseigne du château de Saint-Albans, à la porte d'un cabaret.

marguerite.—Fuyez, seigneur. Que vous êtes lent! N'avez-vous pas de honte? fuyez.

le roi. — Pouvons-nous fuir les volontés du ciel? Chère Marguerite, arrêtez.

marguerite.—De quelle nature êtes-vous donc? Vous ne voulez ni combattre ni fuir. Maintenant c'est force d'esprit, sagesse et sûreté, de céder le champ aux ennemis, et de garantir notre vie par tous les moyens possibles, puisque tout ce que nous pouvons c'est de fuir. (*On entend au loin une alarme.*) Si vous êtes pris, nous sommes au bout de nos ressources; mais si nous avons le bonheur d'échapper, comme le temps nous en reste, si nous ne le perdons pas par votre négligence, nous pourrons gagner Londres où vous êtes aimé, et où l'échec de cette journée pourra être promptement réparé.

(Entre le jeune Clifford.)

clifford.—Si je n'avais attaché toute mon âme à l'espoir de leur nuire un jour, vous m'entendriez blasphémer, plutôt que de vous engager à fuir. Mais fuyez, il le faut. L'incurable découragement règne dans le cœur de notre parti. Fuyez pour votre salut, et nous vivrons pour voir arriver leur tour, et leur transmettre notre fortune. Hâtez-vous, seigneur; fuyez.

SCÈNE III

Plaines près de Saint-Albans.

Une alarme, retraite, fanfare. Puis entrent YORK, RICHARD PLANTAGENET, WARWICK *et des soldats avec des tambours et des drapeaux.*

york.—Qui peut raconter les exploits de Salisbury, ce lion d'hiver, qui dans sa colère oubliant les contusions de l'âge et les coups du temps, semblable à un guerrier paré des traits de la jeunesse, se ranime par le danger? cet heureux jour perd tout son mérite, et nous n'avons rien gagné, si nous avons perdu Salisbury.

richard plantagenet.—Mon noble père, trois fois aujourd'hui je l'ai aidé à remonter sur son cheval ; trois fois je l'ai défendu renversé à terre, trois fois je l'ai conduit hors de la mêlée, et l'ai voulu engager à quitter le champ de bataille, et je l'ai toujours retrouvé au sein du danger : telle qu'une riche tenture dans une simple demeure, telle était sa volonté dans son vieux et faible corps. Mais voyez, le voilà qui s'approche, ce noble guerrier.

(Entre Salisbury.)

SALISBURY, *à Richard*.—Par mon épée ! tu as bien combattu aujourd'hui ; par la messe ! nous en avons tous fait autant.—Je vous remercie, Richard. Dieu sait combien j'ai encore de temps à vivre, et il a permis que trois fois, aujourd'hui, vous m'ayez sauvé d'une mort imminente. Mais, lords, ce que nous tenons n'est pas encore à nous : ce n'est pas assez que nos ennemis aient fui cette fois : ils sont en situation de réparer bientôt cet échec.

YORK.—Je sais que notre sûreté est de les poursuivre; car j'apprends que le roi a fui vers Londres, pour y convoquer sans délai le parlement. Marchons sur ses pas avant que les lettres de convocation aient eu le temps de partir. Qu'en dit lord Warwick ? Irons-nous après eux ?

WARWICK.—Après eux ! avant eux si nous le pouvons. —Par ma foi, milords, ç'a été une glorieuse journée ! la bataille de Saint-Albans, gagnée par l'illustre York, vivra éternellement dans la mémoire des siècles futurs. Résonnez, tambours et trompettes, et marchons tous vers Londres. Et puissions-nous avoir encore d'autres jours semblables à celui-ci !

(Tous sortent.)

FIN DU CINQUIÈME ET DERNIER ACTE.

HENRI VI

TRAGÉDIE

TROISIÈME PARTIE

HENRI VI

TRAGÉDIE

TROISIÈME PARTIE

PERSONNAGES

LE ROI HENRI VI.
EDOUARD, prince de Galles, son fils.
LOUIS XI, roi de France.
LE DUC DE SOMERSET,
LE DUC D'EXETER,
LE COMTE DE NORTHUMBERLAND,
LE COMTE D'OXFORD,
LE COMTE DE WESTMORELAND,
LE LORD CLIFFORD, } lords du parti du roi.

RICHARD PLANTAGENET, duc d'York.

ÉDOUARD, comte des Marches, depuis le roi Édouard IV,
GEORGE, depuis duc de Clarence,
RICHARD, depuis duc de Glocester,
EDMOND, comte de Rutland, } fils du duc d'York.

LE DUC DE NORFOLK,
LE MARQUIS MONTAIGU,
LE COMTE DE WARWICK,
LE COMTE DE SALISBURY,
LE COMTE DE PEMBROKE,
LE LORD HASTINGS,
LE LORD STAFFORD, } partisans du duc d'York.

SIR JEAN MORTIMER,
SIR HUGUES MORTIMER, } oncles du duc d'York.

SIR GUILLAUME STANLEY.
LORD RIVERS, frère de lady Grey.
SIR JEAN DE MONTGOMERY.
SIR JEAN SOMERVILLE.
LE GOUVERNEUR DE RUTLAND.
LE MAIRE D'YORK.
LE LIEUTENANT DE LA TOUR.
UN NOBLE.
DEUX GARDES-CHASSE.

UN FILS qui a tué son père.—UN PÈRE qui a tué son fils. — LA REINE MARGUERITE. — LA PRINCESSE BONNE, sœur du roi de France.—LADY GREY, depuis reine et femme d'Édouard IV.—SOLDATS ET SUITE DU ROI HENRI ET DU ROI ÉDOUARD, MESSAGERS, HOMMES DU GUET.

Dans une partie du troisième acte la scène se passe en France; et dans tout le reste de la pièce elle est en Angleterre.

ACTE PREMIER

SCÈNE I

A Londres, dans la salle du parlement.

Tambours. Quelques soldats du parti de York se précipitent dans la salle; entrent ensuite LE DUC D'YORK, ÉDOUARD, RICHARD, NORFOLK, MONTAIGU, WARWICK *et autres, avec des roses blanches à leurs chapeaux.*

WARWICK.—Je ne conçois pas comment le roi nous est échappé.

york.—Tandis que nous poursuivions la cavalerie du Nord, il s'est évadé adroitement, abandonnant son infanterie; et cependant le grand Northumberland, dont l'oreille guerrière ne put jamais souffrir le son de la retraite, animait encore son armée découragée : et lui-même avec les lords Clifford et Stafford, tous unis et de front, ont chargé notre corps de bataille, mais en l'enfonçant ils ont péri sous l'épée de nos soldats.

édouard.—Le père de lord Stafford, le duc de Buckingham, est ou tué ou dangereusement blessé, j'ai fendu son casque d'un coup vigoureux; cela est vrai, mon père, voilà son sang.

(Montrant son épée sanglante.)

montaigu, *montrant la sienne*. —Et voilà, mon frère, celui du comte de Wiltshire, que j'ai joint dès le commencement de la mêlée.

richard, *jetant sur le théâtre la tête de Somerset*. — Et toi, parle pour moi, et dis ce que j'ai fait.

york.—Richard a surpassé tous mes autres enfants! C'est à lui que je dois le plus. Quoi, Votre Grâce, vous êtes mort? lord de Somerset!

norfolk.—Puisse toute la postérité de Jean de Gaunt avoir pareille espérance!

richard. —J'espère abattre de même la tête du roi Henri!

warwick.—Je l'espère aussi. Victorieux prince d'York, je jure par le ciel de ne point fermer les yeux que je ne t'aie vu assis sur le trône qu'usurpe aujourd'hui la maison de Lancastre. Voici le palais de ce roi timide; voilà son trône royal. Possède-le, York; car il est à toi, et non pas aux héritiers de Henri.

york.—Seconde-moi donc, cher Warwick, et j'en vais prendre possession; car nous ne sommes entrés ici que par la force.

norfolk.—Nous vous seconderons tous. —Périsse le premier qui recule!

york.—Je vous remercie, noble Norfolk! — Ne vous éloignez point, milords.—Et vous, soldats, demeurez, et passez ici la nuit.

warwick.—Quand le roi paraîtra, ne lui faites aucune violence, à moins qu'il n'essaye de vous chasser par la force.

(Les soldats se retirent.)

york.—La reine doit tenir ici aujourd'hui son parlement : elle ne s'attend guère à nous voir de son conseil : par les paroles ou par les coups, il faut ici même faire reconnaître nos droits.

richard.—Occupons, armés comme nous le sommes, l'intérieur du palais.

warwick.—Ce parlement s'appellera le parlement de sang, à moins que Plantagenet, duc d'York, ne soit roi; et ce timide Henri, dont la lâcheté nous a rendus le jouet de nos ennemis, sera déposé.

york.—Ne me quittez donc pas, milords. De la résolution, et je prétends prendre possession de mes droits.

warwick.—Ni le roi, ni son plus zélé partisan, ni le plus fier de tous ceux qui tiennent pour la maison de Lancastre, n'osera plus battre de l'aile aussitôt que Warwick agitera ses sonnettes[1]. Je veux planter ici Plantagenet; l'en déracine qui l'osera. — Prends ton parti, Richard : revendique la couronne d'Angleterre.

(Warwick conduit au trône York, qui s'y assied.)
(Fanfares. Entrent le roi Henri, Clifford, Northumberland, Westmoreland, Exeter et autres, avec des roses rouges à leurs chapeaux.)

le roi.— Voyez, milords, où s'est assis cet audacieux rebelle; sur le trône de l'État! Sans doute qu'appuyé des forces de Warwick, ce perfide pair, il ose aspirer à la couronne, et prétend régner en souverain.—Comte de Northumberland, il a tué ton père; et le tien aussi, lord Clifford; et vous avez fait vœu de venger leur mort sur lui, sur ses enfants, ses favoris et ses partisans.

northumberland.—Et si je ne l'exécute pas, ciel, que ta vengeance tombe sur moi!

[1] *If Warwick shake his bells;*

Allusion aux sonnettes que portaient à la patte les faucons dressés pour la chasse.

CLIFFORD.—C'est dans cet espoir que Clifford porte son deuil en acier.

WESTMORELAND. — Eh quoi! souffrirons-nous cela?— Jetons-le à bas : mon cœur est bouillant de colère; je n'y puis tenir.

LE ROI.—De la patience, cher comte de Westmoreland.

CLIFFORD.—La patience est pour les poltrons, pour ses pareils : il n'aurait pas osé s'y asseoir, si votre père eût été vivant.—Mon gracieux seigneur, ici, dans le parlement, laissez-nous fondre sur la maison d'York.

NORTHUMBERLAND.—C'est bien dit, cousin : qu'il en soit fait ainsi.

LE ROI.—Eh! ne savez-vous pas que le peuple est pour eux, et qu'ils ont derrière eux une bande de soldats!

EXETER.—Le duc d'York tué, ils fuiront bientôt.

LE ROI.—Loin du cœur de Henri la pensée de faire du parlement une boucherie! — Cousin Exeter, la sévérité du maintien, les paroles, les menaces sont les seules armes que Henri veuille employer contre eux. (*Ils s'avancent vers le duc d'York.*) Séditieux duc d'York, descends de mon trône; et tombe à mes pieds, pour implorer ma clémence et ta grâce; je suis ton souverain.

YORK.—Tu te trompes; c'est moi qui suis le tien.

EXETER.—Si tu as quelque honte, descends, c'est lui qui t'a fait duc d'York.

YORK.—C'était mon patrimoine, tout aussi bien que le titre de comte[1].

EXETER.—Ton père fut un traître à la couronne.

WARWICK.—C'est toi, Exeter, qui es un traître à la couronne, en suivant cet usurpateur Henri.

CLIFFORD.—Qui doit-il suivre que son roi légitime?

WARWICK.—Sans doute, Clifford : qu'il suive donc Richard, duc d'York.

LE ROI.—Et resterai-je debout, tandis que toi tu seras assis sur mon trône?

---

[1]   *As the earldom was.*

Probablement le titre de comte des Marches, comme héritier du comte des Marches, de qui il tenait son droit à la couronne.

york.—Il le faut bien, et cela sera : prends-en ton parti.

warwick.—Sois duc de Lancastre, et laisse-le être roi.

westmoreland.—Henri est duc de Lancastre et roi, et le lord de Westmoreland est là pour le soutenir.

warwick.—Et Warwick pour le contredire. — Vous oubliez, je le vois, que nous vous avons chassés du champ de bataille, que nous avons tué vos pères, et marché enseignes déployées, au travers de Londres, jusqu'aux portes du palais.

northumberland.—Je m'en souviens, Warwick, à ma grande douleur ; et, par son âme, toi et ta maison, vous vous en repentirez.

westmoreland.—Plantagenet, et toi et tes enfants, et tes parents et tes amis, vous me payerez plus de vies qu'il n'y avait de gouttes de sang dans les veines de mon père.

clifford.—Ne m'en parle pas davantage, Warwick, de peur qu'au lieu de paroles, je ne t'envoie un messager qui vengera sa mort avant que je sorte d'ici.

warwick.—Pauvre Clifford ! Combien je méprise ses impuissantes menaces !

york.—Voulez-vous que nous établissions ici nos droits à la couronne? Autrement nos épées les soutiendront sur le champ de bataille.

le roi.—Quel titre as-tu, traître, à la couronne? Ton père était, ainsi que toi, duc d'York [1] ; ton aïeul était Roger Mortimer, comte des Marches. Je suis le fils de Henri V, qui soumit le dauphin et les Français, et conquit leurs villes et leurs provinces.

warwick.—Ne parle point de la France, toi qui l'as perdue tout entière.

le roi.—C'est le lord protecteur qui l'a perdue, et non pas moi. Lorsque je fus couronné, je n'avais que neuf mois.

---

[1] Richard, duc d'York, était fils du comte de Cambridge, et neveu seulement du duc d'York.

RICHARD. —Vous êtes assez âgé maintenant, et cependant il me semble que vous continuez à perdre. Mon père, arrachez la couronne de la tête de l'usurpateur.

ÉDOUARD. —Arrachez-la, mon bon père, mettez-la sur votre tête.

MONTAIGU, *au duc d'York.* — Mon frère, si tu aimes et honores le courage guerrier, décidons le fait par un combat au lieu de demeurer ici à nous disputer.

RICHARD. —Faites résonner les tambours et les trompettes, le roi va fuir.

YORK. —Taisez-vous, mes enfants.

LE ROI. —Tais-toi toi-même, et laisse parler le roi Henri.

WARWICK. —Plantagenet parlera le premier. —Lords, écoutez-le, et demeurez attentifs et en silence ; car quiconque l'interrompra, c'est fait de sa vie.

LE ROI. — Espères-tu que j'abandonnerai ainsi mon trône royal, où se sont assis mon aïeul et mon père? Non, auparavant la guerre dépeuplera ce royaume. Oui, et ces étendards si souvent déployés dans la France, et qui le sont aujourd'hui dans l'Angleterre, au grand chagrin de notre cœur, me serviront de drap funéraire.— Pourquoi faiblissez-vous, milords? Mon titre est bon, et beaucoup meilleur que le sien.

WARWICK. —Prouve-le, Henri, et tu seras roi.

LE ROI. —Mon aïeul Henri IV a conquis la couronne.

YORK. —Par une révolte contre son roi.

LE ROI. —Je ne sais que répondre : mon titre est défectueux. Répondez-moi, un roi ne peut-il se choisir un héritier?

YORK. — Que s'ensuit-il?

LE ROI. —S'il le peut, je suis roi légitime ; car Richard, en présence d'un grand nombre de lords, résigna sa couronne à Henri IV, dont mon père fut l'héritier comme je suis le sien.

YORK. —Il se révolta contre Richard son souverain, et l'obligea par force à lui résigner la couronne.

WARWICK. —Et supposez, milords, qu'il l'eût fait volontairement, pensez-vous que cela pût nuire aux droits héréditaires de la couronne?

EXETER.—Non, il ne pouvait résigner sa couronne que sauf le droit de l'héritier présomptif à succéder et à régner.

LE ROI.—Es-tu contre nous, duc d'Exeter ?

EXETER.—Le droit est pour lui. Veuillez donc me pardonner.

YORK.—Pourquoi parlez-vous bas, milords, au lieu de répondre?

EXETER.—Ma conscience me dit qu'il est roi légitime.

LE ROI.—Tous vont m'abandonner et passer de son côté.

NORTHUMBERLAND.—Plantagenet, quelles que soient tes prétentions, ne pense pas que Henri puisse être déposé ainsi.

WARWICK.—Il sera déposé en dépit de vous tous.

NORTHUMBERLAND.—Tu te trompes. Ce n'est pas, malgré la présomption qu'elle t'inspire, la puissance que te donnent dans le midi tes comtés d'Essex, de Suffolk, de Norfolk et de Kent, qui peut élever le duc au trône malgré moi.

CLIFFORD.—Roi Henri, que ton titre soit légitime ou défectueux, lord Clifford jure de combattre pour ta défense. Puisse s'entr'ouvrir et m'engloutir tout vivant le sol où je fléchirai le genou devant celui qui a tué mon père !

LE ROI.—O Clifford ! combien tes paroles raniment mon cœur !

YORK.—Henri de Lancastre, cède-moi ta couronne. Que murmurez-vous, lords, ou que concertez-vous ensemble ?

WARWICK.—Rendez justice au royal duc d'York, ou je vais remplir cette salle de soldats armés, et, sur ce trône où il est assis, écrire son titre avec le sang de l'usurpateur.

(Il frappe du pied, et les soldats se montrent.)

LE ROI.—Milord de Warwick, écoutez seulement un mot.—Laissez-moi régner tant que je vivrai.

york.—Assure la couronne à moi et à mes enfants, et tu régneras en paix le reste de tes jours.

le roi.—Je suis satisfait. Richard Plantagenet, jouis du royaume après ma mort.

clifford.—Quel tort cela fera au prince votre fils!

warwick.—Quel bien pour l'Angleterre et pour lui-même!

westmoreland.—Vil, faible et lâche Henri!

clifford.—Quel tort tu te fais à toi-même, et à nous aussi!

westmoreland.—Je ne puis rester pour entendre ces conditions.

northumberland.—Ni moi.

clifford.—Venez, cousin; allons porter ces nouvelles à la reine.

westmoreland.—Adieu, roi sans courage et dégénéré; ton sang glacé ne renferme pas une étincelle d'honneur.

northumberland. — Deviens la proie de la maison d'York, et meurs dans les chaînes pour cette indigne action.

clifford.—Puisses-tu périr vaincu dans une guerre terrible, ou finir tranquillement dans l'abandon et le mépris!

(Sortent Northumberland, Clifford et Westmoreland.)

warwick.—Tourne-toi par ici, Henri, ne fais pas attention à eux.

exeter.—Ce qu'ils veulent, c'est la vengeance : voilà pourquoi ils ne cèdent pas.

le roi.—Ah! Exeter!

warwick.—Pourquoi ce soupir, mon prince?

le roi.—Ce n'est pas pour moi que je gémis, lord Warwick : c'est pour mon fils que je déshérite en père dénaturé; mais qu'il en soit ce qui pourra. Je te substitue ici la couronne à toi et à tes héritiers à perpétuité, à condition que tu feras serment ici d'éteindre cette guerre civile, et de me respecter, tant que je vivrai, comme ton roi et ton souverain, et de ne jamais chercher, par aucune trahison ni violence, à me renverser du trône et à régner toi-même.

YORK.—Je fais volontiers ce serment, et je l'accomplirai.
(Il descend du trône.)

WARWICK.—Vive le roi Henri! — Plantagenet, embrasse-le.

LE ROI.—Puisses-tu vivre longtemps, ainsi que tes bouillants enfants!

YORK.—De ce moment, York et Lancastre sont réconciliés.

EXETER.—Maudit soit celui qui cherchera à les rendre ennemis! (Morceau de musique; les lords s'avancent.)

YORK.—Adieu, mon gracieux seigneur : je vais me rendre dans mon château.

WARWICK.—Et moi, je vais garder Londres avec mes soldats.

NORFOLK.—Moi, je retourne à Norfolk avec les miens.

MONTAIGU.—Moi, sur la mer, d'où je suis venu.
(Sortent York et ses fils, Warwick, Norfolk et Montaigu, les soldats et la suite.)

LE ROI.—Et moi, rempli de tristesse et de douleur, je vais regagner mon palais.

EXETER.—Voici la reine, ses regards décèlent sa colère : je veux me dérober à sa présence.

LE ROI.—Et moi aussi, cher Exeter. (Il veut sortir.)

MARGUERITE.—Ne t'éloigne pas de moi, je te suivrai.

LE ROI.—Sois patiente, chère reine, et je resterai.

MARGUERITE.—Et qui peut être patiente dans de pareilles extrémités?—Ah! malheureux que tu es! plût au ciel que je fusse morte fille, que je ne t'eusse jamais vu, que je ne t'eusse pas donné un fils, puisque tu devais être un père si dénaturé! A-t-il mérité d'être dépouillé des droits de sa naissance? Ah! si tu l'avais aimé seulement la moitié autant que je l'aime, ou qu'il t'eût fait souffrir ce que j'ai souffert une fois pour lui, que tu l'eusses nourri, comme moi, de ton sang, tu aurais ici versé le plus précieux sang de ton cœur, plutôt que de faire ce sauvage duc ton héritier, et de déshériter ton propre fils.

LE JEUNE PRINCE.—Mon père, vous ne pouvez pas me déshériter : si vous êtes roi, pourquoi ne vous succéderais-je pas?

LE ROI.—Pardonne-moi, Marguerite.—Pardonne-moi, cher enfant : le comte de Warwick et le duc m'y ont forcé.

MARGUERITE. — T'y ont forcé ! Tu es roi, et l'on t'a forcé ! Je rougis de t'entendre parler. Ah ! malheureux âche ! tu nous as tous perdus, toi, ton fils et moi ; tu t'es rendu tellement dépendant de la maison d'York, que tu ne régneras plus qu'avec sa permission. Qu'as-tu fait en transmettant la couronne à lui et à ses héritiers ? tu as creusé toi-même ton tombeau, et tu t'y traîneras longtemps avant ton heure naturelle. Warwick est chancelier de l'Etat, et maître de Calais. Le sévère Faulconbridge commande le détroit. Le duc est fait protecteur du royaume, et tu crois être en sûreté ! C'est la sûreté de l'agneau tremblant, quand il est au milieu des loups. Si j'eusse été là, moi, qui ne suis qu'une simple femme, leurs soldats m'auraient ballottée sur leurs lances avant que j'eusse consenti à un pareil acte. Mais tu préfères ta vie à ton honneur ; et puisqu'il en est ainsi, je me sépare, Henri, de ta table et de ton lit, jusqu'à ce que je voie révoquer cet acte du parlement qui déshérite mon fils. Les lords du nord, qui ont abandonné tes drapeaux, suivront les miens dès qu'ils les verront déployés ; et ils se déploieront, à ta grande honte, et pour la ruine entière de la maison d'York : c'est ainsi que je te quitte.—Viens, mon fils. Notre armée est prête : suis-moi, nous allons la joindre.

LE ROI.—Arrête, chère Marguerite, et écoute-moi.

MARGUERITE.—Tu n'as déjà que trop parlé, laisse-moi.

LE ROI.—Mon cher fils Édouard, tu resteras avec moi.

MARGUERITE.—Oui, pour être égorgé par ses ennemis !

LE JEUNE PRINCE.—Quand je reviendrai vainqueur du champ de bataille, je reverrai Votre Grâce. Jusque-là je vais avec elle.

MARGUERITE.—Viens, mon fils ; partons, nous n'avons pas de moments à perdre.

(La reine et le prince sortent.)

LE ROI.—Pauvre reine ! Comme sa tendresse pour moi et pour son fils l'a poussée à s'emporter aux expressions de la fureur! Puisse-t-elle être vengée de ce duc orgueilleux, dont l'esprit hautain va sur les ailes du désir tourner autour de ma couronne, et, comme un aigle affamé, se nourrir de la chair de mon fils et de la mienne. — La désertion de ces trois lords tourmente mon âme. Je veux leur écrire, et tâcher de les apaiser par de bonnes paroles.—Venez, cousin; vous vous chargerez du message.

EXETER.—Et j'espère les ramener tous à vous.
(Ils sortent.)

SCÈNE II

Un appartement dans le château de Sandal près de Wakefield, dans la province d'York.

Les fils du duc d'York, RICHARD, ÉDOUARD, *paraissent avec* MONTAIGU.

RICHARD.—Mon frère, quoique je sois le plus jeune, permettez-moi de parler....

ÉDOUARD.—Non : je serai meilleur orateur que toi.

MONTAIGU.—Mais j'ai des raisons fortes et entraînantes.
(Entre York.)

YORK. — Quoi! qu'y a-t-il donc? Mes enfants, mon frère, vous voilà en dispute? Quelle est votre querelle? comment a-t-elle commencé?

ÉDOUARD.—Ce n'est point une querelle, c'est un léger débat.

YORK.—Sur quoi?

RICHARD.—Sur un point qui intéresse Votre Grâce et nous aussi; sur la couronne d'Angleterre, mon père, qui vous appartient.

YORK.—A moi, mon fils? Non pas tant que Henri vivra.

RICHARD.—Votre droit ne dépend point de sa vie ou de sa mort.

ÉDOUARD. — Vous en êtes l'héritier dès à présent : jouissez donc de votre héritage. Si vous donnez à la maison de Lancastre le temps de respirer, à la fin elle vous devancera, mon père.

york.—Je me suis engagé, par serment, à le laisser régner en paix.

édouard. — On peut violer son serment pour un royaume. J'en violerais mille, moi, pour régner un an.

richard.—Non. Que le ciel préserve Votre Grâce de devenir parjure!

york.—Je le serai, si j'emploie la guerre ouverte.

richard. — Je vous prouverai le contraire, si vous voulez m'écouter.

york.—Tu ne le prouveras pas, mon fils; cela est impossible.

richard.—Un serment est nul dès qu'il n'est pas fait devant un vrai et légitime magistrat, qui ait autorité sur celui qui jure. Henri n'en avait aucune, son titre était usurpé; et puisque c'est lui qui vous a fait jurer de renoncer à vos droits, votre serment, milord, est vain et frivole. Ainsi, aux armes! et songez seulement, mon père, combien c'est une douce chose que de porter une couronne. Son cercle enferme tout le bonheur de l'Élysée, et tout ce que les poëtes ont imaginé de jouissances et de félicités. Pourquoi tardons-nous si longtemps? Je n'aurai point de repos que je ne voie la rose blanche que je porte, teinte du sang tiède tiré du cœur de Henri.

york.—Richard, il suffit : je veux régner ou mourir. Mon frère, pars pour Londres à l'instant, et anime Warwick à cette entreprise.—Toi, Richard, va trouver le duc de Norfolk, et instruis-le secrètement de nos intentions.—Vous, Édouard, vous vous rendrez auprès de milord Cobham, qui s'armera de bon cœur avec tout le comté de Kent : c'est sur les gens de Kent que je compte le plus; car ils sont avisés, courtois, généreux et pleins d'ardeur.—Tandis que vous agirez ainsi, que me restera-t-il à faire que de chercher l'occasion de prendre les armes, sans que le roi ni personne de la maison de Lancastre pénètre mes desseins? (*Entre un messager.*) Mais, arrêtez donc.—Quelles nouvelles? Pourquoi arrives-tu si précipitamment?

le messager.—La reine, soutenue des comtes et des barons du nord, se prépare à vous assiéger ici dans votre château. Elle est tout près d'ici à la tête de vingt mille hommes : songez donc, milord, à fortifier votre château.

york.—Oui, avec mon épée. Quoi ! penses-tu qu'ils nous fassent peur ?—Édouard, et vous, Richard, vous resterez près de moi.—Mon frère Montaigu va se rendre à Londres, pour avertir le noble Warwick, Cobham et nos autres amis, que nous avons laissés à titre de protecteurs auprès du roi, d'employer toute leur habileté à fortifier leur pouvoir, et de ne plus se fier au faible Henri et à ses serments.

montaigu.—Mon frère, je pars. Je les déciderai, n'en doutez pas ; et je prends humblement congé de vous.
(Il sort.)
(Entrent sir John et sir Hugues Mortimer.)

york.—Mes oncles sir John et sir Hugues Mortimer, vous arrivez bien à propos à Sandal : l'armée de la reine se propose de nous y assiéger.

sir jean.—Elle n'en aura pas besoin : nous irons la joindre dans la plaine.

york.—Quoi ! avec cinq mille hommes ?

richard.—Oui, mon père ; et avec cinq cents, s'il le faut. Leur général est une femme ! Qu'avons-nous à craindre ?
(Une marche dans l'éloignement.)

édouard.—J'entends déjà leurs tambours : rangeons nos gens et sortons à l'instant pour aller leur offrir le combat.

york.—Cinq hommes contre vingt !—Malgré cette énorme inégalité, cher oncle, je ne doute pas de notre victoire. J'ai gagné en France plus d'une bataille où les ennemis étaient dix contre un. Pourquoi n'aurais-je pas aujourd'hui le même succès ?
(Une alarme, ils sortent.)

SCÈNE III

Plaine près du château de Sandal.

Alarme ; excursions. Entrent RUTLAND *et son* GOUVERNEUR.

rutland.—Ah ! où fuirai-je ? Où me sauverai-je de leurs

mains? Ah! mon gouverneur, voyez, le sanguinaire Clifford vient à nous.

(Entrent Clifford et des soldats.)

CLIFFORD.—Fuis, chapelain; ton état de prêtre te sauve la vie.—Mais pour le rejeton de ce maudit duc, dont le père a tué mon père, il mourra.

LE GOUVERNEUR.—Et moi, milord, je lui tiendrai compagnie.

CLIFFORD.—Soldats, emmenez-le.

LE GOUVERNEUR.—Ah! Clifford, ne l'assassine pas, de peur que tu ne sois haï de Dieu et des hommes.

(Les soldats l'entraînent de force. L'enfant reste pâmé de frayeur.)

CLIFFORD.—Allons.—Quoi! est-il déjà mort? ou est-ce la peur qui lui fait ainsi fermer les yeux?—Oh! je vais te les faire ouvrir.

RUTLAND.—C'est ainsi que le lion affamé regarde le malheureux qui tremble sous ses griffes avides, c'est ainsi qu'il se promène insultant à sa proie, et c'est ainsi qu'il s'approche pour déchirer ses membres.—Ah! bon Clifford, tue-moi avec ton épée, mais non pas avec ce regard cruel et menaçant. Bon Clifford, écoute-moi avant que je meure : je suis trop peu de chose pour être l'objet de ta colère : venge-toi sur des hommes, et laisse-moi vivre.

CLIFFORD.—Tu parles en vain, pauvre enfant. Le sang de mon père a fermé le passage par où tes paroles pourraient pénétrer.

RUTLAND.—Eh bien! c'est au sang de mon père à le rouvrir : c'est un homme, Clifford, mesure-toi avec lui

CLIFFORD.—Eussé-je ici tous tes frères, leur vie et la tienne ne suffiraient pas pour assouvir ma vengeance. Non, quand je creuserais encore les tombeaux de tes pères, et que j'aurais pendu à des chaînes leurs cercueils pourris, ma fureur n'en serait pas ralentie, ni mon cœur soulagé. La vue de tout ce qui appartient à la maison d'York est une furie qui tourmente mon âme; et jusqu'à ce que j'aie extirpé leur race maudite, sans en laisser un seul au monde, je vis en enfer.—Ainsi donc....

(Levant le bras.)

RUTLAND.—Oh! laisse-moi prier un moment avant de recevoir la mort!—Ah! c'est toi que je prie, bon Clifford; aie pitié de moi.

CLIFFORD.—Toute la pitié que peut t'accorder la pointe de mon épée.

RUTLAND.—Jamais je ne t'ai fait aucun mal, pourquoi veux-tu me tuer?

CLIFFORD.—Ton père m'a fait du mal.

RUTLAND.—Mais avant que je fusse né.—Tu as un fils, Clifford; pour l'amour de lui, aie pitié de moi, de crainte qu'en vengeance de ma mort, comme Dieu est juste, il ne soit aussi misérablement égorgé que moi. Ah! laisse-moi passer ma vie en prison; et à la première offense, tu pourras me faire mourir; mais à présent tu n'en as aucun motif.

CLIFFORD.—Aucun motif? ton père a tué mon père : c'est pourquoi, meurs.

(Il le poignarde.)

RUTLAND.—*Dii faciant, laudis summa sit ista tuæ* [1].

(Il meurt.)

CLIFFORD.—Plantagenet! Plantagenet! j'arrive; et ce sang de ton fils, attaché à mon épée va s'y rouiller jusqu'à ce que ton sang figé avec celui-ci me détermine à les en faire disparaître tous deux.

(Il sort.)

SCÈNE IV

Alarme. Entre YORK.

YORK.—L'armée de la reine a vaincu; mes deux oncles ont été tués en défendant ma vie, et tous mes partisans tournent le dos à l'ennemi acharné, et fuient comme les vaisseaux devant les vents, ou comme des agneaux que

---

[1] Hall dit seulement que le jeune Rutland, alors âgé tout au plus de douze ans, ayant été trouvé par Clifford, dans une maison où il s'était caché, se jeta à ses pieds, et implora sa miséricorde, en levant vers lui ses mains jointes, *car la frayeur lui avait ôté la parole*. Le jeune comte de Rutland avait alors, non pas douze ans, mais dix-sept.

poursuivent des loups affamés.—Mes fils!... Dieu sait ce qu'ils sont devenus. Mais je sais bien que, vivants ou morts, ils se sont comportés en homme nés pour la gloire. Trois fois Richard s'est ouvert un passage jusqu'à moi, en me criant : *Courage! mon père, combattons jusqu'à la fin.* Et trois fois aussi Édouard m'a joint, son épée toute rouge, teinte jusqu'à la garde du sang de ceux qui l'avaient combattu, et lorsque les plus intrépides guerriers se retiraient, Richard criait : *Chargez, ne lâchez pas un pied de terrain*; il criait encore : *Une couronne ou un glorieux tombeau! un sceptre, ou un sépulcre en ce monde!* C'est alors que nous avons chargé de nouveau : mais, hélas! nous avons encore reculé;—comme j'ai vu un cygne s'efforcer inutilement de nager contre le courant, et s'épuiser à combattre les flots qui le maîtrisaient.— Mais qu'entends-je! (*Courte alarme derrière le théâtre.*) Écoutons! nos terribles vainqueurs continuent la poursuite; et je suis trop affaibli, et je ne peux fuir leur fureur; et eussé-je encore toutes mes forces, je ne leur échapperais pas. Le sable qui mesurait ma vie a été compté : il faut rester ici; c'est ici que ma vie doit finir. (*Entrent la reine Marguerite, Clifford, Northumberland, soldats.*) Viens, sanguinaire Clifford.—Farouche Northumberland! me voilà pour servir de but à vos coups; je les attends de pied ferme.

NORTHUMBERLAND.—Rends-toi à notre merci, orgueilleux Plantagenet.

CLIFFORD.—Oui, et tu auras merci tout juste comme ton bras sans pitié l'a faite à mon père. Enfin Phaéton est tombé de son char, et le soir est arrivé à l'heure de midi.

YORK.—De mes cendres comme de celles du phénix peut sortir l'oiseau qui me vengera sur vous tous. Dans cet espoir, je lève les yeux vers le ciel, et je brave tous les maux que vous pourrez me faire subir. Eh bien! que n'avancez-vous? Quoi! vous êtes une multitude et vous avez peur!

CLIFFORD.—C'est ainsi que les lâches commencent à combattre, quand ils ne peuvent plus fuir : ainsi la colombe attaque de son bec les serres du faucon qui la déchire : ainsi les voleurs sans ressource, et désespérant de leur vie, accablent le prévôt de leurs invectives.

YORK.—O Clifford, recueille-toi un moment, et dans ta pensée rappelle ma vie entière ; et alors, si tu le peux, regarde-moi pour rougir de tes paroles, et mords cette langue qui accuse de lâcheté celui dont l'aspect menaçant t'a fait jusqu'ici trembler et fuir.

CLIFFORD.—Je ne m'amuserai pas à disputer avec toi de paroles : mais nous allons jouter de coups, quatre pour un !

(Il tire son épée.)

MARGUERITE.—Arrête, vaillant Clifford ! Pour mille raisons, je veux prolonger encore un peu la vie de ce traître. —La rage le rend sourd.—Parle-lui, Northumberland.

NORTHUMBERLAND. — Arrête, Clifford : ne lui fais pas l'honneur de t'exposer à avoir le doigt piqué, pour lui percer le cœur. Quand un roquet montre les dents, quelle valeur y a-t-il à mettre la main dans sa gueule, lorsqu'on pourrait le repousser avec le pied ? Le droit de la guerre est d'user de tous ses avantages ; et ce n'est point faire brèche à l'honneur que de se mettre dix contre un.

(Ils se jettent sur York, qui se débat.)

CLIFFORD.—Oui, oui, c'est ainsi que se débat l'oiseau dans le lacet.

NORTHUMBERLAND. — C'est ainsi que s'agite le lapin dans le piége.

(York est fait prisonnier.)

YORK.—Ainsi triomphent les brigands sur la proie qu'ils ont conquise ; ainsi succombe l'honnête homme attaqué en nombre inégal par des voleurs.

NORTHUMBERLAND.—Maintenant, madame, qu'ordonnez-vous de lui ?

MARGUERITE.—Braves guerriers, Clifford, Northumberland, il faut le placer sur ce tertre de terre, lui qui les bras étendus voulait atteindre les montagnes, et n'a fait avec sa main que traverser leur ombre.—Quoi, c'était donc vous qui vouliez être roi d'Angleterre ? C'était donc vous qui triomphiez dans notre parlement, et nous faisiez entendre un discours sur votre naissance? Où est maintenant votre potée d'enfants, pour vous soutenir? Votre pétulant Édouard et votre robuste George? Où est-il, ce vaillant miracle des bossus, votre petit Dicky, dont la voix toujours grondante animait son papa à la révolte? Où est-il aussi votre bien-aimé Rutland? Voyez, York, j'ai teint ce mouchoir dans le sang que le brave Clifford a fait sortir avec la pointe de son épée du sein de cet enfant; et si vos yeux peuvent pleurer sa mort, tenez, je vous le présente, pour en essuyer vos larmes. Hélas! pauvre York! si je ne vous haïssais pas mortellement, je plaindrais l'état misérable où je vous vois! Je t'en prie, York, afflige-toi pour me réjouir. Frappe du pied, enrage, désespère-toi, que je puisse chanter et danser. Quoi! le feu de ton cœur a-t-il tellement desséché tes entrailles, qu'il ne puisse couler une larme pour la mort de Rutland? D'où te vient ce calme? Tu devrais être furieux, et c'est pour te rendre furieux que je t'insulte ainsi. Mais je le vois; tu veux que je te paye pour me divertir: York ne sait parler que quand il porte une couronne.—Une couronne pour York.—Et vous, lords, inclinez-vous bien bas devant lui.—Tenez-lui les mains, tandis que je vais le couronner. (*Elle lui place sur la tête une couronne de papier* [1]). Mais, vraiment, à présent il a l'air d'un roi. Oui, voilà celui qui s'est emparé du trône de Henri; voilà celui qui s'était fait adopter par lui pour son héritier.—Mais comment se fait-il donc que le grand Plantagenet soit couronné sitôt, au mépris de son serment solennel? Je croyais, moi, que tu ne devais être roi qu'après que notre roi Henri aurait serré la main à la mort; et vous voulez ceindre votre tête de la gloire de Henri, et ravir à son front le diadème dès à présent,

---

[1] Ces détails, dont le fond est rapporté par Hollinshed, d'après quelques chroniques, et en particulier celle de *Whetamstede,* ne sont pas dans Hall qui dit que la couronne de papier ne fut placée sur la tête d'York qu'après sa mort. Quant à la circonstance du mouchoir trempé dans le sang de Rutland, elle paraît être une invention de l'auteur de la pièce originale, quel qu'il soit.

pendant sa vie, et contre votre serment sacré ! Oh ! c'est aussi un crime trop impardonnable ! Allons, faites tomber cette couronne, et avec elle sa tête, et qu'il suffise d'un clin d'œil pour le mettre à mort.

CLIFFORD.—Cet office me regarde, en mémoire de mon père.

MARGUERITE. — Non, arrête encore : écoutons-le pérorer.

YORK.—Louve de France, mais pire que les loups de France ; toi dont la langue est plus envenimée que la dent de la vipère, qu'il sied mal à ton sexe de triompher, comme une amazone effrontée, des malheurs de ceux qu'enchaîne la fortune ! Si ton visage n'était pas immobile comme un masque, et accoutumé à l'impudence par l'habitude des mauvaises actions, j'essayerais de te faire rougir, reine présomptueuse : te dire seulement d'où tu viens, de qui tu sors, c'en serait assez pour te couvrir de honte, s'il te restait quelque sentiment de honte. Ton père, qui se pare des titres de roi de Naples, des Deux-Siciles et de Jérusalem, n'a pas le revenu d'un métayer anglais. Est-ce donc ce monarque indigent qui t'a appris à insulter ? Cela est bien inutile et ne te convient pas, reine insolente ! à moins qu'il ne te faille vérifier le proverbe, qu'un mendiant sur un cheval le pousse jusqu'à ce qu'il crève. C'est la beauté qui souvent fait l'orgueil des femmes. Mais Dieu sait que ta part en est petite. C'est la vertu qui les fait le plus admirer. Le contraire t'a rendue un objet d'étonnement. C'est par la décence et la douceur qu'elles deviennent comme divines ; et c'est par l'absence de ces qualités que tu es abominable. Tu es l'opposé de tout bien, comme les antipodes le sont du lieu que nous habitons, comme le sud l'est du septentrion. Oh ! cœur de tigresse, caché sous la forme d'une femme ! Comment, après avoir teint ce linge du sang vital d'un enfant pour en essuyer les larmes de son père, peux-tu porter encore la figure d'une femme ? Les femmes sont douces, sensibles, pitoyables et d'un cœur facile à fléchir ; et toi, tu es féroce, implacable, dure comme la roche, inflexible et sans remords. Tu m'excitais à la fureur ; eh bien ! tu as ce que tu désirais. Tu voulais me voir pleurer ; eh bien! tu as ce que tu voulais ; car la fureur des vents amasse d'interminables ondées, et, dès qu'elle se ralentit, commence la pluie. Ces pleurs sont les obsèques de mon cher Rutland ; et chaque larme crie vengeance sur sa mort... contre toi, barbare Clifford... et toi, perfide Française.

NORTHUMBERLAND.—Je m'en veux; mais ses douleurs m'émeuvent au point que j'ai de la peine à retenir mes larmes.

YORK.—Des cannibales affamés eussent craint de toucher à un visage comme celui de mon fils, et n'eussent pas voulu le souiller de sang ; mais vous êtes plus inhumains, plus inexorables ; oh ! dix fois plus que les tigres de l'Hyrcanie. Vois, reine impitoyable ; vois les larmes d'un malheureux père : ce linge que tu as trempé dans le sang de mon cher enfant, vois, j'en lave le sang avec mes larmes ; tiens, reprends-le, et va te vanter de ce que tu as fait. (*Il lui rend le mouchoir.*) Si tu racontes, comme elle est, cette histoire, sur mon âme, ceux qui l'entendront lui donneront des larmes : oui, mes ennemis même verseront des larmes abondantes, et diront : Hélas! ce fut un lamentable événement.—Allons, reprends ta couronne, et ma malédiction avec elle ; et puisses-tu, quand tu en auras besoin, trouver la consolation que je reçois de ta cruelle main ! Barbare Clifford ! ôte-moi du monde ! Que mon âme s'envole aux cieux, et que mon sang retombe sur vos têtes !

NORTHUMBERLAND. — Il aurait massacré toute ma famille, que je ne pourrais pas, dût-il m'en coûter la vie, m'empêcher de pleurer avec lui, en voyant combien la douleur domine profondément son âme.

MARGUERITE.—Quoi! tu en viens aux larmes, milord Northumberland ? — Songe seulement aux maux qu'il nous a faits à tous, et cette pensée séchera bientôt tes tendres pleurs.

CLIFFORD.—Voilà pour accomplir mon serment, voilà pour la mort de mon père.

(Le perçant de son épée.)

MARGUERITE, *lui portant aussi un coup d'épée.*—Et voilà pour venger le droit de notre bon roi.

YORK.—Ouvre-moi les portes de ta miséricorde, Dieu de clémence! Mon âme s'envole par ces blessures pour aller vers toi.

(Il meurt.)

MARGUERITE.—Abattez sa tête, et placez-la sur les portes d'York : de cette manière York dominera sa ville d'York.

(Ils sortent.)

FIN DU PREMIER ACTE.

ACTE DEUXIÈME

SCÈNE I

Plaine voisine de la Croix de Mortimer dans le comté d'Hereford.

Tambours; entrent ÉDOUARD ET RICHARD *en marche avec leurs troupes.*

ÉDOUARD.—J'ignore comment notre auguste père aura pu échapper, et même s'il aura pu échapper ou non à la poursuite de Clifford et de Northumberland. S'il avait été pris, nous en aurions appris la nouvelle; s'il avait été tué, le bruit nous en serait aussi parvenu; mais s'il avait échappé, il me semble aussi que nous aurions dû recevoir le consolant avis de son heureuse fuite. Comment se trouve mon frère? pourquoi est-il si triste?

RICHARD.—Je n'aurai point de joie que je ne sache ce qu'est devenu notre très-valeureux père. Je l'ai vu dans la bataille renversant tout sur son passage; j'ai observé comme il cherchait à écarter Clifford, et à l'attirer seul. Il m'a paru se conduire au plus fort de la mêlée, comme un lion au milieu d'un troupeau de bœufs, ou un ours entouré de chiens qui, lorsque quelques-uns d'entre eux atteints de sa griffe ont poussé des cris de douleur, se tiennent éloignés, aboyant contre lui. Tel était notre père au milieu de ses ennemis: ainsi les ennemis fuyaient mon redoutable père. C'est, à mon avis, gagner assez de gloire que d'être ses fils.—Vois comme l'aurore ouvre ses portes d'or et prend congé du soleil radieux. Comme elle ressemble au printemps de la jeunesse! au jeune homme qui s'avance gaiement vers celle qu'il aime!

ÉDOUARD.—Mes yeux sont-ils éblouis, ou vois-je en effet trois soleils?

RICHARD.—Ce sont trois soleils brillants, trois soleils bien entiers : non pas un soleil coupé par les nuages, car, distincts l'un de l'autre, ils brillent dans un ciel clair et blanchâtre. Voyez, voyez, ils s'unissent, se confondent et semblent s'embrasser, comme s'ils juraient ensemble une ligue inviolable : à présent ils ne forment plus qu'un seul astre, qu'un seul flambeau, qu'un seul soleil.—Sûrement le ciel nous veut représenter par là quelque événement.

ÉDOUARD.—C'est bien étrange : jamais on n'ouït parler d'une telle chose. Je pense qu'il nous appelle, mon frère, au champ de bataille : afin que nous, enfants du brave Plantagenet, déjà brillants séparément par notre mérite, nous unissions nos splendeurs pour luire sur la terre, comme ce soleil sur le monde. Quel que soit ce présage, je veux désormais porter sur mon bouclier trois soleils radieux.

RICHARD.—Portez-y plutôt trois filles, car, avec votre permission, vous aimez mieux les femelles que les mâles. (*Entre un messager.*) Qui es-tu, toi, dont les sombres regards annoncent quelques tristes récits suspendus au bout de ta langue ?

LE MESSAGER.—Ah ! je viens d'être le triste témoin du meurtre du noble duc d'York, votre auguste père, et mon excellent maître.

ÉDOUARD.—Oh ! n'en dis pas davantage : j'en ai trop entendu.

RICHARD.—Raconte-moi comment il est mort : je veux tout entendre.

LE MESSAGER.—Environné d'un grand nombre d'ennemis, il leur faisait face à tous; semblable au héros, espoir de Troie, s'opposant aux Grecs qui voulaient entrer dans la ville. Mais Hercule même doit succomber sous le nombre; et plusieurs coups redoublés de la plus petite cognée tranchent et abattent le chêne le plus dur et le plus vigoureux. Saisi par une foule de mains, votre père a été dompté ; mais il n'a été percé que par le bras furieux de l'impitoyable Clifford, et par la reine. Elle lui a mis par grande dérision une couronne sur la tête : elle l'a insulté de ses rires ; et lorsque de douleur il s'est mis à pleurer, cette reine barbare lui a offert, pour essuyer son visage, un mouchoir trempé dans le sang innocent de l'aimable et jeune Rutland, égorgé par l'affreux Clifford. Enfin, après une multitude d'outrages et d'affronts odieux, ils lui ont tranché la tête, et l'ont placée sur les portes d'York, où elle offre le plus affligeant spectacle que j'aie jamais vu.

ÉDOUARD.—Cher duc d'York, appui sur qui nous nous reposions, à présent que tu nous es enlevé, nous n'avons plus de soutien ni d'appui.—O Clifford! insolent Clifford, tu as détruit la fleur des chevaliers de l'Europe ! et ce n'est que par trahison que tu l'as abattu : seul contre toi seul, il t'aurait vaincu.—Ah ! maintenant la demeure de mon âme lui est devenue une prison ; oh! qu'elle voudrait s'en affranchir avant que ce corps pût, enfermé sous la terre, y trouver le repos! jamais, à compter de ce moment, je ne puis plus goûter aucune joie; jamais, jamais je ne connaîtrai plus la joie.

RICHARD.—Je ne puis pleurer. Tout ce que mon corps contient d'humidité peut à peine suffire à calmer le brasier qui brûle mon cœur, et ma langue ne le peut délivrer du poids qui le surcharge, car le souffle qui pousserait mes paroles au dehors est employé à exciter les charbons qui embrasent mon sein et le dévorent de flammes qu'éteindraient les larmes. Pleurer, c'est diminuer la profondeur de la douleur : aux enfants donc les pleurs ; et à moi le fer et la vengeance !—Richard, je porte ton nom, je vengerai ta mort, ou je mourrai environné de gloire pour l'avoir tenté.

ÉDOUARD.—Ce vaillant duc t'a laissé son nom : il me laisse à moi sa place et son duché.

RICHARD.—Allons, si tu es vraiment l'enfant de cet aigle royal, prouve ta race en regardant fixement le soleil. Au lieu de sa place et de son duché, dis le trône et le royaume : ils sont à toi, ou tu n'es pas son fils.

(Une marche. Entrent Warwick, Montaigu, suivis de leur armée.)

WARWICK.—Eh bien, mes beaux seigneurs, où en êtes-vous? Quelles nouvelles avez-vous reçues?

ACTE II, SCÈNE I.

RICHARD. — Illustre Warwick, s'il fallait vous redire nos funestes nouvelles, et recevoir à chaque mot un coup de poignard dans notre cœur, jusqu'à la fin du récit, nous souffririons moins de ces blessures que de ces cruelles paroles. O valeureux lord, le duc d'York est tué !

ÉDOUARD. — O Warwick ! Warwick ! ce Plantagenet qui t'aimait aussi chèrement que le salut de son âme a été mis à mort par le cruel lord Clifford !

WARWICK. — Il y a déjà dix jours que j'ai noyé de mes larmes cette douloureuse nouvelle ; et aujourd'hui, pour mettre le comble à vos malheurs, je viens vous instruire des événements qui l'ont suivie. Après le sanglant combat livré à Wakefield, où votre brave père a rendu son dernier soupir, des nouvelles apportées avec toute la promptitude des plus rapides courriers m'instruisirent de votre perte et de sa mort. J'étais alors à Londres, tenant le roi sous ma garde : j'ai mis mes soldats sur pied, j'ai rassemblé une foule d'amis ; et me trouvant en forces, à ce que j'imaginais, j'ai marché vers Saint-Albans pour intercepter la reine, me couvrant toujours de la présence du roi que je conduisais avec moi : car des espions m'avaient averti que la reine venait avec la résolution d'anéantir le dernier décret que nous avons fait arrêter en parlement, relativement au serment du roi Henri et à votre succession. — Pour abréger ; nous nous sommes rencontrés à Saint-Albans : nos deux armées se sont jointes, et l'on a opiniâtrement combattu des deux côtés.... Mais soit que la froideur du roi, qui regardait sans nulle colère sa belliqueuse épouse, ait éteint la vindicative fureur de mes soldats ; soit que ce fût en effet la nouvelle du succès récent de la reine, ou l'extraordinaire effroi que leur causait la cruauté de Clifford, qui foudroie ses prisonniers des mots de sang et de mort ; c'est ce que je ne peux juger : mais la vérité, en un mot, c'est que les armes de nos ennemis allaient et venaient comme l'éclair, et que celles de nos soldats, semblables au vol indolent de l'oiseau de nuit, ou au fléau d'un batteur paresseux, tombaient avec moll'a insulté de ses rires ; et lorsque de douleur il s'est mis à pleurer, cette reine barbare lui a offert, pour essuyer son visage, un mouchoir trempé dans le sang innocent de l'aimable et jeune Rutland, égorgé par l'affreux Clifford. Enfin, après une multitude d'outrages et d'affronts odieux, ils lui ont tranché la tête, et l'ont placée sur les portes d'York, où elle offre le plus affligeant spectacle que j'aie jamais vu.

ÉDOUARD.—Cher duc d'York, appui sur qui nous nous reposions, à présent que tu nous es enlevé, nous n'avons plus de soutien ni d'appui.—O Clifford! insolent Clifford, tu as détruit la fleur des chevaliers de l'Europe! et ce n'est que par trahison que tu l'as abattu : seul contre toi seul, il t'aurait vaincu.—Ah! maintenant la demeure de mon âme lui est devenue une prison ; oh! qu'elle voudrait s'en affranchir avant que ce corps pût, enfermé sous la terre, y trouver le repos! jamais, à compter de ce moment, je ne puis plus goûter aucune joie; jamais, jamais je ne connaîtrai plus la joie.

RICHARD.—Je ne puis pleurer. Tout ce que mon corps contient d'humidité peut à peine suffire à calmer le brasier qui brûle mon cœur, et ma langue ne le peut délivrer du poids qui le surcharge, car le souffle qui pousserait mes paroles au dehors est employé à exciter les charbons qui embrasent mon sein et le dévorent de flammes qu'éteindraient les larmes. Pleurer, c'est diminuer la profondeur de la douleur : aux enfants donc les pleurs; et à moi le fer et la vengeance!—Richard, je porte ton nom, je vengerai ta mort, ou je mourrai environné de gloire pour l'avoir tenté.

ÉDOUARD.—Ce vaillant duc t'a laissé son nom : il me laisse à moi sa place et son duché.

RICHARD.—Allons, si tu es vraiment l'enfant de cet aigle royal, prouve ta race en regardant fixement le soleil. Au lieu de sa place et de son duché, dis le trône et le royaume : ils sont à toi, ou tu n'es pas son fils.

(Une marche. Entrent Warwick, Montaigu, suivis de leur armée.)

WARWICK.—Eh bien, mes beaux seigneurs, où en êtes-vous? Quelles nouvelles avez-vous reçues?

richard. — Illustre Warwick, s'il fallait vous redire nos funestes nouvelles, et recevoir à chaque mot un coup de poignard dans notre cœur, jusqu'à la fin du récit, nous souffririons moins de ces blessures que de ces cruelles paroles. O valeureux lord, le duc d'York est tué !

édouard. — O Warwick ! Warwick ! ce Plantagenet qui t'aimait aussi chèrement que le salut de son âme a été mis à mort par le cruel lord Clifford !

warwick. — Il y a déjà dix jours que j'ai noyé de mes larmes cette douloureuse nouvelle ; et aujourd'hui, pour mettre le comble à vos malheurs, je viens vous instruire des événements qui l'ont suivie. Après le sanglant combat livré à Wakefield, où votre brave père a rendu son dernier soupir, des nouvelles apportées avec toute la promptitude des plus rapides courriers m'instruisirent de votre perte et de sa mort. J'étais alors à Londres, tenant le roi sous ma garde : j'ai mis mes soldats sur pied, j'ai rassemblé une foule d'amis ; et me trouvant en forces, à ce que j'imaginais, j'ai marché vers Saint-Albans pour intercepter la reine, me couvrant toujours de la présence du roi que je conduisais avec moi : car des espions m'avaient averti que la reine venait avec la résolution d'anéantir le dernier décret que nous avons fait arrêter en parlement, relativement au serment du roi Henri et à votre succession. — Pour abréger ; nous nous sommes rencontrés à Saint-Albans : nos deux armées se sont jointes, et l'on a opiniâtrement combattu des deux côtés.... Mais soit que la froideur du roi, qui regardait sans nulle colère sa belliqueuse épouse, ait éteint la vindicative fureur de mes soldats ; soit que ce fût en effet la nouvelle du succès récent de la reine, ou l'extraordinaire effroi que leur causait la cruauté de Clifford, qui foudroie ses prisonniers des mots de sang et de mort ; c'est ce que je ne peux juger : mais la vérité, en un mot, c'est que les armes de nos ennemis allaient et venaient comme l'éclair, et que celles de nos soldats, semblables au vol indolent de l'oiseau de nuit, ou au fléau d'un batteur paresseux, tombaient avec mollesse, comme si elles eussent frappé des amis. J'ai essayé de les ranimer par la justice de notre cause, par la promesse d'une haute paye et de grandes récompenses, mais en vain. Ils n'avaient pas le cœur au combat, et ne nous offraient aucune espérance de gagner la victoire ; nous avons fui, le roi auprès de la reine, et nous, le lord George, votre frère, Norfolk et moi, nous sommes accourus en toute hâte et ventre à terre, pour vous rejoindre, car on nous avait appris que vous étiez ici sur les frontières, occupés à rassembler une autre armée pour livrer un nouveau combat.

ÉDOUARD.—Cher Warwick, où est le duc de Norfolk? Apprenez-nous encore quand mon frère est revenu de Bourgogne en Angleterre.

WARWICK.—Le duc est à six milles d'ici environ, avec ses troupes.—Quant à votre frère, la duchesse de Bourgogne, votre bonne tante, l'a renvoyé ces jours derniers avec un renfort de soldats, bien nécessaire dans cette guerre.

RICHARD.—Il fallait que la partie fût bien inégale, lorsque le vaillant Warwick a fui. Je lui ai souvent entendu attribuer la gloire d'avoir poursuivi l'ennemi; mais jamais, jusqu'à aujourd'hui, le scandale d'une retraite.

WARWICK.—Et tu n'auras point par moi de scandale, Richard ; tu apprendras que mon bras si vigoureux peut enlever le diadème de la tête du faible Henri, et arracher de sa main le sceptre du pouvoir imposant, fût-il aussi intrépide, aussi renommé dans la guerre, qu'il est connu par sa faiblesse, et son amour pour la paix et la prière.

RICHARD.—Je le sais bien : Warwick, ne t'offense pas; c'est l'amour que je porte à ta gloire qui m'a fait parler ainsi. Mais, dans ces temps de crise, quel parti prendre? Faut-il jeter de côté cette armure de fer, pour nous envelopper dans de noirs manteaux de deuil, et compter des *ave Maria* sur nos chapelets? Ou bien, chargerons-nous nos armes vengeresses de dire notre dévotion aux casques de nos ennemis? Si vous êtes pour ce dernier parti, dites oui, et partons, milords.

warwick.—C'est pour cela que Warwick est venu vous chercher, et c'est pour cela que vient mon frère Montaigu. Suivez-moi, lords. Cette reine hautaine et insultante, aidée de Clifford et du superbe Northumberland, et de plusieurs autres fiers oiseaux du même plumage, a manié comme la cire ce roi flexible et docile. Il vous a, avec serment, acceptés pour ses successeurs; son serment est enregistré dans les dépôts du parlement; et dans ce moment toute la bande est allée à Londres, pour annuler son engagement, et tout ce qui pourrait faire un titre contre la maison de Lancastre. Leur armée, je pense, est forte de trente mille hommes. Eh bien, si le secours qu'amène Norfolk, avec ma troupe, et tous les amis que tu pourras nous procurer, brave comte des Marches, parmi les fidèles Gallois, monte seulement à vingt-cinq mille hommes, alors, en route! nous marchons vigoureusement sur Londres; et remontés sur nos coursiers écumants, nous crierons encore une fois : Chargez l'ennemi; mais jamais on ne nous reverra tourner le dos et fuir.

richard.—Oui, maintenant je puis le croire, c'est le grand Warwick que j'entends. Qu'il ne vive pas un jour de plus, celui qui criera *Retraite*, lorsque Warwick lui ordonnera de tenir ferme!

édouard.—Lord Warwick, je veux m'appuyer sur ton épaule; et si tu viens à tomber (Dieu ne permette pas que nous voyions arriver une pareille heure!), il faudra qu'Édouard tombe aussi, danger dont me préserve le Ciel!

warwick.—Tu n'es plus comte des Marches, mais duc d'York. Après ce titre, le premier est celui de souverain de l'Angleterre. Tu seras proclamé roi d'Angleterre dans tous les bourgs que nous traverserons; et quiconque ne jettera pas son chaperon en l'air en signe de joie payera de sa tête son offense.—Roi Édouard,—vaillant Richard,—Montaigu, ne restons pas ici plus longtemps à rêver la gloire; que les trompettes sonnent, et courons à notre tâche.

richard.—Ton cœur, Clifford, fût-il aussi dur que

l'acier (et tes actions ont assez montré qu'il était de fer), je cours le percer, ou te livrer le mien.

ÉDOUARD. — Allons, battez, tambours. Dieu et saint George avec nous!

(Entre un messager.)

WARWICK.—Eh bien, quelles nouvelles?

LE MESSAGER.—Le duc de Norfolk m'envoie pour vous annoncer que la reine s'avance avec une puissante armée : il désire votre présence pour prendre promptement ensemble une résolution.

WARWICK.—Tout va donc à souhait! Braves guerriers, marchons.

(Ils sortent.)

SCÈNE II

Devant York.

Entrent LE ROI HENRI, LA REINE MARGUERITE, LE PRINCE DE GALLES; CLIFFORD, NORTHUMBERLAND, *suivis de soldats.*

MARGUERITE.—Soyez le bienvenu, mon seigneur, dans cette belle ville d'York. Là-bas est la tête de ce mortel ennemi qui cherchait à se parer de votre couronne. Cet objet ne réjouit-il pas votre cœur?

LE ROI.—Comme la vue des rochers réjouit celui qui craint d'y échouer.—Cet aspect soulève mon âme. Retiens ta vengeance, ô Dieu juste! Je n'en suis point coupable, et je n'ai pas consenti à violer mon serment.

CLIFFORD.—Mon gracieux souverain, il faut mettre de côté cette excessive douceur, cette dangereuse pitié. A qui le lion jette-t-il de doux regards? ce n'est pas à l'animal qui veut usurper son antre. Quelle est la main que lèche l'ours des forêts? ce n'est pas celle du ravisseur qui lui enlève ses petits sous ses yeux. Qui échappe au dard homicide du serpent caché sous l'herbe? ce n'est pas celui qui le foule sous ses pieds; le plus vil reptile se retourne contre le pied qui l'écrase, et la colombe se sert de son bec pour défendre sa couvée. L'ambitieux York aspirait à ta couronne, et tu conservais ton visage bienveillant, tandis qu'il fronçait un sourcil irrité! Lui, qui n'était que duc, voulait faire son fils roi, et en père tendre agrandir la fortune de ses enfants ; et toi qui es roi, que le Ciel a béni d'un fils riche en mérite, tu consentis à le déshériter! ce qui faisait voir en toi un père sans tendresse. Les créatures privées de raison nourrissent leurs enfants ; et malgré la terreur que leur imprime l'aspect de l'homme, qui ne les a vus, pour protéger leurs tendres petits, employer jusqu'aux ailes qui souvent ont servi à leur fuite, pour combattre l'ennemi qui escaladait leur nid, exposant leur propre vie pour la défense de leurs enfants? Pour votre honneur, mon souverain, prenez exemple d'eux. Ne serait-ce pas une chose déplorable, que ce noble enfant perdît les droits de sa naissance par la faute de son père, et pût dire dans la suite à son propre fils : « Ce que mon bisaïeul et mon « aïeul avaient acquis, mon insensible père l'a sottement « abandonné à un étranger. » Ah! quelle honte ce serait! Jette les yeux sur cet enfant; et que ce mâle visage, où se lit la promesse d'une heureuse fortune, arme ton âme trop molle de la force nécessaire pour retenir ton bien, et laisser à ton fils ce qui t'appartient.

LE ROI.—Clifford s'est montré très-bon orateur, et ses arguments sont pleins de force. Mais, Clifford, réponds, n'as-tu jamais ouï dire que le bien mal acquis ne pouvait prospérer? ont-ils toujours été heureux les fils dont le père est allé aux enfers pour avoir amassé des trésors[1]? Je laisserai pour héritage à mon fils mes bonnes actions ; et plût à Dieu que mon père ne m'en eût pas laissé d'autre, car la possession de tout le reste est à si haut prix, qu'il en coûte mille fois plus de peine pour le conserver, que sa possession ne donne de plaisir. Ah! cousin York, je voudrais que tes amis connussent combien mon cœur est navré de voir là ta tête.

MARGUERITE.—Mon seigneur, ranimez votre courage :

---

[1] Allusion au proverbe anglais : *Heureux l'enfant dont le père est allé au diable.*

nos ennemis sont à deux pas, et cette mollesse décourage vos partisans. — Vous avez promis la chevalerie à votre brave fils ; tirez votre épée, et armez-le sur-le-champ.— Édouard, à genoux.

le roi.—Édouard Plantagenet, lève-toi chevalier, et retiens cette leçon : Tire ton épée pour la justice.

le jeune prince.—Mon gracieux père, avec votre royale permission, je la tirerai en héritier présomptif de la couronne, et l'emploierai dans cette querelle jusqu'à la mort.

clifford.—C'est parler en prince bien appris.

(Entre un messager.)

le messager. — Augustes commandants, tenez-vous prêts ; Warwick s'avance à la tête d'une armée de trente mille hommes, et il est accompagné du duc d'York, qu'il proclame roi dans toutes les villes qu'il traverse : on court en foule se joindre à lui. Rangez votre armée, car ils sont tout près.

clifford.—Je désirerais que Votre Altesse voulût bien quitter le champ de bataille ; la reine est plus sûre de vaincre en votre absence.

marguerite.—Oui, mon bon seigneur, laissez-nous à notre fortune.

le roi.—Quoi ! votre fortune est aussi la mienne : je veux rester.

northumberland.—Restez donc avec la résolution de combattre.

le jeune prince. — Mon royal père, animez donc ces nobles lords, et inspirez le courage à ceux qui combattent pour vous défendre ; tirez votre épée, mon bon père, et criez : *saint George!*

(Entrent Édouard, Richard, George, Warwick, Norfolk, Montaigu et des soldats.)

édouard.—Eh bien, parjure Henri, viens-tu demander la grâce à genoux, et placer ton diadème sur ma tête, ou courir les mortels hasards d'un combat?

marguerite.—Va gourmander tes complaisants, insolent jeune homme : te convient-il de t'exprimer avec cette audace devant ton maître et ton roi légitime?

ÉDOUARD.—C'est moi qui suis son roi, et c'est à lui de fléchir le genou. Il m'a, de son libre consentement, adopté pour son héritier; mais depuis, il a violé son serment: car j'apprends que vous (qui êtes le véritable roi, quoique ce soit lui qui porte la couronne) vous lui avez fait, dans un nouvel acte du parlement, effacer mon nom, pour y substituer celui de son fils.

CLIFFORD.—Et c'est aussi la raison qui le lui a fait faire: qui doit succéder au père, si ce n'est le fils?

RICHARD.—Vous voilà, boucher?—Oh! je ne peux parler.

CLIFFORD.—Oui, bossu, je suis ici pour te répondre, à toi, et à tous les audacieux de ton espèce.

RICHARD.—C'est toi qui as tué le jeune Rutland. N'est-ce pas toi?

CLIFFORD.—Oui, et le vieux York aussi; et cependant je ne suis pas encore satisfait.

RICHARD.—Au nom de Dieu, lords, donnez le signal du combat.

WARWICK.—Eh bien, que réponds-tu, Henri? Veux-tu céder la couronne?

MARGUERITE.—Quoi! qu'est-ce donc, Warwick? vous avez la langue bien longue; osez-vous bien parler? Lorsque vous et moi nous nous sommes mesurés à Saint-Albans, vos jambes vous ont mieux servi que vos bras.

WARWICK.—C'était alors mon tour à fuir; aujourd'hui c'est le tien.

CLIFFORD.—Tu en as dit autant avant le dernier combat, et tu n'en a pas moins fui.

WARWICK.—Ce n'est pas votre valeur, Clifford, qui m'y a forcé.

NORTHUMBERLAND. — Et ce n'est pas votre courage qui vous a donné l'audace de tenir ferme.

RICHARD.—Northumberland, toi, je te respecte.—Mais rompons cette conférence.... car j'ai peine à contenir les mouvements de mon cœur, gonflé de rage contre ce Clifford, ce cruel bourreau d'enfants.

CLIFFORD.—J'ai tué ton père: le prends-tu pour un enfant?

RICHARD.—Tu l'as assassiné en lâche, en vil traître, comme tu avais tué notre jeune frère Rutland. Mais avant que le soleil se couche, je te ferai maudire ton action.

LE ROI.—Finissez ces discours, milords, et écoutez-moi.

MARGUERITE. — Que ce soit donc pour les défier, ou garde le silence.

LE ROI. — Je te prie, ne donne pas des entraves à ma langue. Je suis roi, et j'ai le privilége de parler.

CLIFFORD.— Mon souverain, la plaie qui a amené cette entrevue ne peut se guérir par des paroles : restez donc en paix.

RICHARD.—Tire donc l'épée, bourreau. Par celui qui nous a tous créés, je suis intimement persuadé que tout le courage de Clifford réside dans sa langue.

ÉDOUARD. — Parle, Henri : jouirai-je de mon droit ou non? Des milliers d'hommes ont déjeuné ce matin qui ne dîneront pas, si tu ne cèdes à l'instant la couronne.

WARWICK.—Si tu la refuses, que leur sang retombe sur ta tête! car c'est pour la justice qu'York se revêt de son armure.

LE JEUNE PRINCE.—Si la justice est ce que Warwick appelle de ce nom, il n'y a plus d'injustice dans le monde, et tout dans l'univers est juste.

RICHARD.—Quel que soit ton père, c'est bien là ta mère (*montrant la reine*) ; car, je le vois bien, tu as la langue de ta mère.

MARGUERITE.—Toi, tu ne ressembles ni à ton père ni à ta mère : odieux et difforme, tu as été marqué par la destinée comme d'un signe d'infamie qui instruit à t'éviter comme le crapaud venimeux, ou le dard redouté du lézard.

RICHARD.—Vil plomb de Naples, caché sous l'or de l'Angleterre, toi dont le père porte le titre de roi, comme si un canal pouvait s'appeler la mer, ne rougis-tu pas, connaissant ton origine, de laisser ta langue déceler la bassesse native de ton cœur?

ÉDOUARD.—Je donnerais mille couronnes d'un fouet de paille, pour faire rentrer en elle-même cette effrontée coquine.—Hélène de Grèce était cent fois plus belle que toi, quoique ton mari puisse être un Ménélas; et cependant jamais le frère d'Agamemnon ne fut outragé par cette femme perfide, comme ce roi l'a été par toi. Son père a triomphé dans le cœur de la France; il a soumis son roi, et forcé le dauphin à fléchir devant lui; et lui, s'il eût fait un mariage digne de sa grandeur, il eût pu conserver jusqu'à ce jour tout l'éclat de cette gloire. Mais lorsqu'il a admis dans son lit une mendiante, et honoré de son alliance ton pauvre père, le soleil qui éclaira ce jour rassembla sur sa tête un orage qui a balayé de la France tous les trophées de son père, et qui, dans notre patrie, amassa la sédition autour de sa couronne. Et quelle autre cause que ton orgueil a suscité ces troubles? Si tu te fusses montrée modeste, notre titre dormirait encore; et, par pitié pour ce roi plein de douceur, nous aurions jusqu'à d'autres temps négligé nos prétentions.

GEORGE.—Mais lorsque nous avons vu ton printemps fleurir sous nos rayons, et ton été ne nous apporter aucun accroissement, nous avons mis la hache dans tes racines envahissantes; et quoique son tranchant nous ait quelquefois atteints nous-mêmes, sache cependant qu'à présent que nous avons commencé à frapper, nous ne te quitterons plus que nous ne t'ayons abattue, ou que notre sang brûlant n'ait arrosé ta grandeur toujours croissante.

ÉDOUARD.—Et c'est dans cette résolution que je te défie, et ne veux plus continuer cette conférence, puisque tu refuses à ce bon roi la liberté de parler.—Sonnez, trompettes!—Que nos étendards sanglants se déploient! et la victoire ou le tombeau!

MARGUERITE.—Arrête, Édouard!

ÉDOUARD.—Non, femme querelleuse, nous n'arrêterons pas un moment de plus. Tes paroles seront payées de dix mille vies.

(Ils sortent.)

SCÈNE III

Champ de bataille entre Towton et Saxton dans la province d'York.

Alarmes, excursions des deux partis. Entre WARWICK.

WARWICK.—Épuisé par les travaux, comme le sont les coureurs pour avoir disputé le prix, il faut que je m'asseye ici pour respirer un moment, car les coups que j'ai reçus, les coups nombreux que j'ai rendus, ont privé de leur force les vigoureuses articulations de mes muscles, et, malgré que j'en aie, il faut que je me repose un peu.
(Entre Édouard en courant.)

ÉDOUARD.—Souris-nous, ciel propice! ou frappe, impitoyable mort! car l'aspect du monde devient menaçant et le soleil d'Édouard se couvre de nuages.

WARWICK.—Eh bien, milord, quelle est notre fortune? où en sont nos espérances?
(Entre George.)

GEORGE.—Notre fortune, c'est d'être défaits : notre espérance, un triste désespoir. Nos rangs sont rompus, et la destruction nous poursuit. Quel parti conseillez-vous? Où fuirons-nous?

ÉDOUARD.—La fuite est inutile : ils ont des ailes pour nous poursuivre; et dans l'épuisement où nous sommes, nous ne pouvons éviter leur poursuite.
(Entre Richard.)

RICHARD.—Ah! Warwick! pourquoi t'es-tu retiré du combat? La terre altérée a bu le sang de ton frère [1], répandu par la pointe acérée de la lance de Clifford : et dans les angoisses de la mort on l'entendait, comme une cloche funèbre qui résonne au loin, répéter : *Warwick, vengeance! Mon frère, venge ma mort!* C'est ainsi que, renversé sous le ventre des coursiers ennemis, dont les pieds velus se teignaient de son sang fumant, ce noble gentilhomme a rendu son dernier soupir.

---

[1] Un bâtard de Salisbury, frère naturel de Warwick.

warwick.—Allons, que la terre s'enivre de notre sang. Je vais tuer mon cheval ; je ne veux pas fuir. Pourquoi restons-nous ici comme de faibles femmes, à pleurer nos pertes, tandis que l'ennemi fait rage, et à demeurer spectateurs comme si cette tragédie n'était qu'une pièce de théâtre, jouée par des personnages fictifs ? Ici, à genoux, je fais vœu devant le Dieu d'en haut de ne plus m'arrêter, de ne plus prendre un instant de repos que la mort n'ait fermé mes yeux, ou que la fortune n'ait comblé la mesure de ma vengeance.

édouard.—O Warwick ! je fléchis mon genou avec le tien, j'enchaîne mon âme à la tienne, dans le même vœu. —Et, avant que ce genou se relève de la froide surface de la terre, je tourne vers toi mes mains, mes yeux et mon cœur, ô toi qui établis et renverse les rois, te conjurant, s'il est arrêté dans tes décrets que mon corps soit la proie de mes ennemis, de permettre que le ciel m'ouvre ses portes d'airain et accorde à mon âme pécheresse un favorable passage.—Maintenant, lords, disons-nous adieu, jusqu'à ce que nous nous revoyions encore, quelque part que ce soit, au ciel ou sur la terre.

richard.—Mon frère, donne-moi ta main. — Et toi, généreux Warwick, laisse-moi te serrer dans mes bras fatigués.—Moi, qui n'ai jamais pleuré, je me sens douloureusement attendri sur ce printemps de nos jours que doit peut-être sitôt interrompre l'hiver.

warwick.— Allons, allons! Encore une fois, chers seigneurs, adieu.

george.—Retournons plutôt ensemble vers nos soldats; donnons toute liberté de fuir à ceux qui ne voudront pas tenir, et louons comme les colonnes de notre parti ceux qui demeureront avec nous, promettons-leur, si nous triomphons, la récompense que les vainqueurs remportaient jadis aux jeux olympiques. Cela pourra raffermir le courage dans leurs cœurs abattus, car il y a encore espérance de vivre et de vaincre. Ne tardons pas plus longtemps, marchons en toute hâte.

(Ils sortent.)

SCÈNE IV

Au même lieu. Une autre partie du champ de bataille.

Excursions des deux partis. Entrent RICHARD ET CLIFFORD.

RICHARD.—Enfin, Clifford, je suis parvenu à te joindre seul. Suppose que ce bras est pour le duc d'York, et l'autre pour Rutland, tous deux voués à les venger, fusses-tu entouré d'un mur d'airain.

CLIFFORD.—Maintenant, Richard, que je suis seul avec toi, regarde : voilà la main qui a frappé ton père, et voilà celle qui a tué ton frère Rutland ; et voilà le cœur qui triomphe dans la joie de leur mort, et anime ces mains qui ont tué ton frère et ton père, à en faire autant de toi ; ainsi, défends-toi.

(*Ils combattent. Warwick survient : Clifford prend la fuite.*)

RICHARD.—Warwick, choisis-toi quelque autre proie : c'est moi qui veux chasser ce loup jusqu'à la mort.

(*Ils sortent.*)

SCÈNE V

Une autre partie du champ de bataille.

Alarme. Entre LE ROI HENRI.

LE ROI.—Ce combat offre l'aspect de celui qui se livre au matin, lorsque l'ombre mourante le dispute à la lumière qui s'accroît, à l'heure où le berger, soufflant dans ses doigts, ne peut dire ni qu'il fait jour ni qu'il fai nuit. Tantôt le mouvement de la bataille se porte ici comme une mer puissante forcée par la marée et combattue par les vents ; tantôt il se porte là, semblable à cette même mer contrainte par les vents de se retirer ; quelquefois les flots l'emportent, puis c'est le vent ; tantôt celui-ci a l'avantage, tantôt il passe de l'autre côté ; tous deux luttent pour la victoire sein contre sein, et ni l'un ni l'autre n'est vainqueur ni vaincu, tant la balance reste en équilibre dans cette cruelle mêlée. Je veux m'asseoir ici sur cette hauteur ; et que la victoire se décide selon la volonté de Dieu! Car ma femme Marguerite, et Clifford aussi, m'ont forcé avec colère de me retirer du champ de bataille, protestant tous deux qu'ils combattent plus heureusement quand je n'y suis pas.— Je voudrais être mort si telle eût été la volonté de Dieu! Car, qu'y a-t il dans ce monde que chagrins et malheurs?—O Dieu! il me semble que ce serait une vie bien heureuse de n'être qu'un simple berger, d'être assis sur une colline, comme je le suis à présent, traçant avec justesse un cadran, et distribuant ses heures, pour y suivre de l'œil la course des minutes, supputant combien il en faut pour compléter l'heure, combien d'heures composent le jour entier, combien de jours remplissent l'année, et combien d'années peut vivre un mortel. Et ensuite, cet espace une fois connu, faire ainsi la distribution de mon temps ; tant d'heures pour mon troupeau, tant d'heures pour prendre mon repos, tant d'heures consacrées à la contemplation, tant d'heures employées aux délassements, tant de jours depuis que mes brebis sont pleines, tant de semaines avant que ces pauvres bêtes mettent bas, tant de mois avant que je tonde leur toison : ainsi, les minutes, les heures, les jours, les semaines, les mois et les années, passés dans l'emploi pour lequel ils ont été destinés, conduiraient doucement mes cheveux blanchis à un paisible tombeau. Ah! quelle vie ce serait là! qu'elle serait douce! qu'elle serait agréable! Le buisson de l'aubépine ne donne-t-il pas un plus doux ombrage aux bergers veillant sur leur innocent troupeau, qu'un dais richement doré n'en donne aux rois, qui craignent sans cesse la perfidie de leurs sujets? Oh! oui, plus doux, mille fois plus doux! Et enfin, le repas grossier qui nourrit le berger, la fraîche et légère boisson qu'il tire de sa bouteille de cuir, son sommeil accoutumé sous l'ombrage d'un arbre brillant de verdure, biens dont il jouit dans la sécurité d'une douce paix, sont bien au-dessus des délicatesses qui environnent un prince, de ses mets éclatant dans l'or de ses coupes, du lit somptueux où repose son corps qu'assiégent les soucis, la défiance et la trahison.

> (Alarme. Entre un fils qui a tué son père et qui traîne son cadavre.)

LE FILS.—C'est un mauvais vent que celui qui ne profite à personne.—Cet homme que j'ai tué dans un combat que nous nous sommes livré tous deux, pourrait avoir sur lui quelques couronnes; et moi, qui aurai en ce moment le bonheur de les lui prendre, peut-être avant la nuit les céderai-je avec ma vie à quelque autre, comme ce mort va me les céder. Mais, quel est cet homme?—O Dieu! c'est le visage de mon père que j'ai tué sans le connaître dans la mêlée! ô jours affreux qui enfantent de pareils événements! Moi, j'ai été pressé à Londres où était le roi; et mon père, qui était au service du comte de Warwick, pressé par son maître, s'est trouvé dans le parti d'York; et moi, qui ai reçu de lui la vie, c'est ma main qui l'a privé de la sienne!—Pardonnez-moi, mon Dieu! Je ne savais pas ce que je faisais! Et toi, mon père, pardon! Je ne t'ai pas reconnu. Mes larmes laveront ces plaies sanglantes; et je ne prononcerai plus une parole avant de les avoir laissées couler à leur plaisir.

LE ROI.—O spectacle de pitié! O jours sanglants! lorsque les lions sont en guerre, et combattent pour se disputer un antre, les pauvres innocents agneaux sont victimes de leur inimitié. — Pleure, malheureux, je te seconderai, larme pour larme, et, semblables à la guerre civile, que nos yeux soient aveuglés de larmes, et que nos cœurs éclatent surchargés de maux!

> (Entre un père qui a tué son fils, portant le corps dans ses bras.)

LE PÈRE.—Toi qui t'es si opiniâtrément défendu contre moi, donne-moi ton or, si tu en as; car je l'ai bien acheté au prix de cent coups.—Mais voyons.—Sont-ce là les traits de mon ennemi? Ah! non, non, non, c'est mon fils unique!—O mon enfant! s'il te reste encore quelque souffle de vie, lève les yeux sur moi, et vois, vois quelle ondée excitée par les orageux tourbillons de mon cœur se répand sur tes blessures, dont la vue tue mes yeux et mon cœur. Quelles méprises cruelles, meurtrières, coupables, désordonnées, contre nature, engendre chaque jour cette guerre mortelle! O Dieu! prends pitié de ce temps misérable! O mon fils! ton père t'a donné le jour trop tôt, et t'a trop récemment ôté la vie.

LE ROI.—Malheurs sur malheurs! douleurs qui surpassent les douleurs ordinaires! Oh! que mon trépas pût mettre fin à ces lamentables scènes! O miséricorde, miséricorde! ciel pitoyable, miséricorde! Je vois sur son visage les fatales enseignes de nos deux maisons en querelle, la rose rouge et la rose blanche : son sang vermeil ressemble parfaitement à l'une; ses joues pâles me présentent l'image de l'autre. Que l'une de vous se flétrisse donc, et que l'autre fleurisse! tant que vous vous combattrez, des milliers de vies vont se flétrir.

LE FILS.—Comme ma mère va m'en dire sur la mort de mon père, sans pouvoir jamais s'apaiser!

LE PÈRE. — Quelle mer de larmes va répandre ma femme sur le meurtre de son fils, sans pouvoir jamais se consoler!

LE ROI.—Comme le pays, en voyant ces malheurs, va prendre en haine son roi sans pouvoir en revenir!

LE FILS.—Fut-il jamais un fils aussi affligé de la mort de son père?

LE PÈRE.—Fut-il jamais un père qui déplorât autant la mort de son fils?

LE ROI.—Fut-il jamais un roi si malheureux des maux de ses sujets? Votre douleur est grande, mais la mienne est dix fois plus grande encore.

LE FILS.—Je veux t'emporter ailleurs, où je puisse te pleurer tout mon content.

(Il sort, emportant le corps.)

LE PÈRE.—Ces bras te serviront de drap mortuaire, et mon cœur, cher enfant, sera ton tombeau; car jamais ton image ne sortira de mon cœur; les soupirs de ma poitrine seront la cloche de ta sépulture, et ton père te rendra de tels devoirs funèbres, qu'il pleurera ta perte, lui qui n'en a pas d'autre que toi, autant que Priam pleura celle de tous ses malheureux fils. Je vais t'emporter d'ici, et combatte qui voudra ; car j'ai porté le coup mortel où je ne le devais pas.

(Il sort, emportant le corps.)

LE ROI.—Cœurs désolés et que le malheur accable, vous laissez ici un roi encore plus malheureux que vous.

(Alarmes, excursions. La reine Marguerite, le prince de Galles et Exeter.)

LE PRINCE DE GALLES.—Fuyez, mon père, fuyez ! tous nos amis sont dispersés, et Warwick tempête comme un taureau irrité. Sauvons-nous ; c'est nous que la mort poursuit.

MARGUERITE.—Montez à cheval, milord, et courez à toute bride vers Berwick. Édouard et Richard, comme une couple de lévriers qui voient de loin fuir le lièvre timide, sont sur nos épaules, les yeux enflammés et étincelants de rage ; leur main furieuse serre un fer sanglant ; hâtons-nous donc de quitter ces lieux.

EXETER.—Fuyons ; la vengeance les accompagne.—Ne perdez pas le temps en représentations, faites diligence, ou bien suivez-moi, je vais partir devant.

LE ROI.—Non, emmenez-moi avec vous, mon cher Exeter : non pas que je craigne de rester ici ; mais j'aime à aller où le veut la reine. Allons, partons.

(Ils sortent.)

SCÈNE VI

Bruyante alarme. Entre CLIFFORD *blessé.*

CLIFFORD.—C'est ici que le flambeau de ma vie va s'éteindre ; ici qu'il va mourir, ce flambleau qui, tant qu'il a duré, a éclairé les pas du roi Henri ! O Lancastre ! je m'effraye de ta chute, bien plus que de la séparation de mon âme et de mon corps. Par mon zèle et par la crainte, je t'avais attaché bien des amis ; mais maintenant que je tombe, ton parti sans consistance va se dissoudre, et l'affaiblissement de Henri va augmenter la force du superbe York. Le peuple grossier se rassemble comme en été le font les mouches, et où volent les mouches, si ce n'est vers le soleil? Et qui brille maintenant, sinon les ennemis de Henri? O Phébus! si tu n'avais jamais consenti que Phaéton gouvernât tes fougueux coursiers, jamais ton char enflammé n'eût embrasé la terre! Et toi, Henri, si tu avais su régner en roi, régner comme ton aïeul et ton père ont régné, ne donnant jamais de prise à la maison d'York, on ne l'eût pas vu s'élever, ce nuage de mouches d'été. Et moi, non plus que dix mille autres, n'aurions pas laissé notre mort à pleurer à nos veuves! Et toi, tu posséderais aujourd'hui en paix ta couronne! car qui fait croître les mauvaises herbes, sinon la douceur de l'air? qui enhardit les brigands, sinon l'excès de la clémence?—Mais les plaintes sont superflues, et mes blessures sont incurables. Point de chemin pour fuir, point de force pour aider à la fuite. L'ennemi est inexorable, il n'aura nulle pitié; et de sa part je n'ai pas mérité de pitié. L'air est entré dans mes blessures mortelles, une plus abondante effusion de sang me fait défaillir.—Venez, York et Richard, et Warwick et tous les autres: j'ai percé le cœur de vos pères, venez percer le mien.

(Il s'évanouit.)
(Alarmes et retraite. Entrent Édouard, George, Richard,
Montaigu, Warwick, et une partie de l'armée.)

ÉDOUARD.—Respirons maintenant, milords; notre bonne fortune nous permet un instant de repos, et de ses paisibles regards adoucit le front menaçant de la guerre. Un détachement poursuit cette reine sanguinaire, qui conduit le tranquille Henri, tout roi qu'il est comme une voile, enflée par un vent impétueux, conduit avec puissance un large navire à travers les flots qui le combattent.—Mais pensez-vous, lords, que Clifford ait fui avec eux?

WARWICK.—Non: il est impossible qu'il ait échappé. Votre frère Richard, je le dirai, quoiqu'il soit ici présent, l'a marqué pour le tombeau; et quelque part qu'il puisse être, il est sûrement mort.

(Clifford pousse un gémissement et meurt.)

édouard.—Quelle est l'âme qui vient de prendre de nous ce triste congé?

richard.—C'est un gémissement semblable à celui de la mort au moment où l'âme et le corps se séparent.

édouard.—Voyez qui c'est; et à présent que la bataille est finie, ami ou ennemi, qu'on le traite avec douceur.

richard.—Révoque cet ordre de clémence; car c'est Clifford, qui, non content d'avoir, en abattant Rutland, coupé la branche dont les feuilles commençaient à se développer, a enfoncé son couteau meurtrier jusque dans la racine d'où s'élevait gracieusement cette tendre tige, a égorgé notre auguste père le duc d'York.

warwick.—Allez; qu'on ôte la tête élevée sur les portes d'York, la tête de votre père, que Clifford y a fait mettre, et que la sienne l'y remplace: il faut lui rendre la pareille.

édouard.—Qu'on m'apporte cet oiseau de mauvais augure pour ma maison, qui n'a jamais fait entendre à nous et aux nôtres que des chants de mort. Enfin la mort étouffe ses menaçants et sinistres accents, et cette bouche qui ne prédisait que le malheur a perdu la parole.

(On apporte le corps de Clifford.)

warwick.—Je crois qu'il n'a plus l'usage de ses sens. —Réponds, Clifford: connais-tu celui qui te parle?—Le nuage épais de la mort obscurcit en lui les rayons de la vie: il ne nous voit point, il n'entend point ce que nous lui disons.

richard.—Oh! que ne peut-il nous voir et nous entendre! Mais peut-être en est-il ainsi, et n'est-ce qu'une feinte habile pour se soustraire aux insultes qu'il a fait subir à notre père au moment de sa mort.

george.—Si tu le crois, tourmente-le de tes mots piquants.

richard.—Clifford, demande grâce, pour ne pas l'obtenir.

édouard.—Clifford, repens-toi, pour te repentir en vain.

warwick.—Clifford, cherche des excuses pour tes offenses.

GEORGE.—Tandis que nous cherchons des tourments pour t'en punir.

RICHARD.—Tu aimas York, et je suis le fils d'York.

ÉDOUARD.—Tu sentis la pitié pour Rutland, j'en aurai pour toi.

GEORGE.—Où est le général Marguerite pour vous défendre maintenant?

WARWICK.—Ils t'insultent, Clifford : réponds-leur par tes imprécations familières.

RICHARD.—Quoi! pas une imprécation? Allons, tout va mal, quand Clifford ne peut pas garder une seule imprécation pour ses amis. A cela je reconnais qu'il est mort; et, j'en jure par mon âme, s'il ne fallait que le sacrifice de ma main droite pour te racheter deux heures de vie, où je pusse, au gré de ma haine, t'accabler de mes outrages, je la couperais; et du sang qui en sortirait, j'étoufferais l'infâme dont la soif insatiable n'a pu être assouvie par celui d'York et du jeune Rutland.

WARWICK.—Oui, mais il est mort. Coupez la tête du traître, et élevez-la à la place où est celle de votre père. (*A Édouard.*) A présent, marchons en triomphe vers Londres, pour t'y voir couronner roi de l'Angleterre. De là Warwick fendra les mers de France, et ira demander la princesse *Bonne* pour ton épouse. Par ce nœud, les deux pays seront unis l'un à l'autre ; et quand tu auras la France pour amie, tu ne craindras plus les ennemis maintenant dispersés, qui espèrent se relever encore ; car bien que leur dard ne puisse plus blesser à mort, cependant attends-toi à les entendre encore bourdonner et importuner tes oreilles. Je veux d'abord te voir couronner; et ensuite, si c'est le bon plaisir de mon seigneur, je traverserai les mers de la Bretagne, pour conclure ce mariage.

ÉDOUARD.—Qu'il en soit, cher Warwick, ainsi que tu le voudras; car c'est toi dont les épaules vont soutenir mon trône, et jamais je n'entreprendrai la chose que tu n'auras pas conseillée ou consentie.—Richard, je vais te créer duc de Glocester : et toi, George, duc de Clarence.

—Warwick, comme nous-même, tu feras et déferas à ton gré.

RICHARD.—Que je sois plutôt duc de Clarence, et George duc de Glocester; car le duché de Glocester est trop fatal.

WARWICK.—Allons donc, cette remarque est d'un enfant. — Richard, sois duc de Glocester. — Maintenant, marchons vers Londres, pour vous voir prendre possession de tous ces honneurs.

FIN DU SECOND ACTE.

ACTE TROISIÈME

—

SCÈNE I

Une forêt de chasse dans le nord de l'Angleterre.

Entrent DEUX GARDES-CHASSE *armés d'arbalètes.*

PREMIER GARDE-CHASSE.—Il faut nous cacher dans cet épais bocage, car bientôt le daim viendra au travers de la clairière ; et nous resterons à l'affût sous le couvert, pour choisir des yeux le plus beau du troupeau.

SECOND GARDE-CHASSE.—Moi, je resterai sur la hauteur et ainsi nous pourrons tirer tous deux.

PREMIER GARDE-CHASSE.—Cela ne se peut pas : le bruit de ton arbalète effarouchera le troupeau, et mon coup sera perdu : restons ici tous les deux, et visons le meilleur de la troupe ; et, pour passer le temps sans ennui, je te conterai ce qui m'est arrivé un jour, à cette même place où nous allons nous poster aujourd'hui.

SECOND GARDE-CHASSE.—Je vois venir un homme : demeurons jusqu'à ce qu'il soit passé.

(Entre le roi Henri déguisé, un livre de prières à la main.)

LE ROI.—Je me suis dérobé de l'Écosse par pure tendresse pour ma patrie, et pour la saluer encore de mes regards avides de la revoir. Non, Henri ! Henri ! cette terre n'est plus à toi : ta place est remplie, ton sceptre est arraché de tes mains, et le baume qui te consacra est effacé. Nul genou fléchi ne reconnaîtra ton empire, d'humbles solliciteurs ne se presseront plus sur tes pas pour t'exposer leurs droits : nul homme n'aura recours à toi pour obtenir justice ; car, comment pourrais-je assister les autres, moi qui ne peux pas m'aider moi-même ?

PREMIER GARDE-CHASSE.—Hé ! voici un daim dont la peau sera bien payée au garde-chasse : c'est le ci-devant roi [1] ; saisissons-nous de lui.

LE ROI.—Acceptons avec résignation ces cruelles adversités ; car les sages disent que c'est le meilleur parti.

SECOND GARDE-CHASSE.—Que tardons-nous ? Mettons la main sur lui.

PREMIER GARDE-CHASSE.—Attends encore : écoutons-le parler un moment.

LE ROI.—La reine et mon fils sont allés en France implorer des secours ; et, suivant ce que j'apprends, le tout-puissant Warwick y est allé aussi demander la sœur du roi de France, pour épouse d'Édouard. Si cette nouvelle est vraie, pauvre reine, et toi, mon fils, vous avez perdu vos peines ; car Warwick est un adroit orateur, et Louis un prince facile à gagner par des paroles éloquentes : ainsi, ce qui va arriver, c'est que Marguerite pourra d'abord intéresser le roi ; car c'est une femme bien faite pour exciter la compassion ; ses soupirs porteront une atteinte au cœur du prince : ses larmes pénétreraient un cœur de marbre, le tigre s'adoucirait à la vue de son affliction, et Néron serait touché de pitié s'il entendait, s'il voyait ses plaintes et ses larmes amères. Oui, mais elle vient pour demander, et Warwick pour donner. Elle est à la gauche du roi, implorant du secours pour Henri ; et Warwick à la droite, demandant une épouse pour Édouard. Elle pleure, elle dit que son Henri est déposé. Warwick sourit, et annonce que son Édouard est couronné, à la fin, pauvre malheureuse, la douleur lui ôte la force de parler ! tandis que Warwick expose les titres d'Édouard, pallie ses injustices, accumule de puissants arguments, et finit par détacher d'elle le roi qui promet sa sœur, et tout ce qu'on voudra, à l'appui du roi Édouard et de son trône. Ô Marguerite !

---

[1] The quondam king.

voilà ce qui va t'arriver. Et toi, pauvre créature, tu seras rejetée parce que tu es venue délaissée.

second garde-chasse.—Dis ; qui es-tu, toi, qui parles de rois et de reines?

le roi.—Plus que je ne parais, et moins que je ne devais être par ma naissance. Je suis un homme du moins, car je ne puis être moins. Les hommes peuvent parler des rois ; pourquoi ne le pourrais-je?

second garde-chasse.—Oui ; mais tu parles comme si tu étais toi-même un roi.

le roi.—Eh bien! je le suis : en pensée, c'est tout ce qu'il faut.

second garde-chasse.—Mais si tu es un roi, où est ta couronne?

le roi.—Ma couronne est dans mon cœur, et non pas sur ma tête. Elle n'est point ornée de diamants ni de pierres venues de l'Inde. On ne la voit point : ma couronne s'appelle contentement; c'est une couronne que les rois possèdent rarement.

second garde-chasse.—Eh bien! si vous êtes un roi couronné de contentement, votre couronne, le contentement et vous, voudrez bien trouver votre contentement à nous suivre; car, comme nous présumons que vous êtes ce roi que le roi Édouard a déposé, comme nous sommes ses sujets, et que nous lui avons juré obéissance, nous vous arrêtons comme son ennemi.

le roi.—Mais n'avez-vous jamais fait de serment que vous ayez ensuite violé?

second garde-chasse.—Non, jamais un serment de cette espèce, et nous ne commencerons pas aujourd'hui.

le roi.—Où habitiez-vous lorsque j'étais roi d'Angleterre?

second garde-chasse.—Ici dans ce pays, où nous demeurons aujourd'hui.

le roi.—Je fus sacré roi à l'âge de neuf mois. Mon père et mon grand-père furent rois, et vous avez juré d'être mes fidèles sujets; répondez à présent : n'avez-vous pas violé vos serments?

PREMIER GARDE-CHASSE.—Non, car nous n'avons pu être vos sujets qu'autant que vous étiez roi.

LE ROI.—Eh quoi, suis-je mort? Ne suis-je pas un homme en vie? Ah! pauvres gens, vous ne savez pas ce que vous jurez! Voyez, comme d'un souffle j'écarte cette plume de mon visage, et comme l'air me la renvoie; obéissant à mon haleine, quand elle sort de ma bouche, cédant à un autre souffle quand il se fait sentir, et toujours maîtrisée par le vent le plus fort : telle est votre légèreté, hommes vulgaires. Mais ne violez pas vos serments : mes douces représentations ne tendent point à vous rendre coupables de ce péché. Allez où vous voudrez, le roi se laissera commander. Soyez rois, ordonnez, et j'obéirai.

PREMIER GARDE-CHASSE.—Nous sommes les fidèles sujets du roi, du roi Édouard.

LE ROI.—Et vous redeviendriez de même les sujets de Henri, si Henri était à la place où est le roi Édouard.

PREMIER GARDE-CHASSE.—Nous vous sommons, au nom de Dieu et du roi, de venir avec nous devant nos officiers.

LE ROI.—Au nom de Dieu, je suis prêt à vous suivre; que le nom de votre roi soit obéi! Que votre roi accomplisse la volonté de Dieu, et moi je me soumets humblement à sa volonté.

(Ils sortent.)

SCÈNE II

A Londres, un appartement dans le palais.

Entrent LE ROI ÉDOUARD, RICHARD, DUC DE GLOCESTER, CLARENCE ET LADY GREY.

LE ROI ÉDOUARD.— Mon frère Glocester, le mari de cette dame, sir John Grey, a été tué à la bataille de Saint-Albans. Ses terres ont ensuite été confisquées par le vainqueur. La demande de sa veuve aujourd'hui, c'est de rentrer en possession de ces terres. Nous ne pouvons en bonne justice les lui refuser, car c'est pour la querelle de la maison d'York[1] que ce brave gentilhomme a perdu la vie.

GLOCESTER.—Votre Grandeur fera très-bien de lui accorder sa requête : il serait honteux de la refuser.

LE ROI ÉDOUARD.—Oui, honteux. — Mais cependant je veux différer encore un moment.

GLOCESTER, *à part, à Clarence.*—Oui : en est-il ainsi? Je vois que la dame aura quelque chose à accorder avant que le roi lui accorde son humble demande.

CLARENCE, *à part.*—Il n'est pas novice; comme il sait prendre le vent!

GLOCESTER, *à part.*—Silence !

LE ROI ÉDOUARD.—Veuve, nous examinerons votre requête. Revenez dans quelque temps savoir nos intentions.

LADY GREY.—Très-gracieux seigneur, je ne puis supporter de délais : qu'il plaise à Votre Majesté de me donner à présent sa décision ; et, quel que puisse être votre bon plaisir, je m'en contenterai.

GLOCESTER, *à part.*—Vraiment, veuve ? je vous garantis bien que vous aurez toutes vos terres, si ce qui lui plaira vous plaît aussi.—Combattez plus serré, ou, sur ma parole, vous attraperez quelque coup.

CLARENCE, *à part.*—Je ne crains rien pour elle, à moins d'une chute.

GLOCESTER, *à part.*—Dieu l'en préserve ! car il prendrait son avantage.

LE ROI ÉDOUARD.—Dis-moi, veuve, combien as-tu d'enfants?

CLARENCE, *à part.*—Je crois qu'il a intention de lui demander un enfant.

GLOCESTER, *à part.*—Allons donc; je veux être fustigé s'il ne lui en donne plutôt deux.

LADY GREY.—Trois, mon gracieux seigneur.

---

[1] Ce fut au contraire pour la cause de la maison de Lancastre que sir John Grey combattit à la seconde bataille de Saint-Albans, où il fut tué. Ses biens avaient été saisis par Édouard lui-même, après la bataille de Towton. Ce fait est rapporté conformément à l'histoire dans *Richard III*.

glocester, *à part.*—Vous en aurez quatre, si vous voulez vous laisser gouverner par lui.

le roi édouard.—Ce serait pitié qu'ils perdissent le patrimoine de leur père.

lady grey. — Laissez-vous donc attendrir, auguste souverain, et accordez-moi cette grâce.

le roi édouard.—Lords, retirez-vous à l'écart : je veux éprouver le jugement de cette veuve.

glocester.—Libre à vous ; car vous en aurez toute liberté jusqu'à ce que la jeunesse prenne la liberté de vous quitter, et ne vous laisse plus que la liberté des béquilles.

le roi édouard.—A présent, dites-moi, madame, aimez-vous vos enfants ?

lady grey.—Oui ; aussi chèrement que moi-même.

le roi édouard.—Et ne feriez-vous pas beaucoup pour leur bien ?

lady grey. — Pour leur bien, je saurais supporter quelque mal.

le roi édouard.—Travaillez donc ; regagnez les terres de votre mari pour le bien de vos enfants.

lady grey.—C'est pour cela que je suis venue trouver Votre Majesté.

le roi édouard.—Je vous dirai le moyen de rentrer dans la possession de ces biens.

lady grey.—Ce sera m'attacher pour toujours au service de Votre Majesté.

le roi édouard.—Et quel genre de service puis-je attendre de toi si je te les donne ?

lady grey.—Tout ce que vous commanderez, et qui sera en mon pouvoir.

le roi édouard.—Vous allez faire des objections à ce que je vais vous proposer.

lady grey.—Non, mon gracieux seigneur, à moins que la chose ne me soit impossible.

le roi édouard.—Tu en feras, quoique tu puisses faire ce que j'ai envie de te demander.

lady grey.—Certainement alors je ferai ce que me commandera Votre Grâce.

glocester, *à part*.—Il la presse vivement ; à force de pluie le marbre finit par s'user.

clarence, *à part*.—Il est rouge comme le feu : il faudra bien que la cire finisse par se fondre.

lady grey.—Eh bien ! qui arrête Votre Majesté? Ne me fera-elle point connaître ma tâche ?

le roi édouard.—C'est une tâche aisée ; il ne s'agit que d'aimer un roi.

lady grey.—Cela est bien simple, puisque je suis votre sujette.

le roi édouard.—Eh bien, je te donne de grand cœur les terres de ton mari.

lady grey.—Je prends congé de Votre Majesté, en lui rendant mes humbles grâces.

glocester, *à part*.—Le marché est conclu : elle le ratifie par une révérence.

le roi édouard.—Non, demeure : ce que j'entends, ce sont les fruits de l'amour.

lady grey.—Et ce sont aussi les fruits de l'amour que j'entends, mon bien-aimé souverain.

le roi édouard.—Oui ; mais je crains bien que ce ne soit dans un autre sens. Quel amour crois-tu que je sollicite de toi, avec tant d'ardeur ?

lady grey.—Mon amour jusqu'à la mort, ma reconnaissance, mes prières ; cet amour, en un mot, que peut demander la vertu, et que la vertu peut accorder.

le roi édouard.—Non, sur ma foi, ce n'est pas d'un tel amour que j'entends parler.

lady grey.—Ce que vous entendez n'est donc pas ce que je croyais?

le roi édouard.—Mais à présent vous devez entrevoir ce que j'ai dans l'âme.

lady grey.—Jamais mon âme n'accordera ce qui fait le but de vos désirs, s'il est vrai que j'aie touché le but.

le roi édouard.—Pour te parler sans détour, j'aspire à ton lit [1].

---

[1] *To tell thee plain, I aim to lie with thee.*
— *To tell you plain, I had rather lie in prison.*

LADY GREY.—Pour vous répondre sans détour, j'aimerais mieux coucher en prison.

LE ROI ÉDOUARD.—En ce cas, tu n'auras pas les terres de ton mari.

LADY GREY.—Eh bien, mon honneur sera mon douaire; car je ne les rachèterai pas à ce prix.

LE ROI ÉDOUARD.—Tu fais par là grand tort à tes enfants.

LADY GREY.—Par là, Votre Majesté fait tort en même temps à eux et à moi. Mais, puissant seigneur, ce désir folâtre ne s'accorde guère avec la tristesse de ma requête ; veuillez me congédier avec un oui ou un non.

LE ROI ÉDOUARD.—Oui, si tu dis oui à ma requête; non, si tu dis non à ma demande.

LADY GREY.—En ce cas, non, mon seigneur ; et je n'ai rien à vous demander.

GLOCESTER, *à part.*—La veuve ne le goûte pas : elle fronce le sourcil.

CLARENCE, *à l'écart.*—C'est le galant le plus gauche de toute la chrétienté.

LE ROI ÉDOUARD, *à part.*—Ses regards annoncent qu'elle est remplie de vertu ; ses discours décèlent un esprit incomparable. Ses perfections réclament un trône; de façon ou d'autre, elle est faite pour un roi ; elle sera ou ma maîtresse, ou reine de mon royaume. (*Haut.*) Que dirais-tu si le roi Édouard te choisissait pour reine ?

LADY GREY.—Cela est plus facile à dire qu'à faire, mon gracieux seigneur. Je suis une sujette faite pour souffrir vos plaisanteries, mais nullement faite pour devenir souveraine.

LE ROI ÉDOUARD.—Aimable veuve, je te jure, par ma grandeur, que je n'en dis pas plus que je n'ai dessein de faire. Il faut que tu sois à moi.

LADY GREY.—Et c'est beaucoup plus que je ne puis consentir : je sais que je suis trop peu de chose pour que vous me fassiez reine ; et cependent de trop bon lieu pour être votre concubine.

LE ROI ÉDOUARD.—C'est une mauvaise chicane que tu me fais ; je veux dire que tu seras reine.

LADY GREY.—Il serait désagréable à Votre Grâce d'entendre mes enfants vous appeler leur père.

LE ROI ÉDOUARD.—Pas plus que d'entendre mes filles t'appeler leur mère. Tu es veuve, et tu as quelques enfants : et, par la mère de Dieu! moi, quoique garçon, j'en ai quelques-uns aussi. Et vraiment, c'est un bonheur d'être père de plusieurs enfants. Ne me réplique plus, car tu seras ma femme.

GLOCESTER, *à part*.—Le saint père a achevé sa confession.

CLARENCE, *à part*.—Il ne s'est fait confesseur que pour séduire la pénitente.

LE ROI ÉDOUARD.—Mes frères, vous cherchez à deviner ce que nous avons pu nous dire?

GLOCESTER.—Cela ne plaît pas à la veuve, car elle a l'air triste.

LE ROI ÉDOUARD.—Vous seriez bien surpris si nous allions nous marier?

CLARENCE.—A qui seigneur?

LE ROI ÉDOUARD.—Eh mais, ensemble, Clarence.

GLOCESTER.—On en aurait au moins pour dix jours à s'étonner.

CLARENCE.—Ce serait un jour de plus que ne dure d'ordinaire un étonnement [1].

GLOCESTER.—Mais aussi l'étonnement serait-il des plus grands.

LE ROI ÉDOUARD.—Fort bien, plaisantez, mes frères. Je puis vous dire à tous deux que sa requête pour les biens de son mari lui est accordée.

(Entre un lord.)

LE LORD.—Mon gracieux seigneur, Henri, votre ennemi, est pris, et amené prisonnier à la porte de votre palais.

LE ROI ÉDOUARD.—Faites-le conduire à la Tour.—Et nous, mes frères, allons interroger l'homme qui l'a pris, pour apprendre les circonstances de cet événement. Allez, veuve.—Lords, traitez-la honorablement.

(Sortent le roi, lady Grey, Clarence et le lord.)

---

[1] Allusion au proverbe anglais : *un étonnement ne dure pas plus de neuf jours.*

RICHARD.—Oui, Édouard traitera les dames honorablement.—Que n'est-il épuisé jusqu'à la moelle des os, et hors d'état de voir sortir de ses reins aucun rejeton capable de fonder des espérances, et de m'empêcher d'arriver à ce temps heureux auquel j'aspire! Et cependant, quand même le titre du voluptueux Édouard serait enseveli sous la terre, il reste encore, entre le désir de mon âme et moi, Clarence, Henri, et son fils le jeune Édouard, et toute la race inconnue qui peut encore sortir de leur sein, pour remplir le trône avant que je parvienne à m'y placer ; fâcheuse perspective pour mes projets ! Ainsi, je ne fais que rêver la royauté ; comme un homme qui, placé sur le sommet d'un promontoire, porte sa vue sur le rivage éloigné qu'il voudrait fouler sous ses pas, désirant que son pied pût suivre ses yeux, maudissant la mer qui l'en sépare, et parlant de la mettre à sec pour s'ouvrir un passage. Voilà comme je désire la couronne, à cette distance, m'irritant contre les obstacles qui m'en séparent; et de même, me flattant de succès impossibles, je me dis que je les renverserai. Mon œil est trop perçant, mon cœur trop présomptueux, si ma main et mes forces ne peuvent pas y répondre.— Mais s'il est une fois dit qu'il n'y ait point de royaume à espérer pour Richard, alors quel autre bien le monde peut-il m'offrir ? Je chercherai mon paradis dans les bras d'une femme, j'ornerai mon corps d'une parure élégante, et je captiverai par mes paroles et mes regards le cœur des jeunes beautés ? O pensée cruelle ! ressource plus impossible pour moi que de me procurer vingt couronnes brillantes ! Quoi ! l'amour m'a renoncé dans le sein même de ma mère ; et pour m'exclure à jamais de son doux empire, il a suborné la fragile nature, et l'a engagée à rétrécir mon bras amaigri comme un arbrisseau desséché, à placer sur mon dos une odieuse éminence, où s'assied la difformité pour insulter à mon corps ; à former mes jambes d'une inégale longueur, faisant de moi un tout sans aucune proportion, une espèce de chaos semblable au petit que l'ourse n'a pas encore léché, et qui n'apporte en naissant aucun trait

de sa mère? Suis-je un homme fait pour être aimé? Oh!
quelle absurde erreur que de nourrir une pareille
pensée !—Eh bien, puisque ce monde ne m'offre aucun
plaisir que celui de commander, de gouverner, de dominer ceux dont la figure est plus heureuse que la
mienne, mon ciel à moi sera de rêver à la couronne et de
regarder, tant que je vivrai, ce monde comme un enfer
pour moi, jusqu'à ce que ma tête, que porte ce tronc
contrefait soit ceinte d'une brillante couronne... Et cependant je ne sais comment atteindre cette couronne :
tant de vies s'interposent entre elle et moi!... Et moi,
comme un voyageur perdu dans un bois épineux, brisant
les épines, déchiré par elles, cherchant un chemin, et
s'écartant du chemin, sans savoir comment parvenir
aux lieux découverts, mais travaillant en désespéré pour
en retrouver la route, je me tourmente sans relâche pour
saisir la couronne d'Angleterre. Je m'affranchirai de ce
tourment, je me frayerai un chemin avec une hache sanglante. Eh quoi! ne sais-je pas sourire, et égorger en
souriant, me récrier de joie sur ce qui me met le chagrin au cœur, mouiller mes joues de larmes artifi-
cieuses, et accommoder mes traits à toutes les circonstances? Je saurai submerger plus de nautoniers que
la sirène, tuer de mes regards plus d'hommes que le
basilic ; je puis prêcher aussi bien que Nestor, tromper
avec plus d'art qu'Ulysse, et, comme un autre Sinon, je
gagnerai une autre Troie ; je possède plus de couleurs
que le caméléon ; je puis pour mes intérêts changer de
plus de formes que Protée, et faire la leçon au sanguinaire Machiavel. Je puis tout cela, et je pourrais gagner
une couronne! Allons donc ; fût-elle encore plus loin,
je m'en emparerai.

(Il sort.)

SCÈNE III

En France.—Un appartement dans le palais.

Fanfares. Entrent LE ROI DE FRANCE, LA PRINCESSE BONNE, *suite*, LE ROI *monte sur son trône, et ensuite entrent* LA REINE MARGUERITE, LE PRINCE ÉDOUARD *son fils*, ET LE COMTE D'OXFORD.

LE ROI LOUIS, *se levant*. — Belle reine d'Angleterre, illustre Marguerite, assieds-toi avec nous : il ne convient pas à ton rang ni à ta naissance que tu sois debout, tandis que Louis est assis.

MARGUERITE.—Non, puissant roi de France : Marguerite doit maintenant baisser pavillon, et apprendre à obéir quand un roi commande. J'étais, je l'avoue, dans des jours plus heureux, la reine de la grande Albion ; mais aujourd'hui la fortune contraire a foulé aux pieds mon titre, et m'a laissée avec ignominie sur la poussière, où il faut que je prenne une place conforme à ma fortune, et me conforme moi-même à cette humble situation.

LE ROI LOUIS.—Que dis-tu, belle reine? d'où provient ce profond désespoir?

MARGUERITE.—D'une cause qui remplit mes yeux de larmes, qui étouffe ma voix, en même temps que mon cœur est noyé dans les soucis.

LE ROI LOUIS.—Quoi qu'il en soit, demeure semblable à toi-même et prends place à nos côtés. (*Il la fait asseoir près de lui.*) Ne courbe pas la tête sous le joug de la fortune; et que ton âme invincible s'élève triomphante au-dessus de tous les malheurs. Explique-toi, reine Marguerite, et dis-nous tes chagrins ; ils seront soulagés, si le remède est au pouvoir de la France.

MARGUERITE.—Ces gracieuses paroles raniment mon courage abattu et rendent à ma langue enchaînée le pouvoir de t'exposer mes malheurs. Sache donc, généreux Louis, que Henri, seul possesseur de ma tendresse, de roi qu'il était, n'est plus qu'un banni, et forcé de

ACTE III, SCÈNE III.

vivre en Écosse dans l'abandon, tandis que l'ambitieux Édouard, l'orgueilleux duc d'York, usurpe le titre royal, et le trône du roi légitime et consacré de l'Angleterre. Voilà ce qui m'a obligé, moi, pauvre Marguerite,... à venir avec mon fils, le prince Édouard, l'héritier de Henri, implorer tes justes et légitimes secours; si tu nous abandonnes, il ne nous reste plus d'espérance. L'Écosse est disposée à nous appuyer, mais elle n'en a pas le pouvoir : notre peuple et nos pairs sont sortis du devoir, nos trésors saisis, nos soldats mis en fuite; et nous-mêmes, comme tu le vois, réduits à une situation déplorable.

LE ROI LOUIS.—Illustre reine, conjure l'orage à force de patience, tandis que nous allons songer aux moyens de le dissiper.

MARGUERITE.—Plus nous tardons, et plus notre ennemi accroît sa force.

LE ROI LOUIS.—Plus je diffère, et plus mes secours seront efficaces.

MARGUERITE.—Oh! l'impatience est la seule compagne d'un chagrin véritable.—Et tenez, voilà l'auteur de mes chagrins.

(Entre Warwick avec sa suite.)

LE ROI LOUIS.—Qui vient ainsi se présenter hardiment devant nous?

MARGUERITE.—C'est le comte de Warwick, le plus puissant ami d'Édouard.

LE ROI LOUIS, *en descendant de son trône. Marguerite se lève.*—Sois le bienvenu, brave Warwick! Quel sujet t'amène en France?

MARGUERITE.—Voilà un nouvel orage qui commence à s'élever, car c'est là l'homme qui gouverne les vents et les flots.

WARWICK.—Je viens de la part du digne Édouard, roi d'Albion, mon seigneur et maître, et ton ami dévoué, saluer d'abord ta royale personne, avec toute l'affection d'une amitié sincère, et ensuite te demander un traité d'alliance; enfin je viens en assurer les nœuds par le nœud de l'hymen, si tu consens à accorder la princesse

Bonne, ta belle et vertueuse sœur, en légitime mariage au roi d'Angleterre.

MARGUERITE. — Si cela réussit, plus d'espérance pour Henri.

WARWICK, *à la princesse Bonne.*—Et vous, gracieuse dame, je suis chargé, par mon roi, et en son nom, de vous demander la faveur et la permission de vous baiser humblement la main, et de vous faire connaître par mes discours la passion qui s'est emparée du cœur de mon souverain. La renommée, en frappant dernièrement ses oreilles attentives, vient de placer dans son âme l'image de votre beauté et de vos vertus.

MARGUERITE.—Roi Louis, et vous, princesse, écoutez-moi avant de répondre à Warwick ; ce n'est point d'un chaste et pur amour que vous vient la demande d'Édouard, mais de l'artifice, enfant de la nécessité ; car comment les tyrans peuvent-ils régner tranquillement s'ils n'acquièrent au dehors des alliances puissantes? Pour prouver qu'il est un tyran, il suffit de ceci : Henri vit encore ; et quand il serait mort, voilà le prince Édouard, le fils de Henri. Songe donc, Louis, à ne pas attirer sur toi, par cette ligue et ce mariage, les dangers et l'opprobre : les usurpateurs peuvent bien retenir un moment la domination ; mais le ciel est juste, et le temps renverse l'injustice.

WARWICK.—Outrageante Marguerite !

LE PRINCE ÉDOUARD.—Pourquoi pas reine?

WARWICK.—Parce que ton père Henri était un usurpateur ; et tu n'es pas plus prince qu'elle n'est reine.

OXFORD. — Ainsi Warwick anéantit l'illustre Jean de Gaunt, qui subjugua la plus grande partie de l'Espagne ; et après Jean de Gaunt, Henri IV, dont la sagesse fut le miroir des sages ; et après ce sage prince, Henri V, dont la valeur conquit toute la France : c'est d'eux que descend en ligne directe notre Henri.

WARWICK.—Et comment se fait-il, Oxford, que dans cet élégant discours vous n'ayez pas dit aussi comment Henri VI a perdu tout ce qu'avait conquis Henri V? J'imagine que les pairs de France qui vous entendent souriraient à ce souvenir; mais passons. — Vous nous exposez une généalogie de soixante-deux années. C'est bien peu pour prescrire des droits au trône.

oxford.—Quoi, Warwick! peux-tu bien parler aujourd'hui contre ton souverain, à qui tu as obéi pendant trente-six ans, sans révéler ta trahison par ta rougeur?

warwick.—Et Oxford, qui a toujours tiré l'épée pour le bon droit, peut-il faire servir une vaine généalogie à la défense d'un faux titre? Pour votre honneur laissez là Henri, et reconnaissez Édouard pour roi.

oxford.—Reconnaître pour mon roi celui dont l'inique jugement a mis à mort mon frère aîné, le lord Aubrey de Vere? bien plus encore! a fait périr mon père, sur le déclin de sa vie déjà affaiblie, lorsque la nature le conduisait aux portes du trépas? Non, Warwick, non. Tant que la vie soutiendra ce bras, ce bras soutiendra la maison de Lancastre.

warwick.—Et moi, la maison d'York.

le roi louis. — Reine Marguerite, prince Édouard, et vous, Oxford, daignez, à notre prière, vous retirer un moment à l'écart, et me laisser conférer encore quelques instants avec Warwick.

marguerite. — Veuille le ciel que les paroles de Warwick ne le séduisent pas!

(Ils s'écartent avec le prince et Oxford.)

le roi louis. — Maintenant, Warwick, dis sur ta conscience: Édouard est-il votre véritable roi? Car il me répugnerait de me lier avec un roi qui ne serait pas légitimement élu.

warwick.—J'en réponds sur mon honneur et ma réputation.

le roi louis. — Mais est-il agréable aux yeux de son peuple?

warwick.—D'autant plus agréable que Henri ne l'était pas.

le roi louis.—Passons à un autre article. Laissant de côté toute dissimulation, dites-moi avec vérité jusqu'à quel point il aime notre sœur Bonne?

warwick.—Son amour se montre comme il convient

à un monarque tel que lui.—Moi-même je lui ai souvent entendu dire et protester que cet amour était une plante immortelle dont les racines étaient fixées dans le sol de la vertu, les feuilles et les fruits nourris par le soleil de la beauté, et qui ne pouvait manquer de donner des fleurs et des fruits heureux; au-dessus de la jalousie, mais qui ne résisterait pas au dédain si la princesse Bonne ne payait pas de retour ses tourments.

LE ROI LOUIS. — Maintenant, ma sœur, apprenez-nous quelles sont vos dernières résolutions.

LA PRINCESSE BONNE.—Soit consentement, soit refus, votre réponse sera la mienne.—Cependant (*s'adressant à Warwick*), je l'avouerai, souvent avant ce jour, lorsque j'entendais raconter les mérites de votre roi, mon oreille n'a pas laissé ma raison étrangère à quelque désir.

LE ROI LOUIS. — Voici donc ma réponse, Warwick.—Notre sœur sera l'épouse d'Édouard, et à l'instant même on va dresser les articles, et stipuler le douaire que doit accorder votre roi; il doit être proportionné à la dot qu'elle lui portera. — Approchez, reine Marguerite, et soyez témoin que nous accordons la princesse Bonne pour épouse au roi d'Angleterre.

LE PRINCE ÉDOUARD.—A Édouard, et non pas au roi d'Angleterre.

MARGUERITE.—Artificieux Warwick, c'est toi qui as imaginé cette alliance pour faire échouer ma demande : avant ton arrivée, Louis était l'ami de Henri.

LE ROI LOUIS.—Et Louis est encore l'ami de Henri et de Marguerite. Mais si votre titre à la couronne est faible, comme on a lieu de le croire d'après l'heureux succès d'Édouard, il est juste alors que je sois dispensé de vous donner les secours que je vous avais promis ; mais vous recevrez de moi tout l'accueil qui convient à votre rang, et que le mien peut vous accorder.

WARWICK.—Henri vit maintenant en Écosse tout à son aise : n'ayant rien, il ne peut rien perdre.—Et quant à vous, notre ci-devant reine, vous avez un père en état de vous soutenir ; il vaudrait mieux être à sa charge qu'à celle de la France.

MARGUERITE. — Tais-toi, impudent et déhonté Warwick, orgueilleux faiseur et destructeur de rois! Je ne quitterai point ces lieux, que mes discours et mes larmes, fidèles à la vérité, n'aient ouvert les yeux du roi Louis sur tes rusés artifices, et sur le perfide amour de ton maître; car vous êtes tous deux des oiseaux du même plumage.

(On entend sonner du cor derrière le théâtre.)

LE ROI LOUIS. — Warwick, c'est quelque message pour nous, ou pour toi.

(Entre un messager.)

LE MESSAGER. — Milord ambassadeur, ces lettres sont pour vous : elles vous sont envoyées par votre frère, le marquis Montaigu. (*Au roi de France.*) Celles-ci s'adressent à Votre Majesté de la part de notre roi. (*A la reine Marguerite.*) Et en voilà pour vous, madame : j'ignore de quelle part.

(Tous ouvrent leurs lettres et les lisent.)

OXFORD. — Je vois avec satisfaction que notre belle reine et maîtresse sourit aux nouvelles qu'elle apprend, tandis que le front de Warwick s'obscurcit en lisant les siennes.

LE PRINCE ÉDOUARD. — Et tenez, faites attention : Louis frappe du pied comme s'il était courroucé. — J'espère que tout est pour le mieux.

LE ROI LOUIS. — Warwick, quelles sont tes nouvelles? Et les vôtres, belle reine?

MARGUERITE. — Les miennes remplissent mon cœur d'une joie inespérée.

WARWICK. — Les miennes ont rempli le mien de tristesse et d'indignation.

LE ROI LOUIS. — Comment? Votre roi a épousé lady Grey? Et il m'écrit pour pallier votre fourberie et la sienne, en m'engageant à prendre la chose de bon cœur! Est-ce là l'alliance qu'il cherche avec la France? Ose-t-il avoir l'audace de nous insulter ainsi?

MARGUERITE. — J'en avais averti Votre Majesté. Voilà la preuve de l'amour d'Édouard, et de l'honnêteté de Warwick.

WARWICK. — Roi Louis, je proteste ici, à la face du ciel,

et sur l'espérance de mon bonheur éternel, que je suis innocent de ce mauvais procédé d'Édouard ; car il n'est plus mon roi, quand il me fait rougir à ce point, et il rougirait encore plus lui-même, s'il pouvait voir sa honte.—Ai-je donc oublié que c'est pour le fait de la maison d'York que mon père est mort avant le temps ? Ai-je fermé les yeux sur l'outrage fait à ma nièce [1], ai-je ceint son front de la couronne royale, ai-je dépouillé Henri des droits de sa naissance, pour me voir enfin payer par cet affront? Que l'affront retombe sur lui-même ! car ma récompense est l'honneur ; et, pour recouvrer l'honneur que j'ai perdu pour lui, je le renonce ici, et je me rattache à Henri.—Ma noble reine, oublions nos anciennes animosités, désormais je suis ton fidèle serviteur. Je vengerai l'insulte faite à la princesse Bonne et rétablirai Henri dans son ancienne puissance.

MARGUERITE.—Warwick, ce discours a changé ma haine en amitié : je pardonne et j'oublie tout à fait les fautes passées, et me réjouis de te voir devenir l'ami de Henri.

WARWICK.—Tellement son ami, et son ami sincère que si le roi Louis veut nous accorder un petit nombre de soldats choisis, j'entreprendrai de les débarquer sur nos côtes, et de renverser, à main armée, le tyran de son trône. Ce ne sera pas sa nouvelle épouse qui pourra le secourir ; et pour Clarence... d'après ce qu'on me mande ici, il est sur le point d'abandonner son frère, indigné de le voir consulter, dans le choix de son épouse, un désir déréglé, bien plus que l'honneur, l'intérêt et la sûreté de notre patrie.

LA PRINCESSE BONNE, *à Louis.*—Mon frère, comment Bonne pourra-t-elle être mieux vengée que par l'appui que vous prêterez à cette malheureuse reine ?

---

[1] Les chroniques nous apprennent qu'Edouard avait tenté de déshonorer la nièce ou la fille du comte de Warwick, on ne sait laquelle des deux.

C'est à la bataille de Wakefield, où périt le duc d'York, que le comte de Salisbury avait été pris ; il fut décapité le lendemain, à Pomfret.

MARGUERITE.—Prince renommé, comment le pauvre Henri pourra-t-il supporter la vie, si vous ne le sauvez pas de l'affreux désespoir?

LA PRINCESSE BONNE.—Ma querelle et celle de cette reine d'Angleterre n'en font qu'une.

WARWICK.—Et la mienne, belle princesse Bonne, est liée avec la vôtre.

LE ROI LOUIS.—Et la mienne avec la sienne, la tienne et celle de Marguerite : ainsi voilà mon parti pris, et je suis fermement décidé à vous seconder.

MARGUERITE.—Laissez-moi vous rendre à tous à la fois d'humbles actions de grâces.

LE ROI LOUIS.—Messager de l'Angleterre, retourne en toute hâte dire au perfide Édouard, ton prétendu roi, que Louis, roi de France, se dispose à lui envoyer des masques, pour lui donner le bal à lui et à sa nouvelle épouse. Tu vois ce qui s'est passé : va en effrayer ton roi.

LA PRINCESSE BONNE.—Dis-lui que, dans l'espérance où je suis qu'il sera bientôt veuf, je porterai la guirlande de saule en sa considération.

MARGUERITE.—Dis-lui de ma part que j'ai dépouillé mes habits de deuil, et que je suis prête à me couvrir de l'armure.

WARWICK.—Dis-lui de ma part qu'il m'a fait un affront, et qu'en revanche je le détrônerai avant qu'il soit peu. Voilà pour ton salaire ; pars.

(Le messager sort.)

LE ROI LOUIS.—Toi, Warwick, avec Oxford, tu iras à la tête de cinq mille hommes, traverser les mers, et livrer bataille au traître Édouard; et, sitôt que l'occasion le permettra, cette noble reine et le prince son fils te suivront avec un nouveau renfort.—Mais, avant ton départ, délivre-moi d'un doute : quel garant avons-nous de ta persévérante loyauté?

WARWICK.—Voici le gage qui vous répondra de mon inviolable fidélité.—Si notre reine et son fils l'agréent, j'unis de ce moment au jeune prince, par les liens d'un saint mariage, ma fille aimée, l'objet chéri de ma tendresse.

MARGUERITE.—Oui, j'y consens, et je vous rends grâces de cette offre. Édouard, mon fils, elle est belle et vertueuse : ainsi n'hésiste point, donne ta main à Warwick ; et avec ta main donne-lui ton irrévocable foi de n'avoir d'autre épouse que la fille de Warwick.

LE PRINCE ÉDOUARD.—Je l'accepte, car elle en est bien digne, et je donne ma main pour gage de ma promesse.
(Il donne sa main à Warwick.)

LE ROI LOUIS.—Qu'attendons-nous à présent? On va lever ces troupes ; et toi, seigneur de Bourbon, notre grand amiral, tu les transporteras en Angleterre sur nos vaisseaux. Il me tarde de voir Édouard renversé par les hasards de la guerre, pour avoir fait semblant de vouloir épouser une princesse de France [1].
(Ils sortent tous, excepté Warwick.)

WARWICK. — Je suis venu comme ambassadeur d'Édouard : et je retourne son ennemi mortel et irréconciliable. Il m'avait chargé d'affaires de mariage : une guerre terrible va répondre à sa demande. N'avait-il donc que moi, pour en faire l'instrument de ses jeux ? Eh bien, il n'aura que moi pour tourner ses railleries en afflictions. J'ai été le principal agent de son élévation au trône : je serai le principal agent de sa chute : non pas que je prenne en pitié la misère de Henri, mais je cherche à me venger de l'insulte d'Édouard.
(Il sort.)

---

[1] Bonne n'était point une princesse de France, mais une princesse de Savoie, sœur de la reine de France. Au surplus, on révoque très-fort en doute cette négociation de mariage, et cette cause du mécontentement de Warwick. Il paraîtrait qu'Édouard était marié secrètement dès 1443, c'est-à-dire trois ans environ avant l'époque où l'on place la négociation. On assure même que Warwick avait été, en 1445, parrain de la princesse Élisabeth, leur premier enfant.

FIN DU TROISIÈME ACTE.

ACTE QUATRIÈME

SCÈNE I

A Londres.—Un appartement dans le palais.

Entrent GLOCESTER, CLARENCE, SOMERSET, MONTAIGU *et autres.*

GLOCESTER.—Eh bien, dites-moi, mon frère Clarence, que pensez-vous de ce nouveau mariage avec lady Grey? Notre frère n'a-t-il pas fait là un digne choix?

CLARENCE.— Hélas! vous savez qu'il y a bien loin d'ici en France. Comment eût-il pu se contenir jusqu'au retour de Warwick?

SOMERSET.—Milords, rompez cet entretien. Voici le roi qui s'avance...

(Fanfare. Entrent le roi Édouard et sa suite, avec lady Grey, vêtue en reine; Pembroke, Stafford, Hastings et autres personnages.)

GLOCESTER.—Avec le bel objet de son choix!

CLARENCE.—Je compte lui déclarer ouvertement ce que j'en pense.

LE ROI ÉDOUARD.—Eh bien, mon frère Clarence, que dites-vous donc de notre choix? pourquoi restez-vous ainsi pensif, et l'air à demi-mécontent?

CLARENCE. — J'en dis ce qu'en disent Louis de France, ou le comte de Warwick, tous deux si dépourvus de sens et de courage, qu'ils ne songeront pas à s'offenser de l'affront que nous leur faisons.

LE ROI ÉDOUARD.—Supposez qu'ils s'offensent sans raison : ce n'est, après tout, que Louis et Warwick ; et je suis Édouard, le roi de Warwick et le vôtre, et il faut que ma volonté se fasse.

glocester.—Et votre volonté se fera, parce que vous êtes notre roi : cependant un mariage précipité est rarement heureux.

le roi édouard.—Quoi, mon frère Richard? Vous en offensez-vous aussi?

glocester.—Non, pas moi. Non : à Dieu ne plaise, que je veuille désunir ceux que Dieu a unis! Et ce serait vraiment une pitié que de séparer deux époux si bien assortis!

e roi édouard.—Mettant de côté vos dédains et vos dégoûts, dites-moi un peu pourquoi lady Grey ne pourrait pas devenir ma femme et reine d'Angleterre? Et vous aussi, Somerset et Montaigu, allons, déclarez librement vos sentiments.

clarence.—Voici donc mon opinion : — que le roi Louis devient votre ennemi parce que vous vous êtes joué de lui dans cette affaire de mariage avec la princesse Bonne.

glocester.—Et Warwick, qui était occupé à remplir le ministère dont vous l'aviez chargé, est déshonoré aujourd'hui par cet autre mariage que vous venez de contracter.

le roi édouard.—Et si je viens à bout de calmer Louis et Warwick par quelque expédient que je pourrais imaginer?

montaigu. — Il resterait toujours certain qu'une pareille alliance avec la France aurait fortifié l'État contre les orages étrangers, bien plus que ne peut le faire aucun parti choisi dans le sein du royaume.

hastings.—Quoi! Montaigu ignore-t-il que, par sa propre force, l'Angleterre est à l'abri de tout danger, si elle se demeure fidèle à elle-même?

montaigu.—Sans doute; mais ce serait encore plus sûr, si elle était appuyée de la France.

hastings.—Il vaut mieux user de la France que de se fier à la France. Appuyons-nous sur Dieu et sur les mers, qu'il nous a données comme un rempart imprenable : avec leur secours défendons-nous nous-mêmes;

c'est dans leur force et en nous seuls que réside notre sûreté.

CLARENCE.—Pour ce discours seul, Hastings mérite bien d'avoir l'héritière du lord Hungerford.

LE ROI ÉDOUARD.—Et qu'y trouvez-vous à redire? il l'a par ma volonté, et le don que je lui en ai fait ; et pour cette fois ma volonté fera loi.

GLOCESTER.—Et pourtant il me semble que Votre Grâce a eu le tort de donner l'héritière et la fille du lord Scales au frère de votre tendre épouse : elle m'aurait bien mieux convenu à moi, ou bien à Clarence ; mais votre femme épuise aujourd'hui votre amour fraternel.

CLARENCE.—Comme encore vous n'auriez pas dû gratifier de l'héritière du lord Bonville le fils de votre nouvelle épouse, et laisser vos frères aller chercher fortune ailleurs.

LE ROI ÉDOUARD.—Eh quoi, mon pauvre Clarence, n'est-ce que pour une femme que tu te montres si mécontent? Va, je saurai te pourvoir.

CLARENCE.—En choisissant pour vous-même, vous avez fait voir quel était votre discernement : et comme il s'est montré assez mince, vous me permettrez de faire moi-même mes affaires, et c'est dans cette vue que je songe à prendre bientôt congé de vous.

LE ROI ÉDOUARD. — Pars ou reste, peu m'importe : Édouard sera roi, et ne se laissera pas enchaîner par la volonté de son frère.

LA REINE.—Milords, pour me rendre justice vous devez tous convenir qu'avant qu'il eût plu à Sa Majesté d'élever mon rang au titre de reine, je n'étais pas d'une naissance ignoble ; et des femmes nées plus bas que moi sont montées à la même fortune. Mais autant ce nouveau titre m'honore, moi et les miens, autant l'éloignement que vous me montrez, vous à qui je voudrais être agréable, mêle à mon bonheur de crainte et de tristesse.

LE ROI ÉDOUARD.—Ma bien-aimée, cesse de cajoler ainsi leur mauvaise humeur. Que peux-tu avoir à craindre ou à t'affliger, tant qu'Édouard est ton ami constant, et leur souverain légitime, auquel il faut qu'ils obéissent, et auquel ils obéiront, et qui les obligera à t'aimer, sous peine d'encourir sa haine? s'ils s'y exposent, j'aurai soin de te défendre contre eux, et de leur faire sentir ma colère et ma vengeance.

GLOCESTER, *à part.*—J'entends, et ne dis pas grand' chose, mais je n'en pense que mieux.

(Entre un messager.)

LE ROI ÉDOUARD.—Eh bien, messager, quelles lettres, ou quelles nouvelles de France?

LE MESSAGER.—Mon souverain seigneur, je n'ai point de lettres : je n'apporte que quelques paroles, et telles encore, que je n'ose vous les rendre qu'après en avoir reçu d'avance le pardon.

LE ROI ÉDOUARD.—Va, elles te sont pardonnées : allons, en peu de mots, rends-moi leurs paroles, le plus fidèlement que le pourra ta mémoire. Quelle est la réponse du roi Louis à nos lettres?

LE MESSAGER.—Voici, quand je l'ai quitté, quelles ont été ses propres paroles : « Va, dis au traître Edouard, « ton prétendu roi, que Louis de France se dispose à « lui envoyer des masques pour lui donner le bal, à lui « et à sa nouvelle épouse. »

LE ROI ÉDOUARD.—Louis est-il donc si brave? Je crois qu'il me prend pour Henri. Mais qu'a dit de mon mariage la princesse Bonne?

LE MESSAGER.—Voici ses paroles prononcées avec un calme dédaigneux : « Dites-lui que, dans l'espérance où « je suis qu'il sera bientôt veuf, je porterai la guirlande « de saule en sa considération. »

LE ROI ÉDOUARD.—Je ne la blâme point ; elle ne pouvait guère en dire moins : c'est elle qui a été offensée. Mais que dit la femme de Henri? car je sais qu'elle était présente.

LE MESSAGER.—« Annonce-lui, m'a-t-elle dit, que j'ai « quitté mes habits de deuil, et que je suis prête à me « couvrir de l'armure. »

LE ROI ÉDOUARD.—Apparemment qu'elle se propose de jouer le rôle d'amazone. Mais qu'a dit Warwick de cette insulte?

LE MESSAGER.—Plus irrité que tous les autres, contre Votre Majesté, il m'a congédié avec ces mots : « Dis-lui « de ma part qu'il m'a fait un affront, et qu'en revanche « je le détrônerai avant qu'il soit peu. »

LE ROI ÉDOUARD.—Ah ! le traître a osé prononcer ces insolentes paroles? Allons, puisque je suis si bien averti, je vais m'armer : ils auront la guerre, et me payeront leur présomption. Mais, réponds-moi, Warwick et Marguerite sont-ils bien ensemble ?

LE MESSAGER.—Oui, mon gracieux souverain : ils se sont tellement liés d'amitié, que le jeune prince Édouard épouse la fille de Warwick.

CLARENCE —Probablement l'aînée : Clarence aura la plus jeune. Adieu, mon frère le roi, maintenant tenez-vous bien ; car je vais de ce pas demander l'autre fille de Warwick, afin de n'avoir pas fait, quoique sans royaume, un plus mauvais mariage que vous.—Oui, qui aime Warwick et moi me suive.

(Clarence sort, et Somerset le suit.)

GLOCESTER, *à part*. — Ce n'est pas moi; mes pensées vont plus loin : je reste, moi, non pour l'amour d'Édouard, mais pour celui de la couronne.

LE ROI ÉDOUARD.—Clarence et Somerset partis tous deux pour aller joindre Warwick! N'importe : je suis armé contre le pis qui puisse arriver, et la célérité est nécessaire dans cette crise désespérée.—Pembroke et Stafford, allez lever pour nous des soldats, et faites tous les préparatifs pour la guerre. Ils sont déjà débarqués, ou ne tarderont pas à l'être : moi-même en personne je vous suivrai immédiatement. *(Pembroke et Stafford sortent.)* Mais avant que je parte, Hastings, et vous, Montaigu, levez un doute qui me reste. Vous deux, entre tous les autres, vous tenez de près à Warwick par le sang et par alliance. Dites-moi si vous aimez mieux Warwick que moi. Si cela est, allez tous deux le trouver. Je vous aime mieux pour ennemis que pour des amis perfides ; mais si vous êtes résolus de me conserver votre fidèle obéissance, tranquillisez-moi par quelque serment d'amitié, afin que je ne puisse jamais vous avoir pour suspects.

MONTAIGU.—Que Dieu protége Montaigu, comme il est fidèle!

HASTINGS.—Et Hastings, comme il tient pour la cause d'Édouard!

LE ROI ÉDOUARD.—Et vous, Richard, mon frère, voulez-vous rester de notre parti?

GLOCESTER.—Oui, en dépit de tout ce qui voudra vous attaquer.

LE ROI ÉDOUARD. — A présent, je suis sûr de vaincre. Partons donc à l'instant, et ne perdons pas une heure, jusqu'à ce que nous ayons joint Warwick et son armée d'étrangers.

(Ils sortent.)

SCÈNE II

Une plaine dans le comté de Warwick.

Entrent WARWICK ET OXFORD *avec des troupes françaises et autres.*

WARWICK.—Croyez-moi, milord; tout jusqu'ici va bien. Le peuple vient en foule se ranger autour de nous. *(Il aperçoit Clarence et Somerset.)* Mais tenez, voilà Somerset et Clarence qui nous arrivent.—Répondez sur-le-champ, milords : sommes-nous tous amis?

GEORGE.—N'en doutez pas, milord.

WARWICK. — En ce cas, cher Clarence, Warwick t'accueille de grand cœur ; et toi aussi, Somerset —Je tiens pour lâcheté de conserver la moindre défiance, lorsqu'un noble cœur a donné sa main ouverte en signe d'amitié : autrement, je pourrais penser que Clarence, frère d'Édouard, n'a pour notre cause qu'une feinte affection : mais sois le bienvenu, Clarence : ma fille sera à toi. A présent que reste-t-il à faire sinon de profiter des voiles de la nuit, tandis que ton frère est négligemment campé, que ses soldats sont à errer dans les villes des environs, et qu'il n'est escorté que d'une simple garde : nous pouvons le surprendre et nous emparer de sa personne, dès que nous le voudrons. Nos espions ont trouvé ce coup de main facile à exécuter. Ainsi comme jadis Ulysse et le robuste Diomède se glissèrent avec audace et célérité dans les tentes de Rhésus, et emmenèrent les terribles coursiers de Thrace, auxquels les destins avaient attaché la victoire; de même, bien couverts du noir manteau de la nuit, nous pouvons renverser à l'improviste la garde d'Édouard, et nous saisir de lui; je ne dis pas le tuer, car je ne veux que le surprendre. Que ceux de vous qui voudront me suivre prononcent avec acclamation le nom de Henri, en même temps que leur général. (*Tous s'écrient :* Henri!) Allons, partons donc, et marchons en silence. Que Dieu et saint George soient pour Warwick et ses amis!

(Ils sortent.)

SCÈNE III

Le camp d'Édouard, près de Warwick.

Entrent quelques SENTINELLES *pour garder la tente du roi.*

PREMIER GARDE. — Allons, messieurs, que chacun prenne son poste; le roi est là qui dort.

SECOND GARDE.—Quoi! est-ce qu'il n'ira pas se mettre au lit?

PREMIER GARDE.—Non : vraiment, il a fait un serment solennel, de ne pas se coucher pour prendre son repos ordinaire, jusqu'à ce que Warwick ou lui soient vaincus.

SECOND GARDE. — C'est ce qui sera demain, selon toute apparence, si Warwick est aussi près qu'on l'assure.

TROISIÈME GARDE.—Mais dites-moi, je vous prie, quel est ce lord qui repose ici avec le roi dans sa tente?

PREMIER GARDE.—C'est le lord Hastings, le plus intime ami du roi.

TROISIÈME GARDE.—Oui? — Mais pourquoi cet ordre du roi, que ses principaux chefs logent dans les villes des environs, tandis que lui il passe la nuit dans cette froide campagne?

second garde.—C'est le poste d'honneur parce qu'il est le plus dangereux.

troisième garde.—Oh! pour moi, qu'on me donne des dignités et du repos, je les préfère à un dangereux honneur.—Si Warwick savait en quelle situation il est ici, il y a lieu de croire qu'il viendrait le réveiller.

premier garde.—A moins que nos hallebardes ne lui fermassent le passage.

second garde.—En effet : car pourquoi garderions-nous sa tente royale, si ce n'était pour défendre sa personne contre les ennemis nocturnes?

(Entrent Warwick, George, Oxford, Somerset, et des troupes.)

warwick, *à demi-voix.*—C'est là sa tente : voyez, où sont ses gardes. Courage, mes amis : c'est le moment de se faire honneur, ou jamais! Suivez-moi seulement, et Édouard est à nous.

premier garde.—Qui va là?

second garde.—Arrête, où tu es mort.

(Warwick et sa troupe crient tous ensemble: *Warwick! Warwick!* en fondant sur la garde, qui fuit en criant: *aux armes! aux armes!* Warwick et sa troupe les poursuivent.)

(On entend les tambours et les trompettes.)

(Rentrent Warwick et sa troupe enlevant le roi Édouard vêtu de sa robe de chambre, et assis dans un fauteuil. Glocester et Hastings fuient.)

somerset.—Qui sont ceux qui fuient là?

warwick.—Richard et Hastings : laissons-les : nous tenons ici le duc.

le roi édouard.—Le duc! Quoi, Warvick! la dernière fois que tu m'as quitté, tu m'appelais roi.

warwick.—Oui; mais les temps sont changés. Depuis que vous m'avez déshonoré dans mon ambassade, moi, je vous ai dégradé du rang de roi, et je viens aujourd'hui vous créer duc d'York.... Eh! comment pourriez-vous gouverner un royaume, vous qui ne savez ni vous bien conduire envers vos ambassadeurs, ni vous contenter d'une seule femme, ni traiter vos frères fraternellement, ni travailler au bonheur des peuples, ni vous garantir vous-même de vos ennemis?

LE ROI ÉDOUARD. — Quoi, mon frère Clarence, te voilà aussi ! — Ah ! je vois bien maintenant qu'il faut qu'Édouard succombe. — Cependant, Warwick, en dépit du malheur, en dépit de toi et de tous tes complices, Édouard se conduira toujours en roi : et si la malice de la fortune renverse ma grandeur, mon âme est hors de la portée de sa roue.

WARWICK. — Eh bien, que dans son âme Édouard demeure roi d'Angleterre ; (*lui ôtant sa couronne*) Henri portera la couronne d'Angleterre, et sera un vrai roi ; toi, tu n'en seras que l'ombre. — Milord Somerset, chargez-vous, je vous prie, de faire conduire sur-le-champ le duc Édouard chez mon frère, l'archevêque d'York. Quand j'aurai combattu Pembroke et ses partisans, je vous suivrai, et je porterai à Édouard la réponse que lui envoient Louis et la princesse Bonne. Jusque-là, adieu pour quelque temps, mon bon duc d'York.

LE ROI ÉDOUARD. — Ce qu'impose la destinée, il faut que l'homme le supporte. Il est inutile de vouloir résister contre vent et marée.

(Sortent le roi Édouard et Somerset.)

OXFORD. — Que nous reste-t-il maintenant à faire, milords, sinon de marcher droit à Londres avec nos soldats ?

WARWICK. — Oui, voilà quel doit être notre premier soin. Délivrons Henri de sa prison, et replaçons-le sur le trône des rois.

(Ils sortent.)

SCÈNE IV

A Londres. — Un appartement dans le palais.

Entrent LA REINE ÉLISABETH, *femme d'Édouard*
RIVERS.

RIVERS. — Madame, quel chagrin a donc si fort altéré les traits de votre visage ?

LA REINE. — Quoi, mon frère, êtes-vous donc encore à savoir le malheur qui vient d'arriver au roi Édouard ?

RIVERS.—Quoi! La perte de quelque bataille rangée contre Warwick.

LA REINE.—Non; mais la perte de sa propre personne.

RIVERS.—Mon roi serait tué?

LA REINE.—Oui, presque tué, car il est prisonnier; soit qu'il ait été trahi par la perfidie de ses gardes, soit qu'il ait été inopinément surpris par l'ennemi; on m'a dit de plus qu'il avait été confié à la garde de l'archevêque d'York, le frère du cruel Warwick, et par conséquent notre ennemi.

RIVERS.—Ces nouvelles, je l'avoue, sont bien désastreuses : cependant, gracieuse dame, soutenez ce revers de votre mieux : Warwick, qui a l'avantage aujourd'hui, peut le perdre demain.

LA REINE.—Il faut donc, jusque-là, que l'espérance soutienne ma vie. Et je veux en effet me sevrer du désespoir, par amour pour l'enfant d'Édouard que j'ai dans mon sein. C'est lui qui me fait contenir ma douleur, et porter avec patience la croix de mon infortune : oui, c'est pour lui que je retiens plus d'une larme, et que j'étouffe les soupirs qui dévoreraient mon sang, de crainte que ces pleurs et ces soupirs ne vinssent flétrir ou noyer le fruit sorti du roi Édouard, le légitime héritier de la couronne d'Angleterre.

RIVERS.—Mais, madame, que devient Warwick?

LA REINE.—Je suis informée qu'il marche vers Londres, pour placer une seconde fois la couronne sur la tête de Henri : tu devines le reste. Il faut que les amis d'Édouard se soumettent; mais pour prévenir la fureur du tyran (car il ne faut point se fier à celui qui a violé une fois sa parole), je vais de ce pas me réfugier dans le sanctuaire, afin de sauver du moins l'héritier des droits d'Édouard. Là, je serai en sûreté contre la violence et la fraude. Venez donc; fuyons, tandis que nous pouvons fuir encore. Si nous tombons entre les mains de Warwick, notre mort est certaine.

(Ils sortent.)

SCÈNE V

Un parc, près du château de Middleham, dans la province d'York.

Entrent GLOCESTER, HASTINGS, SIR WILLIAM STANLEY, *et autres personnages.*

GLOCESTER.—Cessez de vous étonner, lord Hastings, et vous, sir William Stanley, si je vous ai conduits ici dans le plus épais des bois de ce parc. Voici le fait. Vous savez que notre roi, mon frère, est ici prisonnier de l'évêque qui le traite bien, et lui laisse une grande liberté. Souvent, accompagné seulement de quelques gardes, il vient chasser dans ce bois pour se récréer. Je l'ai fait avertir en secret que si vers cette heure-ci il dirigeait ses pas de ce côté, sous prétexte de faire sa partie de chasse ordinaire, il trouverait ici ses amis avec des chevaux et main-forte, pour le délivrer de sa captivité.

(Entre le roi Édouard, accompagné d'un chasseur.)

LE CHASSEUR.—Par ici, milord; c'est de ce côté qu'est la chasse.

LE ROI ÉDOUARD.—Non, c'est par ici, mon ami : vois, voilà des chasseurs. Eh bien, mon frère, et vous, lord Hastings, vous êtes donc ici à l'affût avec votre monde pour surprendre le cerf de l'évêque?

GLOCESTER.—Mon frère, il faut se hâter de profiter du moment et de l'occasion. Votre cheval est tout prêt, et vous attend au coin du parc.

LE ROI ÉDOUARD.—Mais où allons-nous d'ici?

HASTINGS.—A Lynn, milord, et de là nous nous embarquons pour la Flandre.

GLOCESTER.—Bien pensé, je vous assure : c'était aussi mon idée.

LE ROI ÉDOUARD.—Stanley, je récompenserai ton audace.

GLOCESTER.—Mais que tardons-nous? Il n'est pas temps de s'amuser à parler.

LE ROI ÉDOUARD.—Chasseur, qu'en dis-tu? Veux-tu nous suivre?

LE CHASSEUR.—Cela vaut beaucoup mieux que de rester pour être pendu.

GLOCESTER.—Viens donc ; partons : ne perdons pas davantage le temps.

LE ROI ÉDOUARD.—Adieu, archevêque. Songe à te munir contre le courroux de Warwick, et prie Dieu pour que je puisse ressaisir la couronne.

(Ils sortent.)

SCÈNE VI

Une pièce dans la Tour.

Entrent LE ROI HENRI, CLARENCE, WARWICK, SOMERSET, LE JEUNE RICHMOND, OXFORD, MONTAIGU, LE LIEUTENANT *de suite.*

LE ROI.—Monsieur le lieutenant, à présent que Dieu et mes amis ont renversé Édouard du trône d'Angleterre, et changé mon esclavage en liberté, mes craintes en espérance, et mes chagrins en joie, quels honoraires te devons-nous en sortant de cette prison?

LE LIEUTENANT.—Les sujets n'ont rien à exiger de leurs souverains : mais si mon humble prière peut être exaucée, je demande mon pardon à Votre Majesté.

LE ROI.—Et de quoi donc, lieutenant? De m'avoir si bien traité? Sois sûr que je reconnaîtrai tes bons procédés, qui m'ont fait trouver du plaisir dans ma prison ; oui, tout le plaisir que peuvent sentir renaître en eux-mêmes les oiseaux mis en cage, lorsque après tant de pensées mélancoliques les chants qui les amusaient dans leur ménage leur font enfin oublier tout à fait la perte de leur liberté. Mais après Dieu, c'est toi, Warwick, qui me délivres ; c'est donc principalement à Dieu et à toi que s'adresse ma reconnaissance. Il a été l'auteur, et toi l'instrument. Aussi, pour triompher désormais de la malignité de ma fortune, en vivant dans une situation modeste où elle ne puisse me blesser ; et afin que le peuple de cette terre bienheureuse ne soit pas la victime de mon étoile ennemie, Warwick, quoique ma tête porte encore la couronne, je te résigne ici mon administration ; car tu es heureux dans toutes tes œuvres.

WARWICK.—Votre Grâce fut toujours renommée pour sa vertu ; et aujourd'hui elle se montre sage autant que vertueuse, en reconnaissant et cherchant à éviter la malice de la Fortune : car il est peu d'hommes qui sachent gouverner prudemment leur étoile ! Cependant il est un point, où vous me permettrez de ne pas vous approuver : c'est de me choisir lorsque vous avez Clarence près de vous.

GEORGE.—Non, Warwick, tu es digne du commandement : toi à qui le Ciel à ta naissance adjugea un rameau d'olivier et une couronne de laurier, donnant à présumer que tu seras toujours également heureux dans la paix et dans la guerre : ainsi je te le cède de mon libre consentement.

WARWICK.—Et je ne veux choisir que Clarence pour protecteur.

LE ROI.—Warwick, et vous, Clarence, donnez-moi tous deux la main. A présent, unissez vos mains, et avec elles vos cœurs, et que nulle dissension ne trouble le gouvernement. Je vous fais tous deux protecteurs de ce pays : tandis que moi, je mènerai une vie retirée, et consacrerai mes derniers jours à la dévotion, occupé à combattre le péché, et à louer mon créateur.

WARWICK.—Que répond Clarence à la volonté de son souverain ?

GEORGE.—Qu'il donne son consentement, si Warwick donne le sien ; car je me repose sur ta fortune.

WARWICK.—Allons, c'est à regret ; mais enfin j'y souscris : nous marcherons l'un à côté de l'autre comme l'ombre double de la personne de Henri, et nous le remplacerons ; j'entends en supportant, à sa place, le fardeau du gouvernement, tandis qu'il jouira des honneurs et du repos. A présent, Clarence, il n'est rien de plus pressant que de faire déclarer, sans délai, Édouard traître, et de confisquer tous ses domaines et tous ses biens.

george.—Je ne vois pas autre chose à faire de plus, que de régler sa succession...

warwick.—Oui, et Clarence ne manquera pas d'y avoir sa part.

le roi.—Mais ,je vous prie (car je ne commande plus), mettez avant vos plus importantes affaires, le soin d'envoyer vers Marguerite, votre reine, et mon fils Édouard, pour les faire revenir promptement de France ; car jusqu'à ce que je les voie, le sentiment de joie que me donne ma liberté est à moitié détruit par les inquiétudes de la crainte.

george. — Cela va être fait, mon souverain, avec la plus grande célérité.

le roi.—Milord de Somerset, quel est ce jeune homme à qui vous paraissez prendre un si tendre intérêt?

somerset.—Mon prince, c'est le jeune Henri, comte de Richmond.

le roi.— Approchez, vous, espoir de l'Angleterre. (*Il pose sa main sur la tête du jeune homme.*) Si une puissance cachée découvre la vérité à mes prophétiques pensées, ce joli enfant fera le bonheur de notre patrie. Ses regards sont pleins d'une paisible majesté ; la nature forma son front pour porter une couronne, sa main pour tenir un sceptre, et lui, pour la prospérité d'un trône royal. Qu'il vous soit précieux, milords ; car il est destiné à vous faire plus de bien que je ne vous ai causé de maux [1].

(Entre un messager.)

warwick.—Quelles nouvelles, mon ami?

le messager.—Qu'Édouard s'est échappé de chez votre frère, qui a su depuis qu'il s'était rendu en Bourgogne.

warwick.—Fâcheuse nouvelle ! mais comment s'est-il échappé ?

---

[1] Il fut roi sous le nom de Henri VII, après l'extinction des maisons d'York et de Lancastre ; il était fils d'Edmond, comte de Richmond, demi-frère de Henri VI, par sa mère, Catherine de France, qui après la mort de Henri V, avait épousé Owen Tudor, père d'Edmond.

LE MESSAGER. — Il a été enlevé par Richard, duc de Glocester, et le lord Hastings, qui l'attendaient placés en embuscade sur le bord de la forêt, et l'ont tiré des mains des chasseurs de l'évêque ; car la chasse était son exercice journalier.

WARWICK. — Mon frère a mis trop de négligence dans le soin dont il était chargé. Mais allons, mon souverain, nous prémunir de remèdes contre tous les maux qui pourraient survenir.

(Sortent le roi Henri, Warwick, Clarence, le lieutenant et sa suite.)

SOMERSET. — Milord, je n'aime point cette évasion d'Édouard ; car, il n'en faut pas douter, la Bourgogne lui donnera des secours, et nous allons de nouveau avoir la guerre avant qu'il soit peu. Si la prédiction dont Henri vient de nous présager l'accomplissement a rempli mon cœur de joie par les espérances qu'elle me fait naître sur ce jeune Richmond, le cœur me dit également que dans ces démêlés il peut arriver beaucoup de choses funestes pour lui et pour nous. Ainsi, lord Oxford, pour prévenir le pire, nous allons l'envoyer, sans tarder, en Bretagne jusqu'à ce que les orages de cette guerre civile soient dissipés.

OXFORD. — Votre avis est sage ; car si Édouard remonte sur le trône, il y a tout lieu de craindre que Richmond ne tombe avec le reste.

SOMERSET. — Cela ne saurait manquer ; il va donc partir pour la Bretagne : n'y perdons pas de temps.

(Ils sortent.)

SCÈNE VII

Devant York.

Entrent LE ROI ÉDOUARD, GLOCESTER, HASTINGS,
soldats.

LE ROI ÉDOUARD. — Ainsi donc, mon frère Richard, Hastings, et vous tous, mes amis, la fortune veut réparer tout à fait ses torts envers nous, et dit que j'échangerai encore une fois mon état d'abaissement contre la couronne royale de Henri. Nous avons passé et repassé les mers, et ramené de Bourgogne le secours désiré. Maintenant que nous voilà arrivés du port de Ravenspurg devant les portes d'York, que nous reste-t-il à faire que d'y rentrer comme dans notre duché?

GLOCESTER.—Quoi, les portes fermées!—Mon frère, je n'aime pas cela. C'est en bronchant sur le seuil de leur demeure que bien des gens ont été avertis du danger qui les attendait au dedans.

LE ROI ÉDOUARD.—Allons donc, mon cher, ne nous laissons pas effrayer par les présages : de gré ou de force, il faut que nous entrions, car c'est ici que nos amis viendront nous joindre.

HASTINGS.—Mon souverain, je veux frapper encore une fois pour les sommer d'ouvrir.

(Paraissent sur les murs le maire d'York et ses adjoints.)

LE MAIRE.—Milords, nous avons été avertis de votre arrivée, et nous avons fermé nos portes pour notre propre sûreté; car maintenant c'est à Henri que nous devons l'obéissance.

LE ROI ÉDOUARD.—Mais, monsieur le maire, si Henri est votre roi, Édouard est au moins duc d'York.

LE MAIRE.—Il est vrai, milord, je sais que vous l'êtes.

LE ROI ÉDOUARD.—Eh bien! je ne réclame que mon duché, et je me contente de sa possession.

GLOCESTER, *à part*.—Mais quand une fois le renard aura pu entrer son nez, il aura bientôt trouvé le moyen de faire suivre tout le corps.

HASTINGS.—Eh bien, monsieur le maire, qui vous fait hésiter? Ouvrez vos portes; nous sommes les amis du roi Henri.

LE MAIRE.—Est-il vrai? Alors les portes vont s'ouvrir.
(Il descend des remparts.)

GLOCESTER, *avec ironie*.—Voilà un sage et vigoureux commandant, et facile à persuader.

HASTINGS.—Le bon vieillard aimerait fort que tout s'arrangeât, aussi en avons-nous eu bon marché : mais, une fois entrés, je ne doute pas que nous ne lui fassions

bientôt entendre raison, et à lui et à ses adjoints.
(Rentrent au pied des murs le maire et deux aldermen.)

LE ROI ÉDOUARD.—Fort bien, monsieur le maire : ces portes ne doivent pas être fermées si ce n'est la nuit, ou en temps de guerre. N'aie donc aucune inquiétude, mon cher, et remets-moi ces clefs. (*Il lui prend les clefs.*) Édouard et tous ses amis, qui veulent bien me suivre, se chargeront de défendre ta ville et toi.
(Tambour. Entrent au pas de marche Montgomery et des troupes.)

GLOCESTER.—Mon frère, c'est sir John Montgomery, notre ami fidèle, ou je suis bien trompé.

LE ROI ÉDOUARD.—Soyez le bienvenu, sir John ! Mais pourquoi venez-vous ainsi en armes?

MONTGOMERY.—Pour secourir le roi Édouard dans ces temps orageux, comme le doit faire tout loyal sujet.

LE ROI ÉDOUARD.—Je vous rends grâces, bon Montgomery : mais en ce moment nous oublions nos droits à la couronne, et nous ne réclamons que notre duché, jusqu'à ce qu'il plaise à Dieu de nous rendre le reste.

MONTGOMERY.—En ce cas, adieu, et je m'en retourne. Je suis venu servir un roi, et non pas un duc.—Battez, tambours, et remettons-nous en marche.
(La marche recommence.)

LE ROI ÉDOUARD.—Eh ! arrêtez un moment, sir John, et nous allons débattre par quels sûrs moyens on pourrait recouvrer la couronne.

MONTGOMERY.—Que parlez-vous de débats? En deux mots, si vous ne voulez pas vous proclamer ici notre roi, je vous abandonne à votre fortune, et je pars pour faire retourner sur leurs pas ceux qui viennent à votre secours : pourquoi combattrions-nous, si vous ne prétendez à rien?

GLOCESTER.—Quoi donc, mon frère, vous arrêterez-vous à de vaines subtilités?

LE ROI ÉDOUARD.—Quand nous serons plus en force, nous ferons valoir nos droits. Jusque-là, c'est prudence que de cacher nos projets.

HASTINGS.—Loin de nous cette scrupuleuse prudence : c'est aux armes à décider aujourd'hui.

GLOCESTER.—Les âmes intrépides sont celles qui montent le plus rapidement aux trônes. Mon frère, nous allons vous proclamer d'abord sans délai, et le bruit de cette proclamation vous amènera une foule d'amis.

LE ROI ÉDOUARD.—Allons, comme vous voudrez; car à moi appartient le droit, et Henri n'est qu'un usurpateur de ma couronne.

MONTGOMERY.—Enfin je reconnais mon souverain à ce langage, et je deviens le champion d'Édouard.

HASTINGS.—Sonnez, trompettes. Édouard va être proclamé à l'instant. *(A un soldat.)* Viens, camarade; faisons la proclamation.

(Il lui donne un papier. Fanfare.)

LE SOLDAT *lit.—Édouard IV, par la grâce de Dieu, roi d'Angleterre et de France, et lord d'Irlande, etc.*

MONTGOMERY.—Et quiconque osera contester le droit du roi Édouard, je le défie à un combat singulier.

(Il jette à terre son gantelet.)

TOUS.— Longue vie à Édouard IV !

LE ROI ÉDOUARD.—Je te remercie, brave Montgomery. —Et je vous remercie tous. Si la fortune me seconde, je reconnaîtrai votre attachement pour moi. — Passons cette nuit à York, et demain, dès que le soleil du matin élèvera son char au bord de l'horizon, nous marcherons à la rencontre de Warwick et de ses partisans; car je sais que Henri n'est pas guerrier.—Ah ! rebelle Clarence, qu'il te sied mal de flatter Henri et d'abandonner ton frère ! Mais nous espérons te joindre, toi et Warwick. —Allons, braves soldats, ne doutez pas de la victoire; et la victoire une fois gagnée, ne doutez pas non plus d'une bonne solde.

(Ils sortent.)

SCÈNE VIII

A Londres.—Un appartement dans le palais.

LE ROI HENRI, WARWICK, CLARENCE, MONTAIGU, EXETER et OXFORD.

WARWICK. — Quel parti prendrons-nous, milords?

ACTE IV, SCÈNE VIII.

Édouard revient de la Flandre avec une armée d'Allemands impétueux et de lourds Hollandais. Il a passé sans obstacle le détroit de nos mers : il vient avec ses troupes à marches forcées sur Londres ; et la multitude inconstante court par troupeaux se ranger de son parti.

LE ROI.—Il faut lever une armée et le renvoyer battu.

LARENCE.—On éteint sans peine avec le pied une légère étincelle ; mais, si on la néglige, un fleuve d'eau n'éteindra plus l'incendie.

WARWICK.—J'ai dans mon comté des amis sincèrement attachés, point séditieux dans la paix, mais courageux dans la guerre. Je vais les rassembler.—Toi, mon fils Clarence, tu iras dans les provinces de Suffolk, de Norfolk et de Kent, appeler sous tes drapeaux les chevaliers et les gentilshommes.—Toi, mon frère Montaigu, tu trouveras dans les comtés de Buckingham, de Northampton et de Leicester, des hommes bien disposés à suivre tes ordres.—Et toi, brave Oxford, si extraordinairement chéri dans l'Oxfordshire, charge-toi d'y rassembler tes amis.—Jusqu'à notre retour mon souverain restera dans Londres environné des habitants qui le chérissent, comme cette belle île est environnée de la ceinture de l'Océan, ou la chaste Diane du cercle de ses nymphes.—Beaux seigneurs, prenons congé, sans autres réflexions.—Adieu, mon souverain.

LE ROI.—Adieu, mon Hector, véritable espoir de Troie.

CLARENCE.—En signe de ma loyauté, je baise la main de Votre Altesse.

LE ROI.—Excellent Clarence, que le bonheur t'accompagne.

MONTAIGU.—Courage, mon prince, je prends congé de vous.

OXFORD, *baisant la main de Henri*.—Voilà le sceau de mon attachement, et mon adieu.

LE ROI.—Cher Oxford, Montaigu, toi qui m'aimes, et vous tous, recevez encore une fois mes adieux et mes vœux.

WARWICK.—Adieu, chers lords.—Réunissons-nous à Coventry.

(Sortent Warwick, Clarence, Oxford et Montaigu.)

LE ROI.—Je veux me reposer un moment dans ce palais.—Cousin Exeter, que pense Votre Seigneurie? il me semble que ce qu'Édouard a de troupes sur pied n'est pas en état de livrer bataille aux ennemis.

EXETER.—Mais il est à craindre qu'il n'attire les autres dans son parti.

LE ROI.—Oh! je n'ai point cette crainte. On sait combien j'ai mérité d'eux. Je n'ai point fermé l'oreille à leurs demandes, ni prolongé leur attente par de longs délais; ma pitié a toujours versé sur leurs blessures un baume salutaire, et ma bonté a soulagé le chagrin qui gonflait leur cœur; ma miséricorde a séché les flots de leurs larmes : je n'ai point convoité leurs richesses; je ne les ai point accablés de très-forts subsides; je ne me suis point montré ardent à la vengeance, quoiqu'ils m'aient souvent offensé; ainsi, pourquoi aimeraient-ils Édouard plus que moi? Non, Exeter, ces bienfaits réclament leur bienveillance; et tant que le lion caresse l'agneau, l'agneau ne cessera de le suivre.

(On entend derrière le théâtre ces cris: *A Lancastre! à Lancastre!*)

EXETER.—Écoutez, écoutez, seigneur; quels sont ces cris?

(Entrent le roi Édouard, Glocester, et des soldats.)

ÉDOUARD.—Saisissez cet Henri au visage timide ; emmenez-le d'ici, et proclamez-nous une seconde fois roi d'Angleterre. (*A Henri.*) Tu es la fontaine qui fournit à quelques petits ruisseaux; mais voilà ta source : mon Océan va absorber toutes les eaux de tes ruisseaux desséchés, et se grossir de leurs flots. — Conduisez-le à la Tour, et ne lui donnez pas le temps de répliquer. (*Quelques soldats sortent emmenant le roi Henri.*) Allons, lords; dirigeons notre marche vers Coventry, où est actuellement le présomptueux Warwick. Le soleil est ardent; si nous différons, le froid mordant de l'hiver viendra flétrir toutes nos espérances de récolte.

GLOCESTER.—Partons, sans perdre de temps, avant que leurs forces se joignent, et surprenons ce traître devenu si puissant. Braves guerriers, marchons en toute hâte vers Coventry. (Ils sortent.)

FIN DU QUATRIÈME ACTE.

ACTE CINQUIÈME

SCÈNE I

A Coventry.

Paraissent sur les murs de la ville WARWICK, LE MAIRE *de Coventry,* DEUX MESSAGERS *et autres personnages.*

WARWICK.—Où est le courrier qui nous est envoyé par le vaillant Oxford?—(*Au messager.*) A quelle distance de cette ville est ton maître, mon brave homme?

PREMIER MESSAGER.—En deçà de Dunsmore; il marche vers ces lieux.

WARWICK.—Et notre frère Montaigu, à quelle distance est-il?—Où est l'homme arrivé de la part de Montaigu?

LE SECOND MESSAGER.—En deçà de Daintry; il amène un nombreux détachement.

(Entre sir John Somerville.)

WARWICK.—Eh bien, Somerville, que dit mon cher gendre? Et à ton avis, où peut être actuellement Clarence?

SOMERVILLE.—Je l'ai laissé à Southam avec sa troupe, et je l'attends ici dans deux heures environ.

(On entend des tambours.)

WARWICK.—C'est donc Clarence qui s'approche? J'entends ses tambours.

SOMERVILLE.—Ce n'est pas lui, milord. Southam est là, et les tambours qu'entend Votre Honneur viennent du côté de Warwick.

WARWICK.—Qui donc serait-ce? Apparemment des amis que nous n'attendions pas.

SOMERVILLE.—Ils sont tout près, et vous allez bientôt les reconnaître.

(Tambours. Entrent au pas de marche le roi Edouard, Glocester et leur armée.)

LE ROI ÉDOUARD.—Trompette, avance vers les murs, et sonne un pourparler.

GLOCESTER.—Voyez comme le sombre Warwick garnit les remparts de soldats!

WARWICK. — O chagrin inattendu! quoi, le frivole Édouard est déjà arrivé! Qui donc a endormi nos espions, ou qui les a séduits, que nous n'ayons eu aucune nouvelle du lieu de son séjour?

LE ROI ÉDOUARD.—Maintenant, Warwick, si tu veux ouvrir les portes de la ville, prendre un langage soumis, fléchir humblement le genou, reconnaître Édouard pour roi, et implorer sa clémence, il te pardonnera tous tes outrages.

WARWICK.—Songe plutôt à retirer ton armée et à t'éloigner de ces murs.—Reconnais celui qui te donna la couronne, et qui te l'a reprise: appelle Warwick ton patron; repens-toi, et tu resteras encore duc d'York.

GLOCESTER, à Édouard.—Je croirais qu'au moins il aurait dit roi; cette plaisanterie lui serait-elle échappée contre sa volonté?

WARWICK.—Un duché n'est-il donc pas un beau présent?

GLOCESTER.—Oui, par ma foi, c'est un beau présent à faire pour un pauvre comte: je me tiens ton obligé pour un si beau don.

WARWICK.—Ce fut moi qui fis don du royaume à ton frère.

LE ROI ÉDOUARD.—Eh bien, il est donc à moi, ne fût-ce que par le don que m'en a fait Warwick.

WARWICK.—Tu n'es pas l'Atlas qui convient à un pareil fardeau; et voyant ta faiblesse, Warwick te reprend ses dons. Henri est mon roi, et Warwick est son sujet.

LE ROI ÉDOUARD.—Mais le roi de Warwick est le prisonnier d'Édouard. Réponds à ceci, brave Warwick; que devient le corps quand la tête est ôtée?

GLOCESTER.—Hélas! comment Warwick a-t-il eu si peu d'habileté que, tandis qu'il s'imaginait prendre un dix seul, le roi ait été subitement escamoté du jeu?— Vous avez laissé le pauvre Henri dans le palais de l'évêque; et dix contre un à parier que vous vous retrouverez avec lui dans la Tour.

LE ROI ÉDOUARD.—C'est la vérité : et cependant vous êtes toujours Warwick.

GLOCESTER.—Allons, Warwick, profite du moment : à genoux, à genoux.—Qu'attends-tu? frappe le fer pendant qu'il est chaud.

WARWICK.—J'aimerais mieux me couper d'un seul coup cette main, et, de l'autre, te la jeter au visage, que de me croire assez bas pour être obligé de baisser pavillon devant toi.

LE ROI ÉDOUARD.—Fais force de voiles, aie les vents et la marée favorables. Cette main, bientôt entortillée dans tes cheveux noirs comme le charbon, saisira le moment où ta tête sera encore chaude et nouvellement coupée, pour écrire avec ton sang sur la poussière ces mots : *Warwick, inconstant comme le vent, maintenant ne peut plus changer.*

(Entre Oxford avec des tambours et des drapeaux.)

WARWICK.—O couleurs dont la vue me réjouit! Voyez, c'est Oxford qui s'avance!

OXFORD.—Oxford! Oxford! Pour Lancastre!

GLOCESTER.—Les portes sont ouvertes: entrons avec eux.

LE ROI ÉDOUARD.—Non; d'autres ennemis peuvent nous attaquer par derrière. Tenons-nous en bon ordre; car, n'en doutons pas, ils vont faire une sortie, et nous offrir la bataille. Sinon, la ville ne peut tenir longtemps, et nous y aurons bientôt pris tous les traîtres.

WARWICK.—Oh! tu es le bienvenu, Oxford! car nous avons besoin de ton secours.

(Entre Montaigu avec des tambours et des drapeaux.)

MONTAIGU.—Montaigu, Montaigu. Pour Lancastre!

GLOCESTER.—Ton frère et toi vous payerez cette trahison du meilleur sang que vous ayez dans le corps.

LE ROI ÉDOUARD.—Plus l'ennemi sera fort, plus la victoire sera complète; un secret pressentiment me présage le succès et la conquête.

(Entre Somerset avec des tambours et des drapeaux.)

SOMERSET.—Somerset, Somerset. Pour Lancastre !

GLOCESTER.—Deux hommes de ton nom, tous deux ducs de Somerset, ont payé de leur vie leurs comptes avec la maison d'York. Tu seras le troisième, si cette épée ne manque pas dans mes mains.

(Entre George avec des tambours et des drapeaux.)

WARWICK.—Tenez, voilà George de Clarence, qui fait voler la poussière sous ses pas; assez fort à lui seul pour livrer bataille à son frère. Un juste zèle pour le bon droit l'emporte, dans son cœur, sur la nature et l'amour fraternel.—Viens, Clarence, viens : tu seras docile à la voix de Warwick.

CLARENCE.—Beau-père Warwick, comprenez-vous ce que cela veut dire? (*Il arrache la rose rouge de son casque.*) Vois, je rejette à ta face mon infamie. Je n'aiderai pas à la ruine de la maison de mon père, qui en a cimenté les pierres de son sang, pour élever celle de Lancastre.— Comment as-tu pu croire, Warwick, que Clarence fût assez sauvage, assez stupide, assez dénaturé, pour tourner les funestes instruments de la guerre contre son roi légitime? Peut-être m'objecteras-tu mon serment religieux : mais le tenir, ce serment, serait un acte plus impie que ne fut celui de Jephté sacrifiant sa fille. J'ai tant de douleur de ma faute, que, pour bien mériter de mon frère, je me déclare ici solennellement ton ennemi mortel; déterminé, quelque part que je te joigne, comme j'espère bien te joindre si tu sors de tes murs, à te punir de m'avoir si odieusement égaré.—Ainsi, présomptueux Warwick, je te défie, et je tourne vers mon frère mes joues rougissantes.—Pardonne-moi, Édouard; j'expierai mes torts : et toi, Richard, ne jette plus sur mes fautes un regard sévère; désormais, je ne serai plus inconstant.

LE ROI ÉDOUARD.—Sois donc encore mieux le bienvenu, et dix fois plus cher que si tu n'avais jamais mérité notre haine.

GLOCESTER.—Sois le bienvenu, bon Clarence : c'est là se conduire en frère.

WARWICK.—O insigne traître ! parjure et rebelle !

LE ROI ÉDOUARD.—Eh bien, Warwick, veux-tu quitter tes murs et combattre? ou nous allons en faire tomber les pierres sur ta tête.

WARWICK.—Hélas ! je ne suis pas ici en état de me défendre. Je marche à l'instant vers Barnet, pour te livrer bataille, Édouard, si tu oses l'accepter.

LE ROI ÉDOUARD.—Oui, Warwick : Édouard l'ose, et il te montre le chemin.—Lords, en plaine. Saint George et victoire !

(Marche. Il sortent tous.)

SCÈNE II

Un champ de bataille, près de Barnet.

Alarmes. Excursions. Entre LE ROI ÉDOUARD *traînant* WARWICK *blessé.*

LE ROI ÉDOUARD.—Reste là gisant : meurs, et qu'avec toi meurent nos alarmes. Warwick était l'épouvantail qui nous remplissait tous de crainte : et toi, Montaigu, tiens-toi bien ; je te cherche, pour que tes os tiennent compagnie à ceux de Warwick.

(Il sort.)

WARWICK, *reprenant ses sens.*—Ah ! qui est près de moi? Ami ou ennemi, approche, et apprends-moi qui est vainqueur d'York ou de Warwick. Mais que demandé-je là? On voit bien à mon corps mutilé, à mon sang, à mes forces éteintes, à mon cœur défaillant, on voit bien qu'il faut que j'abandonne mon corps à la terre, et, par ma chute, la victoire à mon ennemi. Ainsi tombe, sous le tranchant de la cognée, le cèdre qui de ses bras protégeait l'asile de l'aigle, roi des airs ; qui voyait le lion dormir étendu sous son ombrage ; dont la cime s'élevait au-dessus de l'arbre touffu de Jupiter, et défendait les humbles arbrisseaux des vents puissants de l'hiver.—

Ces yeux, qu'obscurcissent en ce moment les sombres voiles de la mort, étaient perçants comme le soleil du midi, pour pénétrer les secrètes embûches des mortels. Ces plis de mon front, maintenant remplis de sang, ont été souvent appelés les tombeaux des rois : car quel roi respirait alors dont je n'eusse pu creuser la tombe? et qui eût osé sourire quand Warwick fronçait le sourcil? Voilà toute ma gloire souillée de sang et de poussière. Mes parcs, mes allées, ces manoirs qui m'appartenaient, m'abandonnent déjà : de toutes mes terres, il ne me reste que la mesure de mon corps. Eh! que sont la pompe, la puissance, l'empire et le sceptre, que terre et que poussière? Vivons comme nous pourrons, il faut toujours mourir.

(Entrent Oxford et Somerset.)

SOMERSET.—Ah! Warwick, Warwick! si tu étais en aussi bon état que nous, nous pourrions encore réparer toutes nos pertes. La reine vient d'amener de France un puissant secours : nous en recevons à l'instant la nouvelle. Ah! si tu pouvais fuir!

WARWICK.—Alors je ne fuirais pas.—Ah! Montaigu, si tu es là, cher, prends ma main, et de tes lèvres retiens encore mon âme pendant quelques instants.—Tu ne m'aimes pas; car si tu m'aimais, mon frère, tes lèvres laveraient ce sang froid et glacé qui colle mes lèvres, et m'empêche de parler. Hâte-toi, Montaigu! approche, ou je meurs.

SOMERSET.—Ah! Warwick! Montaigu a cessé de respirer; et à son dernier soupir il appelait Warwick, et disait : Parlez de moi à mon valeureux frère. Il aurait voulu en dire davantage, mais ses paroles, semblables au canon résonnant sous la voûte d'un tombeau, devenaient impossibles à distinguer; cependant à la fin j'ai bien entendu, dans son dernier gémissement, ces mots : Oh! adieu, Warwick.

WARWICK.—Que son âme repose en paix!—Fuyez, chers lords, et sauvez-vous. Warwick vous dit adieu pour ne vous revoir que dans le ciel.

(Il meurt.)

OXFORD.—Allons, partons; courons joindre la puissante armée de la reine.

(Ils sortent, emportant le corps de Warwick.)

SCÈNE III

Une autre partie du champ de bataille.

Fanfares. Entre LE ROI ÉDOUARD *triomphant, avec* GLOCESTER, GEORGE, *et les autres lords.*

LE ROI ÉDOUARD.—Ainsi notre fortune prend un cours élevé et ceint nos fronts des lauriers de la victoire. Mais, au milieu de l'éclat de ce jour brillant, j'aperçois un nuage noir, redoutable et menaçant, qui va se placer sur la route de notre glorieux soleil, avant qu'il ait pu atteindre à l'occident sa paisible couche. Je parle, milords, de cette armée que la reine a levée en France, et qui, débarquée sur nos côtes, marche, à ce que j'apprends, pour nous combattre.

GEORGE. — Un léger souffle aura bientôt dissipé ce nuage, et le renverra vers les régions d'où il est parti; tes rayons auront bientôt absorbé ces vapeurs, et toutes les nuées n'apportent pas la tempête.

GLOCESTER.—On évalue à trente mille hommes l'armée de la reine; et Somerset et Oxford ont fui vers elle. Si on lui donne le temps de respirer, soyez sûr que son parti deviendra aussi puissant que le nôtre.

LE ROI ÉDOUARD. — Nous sommes informés par des amis fidèles qu'ils dirigent leur marche vers Tewksbury. Vainqueurs dans les champs de Barnet, il faut les joindre sans délai. L'ardeur de la volonté abrége la route, et, à mesure que nous avancerons, nous verrons nos forces s'accroître de celles de tous les comtés que nous traverserons.—Battez le tambour, criez: *Courage!* et partons.

(Ils sortent.)

SCÈNE IV

Plaine près de Tewksbury.

Marche. Entre LA REINE MARGUERITE, LE PRINCE ÉDOUARD, SOMERSET, OXFORD, *soldats.*

MARGUERITE.—Illustres lords, les hommes sages ne restent point oisifs à gémir sur leurs disgrâces, mais cherchent courageusement à réparer leurs malheurs. Bien que le mât de notre vaisseau ait été emporté, nos câbles rompus, la plus forte de nos ancres perdue, et la moitié de nos mariniers engloutie dans les flots, le pilote vit encore. Convient-il qu'il abandonne le gouvernail, et que, comme un enfant timide, grossissant de ses larmes les flots de la mer, il donne des forces à ce qui n'en a déjà que trop ; tandis que, pendant ses gémissements, va se briser sur l'écueil le vaisseau que son courage et son industrie auraient pu sauver encore ? Ah ! quelle honte ! quelle faute serait-ce !... Vous me dites que Warwick était l'ancre de notre vaisseau ; qu'importe ? Que Montaigu en était le grand mât ; eh bien ? Que tant de nos amis égorgés en étaient les cordages ; ensuite ? Ne trouvons-nous pas une seconde ancre dans Oxford, un mât robuste dans Somerset, des voiles et des cordages dans ces guerriers de la France ? Et, malgré notre inexpérience, Ned et moi ne pouvons-nous remplir une fois l'emploi de pilote ? Ne craignez pas que nous quittions le gouvernail pour aller nous asseoir en pleurant ; dussent les vents furieux nous dire *non*, nous continuerons notre route loin des écueils qui nous menacent du naufrage. Autant vaut gourmander les vagues que de leur parler en douceur. Édouard offre-t-il donc autre chose à nos yeux qu'une mer impitoyable, Clarence des sables perfides, et Richard un rocher raboteux et funeste ? tous ennemis de notre pauvre barque ! Vous croyez pouvoir fuir à la nage ? hélas ! un moment ; prendre pied sur le sable ? il s'abaissera sous vos pas ; gravir l'écueil ? la marée viendra vous en balayer, ou vous y mourrez de faim, ce qui est une triple mort! Ce que je vous dis, milords, est dans l'intention de vous faire comprendre que, si quelqu'un de vous voulait nous abandonner, vous n'avez pas plus de merci à espérer de ces trois frères, que des vagues impitoyables, des sables et des rochers : courage donc. Quand le péril est inévitable, c'est une faiblesse puérile de s'affliger ou de craindre.

LE PRINCE ÉDOUARD. —Il me semble qu'une femme d'une âme aussi intrépide, si un lâche l'eut entendue prononcer ces paroles, verserait le courage dans son cœur, et lui ferait affronter nu un ennemi armé. Ce n'est pas que je doute d'aucun de ceux qui sont ici ; car si je croyais que quelqu'un fût atteint de frayeur, il aurait permission de nous quitter à présent, de crainte qu'au moment du danger sa peur ne devînt contagieuse pour un autre, et ne le rendît semblable à lui. S'il en est un ici, ce qu'à Dieu ne plaise, qu'il se hâte de partir, avant que nous ayons besoin de son secours.

OXFORD.—Une femme, un enfant si pleins de courage : et de vieux guerriers auraient peur! Ce serait un opprobre éternel. O brave jeune prince, ton illustre aïeul revit en toi ! Puisses-tu voir de longs jours, pour nous retracer son image, et renouveler sa gloire?

SOMERSET.—Que le lâche qui refuserait de combattre dans cette espérance aille chercher son lit, et soit comme le hibou un objet de risée et d'étonnement toutes les fois qu'il voudra se montrer le jour!

MARGUERITE.—Je vous remercie, noble Somerset. Cher Oxford, je vous remercie.

LE PRINCE ÉDOUARD.—Et agréez les remerciments de celui qui n'a pas autre chose à donner.

(Entre un messager.)

LE MESSAGER.—Préparez-vous, lords. Édouard est à deux pas, tout prêt à vous livrer bataille : armez-vous de résolution.

OXFORD.—Je m'y attendais. C'est sa politique de forcer ses marches, pour tâcher de nous surprendre.

SOMERSET.—Il se sera trompé : nous sommes prêts à le recevoir.

MARGUERITE.—Votre ardeur remplit mon cœur de confiance et de joie.

OXFORD.—Nous ne reculerons pas. Plantons ici nos étendards.

> Marche. Entrent à quelque distance le roi Édouard, Glocester, George et des troupes.)

LE ROI ÉDOUARD, *à ses soldats*.—Braves compagnons, vous voyez là-bas le bois épineux qu'avec l'aide du ciel et vos bras nous espérons avoir déraciné avant que la nuit soit venue. Je n'ai pas besoin de donner de nouveaux aliments à l'ardeur qui vous enflamme, car je vois que vous brûlez de le consumer. Donnez le signal du combat, milords, et chargeons.

MARGUERITE. — Lords, chevaliers, gentilshommes... mes larmes s'opposent à mon discours... Vous le voyez, à chaque mot que je prononce, les pleurs de mes yeux viennent m'abreuver... Je ne vous dirai donc que ceci : —Henri, votre souverain, est prisonnier de l'ennemi ; son trône est usurpé, son royaume est devenu une boucherie ; ses sujets sont massacrés, ses édits effacés, ses trésors pillés, et là-bas est le loup qui cause tout ce dégât ! Vous combattez pour la justice : ainsi, au nom de Dieu, lords, montrez-vous vaillants, et donnez le signal du combat.

> (Sortent les deux armées.)

SCÈNE V

Une autre partie des mêmes plaines.

Alarmes, excursions, puis une retraite. Ensuite entrent LE ROI ÉDOUARD, GLOCESTER, CLARENCE, *et des troupes conduisant* LA REINE MARGUERITE, OXFORD ET SOMERSET *prisonniers.*

LE ROI ÉDOUARD.—Enfin nous voilà au terme de ces tumultueux démêlés. Qu'Oxford soit conduit sur-le-champ au château de Hammes. Pour Somerset, qu'on tranche sa tête criminelle. Allez, qu'on les emmène ; je ne veux rien entendre.

oxford.—Pour moi, je ne t'importunerai pas de mes paroles.

somerset.—Ni moi; je me soumets à mon sort avec résignation.

(Les gardes emmènent Oxford et Somerset.)

marguerite.—Nous nous quittons tristement dans ce monde agité, pour nous rejoindre plus heureux dans les joies de Jérusalem.

le roi édouard.—A-t-on publié qu'on promet à celui qui trouvera Édouard une riche récompense, et au prince la vie sauve?

glocester.—Oui, et voilà le jeune Édouard qui arrive.

(Entrent des soldats amenant le prince Édouard.)

le roi édouard.—Faites approcher ce brave : je veux l'entendre. — Quoi! qui aurait pensé qu'une si jeune épine voulût déjà piquer? Édouard, quelle satisfaction peux-tu m'offrir, pour avoir pris les armes contre moi, pour avoir excité mes sujets à la révolte, et pour toute la peine que tu m'as donnée?

le prince.—Parle en sujet, superbe et ambitieux York! Suppose que tu entends la voix de mon père : descends du trône, et quand j'y serai assis, tombe à mes pieds, pour répondre toi-même, traître, aux questions que tu viens de me faire.

marguerite.—Ah! que ton père n'a-t-il eu ton courage!...

glocester.—Afin que tu continuasses de porter la jupe et que tu ne prisses pas le haut-de-chausses dans la maison de Lancastre.

le prince édouard.—Qu'Ésope garde ses contes pour une veillée d'hiver : ses grossiers quolibets ne sont point ici de saison.

glocester.—Par le ciel, morveux, cette parole t'attirera malheur.

marguerite.—Oh! oui, tu ne naquis que pour le malheur des hommes.

glocester.—Pour Dieu, qu'on nous délivre de cette captive insolente.

LE PRINCE ÉDOUARD.—Qu'on nous délivre plutôt de cet insolent bossu.

LE ROI ÉDOUARD.—Paix, enfant mutin, ou je saurai enchaîner votre langue.

CLARENCE.—Jeune mal appris, ton audace va trop loin.

LE PRINCE ÉDOUARD.—Je connais mon devoir : vous tous vous manquez au vôtre. Lascif Édouard, et toi, parjure Clarence, et toi, difforme Dick, je vous déclare à tous que je suis votre supérieur, traîtres que vous êtes. —Et toi, tu usurpes les droits de mon père et les miens.

LE ROI ÉDOUARD *lui donne un coup d'épée*.—Prends cela, vivant portrait de cette femme criarde [1].

GLOCESTER *lui donne un coup d'épée*.—Tu as de la peine à mourir; prends cela pour finir ton agonie.

CLARENCE *lui donne un coup d'épée*.—Et voilà pour m'avoir insulté du nom de parjure.

MARGUERITE.—Oh! tuez-moi aussi.

GLOCESTER, *allant pour la tuer*.—Vraiment je le veux bien.

LE ROI ÉDOUARD.—Arrête, Richard, arrête; nous n'en avons que trop fait.

GLOCESTER.—Pourquoi la laisser vivre? Pour remplir l'univers de ses discours.

LE ROI ÉDOUARD.—Elle s'évanouit; voyez à la faire revenir.

GLOCESTER, *bas à Clarence*.—Clarence, excuse mon absence auprès du roi mon frère : je cours à Londres pour une affaire importante; avant que vous y soyez rentrés, comptez que vous apprendrez d'autres nouvelles.

CLARENCE.—Quoi donc? quoi donc?

GLOCESTER.—La tour! la Tour!

(Il sort.)

MARGUERITE.—O Ned! Ned! parle à ta mère, mon fils. —Tu ne peux parler?—O traîtres! ô assassins! Non, les meurtriers de César n'ont pas versé le sang, ils n'ont pas commis de crime, ils n'ont mérité aucun blâme, si

---

[1] Édouard le frappa de son gantelet; alors les autres se jetèrent sur lui et le massacrèrent.

l'on compare leur action à cet affreux forfait. César était un homme, et lui pour ainsi dire un enfant! et jamais les hommes n'ont déchargé leur furie sur un enfant. Quel nom plus odieux que celui de meurtrier pourrais-je trouver à vous donner? Non, non, mon cœur va se briser si je parle.—Eh bien, je parlerai pour qu'il se brise, bouchers infâmes, sanguinaires cannibales! Quelle aimable fleur vous avez moissonnée avant le temps! Vous n'avez point d'enfants, bouchers que vous êtes; si vous en aviez, leur souvenir eût éveillé en vous la pitié. Ah! si jamais vous avez un fils, comptez que vous le verrez ainsi massacrer dans sa jeunesse! Ah! bourreaux, qui avez immolé cet aimable et jeune prince!...

LE ROI ÉDOUARD.—Emmenez-la, allez, emmenez-la, force.

MARGUERITE.—Non, que je ne m'éloigne jamais de cette place; tuez-moi ici: tire ton épée; je te pardonne ma mort. Quoi! tu me refuses?... Clarence, que ce soit donc toi...

CLARENCE.—Par le Ciel, je ne veux pas te rendre un si grand service.

MARGUERITE.—Bon Clarence, tue-moi; cher Clarence, je t'en conjure.

CLARENCE.—Ne viens-tu pas de m'entendre jurer que je n'en ferais rien?

MARGUERITE.—Oui, mais tu es si accoutumé à être parjure! Ton premier parjure était un crime; celui-ci serait une charité. Quoi! tu ne le veux pas? Où est ce boucher d'enfer, le hideux Richard? Richard, où es-tu donc?—Tu n'es pas ici. Le meurtre est ton œuvre de miséricorde; tu ne refusas jamais celui qui te demanda du sang.

LE ROI ÉDOUARD.—Qu'elle s'en aille! Je vous l'ordonne. Emmenez-la d'ici.

MARGUERITE.—Puisse-t-il, à vous et aux vôtres, vous en arriver autant qu'à ce prince!

(On l'entraîne de force.)

LE ROI ÉDOUARD.—Où donc est allé Richard?

GEORGE.—A Londres en toute hâte; et je conjecture qu'il est allé faire un souper sanglant à la Tour.

LE ROI ÉDOUARD.—Il ne perd pas de temps quand une idée lui vient en tête.—Allons, mettons-nous en marche. Licenciez les hommes de basse condition avec des remerciments et leur paye; et rendons-nous à Londres pour savoir des nouvelles de notre aimable reine : j'espère qu'à l'heure qu'il est, elle m'a donné un fils.

SCÈNE VI

A Londres.—Une chambre dans la Tour.

On voit LE ROI HENRI, *assis avec un livre à la main; le lieutenant est avec lui. Entre* GLOCESTER.

GLOCESTER.—Bonjour, milord. Comment, si profondément absorbé dans votre livre !

LE ROI.—Oui, mon bon lord, ou plutôt milord; car c'est pécher que de flatter; et bon ne vaut guère mieux ici qu'une flatterie : bon Glocester, ou bon démon, seraient synonymes, et tous les deux seraient absurdes. ainsi je dis, milord qui n'êtes pas bon.

GLOCESTER, *au lieutenant.*—Ami, laissez-nous seuls ; nous avons à conférer ensemble.

(Le lieutenant sort.)

LE ROI.—Ainsi le berger négligent fuit devant le loup; ainsi l'innocente brebis abandonne d'abord sa toison, et bientôt après sa gorge au couteau du boucher. Quelle scène de mort va jouer Roscius?

GLOCESTER.—Le soupçon poursuit toujours l'âme coupable : le voleur croit dans chaque buisson voir le prévôt.

LE ROI.—L'oiseau qui a trouvé dans le buisson des rameaux chargés de glu ne passe plus que d'une aile tremblante à côté de tous les buissons : et moi, père malheureux d'un doux oiseau, j'ai maintenant devant mes yeux l'objet fatal par qui mon pauvre enfant a été retenu au piège, pris et tué.

GLOCESTER.—Quel orgueilleux insensé que ce père de Crète qui voulut enseigner à son fils le rôle d'un oiseau! Avec ses belles ailes, l'imbécile s'est noyé.

LE ROI.—Je suis Dédale, mon pauvre enfant était Icare, ton père Minos, qui s'est opposé à ce que nous suivissions notre carrière; le soleil qui a dévoré les ailes de mon cher enfant, c'est ton frère Édouard; et tu es la mer dont les gouffres envieux ont englouti sa vie. Ah! tue-moi de ton épée, et non de tes paroles. Mon sein supportera mieux la pointe de ton poignard, que mon oreille cette tragique histoire... Mais pourquoi viens-tu? Est-ce pour avoir ma vie?

GLOCESTER.—Me prends-tu donc pour un bourreau?

LE ROI.—Je te connais pour un persécuteur : mettre à mort des innocents est l'office du bourreau; tu en es un.

GLOCESTER.—J'ai tué ton fils en punition de son insolente audace.

LE ROI.—Si tu avais été tué à ta première insolence, tu n'aurais pas vécu pour assassiner mon fils; et je prédis que l'heure où tu vins au monde sera déplorée par des milliers d'hommes, qui ne soupçonnent pas en ce moment la moindre partie de mes craintes; par les soupirs de plus d'un vieillard, les larmes de plus d'une veuve, et par les yeux de tant de malheureux condamnés à pleurer la mort prématurée, les pères de leurs enfants, les femmes de leurs époux, et les orphelins de leurs parents. A ta naissance le hibou fit entendre son cri lamentable, signe certain de malheur; le corbeau de nuit croassa, présageant ces temps désastreux, les chiens hurlèrent, et une horrible tempête déracina les arbres. La corneille se percha sur le haut de la cheminée, et les pies babillardes vinrent effrayer les cœurs de sons discordants. Ta mère ressentit des douleurs plus cruelles que les douleurs imposées aux mères, et cependant ce qu'elle mit au monde était bien au-dessous des espérances d'une mère, et ne lui offrit qu'une masse informe et hideuse, qui ne devait pas être le fruit d'une tige si belle. Tu naquis la bouche déjà armée de dents, pour annoncer que tu venais déchirer les hommes; et si tout ce qu'on m'a raconté est vrai, tu vins au monde....

GLOCESTER.—Je n'en entendrai pas davantage. Meurs, prophète, au milieu de ton discours. (*Il le poignarde.*) C'est pour cela entre autres choses que j'ai été créé.

LE ROI.—Oui, et pour commettre bien d'autres assassinats que le mien.—O Dieu, pardonne-moi mes péchés.... et qu'il te pardonne aussi!

(Il meurt.)

GLOCESTER.—Quoi! le sang ambitieux de Lancastre s'enfonce dans la terre? J'aurais cru qu'il devait monter. Voyez comme mon épée pleure la mort de ce pauvre roi? Oh! puissent à jamais être rougis de pareilles larmes, ceux qui désirent la chute de notre maison!—S'il reste encore ici quelque étincelle de vie, qu'elle aille, qu'elle aille aux enfers, et dis aux démons que c'est moi qui t'y ai envoyé (*il lui donne un nouveau coup de poignard*), moi qui ne connais ni la pitié, ni l'amour, ni la crainte.— En effet, ce que me disait Henri est véritable. J'ai souvent ouï dire à ma mère que j'étais venu au monde les pieds devant. Eh bien! qu'en pensez-vous? N'ai-je pas eu raison de me hâter pour travailler à la ruine de ceux qui usurpaient nos droits? La sage-femme fut saisie de surprise, et les femmes s'écrièrent: *O Jésus, bénissez-nous, il est né avec des dents?* Et c'était la vérité· signe évident que je devais grogner, mordre et montrer en tout le caractère du chien. Eh bien, puisqu'il a plu au ciel de construire ainsi mon corps, que l'enfer pour y répondre déforme mon âme!—Je n'ai point de frère; je n'ai aucuns traits de mes frères, et ce mot *amour*, que les barbes grises appellent divin, réside dans les hommes qui se ressemblent, et non pas en moi : je suis seul de mon espèce.—Clarence, prends garde à toi : tu es entre la lumière et moi, mais je saurai faire naître pour toi un jour de ténèbres ; je ferai bourdonner çà et là de telles prédictions, que le roi Édouard tremblera pour ses jours; et, pour dissiper ses craintes, je te ferai trouver la mort. Voilà le roi Henri, et le prince son fils, expédiés : Clarence, ton tour est venu.... et ainsi des autres; je ne verrai en moi rien de bon jusqu'à ce que je sois tout ce qu'il y a de mieux.—Je vais jeter ton cadavre dans une autre chambre : ta mort, Henri, est pour moi un jour de triomphe.

(Il sort.)

SCÈNE VII

Toujours à Londres.—Un appartement dans le palais d'Édouard.

On voit LE ROI ÉDOUARD *assis sur son trône. Près du roi* LA REINE ÉLISABETH, *tenant son enfant;* CLARENCE, GLOCESTER, HASTINGS, *et autres.*

LE ROI ÉDOUARD.—Nous voilà une seconde fois assis sur le trône royal d'Angleterre, racheté au prix du sang de nos ennemis! Que de vaillants adversaires nous avons moissonnés, comme les épis de l'automne, au faîte de leur orgueil! Trois ducs de Somerset, tous trois renommés comme des combattants intrépides et sans soupçon; deux Clifford, le père et le fils, et deux Northumberland : jamais plus braves guerriers n'enfoncèrent au signal de la trompette l'éperon dans les flancs de leurs coursiers, et avec eux ces deux ours valeureux, Warwick et Montaigu, qui tenaient dans leurs chaînes le lion couronné, et faisaient trembler les forêts de leurs rugissements. Ainsi nous avons écarté la méfiance de notre trône, et nous avons fait de la sécurité notre marchepied. (*A la reine.*) Approche, Bett, que je baise mon enfant. Petit Ned, c'est pour toi que tes oncles et moi, nous avons passé sous l'armure les nuits de l'hiver; que nous avons marché rapidement dans les ardeurs de l'été, afin que tu pusses rentrer paisiblement en possession de la couronne; et c'est toi qui recueilleras le fruit de nos travaux.

GLOCESTER, *à part.*—J'empoisonnerai bien sa moisson, quand ta tête reposera sous terre; car on ne fait pas encore attention à moi dans l'univers. Cette épaule si épaisse a été destinée à porter, et elle portera quelque honorable fardeau, ou je m'y romprai les reins.—Ceci (*touchant son front*) doit préparer les voies;—(*montrant sa main*) ceci doit exécuter.

LE ROI ÉDOUARD.—Clarence, et toi, Glocester, aimez mon aimable reine, et donnez un baiser au petit prince votre neveu, mes frères.

CLARENCE.—Que ce baiser que j'imprime sur les lèvres de cet enfant, soit le gage de l'obéissance que je dois et veux rendre à Votre Majesté!

LE ROI ÉDOUARD.—Je te remercie, noble Clarence; digne frère, je te remercie.

GLOCESTER.—En témoignage de l'amour que je porte à la tige d'où tu es sorti, je donne ce tendre baiser à son jeune fruit. (*A part.*) Pour dire la vérité, ce fut ainsi que Judas baisa son maître. Il lui criait : bonheur! tandis que dans son âme il ne songeait qu'à faire le ma

LE ROI ÉDOUARD.—Maintenant je suis établi dans le bonheur que désirait mon âme; je possède la paix de mon royaume, et la tendresse de mes frères.

CLARENCE.—Qu'ordonne Votre Majesté sur le sort de Marguerite? René, son père, a engagé dans les mains du roi de France les Deux-Siciles et Jérusalem, et ils en ont envoyé le prix pour sa rançon.

LE ROI ÉDOUARD.—Qu'elle parte : faites-la conduire en France. — Que nous reste-t-il maintenant qu'à passer notre temps en fêtes magnifiques, à voir représenter de joyeuses comédies, et à réunir tous les plaisirs que doit offrir la cour?—Qu'on fasse résonner les tambours et les trompettes!—Adieu, cruels soucis! car ce jour, je l'espère, commence le cours d'une prospérité durable.

(Ils sortent.)

FIN DU CINQUIÈME ET DERNIER ACTE.

TABLE DES MATIÈRES

DU TOME SEPTIÈME.

HENRI IV (2ᵉ Partie).

Notice...	3
HENRI IV, tragédie.......................................	7

HENRI V.

Notice...	123
HENRI V, tragédie..	125

HENRI VI (1ʳᵉ Partie).

Notice...	235
HENRI VI, tragédie.......................................	245

HENRI VI (2ᵉ Partie).

HENRI VI, tragédie.......................................	335

HENRI VI (3ᵉ Partie).

Henri VI, tragédie..	411

FIN DU TOME SEPTIÈME.

www.ingramcontent.com/pod-product-compliance
Lightning Source LLC
Chambersburg PA
CBHW071404230426
43669CB00010B/1447